"十四五"时期国家重点出版物出版专项规划项目
新能源与智能网联汽车新技术系列丛书
河南省战略性新兴领域"十四五"高等教育教材

智能电动汽车试验学

主编 尚会超 秦朝举
参编 姚艳红 王庆朋 耿李姗

机械工业出版社

本书是"十四五"时期国家重点出版物出版专项规划项目。

本书结合智能电动汽车前沿技术，系统地介绍了智能电动汽车试验的基本原理、基本方法和典型技术。本书内容主要包括绪论、汽车试验系统常用的典型传感器、典型汽车试验设备与设施、动力性试验、经济性试验、制动性能试验、操纵稳定性试验、平顺性试验、通过性试验、整车可靠性试验、整车安全性试验、电动汽车主要总成试验和辅助驾驶与自动驾驶试验。

本书可作为高等院校新能源汽车、车辆工程、交通运输及相关专业的教材，也可作为相关研究人员、工程技术人员和管理人员的参考读物。

图书在版编目（CIP）数据

智能电动汽车试验学 / 尚会超，秦朝举主编．
北京：机械工业出版社，2025. 9. -- （新能源与智能网联汽车新技术系列丛书）（河南省战略性新兴领域"十四五"高等教育教材）. -- ISBN 978-7-111-78702-0

Ⅰ. U469.72；U270

中国国家版本馆 CIP 数据核字第 20258424B3 号

机械工业出版社（北京市百万庄大街 22 号　邮政编码 100037）
策划编辑：宋学敏　　　　　责任编辑：宋学敏　杜丽君
责任校对：张　薇　丁梦卓　封面设计：张　静
责任印制：李　昂
涿州市京南印刷厂印刷
2025 年 9 月第 1 版第 1 次印刷
184mm×260mm・17.75 印张・417 千字
标准书号：ISBN 978-7-111-78702-0
定价：58.00 元

电话服务　　　　　　　　　　网络服务
客服电话：010-88361066　　　机　工　官　网：www.cmpbook.com
　　　　　010-88379833　　　机　工　官　博：weibo.com/cmp1952
　　　　　010-68326294　　　金　书　网：www.golden-book.com
封底无防伪标均为盗版　　机工教育服务网：www.cmpedu.com

前言

新能源汽车是我国能源和环保战略发展的重要方向之一，在政府各项政策的推动下，我国新能源汽车产业取得了快速发展，开始步入创新之路。汽车新技术的发展离不开试验的支撑，不只是新能源汽车的研发和产品定型会出现很多新的试验需求，如针对动力蓄电池、驱动电机系统的试验，传统汽车性能试验中也增添了新的试验项目，随之而来的则是新的试验挑战。

本书结合智能电动汽车前沿技术，系统地介绍了智能电动汽车试验的基本原理、基本方法和典型技术。本书首先介绍了智能汽车试验发展趋势、基础知识和典型汽车试验设备与设施，然后分别介绍了不同方面的试验方法：①智能电动汽车的动力性、经济性、制动性能、操纵稳定性、平顺性、通过性试验方法，并凸显了智能电动汽车的相关测试项目，如再生制动系统性能试验；②智能电动汽车的驱动电机系统与动力蓄电池系统的试验方法；③从整车碰撞安全、电磁兼容安全、电池安全三个角度阐述安全性能试验方法；④智能电动汽车整车可靠性以及辅助驾驶与自动驾驶试验方法。

本书由华北水利水电大学的尚会超和秦朝举担任主编。本书的编写具体分工为：第二章、第五~七章、第十三章由尚会超编写；第一章、第四章、第十章由秦朝举编写；第九章由华北水利水电大学姚艳红编写；第八章、第十一章由河南农业大学王庆朋编写；第三章、第十二章由河南牧业经济学院耿李姗编写。全书由尚会超统稿。

本书的编写参考了大量相关文献资料和诸多专家、学者等的研究成果，其主要来源已在参考文献中列出，若有个别遗漏，恳请作者谅解并及时和编者联系。本书的编写得到了很多专家学者的支持和帮助，在此深表谢意。

由于编者能力有限，虽经多次修改，书中难免有不妥之处，恳请读者指正。

编 者

目 录
Contents

前言

第一章 绪论 ... 1
- 第一节 智能电动汽车发展概述 ... 2
- 第二节 新能源汽车试验发展趋势 ... 10
- 第三节 汽车试验的分类与标准 ... 14
- 第四节 汽车试验的组织方法 ... 19
- 复习思考题 ... 22

第二章 汽车试验系统常用的典型传感器 ... 23
- 第一节 电阻式传感器 ... 24
- 第二节 电容式传感器 ... 30
- 第三节 电感式传感器 ... 34
- 第四节 气体传感器 ... 37
- 第五节 GPS/北斗传感器 ... 40
- 第六节 压电式传感器 ... 42
- 第七节 磁电式传感器 ... 44
- 第八节 热电式传感器 ... 47
- 第九节 光电式传感器 ... 49
- 第十节 霍尔式传感器 ... 52
- 第十一节 CCD/CMOS 图像传感器 ... 54
- 第十二节 激光雷达传感器 ... 58
- 复习思考题 ... 63

第三章 典型汽车试验设备与设施 ... 64
- 第一节 典型试验仪器及设备 ... 65
- 第二节 典型试验设施 ... 71
- 第三节 汽车试验场 ... 87
- 复习思考题 ... 92

目录

第四章 动力性试验 ... 94
- 第一节 滑行阻力试验 ... 95
- 第二节 最高车速试验 ... 101
- 第三节 加速试验 ... 102
- 第四节 爬坡试验 ... 105
- 复习思考题 ... 108

第五章 经济性试验 ... 109
- 第一节 试验工况 ... 110
- 第二节 电动汽车经济性试验 ... 115
- 第三节 燃油汽车经济性试验 ... 118
- 复习思考题 ... 123

第六章 制动性能试验 ... 124
- 第一节 行车制动效能试验 ... 125
- 第二节 制动衰退试验 ... 130
- 第三节 电子控制制动系统试验 ... 132
- 复习思考题 ... 137

第七章 操纵稳定性试验 ... 138
- 第一节 常用测试设备 ... 139
- 第二节 稳态回转试验 ... 141
- 第三节 转向瞬态响应试验 ... 145
- 第四节 转向回正性能试验 ... 148
- 第五节 转向轻便性试验 ... 151
- 第六节 蛇行试验 ... 154
- 第七节 电子稳定性控制系统性能试验 ... 157
- 复习思考题 ... 159

第八章 平顺性试验 ... 160
- 第一节 汽车行驶平顺性的评价 ... 161
- 第二节 随机振动基础和路面输入 ... 164
- 第三节 汽车振动系统的简化与单质量系统的振动 ... 165
- 第四节 影响汽车行驶平顺性的因素 ... 168
- 第五节 汽车行驶平顺性试验 ... 170
- 第六节 悬架系统的台架试验 ... 174
- 复习思考题 ... 175

第九章 通过性试验 ... 176
- 第一节 汽车通过性评价指标及几何参数 ... 177
- 第二节 汽车的挂钩牵引力 ... 181

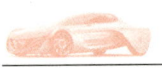

  第三节 汽车的倾覆失效 183
  第四节 影响汽车通过性的因素 184
  第五节 汽车通过性试验 188
  复习思考题 195

第十章 整车可靠性试验 196
  第一节 台架道路模拟试验 197
  第二节 整车道路可靠性行驶试验 200
  第三节 整车地区环境适应性行驶试验 204
  复习思考题 206

第十一章 整车安全性试验 207
  第一节 电池安全性试验 208
  第二节 电磁兼容安全试验 214
  第三节 整车碰撞安全试验 221
  复习思考题 226

第十二章 电动汽车主要总成试验 227
  第一节 动力蓄电池系统试验 228
  第二节 驱动电机系统试验 233
  第三节 充电系统试验 236
  复习思考题 241

第十三章 辅助驾驶与自动驾驶试验 242
  第一节 车道保持辅助系统设计及试验 243
  第二节 自适应巡航控制系统设计及试验 252
  第三节 自动紧急制动系统设计及试验 258
  第四节 交通信号识别和响应设计及试验 263
  第五节 行人与非机动车识别和响应设计及试验 269
  第六节 周边车辆行驶状态识别及响应试验 274
  复习思考题 277

参考文献 278

第一章 / Chapter 1
绪论

> **导读：**
>
> 汽车作为当代社会不可或缺的陆地交通出行工具，其核心构成涵盖动力单元及数以万计的精密零部件。凭借轮式驱动、非轨道运行的独特属性，汽车具备机动灵活、快速响应的显著优势，广泛渗透于人类生产生活的各个领域，成为现代社会高效运转的关键支撑。
>
> 随着科技迭代升级，汽车产业正加速向智能化、电动化方向演进。然而，作为传统燃油汽车核心动力源的石油资源，其储量正逐渐枯竭，开采难度与成本与日俱增，且石油燃烧带来的环境污染与碳排放问题日益严峻。我们必须以专业视角正视这一资源与环境的双重挑战，积极开展智能电动汽车技术研发，加快推动汽车产业从传统燃油驱动向新能源驱动转型，逐步降低对石油能源的依赖，实现汽车产业与能源结构的协同可持续发展。

> **学习目标：**
>
> 1. 了解智能电动汽车的发展情况。
> 2. 了解新能源汽车试验发展趋势。
> 3. 熟悉汽车试验的分类与标准。
> 4. 掌握汽车试验的组织方法。

第一节 智能电动汽车发展概述

近年来，随着全球对环保和可持续发展的日益重视，智能电动汽车的市场需求不断增长，技术也取得了显著进步。从早期的技术研发到如今的爆发式增长，智能电动汽车已经走过了漫长而曲折的发展道路，现已经成为汽车产业的重要组成部分，对推动能源转型、环境保护及提升人民生活质量都发挥着重要作用。因此，深入了解智能电动汽车的发展历程与现状，对把握汽车产业的未来趋势、推动技术创新及促进可持续发展都具有重要意义。

一、智能电动汽车的定义与主要特征

（一）智能电动汽车的定义

智能电动汽车是新能源汽车与智能化技术深度融合的产物。它不仅以电能为驱动动力，还搭载了先进的传感器、控制器、执行器等装置。通过运用信息通信、互联网、大数据、云计算、人工智能等前沿技术，智能电动汽车实现了汽车的智能化、网联化和电动化，从而为用户提供更加安全、便捷、舒适的驾乘体验。

（二）智能电动汽车的主要特征

智能电动汽车具有一系列鲜明的特征，其中电动化是其最基础，也是最显著的特征。与传统燃油汽车相比，智能电动汽车以清洁的电能作为驱动能源，不仅显著降低了碳排放，还提高了能源利用效率，更符合环保和可持续发展的理念。

除了电动化，智能化也是智能电动汽车的主要特征之一。通过搭载先进的传感器、控制器和人工智能算法，智能电动汽车能够实现自动驾驶、智能导航、语音交互等多种智能化功能。这些功能的实现，不仅提升了驾驶的便捷性和安全性，也为用户带来了更加舒适、高效的出行体验。例如，自动驾驶技术可以解放驾驶人的双手，智能导航系统可以实时提供最佳路线等。

此外，网联化也是智能电动汽车的重要特征。智能电动汽车能够与互联网、移动通信网络等无缝连接，实现车与车、车与路、车与人之间的实时通信和信息共享。这种特征不仅提升了汽车的智能化水平，也为智能交通系统的发展奠定了基础。例如，通过车联网技术，智能电动汽车可以实时获取交通流量、路况等信息，从而更加智能地规划行驶路线，避免遭遇拥堵。

电动化、智能化和网联化共同塑造了智能电动汽车的独特魅力，为其未来的发展奠定了坚实的基础。

二、智能电动汽车的发展历程

（一）智能电动汽车的起源与早期发展

智能电动汽车的起源可以追溯至19世纪末，当时电力技术的初步发展使得电动汽车成为一种新的尝试方向。然而，早期的电动汽车发展并非一帆风顺，主要面临电池续航时间短、充电不便及内燃机汽车迅速崛起的压力。尽管如此，电动汽车的出现还是为后来的智能化发展埋下了种子。

在早期，电动汽车与智能化的结合主要体现在电子技术的应用上。虽然相关技术尚未达到当前智能电动汽车的高度，但为车辆的操控、性能提升及用户体验改善提供了可能。例如，电子点火系统逐渐取代了传统的机械点火方式，使得发动机起动变得更加便捷可靠；电动窗户、电动座椅等电子辅助设备的出现，有助于提升驾乘舒适性。

在电子技术应用于电动汽车的基础上，一些汽车制造商开启了更具前瞻性的探索。20世纪60年代，通用汽车公司推出了Electrovair Ⅰ和Electrovair Ⅱ（图1-1）两款电动概念车。这些车辆不仅展示了电动汽车的潜力，还融入了先进的电子技术，如电子控制系统和高效的电动机。尽管受限于当时的电池技术，这些概念车未能实现大规模商业化，但为后来的智能电动汽车发展提供了宝贵的经验。

图1-1　通用Electrovair Ⅱ电动概念车

美国汽车公司（AMC）与 Gulton Industries 合作开发的 Amitron 电动汽车也是早期的一个亮点。这款车型采用轻质底盘和经过优化的空气动力学设计，同时配备电子控制系统和再生制动系统。上述技术的应用使得 Amitron 电动汽车在当时具备了较高的智能化水平，但最终未能实现大规模生产。在 1972 年慕尼黑奥运会上，宝马公司推出的 BMW 1602e 电动轿车（图 1-2）展示了电动汽车在特定场景下的应用潜力。这款车型不仅用于辅助马拉松和步行项目，还采用了电子控制系统来优化驾驶体验。宝马的这一尝试为后续智能电动汽车的发展积累了宝贵的经验。

图 1-2　BMW 1602e 电动轿车

需要注意的是，上述早期案例中的"智能化"程度相对较低，主要集中在电子控制技术的应用上。然而，这些尝试还是推动了电池技术、电子控制技术等相关领域的进步。随着科技的不断发展，智能电动汽车的定义和范围也在不断扩展，从最初的电子控制逐渐发展到自动驾驶、智能导航、语音交互等高级智能化功能。

（二）智能电动汽车技术的突破与市场增长

随着科技的飞速进步和全球对环境保护意识的增强，智能电动汽车技术迎来了前所未有的突破，市场也呈现出爆发式增长的趋势。

在技术突破方面，智能电动汽车取得了显著的进展。首先，电池技术的革新为电动汽车的续航能力提升和成本降低带来了重要突破。近年来，电池能量密度得到大幅度提升，使得电动汽车的续驶里程显著增加。同时，随着生产规模的扩大和技术进步，电池成本不断下降，使得电动汽车的价格更加亲民。此外，快充技术的发展也缩短了电动汽车的充电时间，提高了用户体验。

其次，智能驾驶与自动驾驶技术的突破为智能电动汽车的发展注入了新的活力。激光雷达、毫米波雷达、高清摄像头等传感器的广泛应用，使得车辆能够实时感知周围环境，为智能驾驶和自动驾驶提供了条件。同时，复杂的算法和先进的软件平台使得车辆能够处理海量数据，做出精准决策。例如，蔚来汽车发布的 NADArch2.0 智能驾驶技术架构，通过引入世界模型进行端到端决策，提升了智能驾驶的安全性和拟人化程度。相关技术的突破使智能电动汽车在安全性、舒适性和便捷性方面得到了显著提升。

除了技术突破，智能电动汽车市场在全球范围内也呈现出快速增长的态势。以中国市场为例，新能源汽车产销量大幅度增长，电动汽车的普及速度超过预期。这一市场的快速增长为智能电动汽车的发展提供了广阔的空间和机遇。

目前，蔚来汽车、特斯拉和小鹏汽车等企业在智能电动汽车领域取得了显著的成绩。蔚来汽车作为中国智能电动汽车的代表企业之一，不仅在电池技术、智能驾驶技术等方面取得了显著突破，还在市场销量上取得了优异成绩。例如，蔚来汽车交付量从 2018 年的数千辆增长至 2023 年的 16 万辆，2024 年第二季度的交付量更是出现大幅度提升。特斯拉作为全球智能电动汽车的领头羊，在电池技术、自动驾驶技术等方面的突破引领了行业潮流。特斯拉的超级充电站网络遍布全球多个国家和地区，为用户提供了便捷的充电服务。特斯拉 Model 3（图 1-3）等车型的热销不仅推动了特斯拉自身的市场增长，也促进了全球智能电动汽车市场的繁荣。小鹏汽车积极探索未来出行的新方式，致力于研发智能电动飞行汽车，为低空经济发展助力。小鹏旅航者 X2（图 1-4）智能电动垂直起降飞行器已经在迪拜等地成功试飞，展示了其强大的技术实力和创新能力。上述企业的成功案例为智能电动汽车行业的发展树立了榜样，进一步推动了市场的繁荣和发展。

图 1-3　特斯拉 Model 3

图 1-4　旅航者 X2

智能电动汽车技术的不断突破和市场需求的持续增长共同推动了该行业的快速发展。未来，随着技术的进一步成熟和市场的不断拓展，智能电动汽车将成为汽车行业的重要发展方向。

（三）关键政策与事件对智能电动汽车发展的影响

近年来，智能电动汽车行业在全球范围内经历了前所未有的快速发展，这一进程不仅得益于技术创新和市场需求的变化，更离不开一系列关键政策与事件的推动。

1. 中国新能源汽车下乡活动

2024 年 5 月，工业和信息化部（以下简称工信部）等部门联合发布了《关于开展 2024 年新能源汽车下乡活动的通知》，提出选取适宜农村市场、口碑较好、质量可靠的新能源汽车车型，开展集中展览展示、试乘试驾等活动。下乡活动不仅丰富了农村消费者的购车选择，还通过提供多样化的金融服务和售后服务，补齐了农村地区新能源汽车配套环境的短板。该政策有效激发了农村市场的购车需求，推动了新能源汽车在农村地区的普及。

2. 智能网联汽车准入和上路通行试点

为了推动智能网联汽车技术的发展和应用，工信部等部门联合发布了《关于开展智能网联汽车准入和上路通行试点工作的通知》。该通知明确了智能网联汽车的准入条件和试点要求，并遴选了具备量产条件的智能网联汽车产品开展上路通行试点。例如，比亚迪公司在获得国内首张高快速路有条件自动驾驶（L3 级）测试牌照后，可以在指定区域开展 L3 级自动驾驶道路测试。这一试点工作的开展，不仅有助于智能网联汽车技术的成熟和应用，还为消费者提供了更加安全、便捷的出行体验。

3. 充电基础设施建设案例

在国家政策的推动下，充电基础设施建设在全国范围内迅速铺开。以杭州市为例，该市积极推动光伏装机退役、用能设备节能改造升级，以及老旧低功率充电桩换新等工作，每年投资8亿元人民币以上用于能源领域设备更新。此外，杭州市还鼓励汽车以旧换新活动，每年组织开展汽车以旧换新促销、巡展活动不少于10场，并提供购车补贴等优惠政策。这些措施不仅提升了新能源汽车的使用便捷度，还促进了新能源汽车市场的快速发展。

关键政策与事件对智能电动汽车的发展产生了深远的影响。通过购车补贴、税收优惠、充电基础设施建设、智能网联汽车标准与法规制定，以及节能降碳与环保政策等措施的实施，智能电动汽车行业迎来了前所未有的发展机遇。未来，随着技术的不断进步和政策的持续支持，智能电动汽车市场有望进一步扩大，为全球交通领域的低碳转型和可持续发展做出更大贡献。

三、智能电动汽车市场现状

（一）当前智能电动汽车市场的规模与渗透率

在全球范围内，智能电动汽车市场的规模正在迅速扩大。根据行业预测，2025年全球新能源汽车销量有望突破2100万辆，同比增长显著，显示出强劲的增长势头。中国作为全球最大的新能源汽车市场，其市场规模和影响力尤为显著。中国电动汽车百人会预测，2025年中国新能源汽车销量预计将达到1650万辆（含出口），增速接近30%，渗透率超过50%，内需有望达到1500万辆，渗透率超过55%。

在中国市场，新能源乘用车的渗透率已经取得了显著提升。根据乘联会的数据，2025年4月前两周，国内新能源车零售销量达到51.5万辆，同比增长8%，新能源零售渗透率为53.3%，较去年同期大幅提升6个百分点。这一数据标志着新能源乘用车在国内市场的接受度已经达到了一个新的高度，市场结构持续重塑，新能源汽车成为推动行业变革的核心力量。

（二）市场增长的主要驱动力

1. 消费者需求

消费者对更可持续交通方式的需求是推动智能电动汽车市场增长的重要因素。随着环保意识的增强和技术的进步，越来越多的消费者开始关注并选择智能电动汽车。此外，智能电动汽车在驾驶体验、科技感和舒适性等方面的优势也吸引了大量消费者。

2. 政策支持

各国政府出台的一系列支持政策也是推动智能电动汽车市场增长的重要因素。这些政策包括购车补贴、税收优惠、充电基础设施建设、智能网联汽车标准与法规制定等，它们的实施不仅降低了消费者购买智能电动汽车的成本，还提升了智能电动汽车的使用便捷度和安全性，从而促进了市场的快速发展。

3. 技术创新

技术创新是智能电动汽车市场增长的另一重要驱动力。随着电池技术、电机技术、智能网联技术等的不断进步，智能电动汽车的续驶里程、性能表现和智能化水平得到了显著提升。这些技术创新不仅提升了智能电动汽车的竞争力，还为消费者提供了更加优质的驾驶体验和服务。

（三）未来智能电动汽车市场的发展趋势

1. 市场规模持续扩大

随着消费者需求的增长、政策支持的加强和技术创新的推动，未来智能电动汽车市场规模将持续扩大。预计全球范围内的新能源汽车销量将保持高速增长态势，中国市场的规模和影响力也将进一步提升。

2. 渗透率不断提升

随着智能电动汽车技术的不断成熟和消费者接受度的提高，未来智能电动汽车的渗透率将不断提升。在中国市场，新能源乘用车的渗透率有望保持快速增长态势，逐步接近甚至超过传统燃油车的市场份额。

3. 智能化水平不断提升

未来智能电动汽车的智能化水平将不断提升。随着智能网联技术的快速发展和应用场景的拓展，智能电动汽车将实现更加智能化、个性化的驾驶体验和服务。同时，智能电动汽车还将与智慧城市、智能交通等领域深度融合，为城市交通和能源管理提供更加高效、便捷的解决方案。

4. 市场竞争加剧

随着市场规模的扩大和渗透率的提升，未来智能电动汽车市场的竞争也将日益激烈。传统车企和新兴势力将围绕技术创新、品牌建设、市场拓展等方面展开激烈竞争。随着全球贸易环境的变化和供应链的重构，智能电动汽车市场也将面临更加复杂的市场格局和竞争态势。

未来智能电动汽车市场将呈现出市场规模持续扩大、渗透率不断提升、智能化水平不断提高及市场竞争加剧等发展趋势，有望推动智能电动汽车市场的快速发展和变革。

四、智能电动汽车的技术进步与创新

（一）电池技术、自动驾驶技术、智能座舱技术等的进展

在电池技术领域，智能电动汽车取得了显著进展。固态电池作为电池技术的重要发展方向，正逐步从实验室走向商业化应用。固态电池相较于传统液态锂离子电池，拥有更高的能量密度、更短的充电时间及更长的循环寿命，将极大提升电动汽车的实用性与市场竞争力。此外，钠离子电池也备受瞩目，其资源丰富、成本较低的优势，有望使新能源汽车的成本进一步降低，市场竞争力增强。同时，智能电池管理系统（BMS）的优化，使得电池性能得以更好发挥，延长了电池使用寿命并提升了安全性。

自动驾驶技术是智能电动汽车的一大亮点。近年来，自动驾驶技术加速演进，从辅助驾驶到高级别自动驾驶，技术不断被突破。例如，小鹏汽车的XNGP系统已经实现全国范围内的无图智驾功能，标志着自动驾驶技术迈向了新的阶段。自动驾驶技术通过高精度地图、传感器融合、算法优化等手段，实现对车辆周围环境的精准感知和智能决策，提高了驾驶的安全性和舒适性。此外，去图化技术的发展也使得自动驾驶系统更加灵活，能适应复杂多变的交通环境。

智能座舱技术作为人机交互的核心，也在不断进步。智能座舱配备了智能化和网联化的车载产品，能够与人、路、车本身进行智能交互。车载信息娱乐系统、流媒体后视镜、视觉

感知系统、语音交互系统、智能座椅及后排显示屏等电子设备共同构成了智能座舱的主要组成部分。随着AI大模型等技术的应用，智能座舱的智能化水平不断提升，能够提供更加个性化、便捷化的驾驶体验。例如，蔚来汽车的NOMI GPT大模型通过端云多模态交互技术，为用户提供了丰富的交互体验和服务。

（二）AI大模型等技术在智能电动汽车中的应用与前景

AI大模型作为新技术的重要代表，在智能电动汽车领域得到了广泛应用。在自动驾驶领域，AI大模型通过处理海量数据，优化算法模型，提高了自动驾驶系统的感知、决策和执行能力。例如，小鹏汽车XNGP系统中的大语言模型XBrain，赋予了智驾系统处理复杂场景，甚至未知场景的泛化处理能力。在智能座舱领域，AI大模型通过深化语义理解和优化语料生成，提升了车载语音助手的交互体验。例如，蔚来汽车的NOMI GPT大模型能够实现与用户的开放式问答交互，提供丰富的用车服务和娱乐体验。

未来，AI大模型等技术在智能电动汽车领域的应用前景广阔。随着技术的不断进步和算法的持续优化，AI大模型将更加精准地捕捉用户需求，提供更加个性化、智能化的服务。随着计算能力的提升和成本的降低，AI大模型将更加普及化，成为智能电动汽车的标配技术。此外，随着跨领域技术的融合创新，AI大模型还将与车联网、智能交通等领域深度融合，推动智能电动汽车产业的全面发展。

（三）技术进步对智能电动汽车产业发展的作用

技术进步显著提升了智能电动汽车的产品竞争力。通过电池技术的创新，智能电动汽车的续航能力得到了大幅度提升，解决了用户的里程焦虑问题；自动驾驶技术的突破，提高了驾驶的安全性和舒适性，为用户带来了更加便捷的出行体验；智能座舱技术的发展，使得驾驶过程更加智能化和个性化，从而满足用户对于高品质出行的需求。这些技术进步共同推动了智能电动汽车市场的快速发展。

技术进步促进了智能电动汽车产业的升级。一方面，新技术的应用推动了产业链上下游企业的协同发展，形成了更加完善的产业生态体系；另一方面，技术的进步也加快了传统车企向新能源、智能化转型的步伐，进而推动整个汽车产业的转型升级。例如，随着电池技术的不断成熟和成本降低，越来越多的传统车企开始加大对新能源汽车的投入力度；同时，自动驾驶和智能座舱等技术的创新也吸引了大量科技企业的加入，进而推动汽车产业与互联网、人工智能等行业的深度融合。

技术进步推动了智能电动汽车市场的普及。在电池成本降低、续航能力提升及充电基础设施完善等因素的共同作用下，智能电动汽车的价格逐渐降低至能与传统燃油汽车相竞争的水平。这将使得更多消费者能够负担得起智能电动汽车，从而推动智能电动汽车的进一步普及和发展。随着自动驾驶技术的不断成熟和商业化应用进程的加速推进，智能电动汽车的驾驶体验将得到进一步提升，以吸引更多消费者关注和购买。

五、智能电动汽车的展望与挑战

（一）智能电动汽车的发展趋势与前景

1. 全面电动化

随着人们环保意识的增强和能源供应日趋紧张，全面电动化将是新能源汽车发展的核心趋势。纯电动车、插电式混合动力车、燃料电池车等多种车型不断涌现，以满足不同消费者的需求。

2. 智能化升级

人工智能技术的快速发展将推动新能源汽车向智能化方向发展。未来的智能电动汽车将不只是交通工具，还可与智能家居、交通网络等系统实现互联互通，提供更加智能、便捷的出行体验。

3. 轻量化设计

采用更轻质的材料、优化动力系统和整体架构，可以有效减轻汽车重量，降低能耗，提升续航能力，实现更为显著的环保效益。

4. 多样化与个性化

随着市场的细分和用户需求的多样化，新能源汽车的车型将更加丰富，以满足不同消费群体的个性化需求。

5. 绿色出行理念

新能源汽车将致力于实现零污染排放、节能减排和可持续发展，推动绿色出行理念的普及与实践。

（二）智能电动汽车产业面临的挑战与应对策略

1. 技术瓶颈

（1）电池技术 电池的能量密度、寿命和安全性仍需要进一步提升。应加大在电池技术研发上的投入，提高电池的能量密度、续航里程和充电速度。

（2）智能驾驶技术 自动驾驶、智能充电等技术的成熟度还需要提高。应通过企业与高校、科研机构的合作，共同推进技术突破。

2. 基础设施建设

（1）充电设施 当前公共充电桩数量较少，分布不均，使用不便。政府应制定详细规划，增加公共充电桩的数量，优化其分布，并推进快充技术的发展。

（2）配套设施 应加强充电设施的智能化管理，实现充电桩的互联互通，提高用户使用的便利性。

3. 市场需求与成本

（1）高昂售价 新能源汽车的售价相对较高，影响了消费者的购买意愿。政府可以提供购车补贴、减免税收等优惠政策，降低购买成本。

（2）市场推广 应通过举办新能源汽车展览、宣传活动等方式，提高公众对新能源汽车的认知度，扩大市场影响力。

4. 产业链整合

推动新能源汽车产业链的上下游协同合作，优化资源配置，降低成本，提高效率。建立产业链合作平台，促进信息共享和资源整合。

（三）智能电动汽车在推动能源转型与环境保护方面的重要作用

1. 减少温室气体排放

电动汽车在运行过程中不产生尾气排放，可以显著降低温室气体的排放，有助于缓解全

球气候变暖问题。

2. 降低空气污染

传统燃油汽车的尾气排放是城市大气污染的重要因素，而电动汽车的使用可以有效降低空气中的有害物质，改善城市空气质量。

3. 减少对化石燃料的依赖

电动汽车依赖电能，可以通过风能、太阳能等可再生能源供电，减少对石油、天然气等化石燃料的依赖，有助于能源的可持续利用。

4. 促进能源转型

电动汽车的普及将促进电力行业的改革，提高电力供应的清洁度和可靠性，推动能源从化石能源向可再生能源的转变。

智能电动汽车的发展趋势与前景极为广阔，但在发展过程中仍需克服技术瓶颈、完善基础设施建设等挑战。同时，智能电动汽车在推动能源转型与环境保护方面的重要作用不可忽视，将为实现可持续发展目标做出重要贡献。

第二节　新能源汽车试验发展趋势

新能源汽车作为绿色出行的重要解决方案，其研发与应用正以前所未有的速度推进。新能源汽车试验作为确保车辆性能、安全及可靠性的关键环节，其发展趋势备受瞩目。面对新能源汽车技术的不断革新和市场需求的多样化，试验技术正逐步向高精度、高效率、智能化方向迈进，旨在提升试验效率、降低成本，从而更准确地模拟复杂工况下的车辆表现。

一、新能源汽车试验技术发展趋势

（一）智能化与自动化试验技术

随着新能源汽车产业的快速发展，试验技术也在不断创新与进化，以适应日益复杂的技术挑战和市场需求。智能化与自动化试验技术作为其中的重要方向，正引领新能源汽车试验领域的发展。

1. 自动化测试设备的应用与发展

自动化测试设备在新能源汽车试验中发挥着越来越重要的作用。这些设备能够执行预设的测试程序，自动完成数据采集、处理和分析，显著提高了测试效率和准确性。随着技术的不断进步，自动化测试设备正朝着更加智能化、集成化的方向发展。例如，通过引入机器视觉、传感器融合等先进技术，自动化测试设备能够实现对新能源汽车各部件全方位、高精度的测试，从而为产品研发提供有力支持。

未来，自动化测试设备的应用范围将进一步扩大，不再局限于传统的性能测试和安全测试，还将深入到能量管理、电池寿命预测等更多领域。随着新能源汽车技术的不断创新，自动化测试设备也将不断升级换代，以满足新的测试需求。

第一章　绪论

2. 人工智能在试验数据分析与预测中的应用

人工智能技术的引入为新能源汽车试验数据的分析与预测带来了革命性的变化。通过机器学习、深度学习等算法，人工智能系统能够自动挖掘试验数据中的潜在规律和趋势，为产品研发提供宝贵的数据支持。例如，在电池管理系统测试中，人工智能可以通过分析大量充放电数据，预测电池的剩余寿命和性能衰退情况，从而为电池维护和更换提供科学依据。

此外，人工智能还可以用于优化试验流程和提高试验效率。通过智能调度和自动化控制，人工智能系统能够实现对试验资源的合理分配和高效利用，降低试验成本和时间消耗。

3. 远程监控与故障诊断技术的提升

远程监控与故障诊断技术在新能源汽车试验中的应用日益广泛。这些技术能够实现对试验车辆的实时监控和远程故障诊断，及时发现并解决问题，确保试验顺利进行。随着物联网、云计算等技术的不断发展，远程监控与故障诊断系统正向着更加智能化、网络化的方向发展。

远程监控与故障诊断系统可以通过车载传感器、无线通信等技术手段，实时采集试验车辆的状态信息并传输到云端服务器进行处理和分析。一旦发现异常情况或潜在故障点，系统能够立即发出警报并给出相应的处理建议或解决方案。这种实时、高效的故障诊断和处理机制对于提高新能源汽车试验的安全性和可靠性具有重要意义。

智能化与自动化试验技术正在推动新能源汽车试验领域的快速发展，随着技术的不断进步和应用范围的不断扩大，它们将为新能源汽车的研发和测试提供更加高效、准确、可靠的解决方案。

（二）仿真与虚拟试验技术

随着新能源汽车技术的飞速发展，试验技术也在不断革新，其中仿真与虚拟试验技术作为重要的辅助手段，展现出广泛的应用前景。

1. 多物理场仿真技术在新能源汽车试验中的应用

多物理场仿真技术是一种能够综合考虑多种物理场相互作用的高级仿真方法。在新能源汽车试验中，该技术被广泛应用于电池、电机、电控系统等多个关键领域。通过构建精确的多物理场仿真模型，可以模拟新能源汽车在不同工况下的运行状态，预测其性能表现，并为优化设计提供科学依据。

多物理场仿真技术可以模拟电池内部的电化学反应、热传递过程和机械应力分布，从而评估电池的充放电性能、热稳定性和安全性。该技术也可以对电机的电磁场、温度场及流体场进行仿真分析，优化电机的设计参数，提高其运行效率和可靠性。此外，在电控系统方面，多物理场仿真技术还可以用于模拟控制算法在不同工况下的执行效果，为算法的优化提供有力支持。

随着计算机技术的不断进步和仿真软件的持续优化，多物理场仿真技术的精度和效率将得到进一步提升，从而为新能源汽车试验提供更加全面、准确的仿真解决方案。

2. 虚拟试验平台的建设与验证

虚拟试验平台是新能源汽车仿真与虚拟试验技术的重要载体。通过构建高度仿真的虚拟试验环境，可以模拟新能源汽车在各种复杂工况下的运行情况，并进行性能评估、故障诊断和优化设计等工作。虚拟试验平台的建设需要集成多种仿真软件和工具，包括多物理场仿真软件、动力学仿真软件、控制系统仿真软件等，以实现对新能源汽车各系统的全面仿真。

在虚拟试验平台的建设过程中，验证工作是必不可少的环节。通过与实际试验结果进行对比分析，可以评估虚拟试验平台的准确性和可靠性，并对其进行持续改进和优化。随着新能源汽车技术的不断发展，虚拟试验平台将不断升级和完善，为新能源汽车的研发和测试提供更加高效、便捷的试验手段。

3. 仿真与实车试验的结合策略

仿真与实车试验各有优劣，因此在实际应用中需要采取合适的结合策略。一方面，可以利用仿真技术对新能源汽车进行初步的性能评估和优化设计，减少实车试验的次数和成本；另一方面，通过实车试验来验证仿真结果的准确性和可靠性，确保产品的最终性能满足要求。

为了实现仿真与实车试验的有效结合，需要制订科学的试验计划和流程。首先，明确试验目的和要求，确定需要仿真的系统和工况；其次，选择合适的仿真软件和工具进行仿真分析，并根据仿真结果确定实车试验方案，以进行实际测试；最后，将实车试验结果与仿真结果进行对比分析，评估仿真技术的准确性和可靠性，并对后续工作进行调整和优化。

随着新能源汽车技术的不断发展和仿真技术的不断进步，仿真与实车试验的结合策略将更加成熟和完善，从而为新能源汽车的研发和测试提供更加高效、准确的试验解决方案。

（三）高效能与精准化试验技术

随着新能源汽车技术的不断进步和市场需求的日益多样化，试验技术也在向着高效能与精准化的方向发展。

1. 高精度测量仪器与设备的发展

高精度测量仪器与设备是新能源汽车试验技术的基础。为了满足新能源汽车对高精度、高可靠性的测试需求，测量仪器与设备不断升级换代。它们不仅具备更高的测量精度和稳定性，还能够实现多参数同步测量和实时数据分析，从而为新能源汽车的研发和测试提供有力支持。

未来，随着传感器技术、信号处理技术和计算机技术的不断发展，高精度测量仪器与设备将更加智能化、集成化。例如，智能传感器能够自动校准、自我诊断，确保测量数据的准确性和可靠性；集成化的测量系统则能够将多种测量功能集成于一体，简化测试流程，提高测试效率。

2. 试验流程优化与效率提升策略

试验流程的优化与效率提升是新能源汽车试验技术发展的重要方向。通过优化试验设计、改进测试方法、引入自动化测试设备等手段，可以显著缩短试验周期，降低试验成本，提高试验效率。具体来说，可以采用模块化设计思想将复杂的试验系统分解为若干相对独立的模块，每个模块完成特定的测试任务。这样不仅可以简化试验系统的结构，也有利于模块的维护和升级。引入自动化测试设备可以减少人为干预，提高测试的重复性和一致性。此外，通过采用先进的试验管理软件对试验数据进行集中管理和分析，可以进一步提高试验效率和管理水平。

3. 精准化能量管理与控制系统

新能源汽车的能量管理与控制系统是其关键技术之一。为了确保这些系统的性能稳定和可靠运行，需要进行精准化的试验验证。精准化能量管理与控制系统试验技术主要包括以下方面：

（1）高精度能量消耗测量技术 采用高精度传感器和测量设备对新能源汽车在行驶过程中的能量消耗进行实时监测和记录，为能量管理策略的优化提供数据支持。

（2）多工况模拟测试技术 构建能够模拟多种实际行驶工况的测试环境，对新能源汽车的能量管理与控制系统进行全面评估。通过对比分析不同工况下的测试数据，可以发现潜在的问题和改进空间。

（3）智能诊断与预测技术 利用人工智能技术对试验数据进行深度挖掘和分析，实现对能量管理与控制系统故障的智能诊断和性能衰退的提前预测，有助于及时发现并解决问题，确保新能源汽车的安全性和可靠性。

综上所述，高效能与精准化试验技术正在推动新能源汽车试验领域的快速发展。随着技术的不断进步和应用范围的不断扩大，它们将为新能源汽车的研发和测试提供更加高效、准确、可靠的解决方案。

二、新能源汽车试验面临的挑战

（一）技术挑战

在新能源汽车试验领域，技术挑战是制约其进一步发展的关键因素之一。

1. 高精度、高效率试验技术的研发难度

随着新能源汽车技术的快速发展，试验技术的精度和效率都需要满足更高要求。高精度测量仪器与设备的研发是实现这一目标的基础，但这些设备的研发往往涉及复杂的技术难题，如高精度传感器的设计、信号处理算法的优化等。此外，高效率试验技术的实现也需要考虑试验流程的自动化、智能化改造，以及试验数据的实时处理与分析能力的提升。这些都对技术研发团队的专业能力和创新能力提出了严峻挑战。

为了应对这一挑战，新能源汽车试验领域需要不断加强技术创新和研发投入，积极引进和培养高端技术人才，推动试验技术的持续进步。加强与高校、科研机构等外部单位的合作与交流，共享技术资源和研发成果，也是提升试验技术水平的有效途径。

2. 复杂工况下试验数据的准确获取与分析

新能源汽车在实际使用过程中会遇到各种复杂工况，如高温、低温、高海拔、复杂路况等。在这些工况下，试验数据的准确获取与分析变得尤为困难。一方面，复杂工况可能导致试验设备性能下降或失效，从而影响数据的准确性；另一方面，大量、多维度的试验数据需要高效、准确的处理与分析方法才能提取有价值的信息。

为了应对这些挑战，新能源汽车试验领域需要加强对试验设备的校准与维护工作，确保其在各种工况下都能稳定可靠地工作。同时，引入先进的数据处理与分析技术，如大数据、人工智能等，提高数据处理的效率和准确性。此外，还需要建立完善的试验数据管理体系，确保试验数据的完整性、可追溯性和可重用性。

（二）成本挑战

新能源汽车试验在推进技术创新和产业发展的过程中，也面临不容忽视的成本挑战。

1. 先进试验设备与技术的成本高昂

新能源汽车试验需要使用大量先进的试验设备和技术，这些往往代表行业的前沿水平，因此价格昂贵。高精度测量仪器、自动化测试设备、先进的仿真软件等都需要大量的资金投入。高昂的设备与技术成本不仅增加了企业的财务负担，还可能限制一些中小企业进入新能源汽车试验领域，从而影响整个行业的创新发展。为了应对这一挑战，企业可以采取多种策略，如共同研发新技术和设备，降低单个企业的研发成本；积极申请政府补贴和科研项目资金以减轻财务压力；通过技术创新和自主研发来降低对外部高昂设备的依赖等。

2. 试验周期长、费用高

新能源汽车试验周期往往较长，需要进行多次重复试验以验证产品的性能和可靠性。这不仅增加了时间成本，还导致试验费用居高不下。过长的试验周期和高昂的费用不仅可能影响企业的研发进度和市场竞争力，还可能降低企业进行新能源汽车试验的积极性和投入意愿。为了缩短试验周期并降低费用，企业可以采取一系列措施，如优化试验流程来提高试验效率，采用先进的仿真技术和虚拟测试方法来减少实车试验次数，或者通过共享试验资源和合作研发来分摊成本和风险。此外，政府和企业还可以共同推动建立公共试验平台和服务体系，以降低整个行业的试验成本和提高资源利用效率。

第三节　汽车试验的分类与标准

科学实验，特别是现代科学实验，离不开理论的指导。理论与实验的紧密结合是现代科学技术发展的关键特征，两者相辅相成，共同进步。许多看似纯粹的理论创新，实则都建立在坚实的实验基础之上。实验是理论发展的主要驱动力，实验的突破往往能带动理论的新发展。在工程技术领域，包括汽车在内的每一个成功产品，都是设计与实验紧密结合的产物。理论为设计提供方法论指导，实验则为设计提供依据，并对设计结果进行验证。在许多工程实践中，实验往往是解决问题的唯一途径。

一、汽车试验在汽车产业中的地位

汽车技术的进步一直是制造商在市场上保持竞争力的关键，而任何技术进步都离不开试验的直接推动。因此，行业内普遍认为，无论是新设计，还是正在生产的汽车，就算设计多么周全，制造过程多么精心，都需要经过科学而严格的测试。通过测试可以检验产品的先进性、设计思想的正确性、制造工艺的合理性、使用和维修的便利性，以及各部件的可靠性。

汽车产业的演进已经跨越了一个多世纪。在早期的手工制造阶段，由于产量有限且速度不高，人们对汽车的具体性能和品质要求并不明确，这导致汽车测试工作相对落后。当时的测试方法主要依赖于操作和主观判断，侧重于与马车的速度和舒适度进行对比。尽管如此，汽车测试在制造商和消费者中仍受到重视。每一辆新车在上市前都需要在真实路面上进行测试，消费者在购买前通常也会亲自驾驶体验，汽车制造商还会定期举办展示汽车性能的竞赛。

20世纪初，亨利·福特基于伊利·惠特尼发明的汽车"标准化部件"，发展出"流水生产方式"，这标志着汽车开始进入大规模生产阶段。随着生产量的增加，汽车使用中的可靠性、耐久性等性能问题变得更加突出。为了充分发挥流水线带来的高效率和低成本优势，汽车制造商开始进行大量的试验研究，涉及材料、工艺、可靠性、耐用性、磨损等方面，进而推动了汽车标准化工作的进步。在这个时期，汽车试验不仅借鉴了其他行业成熟的技术和方法，还逐渐建立了独特的汽车试验研究体系，开发出针对汽车行业的试验方法和设备，如整车转鼓测试台、发动机性能测试台、汽车空气动力学风洞试验设施、总成部件的闭式测试台和疲劳试验台等。道路试验也得到了重视。1924年，美国通用汽车公司建立了米尔费德试车场，这是世界上第一个大规模、功能全面的汽车测试设施，引领了其他汽车制造商建立自己的试验场的趋势。1945年9月后，国际上知名的汽车公司纷纷建立了自己的汽车试验场。生产方式的变化带来了试验方法的根本改变，从早期的手工操作和主观评价转向仪器测试和客观评价。尽管当时的汽车试验规模有限、范围不广、设备简陋，但基本试验方法已经在这一时期形成，并为未来的发展奠定了坚实的基础。

自20世纪80年代起，美国国家仪器公司开发出世界上首个虚拟仪器系统，这引发了汽车试验仪器设备系统构成的大变革。虚拟仪器系统将现代计算机和信息技术融入汽车试验系统中，为试验的高精度、高效率、自动化和智能化提供了关键的技术和设备支持。国际汽车制造商为了增强自己的市场竞争力，开始大规模投资建设汽车实验室和试验场，持续进行数百辆整车和总成部件的各类试验。

二、汽车试验分类

每款新设计的汽车产品，从概念形成到上市，其开发过程中的试验费用通常占总开发费用的1/3以上，试验项目总数可达数千个。为了便于理解这些复杂的汽车试验内容，下面介绍三种常见的试验分类方法。

（一）按试验场所分类

按试验场所不同，汽车试验可分为室内台架试验、汽车试验场试验和室外道路试验三种。

1. 室内台架试验

室内台架试验的关键优势在于它能够避免外部环境因素的影响，并且能够连续24h运行，这使得它非常适合进行汽车性能的比较测试及可靠性、耐久性的测试。室内台架试验的最大特点是效率极高，不仅适用于汽车总成部件，也适用于汽车整车。图1-5~图1-7所示分别为汽车整车、发动机和变速器的室内台架试验。

2. 汽车试验场试验

汽车试验场试验越来越受到汽车界的重视，其原因是汽车试验场上可以设置各种不同的路面，如扭曲路面、比利时砌石路面、高速环道、汽车性能试验专用跑道等，如图1-8所示。在专用的汽车试验场地上，汽车的各项性能测试可以在不受到交通拥堵等外部因素影响的情况下进行，特别适合进行汽车的可靠性、耐用性及环境适应性测试。

图 1-5　汽车整车室内台架试验

图 1-6　发动机室内台架试验

图 1-7　变速器室内台架试验

图 1-8　汽车试验场

3. 室外道路试验

汽车产品最终会用于各种气候条件、交通环境和道路状况。为了确保汽车的性能能满足实际应用需求，必须在真实的路面上进行测试。因此，每一种新研发的汽车产品都要经历室内台架试验、汽车试验场试验及室外道路试验三个相互关联的复杂试验阶段。

由于汽车试验场试验和室外道路试验均在道路上进行，业内常将二者统称为道路试验。

（二）按试验对象分类

按试验对象不同，汽车试验可分为整车试验、总成试验和零部件试验三种。

1. 整车试验

整车试验是对整辆汽车的全面性能评估，它模拟了汽车在实际使用中的各种条件，以验证其性能、安全性和可靠性。整车试验涵盖多个方面，包括但不限于动力性、经济性、制动性、操纵稳定性、噪声和振动、通过性、可靠性及安全性等。整车试验是汽车研发和生产过程中不可或缺的一环，它可以帮助汽车制造商全面了解汽车的性能表现，发现并解决潜在问题，从而提高汽车的质量和安全性。此外，整车试验也是消费者了解汽车性能和做出购买决策的重要依据。

2. 总成试验

总成试验主要考核机构总成的工作性能和耐久性，如测试发动机的功率、变速器各档的传动效率、悬架装置的结构强度、制动器的响应时间及轮胎的滚动阻力等。图1-9和图1-10所示分别为汽车制动器试验和汽车轮胎试验。

图1-9 汽车制动器试验

图1-10 汽车轮胎试验

3. 零部件试验

零部件试验主要针对汽车的各个零部件，旨在考核零部件的设计和工艺合理性，测试其刚度、强度、磨损和疲劳寿命，以及研究材料选择的合理性等。例如，针对齿轮副、滑动花键等零部件进行试验。

（三）按试验目的分类

按试验目的的不同，汽车试验可分为质检试验、新产品定型试验和科研试验三种。

汽车试验服务于多种不同的目标，旨在确保汽车产品质量的测试称为质量检查试验，简称质检试验；旨在验证新开发汽车产品是否满足设计标准和汽车法规的测试称为新产品定型试验；为了推动汽车技术发展而进行的试验，如新汽车、新结构、新技术、新材料和新工艺的测试，以及新测试方法的探索性试验，都被归类为科研试验。

（四）各类试验的关系

在汽车试验中，不论是试验对象不同，还是试验目的不同，一般都会包括室内台架试验、汽车试验场试验及室外道路试验。试验流程是先进行室内台架试验，如果其结果满足规定要求，则继续进行试验场试验；待试验场试验结果符合标准后，汽车产品在上市前还需进行道路适应性试验。对于汽车总成和零部件的试验，由于试验场中无法独立进行，须安装在整车上进行测试，而室内台架试验可以利用专用的总成部件试验台架独立进行。

三、汽车试验系统

汽车试验设备主要分为道路试验设备和室内台架设备两类。道路试验设备会面对极端的环境条件，因此需要具备良好的防尘、防振、防潮和抗老化特性。室内台架设备则需要模拟汽车整车和总成部件的运动及各种外部环境条件，以便对相关参数进行测量。道路试验设备与室内台架设备在功能和结构上存在显著不同。下面以汽车整车试验为例，详细介绍这两类设备系统的组成和工作原理。

（一）汽车道路试验系统的组成与工作原理

汽车道路试验中常用的仪器系统主要由数据采集与处理单元和多种传感器构成，该系统能够满足汽车的动力性、经济性、制动性和操控稳定性等多方面的试验需求。现代汽车试验系统的显著特点是信号的前处理功能（如信号放大、模数转换、滤波等）已经完全集成在数据采集与处理单元中。进行汽车性能试验时，只需添加相应的传感器，即可完成所需试验，即数据采集与处理单元是汽车道路试验系统的通用核心部分，系统的功能扩展非常便捷。若要开展新的试验项目，只需添加相应的传感器和对软件进行适当修改；即便没有新的软件开发，将试验系统切换到手动操作模式也能完成试验。

（二）汽车室内台架试验系统的组成与工作原理

汽车室内台架试验系统往往比道路试验系统更复杂，它不仅包含道路试验系统中的数据采集与处理单元及多种传感器，还需要模拟汽车运行状况的设备和相应的电控系统来控制这些设备按照试验需求运行。主控计算机不仅负责控制底盘测功机按照试验要求工作，并指挥自动驾驶仪按照试验规程驾驶汽车，还具备数据采集和试验数据处理的功能。底盘测功机通过模拟不断移动的路面，利用联轴器将汽车在实际道路上遇到的各类阻力（如滚动阻力、坡道阻力、加速阻力和空气阻力）施加在转鼓上。汽车的动力性和经济性等参数可以通过转速传感器、转矩传感器及燃料流量传感器等设备测量得到。通常底盘测功机不用于汽车制动性和操纵稳定性的测试，这些一般在专用的制动试验台或操纵稳定性模拟试验台上进行。汽车操纵稳定性测试常在专门的模拟试验台或试验场试车道上进行。底盘测功机也是汽车室内台架试验的基础设备，用于测试汽车的噪声、排放、空调效果及与环境相关的各种试验。

四、汽车试验技术与试验设备

汽车试验技术的发展与汽车试验方法的更新、试验仪器设备的完善密切相关。

（一）汽车试验方法

在讨论汽车试验方法时，人们常会想到国家和行业的标准。然而，实际上这些标准所涵盖的试验项目只是众多试验内容中的一部分。汽车试验范畴非常广泛，涵盖了从探索性试验到新结构的原理验证，再到标定试验以获取基础控制数据，以及为产品和完善结构提供支持的功能性试验。此外，汽车试验还包括改进生产工艺的验证试验、整车及部件的可靠性和耐久性测试、质量控制测试，以及汽车试验技术的探索和研究试验等。汽车试验方法是汽车试验计划或规范中的核心部分，随着汽车及其产业技术的持续进步，汽车试验方法也在不断更新和发展。关于汽车试验方法的发展，主要体现在以下两方面。

1. 试验内容逐年增加

随着人们对汽车品质要求的不断提升，试验项目和内容也在持续增加。汽车功能的增加及新结构、新技术的应用将会导致新的试验需求出现。

2. 试验方法不断更新

随着高速公路和高等级道路的扩建，汽车行驶速度大大提高，同时汽车普及率提升和新驾驶人的增多也带来了一系列挑战。因此，应开展更多的试验，并且不断更新和扩充试验的内容和方法。此外，随着汽车和交通法规的日益严格，试验方法也需要相应更新。试验技术的进步同样推动了试验方法的演变。

第一章 绪论

（二）汽车试验仪器设备

为了跟上试验方法的发展，研发新型汽车试验设备将是一种趋势。为了增强试验的准确性和降低成本，不断推出功能更强、精度更高、效率更高的设备来替代过时的设备是必要的。下面给出汽车试验用仪器设备发展的重要特征。

1. 自动化程度提高

在现代汽车试验仪器设备的发展中，除了关注设备和结构的优化，还涉及对试验对象的控制。这些仪器设备的操作和控制已经高度自动化，并且在许多试验项目中，车辆或总成部件的控制也由计算机系统自动完成。

2. 功能集成

汽车试验仪器设备的功能集成主要涉及两方面：一是设备的多功能化，如最近几年开发的汽车道路试验仪器，已经摒弃了过去每项性能都需要对应一套设备的旧有模式，现在的设备能够覆盖多种道路试验项目；二是根据不同的汽车试验需求，将具有不同功能的仪器设备合理地组合成一个多功能试验系统，通过计算机集中控制，提高设备的工作效率，降低试验成本。这个系统能够执行包括汽车车轮定位参数检测、整车性能测试、带 ABS 的制动性能测试、发动机控制系统检测、发动机预热测试及发动机调校等多项任务。

3. 在实验室内再现各种试验环境

为了深入探究不同使用条件下汽车整车及其零部件的性能表现，若干国际汽车制造商投资建立了能够模拟各种实际使用环境的实验室。

4. 高精度和高效率

为了符合越来越严格的汽车排放标准，确保驾驶人和乘客的安全，并提升驾驶舒适度，汽车动力总成以外的部分已经逐步引入电子控制技术。这些技术的实施不仅依赖于各种传感器提供的关于汽车总成部件运作状态的信息，在实验室中，对电子控制汽车总成进行众多试验以收集必要的数据也是至关重要的，这是确保电子控制系统能够精确管理汽车各部分运作的关键，此过程被称为标定试验。由于标定试验涉及复杂的内容和极高的精密度要求，通常需要较长的测试时间，使用的仪器设备也相对复杂。

第四节 汽车试验的组织方法

汽车试验是一门高度技术化的活动，也是一个跨部门、跨学科的综合性系统工程，要求进行严谨的规划和组织。这项工作可以划分为三个主要阶段：试验大纲编制、汽车试验实施及试验报告编写。

一、试验大纲编制

试验大纲是试验开展前必须完成并得到批准的文档，它详细阐述了试验任务来源、试验目的、试验项目、试验条件、试验设备及试验操作流程，以确保试验过程能够有序进行。

（一）试验任务来源

汽车制造是一个涉及众多设计部件协同作业的复杂过程，各个设计单元依据自身的设计要求，分派相应的试验任务。

（二）试验目的

每次试验都应当确立清晰的试验目的，如确认是否达到设计标准、要分析的问题等。在编制试验大纲时，需要依据试验目的制订相应的试验计划，因为没有明确目的的试验是没有价值的。

（三）试验项目

根据试验目的，制定试验具体要完成的项目及试验执行依据的标准。

（四）试验条件

试验的准确性受不同边界条件的制约，为了确保试验结果的精确性和可再现性，需要对所有可能影响结果的因素进行量化分析和控制，包括环境温度、车辆的热状态，以及试验设备的运行状况等。

（五）试验设备

各项试验均需配备专门的试验设备，这些设备具备特定的测试功能、量程、通道数量和采样频率等特性。为了确保数据的精确度，选择适宜的测量设备至关重要。此外，作为计量工具，试验设备应定期进行校准，使用的设备应处于有效校准期之内。

（六）试验操作流程

试验操作流程是试验大纲的核心内容，详细阐述了试验的各个步骤，包括参与人员（如试验主管、试验员、安全监督、驾驶人）分工及其职责、车辆的准备程序、试验设备的操作步骤、数据采集方法、数据有效性的判断标准、试验时的注意事项及应急处理方案等。

二、汽车试验实施

试验大纲审批结束后，将根据大纲内容组织试验资源并实施，试验资源包括试验人员、试验车辆、试验设备等。

（一）试验准备

1. 试验前检查

为了确保试验的准确性和安全性，试验开始前必须对试验车辆和设备进行仔细检查。对于试验车辆，需要确认电池（或燃料）充足以完成试验，润滑油、冷却液、制动和转向系统及底盘部件均需符合安全标准，并且仪表板上无任何故障警告灯亮起。试验设备则要确保电源系统和所有功能正常运作。

2. 试验设备连接

依据试验的具体要求，需要将适当的试验设备，如电功率分析仪和油耗仪等，与车辆连接。同时，要确保所有连接的试验设备和附属部件与车辆的运动部分之间保持安全距离，并且连接和固定都是稳固可靠的。

3. 试验预热

在进行整车、总成或部件的试验时，除非特殊规定，如车辆的冷起动试验、排放测试等情况，通常需要一个起动和预热阶段，以确保试验设备和被测试的汽车或组件都能达到一个正常且稳定的工作状态。

预热阶段通常从小负荷开始，逐步增加到大负荷，同时转速逐渐提升。预热时间约为30min，但可以根据车辆冷却液温度和机油温度达到平衡状态来判断预热是否完成。

（二）试验开始

1. 人员就位

试验负责人员依照试验大纲的规定，向试验人员分派具体的试验任务和相关试验标准。同时，安全监督人员密切监控试验车辆和设备的运行安全及周围环境的安全状况，驾驶人则登车做好试验前的准备工作。

2. 试验数据采集

试验人员依据试验大纲的指导，起动试验设备，配置好所需的采集通道、频率及数据记录的位置等参数。通过对各个采样通道进行巡查，保证所有通道的信号均处于正常状态。在开始采集数据后，试验人员通知驾驶人准备进行试验。试验完成后，停止数据采集工作。

3. 试验数据处理

在完成某个试验项目之后，应迅速对关键测试数据进行检查和处理，以保证试验结果的准确性。某些特定的试验设备具备自动处理测试数据的功能，对于这些数据，只需进行有效性评估。对于需要手动处理的数据，首先确定数据的起始点和结束点，接着根据试验项目的特性对数据进行加工。通常对于同一个试验项目的两次试验，误差应不超过3%。如果误差超出这个界限，就需要重新进行试验。如果发现数据有遗漏、异常偏差或者相互冲突等明显不合理之处，应当先分析原因并采取相应的改进措施，然后重新进行试验。

（三）试验结束

在完成试验大纲所规定的试验并确保数据符合标准后，试验可以告一段落。若试验车辆在整个过程中一直承受大负荷运行，不应立即熄火，而是让车辆逐步减轻负荷，直至整个车辆的工作温度下降至安全水平后关闭发动机。如有可能，应打开发动机舱盖进行散热。等到车辆冷却至正常温度后，还需完成试验设备的拆卸、车辆恢复、仪器设备的整理及试验现场的清理工作，并归还所使用的试验车辆及设备。

三、试验报告编写

试验报告编写是对试验结果进行深入分析并对试验流程进行概括的过程。编写完成的试验报告须经过编辑、校对、审查和授权签名等环节，以确保其正式生效。试验报告通常应包含以下要素：

（一）试验目的

说明试验选用的车辆类型、所具备的重要特征，以及进行试验的目的等。

（二）试验项目及方法

说明需要进行哪些试验项目及所采用的试验方法、依据的试验标准等。

（三）试验对象

提供试验车辆的型号、车架号、主要总成配载参数及试验过程的车辆照片等。

(四) 试验概况
说明进行试验的时间、地点及参数等信息。

(五) 试验结论及建议
试验结论是试验项目中关键及重要结果数据或定量描述。建议是根据试验结果分析提出的优化方案等。

(六) 试验数据
对试验过程中的所有数据进行整理和保存提交，以便后续查询与对比分析。

(七) 试验附录
给出试验过程中的边界条件、气象条件、试验设备清单、试验参与人员、各种检查表格及原始记录表等。

复习思考题

1. 与传统电动汽车相比，智能电动汽车在智能化方面有哪些显著的提升或特征？
2. 智能电动汽车的核心技术包括哪些方面？这些技术如何体现智能电动汽车的智能特性？
3. 汽车试验按试验对象主要分为哪几类？简要说明每类试验的主要内容。
4. 简述与智能电动汽车相关的关键试验标准或法规。
5. 试验报告一般包含哪些内容？

第二章 / Chapter 2
汽车试验系统常用的典型传感器

导读：

传感器作为汽车试验系统的关键器件，扮演将各种被测量（如物理量、化学量和生物量等）转换为易于处理和显示的信号的角色，它是实现汽车性能准确测试和评估的基础。传感器不仅能够感知汽车在运行过程中的各种参数变化，还能够将这些变化转换成可量化的数据，为科研人员提供精确的试验结果。

由于汽车试验涉及的测量参数众多，所需的传感器种类也相应较多。为了认识和了解传感器，本章将重点介绍汽车试验中常用的几种典型传感器，以及它们的工作原理、性能特点等。这些传感器涵盖了温度、压力、位移、振动、加速度、力等多方面的测量，为汽车试验提供了全面而精确的测量手段。

学习目标：

1. 掌握电阻式传感器。
2. 掌握电容式传感器。
3. 熟悉电感式传感器。
4. 了解气体传感器。
5. 了解 GPS/北斗传感器。
6. 掌握压电式传感器。
7. 掌握磁电式传感器。
8. 掌握热电式传感器。
9. 掌握光电式传感器。
10. 了解霍尔式传感器。
11. 了解 CCD/CMOS 图像传感器。
12. 了解激光雷达传感器。

第一节　电阻式传感器

电阻式传感器的类型众多，而在汽车试验领域中常用的电阻式传感器包括热敏电阻式传感器、压敏电阻式传感器、滑变电阻式传感器、电阻应变片式传感器等。

一、热敏电阻式传感器

热敏电阻式传感器的工作原理：利用特定金属氧化物、单晶锗或单晶硅等材料的电阻值随温度变化而变化来测量温度。

制造热敏电阻的材料不同，热敏电阻随温度变化的规律也不同。据此，热敏电阻式传感器可分为以下三种类型：

(1) 正温度系数型（PTC） 电阻值 R 随温度 T 的上升而上升。

(2) 负温度系数型（NTC） 电阻值 R 随温度 T 的上升而下降。

(3) 临界温度型（CTR） 在某一特定温度，电阻值 R 发生突变。

所有类型的热敏电阻都表现出非线性的特点。在汽车上，负温度系数型热敏电阻式传感器被广泛用于测量汽车各部位的温度，包括发动机温度、进气温度和空调出风温度等。

这种热敏电阻式传感器的电阻值与温度的关系为

$$R = A e^{B/T} \tag{2-1}$$

式中　R——热敏电阻的电阻值（Ω）；

A、B——与热敏电阻材料和制造工艺有关的常数（单位分别为 Ω 和 K）；

T——被测温度（K）。

在汽车工程中，热敏电阻传感器得到了广泛应用，尤其是在温度测量方面。其原因是热敏电阻式传感器具备一系列优点，如结构紧凑、可靠性高、成本效益好和测量精度高。

二、压敏电阻式传感器

某些半导体材料在受到压力影响时，其电阻率会发生改变，这种现象称作压阻效应。基于压阻效应，可以制造出敏感元件，即压敏电阻式传感器。

压敏电阻式传感器通常是单晶硅和锗经过掺杂处理后形成的 P 型和 N 型半导体器件。由于半导体材料具有各向异性，其压阻系数不仅受到掺杂水平、操作温度和材料本身的影响，还与晶体的生长方向有关。当单晶半导体材料沿某一轴向受外力作用时，原子点阵排列规律随之发生变化，导致载流子迁移率和浓度发生变化，进而引起电阻率 ρ 的变化，即

$$\frac{\mathrm{d}R}{R} = \frac{\mathrm{d}\rho}{\rho} = K_1 E \varepsilon \tag{2-2}$$

式中　K_1——半导体的压阻系数表示单位应力引起的电阻率的相对变化值（$\mathrm{m^2/N}$）；

E——半导体材料的弹性模量，晶向不同时，其值也不同，晶向为 [110] 时，$E = 1.67 \times 10^{11} \mathrm{N/m^2}$；

ε——材料的应变系数。

式（2-2）反映了压敏电阻的工作原理。当 P 型压敏电阻受到压力时，其电阻值会升高；相对地，当 N 型压敏电阻受到压力时，其电阻值会降低。

压敏电阻式传感器的突出特点：敏感元件与弹性元件制成一体，因此传感器的体积可以做得很小，最小的压敏电阻式传感器外形呈圆柱状，截面直径只有 2mm 左右。此外，压敏电阻式压力传感器固有频率很高，其值为

$$f_\mathrm{n} = \frac{2.56h}{\pi r_0^2} \sqrt{\frac{E}{3(1-\mu^2)\rho}} \tag{2-3}$$

式中　f_n——固有频率（Hz）；

h——膜片厚度（mm）；

r_0——膜片半径（mm）；

E——膜片的弹性模量（N/m²）；

μ——膜片材料的泊松比；

ρ——膜片材料的电阻率（$\Omega \cdot mm^2/m$）。

具有高固有频率的测试系统通常拥有较宽的通频带，这使得压敏电阻式传感器能够监测频繁波动的流体压力，包括脉动压力。因此，压敏电阻式传感器在多个领域都得到了广泛的应用，如工程领域、微机械领域和生物医学领域。

三、滑变电阻式传感器

滑变电阻式传感器也称为电位计式传感器，它通过移动触点来改变电阻线的长度，从而调整电阻值，并将电阻值的变化转换成电压或电流的变化。

根据测量对象的运动方式不同，滑变电阻式传感器可分为线位移型和角位移型两种，如图 2-1 所示。

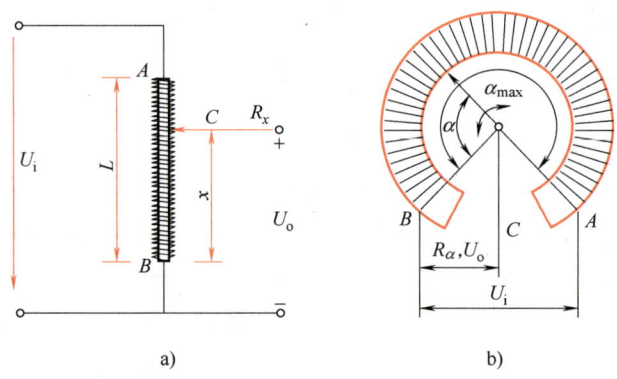

图 2-1 滑变电阻式传感器

a）线位移型　b）角位移型

1. 线位移型滑变电阻式传感器

对于线位移型滑变电阻式传感器（图 2-1a），设其全长为 L，假设可调电阻的活动触点 C 的滑动量与 x，若 A、B 两端加输入电压 U_i，则滑动端输出电压 $U_o = \dfrac{x}{L} U_i$，输出电压的变化与 B、C 间接入的有效电阻有关。若以有效电阻为输出，则固定触点 B 和活动触点 C 之间的输出电阻值为

$$R_x = K_\tau \cdot x \tag{2-4}$$

式中　R_x——线位移型滑变电阻式传感器的输出电阻（Ω）；

K_τ——单位长度的电阻值（Ω/mm）；

x——线位移（mm）。

由式（2-4）可知，这种传感器的输出（电阻）与输入（位移）呈线性关系。传感器的灵敏度 E_x 即为该直线的斜率，有

$$E_x = \dfrac{dR_x}{dx} = K_\tau \tag{2-5}$$

2. 角位移型滑变电阻式传感器

对于角位移型滑变电阻式传感器（图 2-1b），设 A、B 间活动触点 C 的最大角位移为 α_{max}，假设可调电阻的活动触点 C 的角位移为 α，若 A、B 两端加输入电压 U_i，则滑动端输出电压 $U_o = \dfrac{\alpha}{\alpha_{max}} U_i$，输出电压的变化与 B、C 间接入的有效电阻有关。若以有效电阻为输出，则固定触点 B 和活动触点 C 之间的输出电阻值为

$$R_\alpha = K_w \alpha \tag{2-6}$$

式中　R_α——角位移型滑变电阻式传感器的输出电阻（Ω）；

　　　K_w——单位弧度的电阻值（Ω/rad）；

　　　α——角位移（rad）。

由式（2-6）可知，这种传感器的输出（电阻）与输入（位移）呈线性关系。传感器的灵敏度 E_α 即为该直线的斜率，有

$$E_\alpha = \dfrac{dR_\alpha}{d\alpha} = K_w \tag{2-7}$$

分辨率是滑变电阻式传感器的一个重要指标，为了提高分辨率，常采用绕线式结构，但是存在以下两个缺点：

1）电阻的变化为台阶状。当滑动触点从一圈导线移至下一圈时，电阻值不是连续变化的，而是表现为一个一个的台阶。

2）出现电感式阻抗。

为了克服上述缺点，常用碳膜或导电塑料制作滑变电阻式传感器。

滑变电阻式传感器以其结构简单、性能稳定和使用便捷而受到欢迎，在汽车行业中有着广泛的应用。例如，汽车发动机的节气门位置传感器、燃油箱中的油量传感器，以及侧滑试验台上的线位移传感器，通常都采用滑变电阻式传感器。

四、电阻应变片式传感器

电阻应变片简称应变片，它是一种将材料或零件的线应变转化为电阻变化率的传感装置。对于一般的金属材料而言，电阻率的变化率很小，金属丝的电阻变化率与纵向应变成正比［式（2-8）］，此即金属丝的应变效应，利用应变效应制成的传感器称为电阻应变式片式传感器。

$$\dfrac{dR}{R} = (1+2\mu)\varepsilon \tag{2-8}$$

式中　dR/R——单位电阻的电阻变化率，即电阻变化率；

　　　R——金属导线的电阻（Ω）；

　　　μ——导线材料的泊松比；

　　　ε——金属导线长度的变化率，即线应变。

由式（2-8）可知，这种传感器的输出（电阻变化率）与输入（线应变）呈线性关系。传感器的灵敏度 E_R 即为该直线的斜率，有

$$E_R = \frac{dR/R}{\varepsilon} = (1+2\mu) \qquad (2-9)$$

任何物理量,只要能转换成线应变,都可以由应变片来测量。应变片具有尺寸小、重量轻、使用方便、响应快、对被测系统影响小及环境适应性较强等优点,因此广泛应用于力、力矩、压强、温度及加速度等的测量。

(一) 电阻应变片式传感器的结构

电阻应变片式传感器由电阻应变片和弹性元件组成。

1. 电阻应变片

电阻应变片分为金属丝式和金属箔式两种,如图2-2所示。两者都包括基底、敏感栅、盖片和引线等结构,主要区别在于敏感栅的材料和制作工艺。图2-3所示为金属丝式电阻应变片,L为应变片的标距(工作基长),它是敏感栅沿轴向测量变形的有效长度;b为敏感栅的宽度(基宽)。

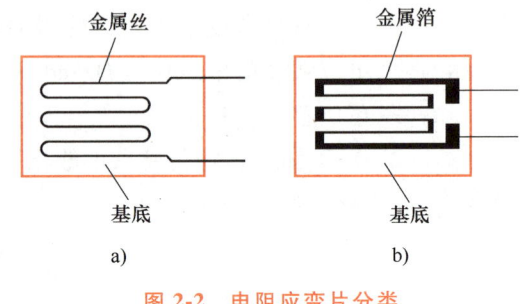

图2-2 电阻应变片分类

a) 金属丝式　b) 金属箔式

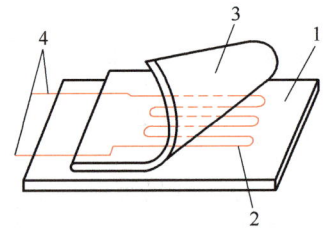
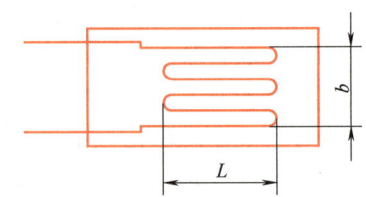

图2-3 金属丝式电阻应变片

1—基底　2—敏感栅　3—盖片　4—引线

在金属丝式电阻应变片中,当敏感栅的金属丝受到轴向应力时,金属丝会沿着轴向变形,导致敏感栅两端圆角的曲率发生变化。这种曲率的变化会减少金属丝的轴向变形,从而降低应变片的灵敏度,即所谓的横向效应。栅长较小会导致更明显的横向效应,使得粘贴和定位变得更加困难,往往更倾向于使用栅长较大一些的应变片。较小栅长的应变片主要适用于应变变化幅度大、频率高及粘贴面积受限的场合。

金属丝式电阻应变片中的敏感栅通常由直径为20~30μm的康铜或镍铬合金丝缠绕成栅状,并附着在经过绝缘处理的纸或合成有机物基底上。然而,金属丝式电阻应变片的一个显著问题是其明显的横向效应。为了弥补这一缺陷并简化生产过程,金属箔式电阻应变片逐渐取代金属丝式电阻应变片。

金属箔式电阻应变片的敏感栅通过光刻技术在1~10μm厚的金属箔上刻制。这种技术不仅能够生产出满足多样化测试需求、形状复杂的应变片,制造出的应变片线条也均匀且尺寸精确,适合大规模生产。

2. 弹性元件

弹性元件是电阻应变片式传感器中的关键部分,它负责将所测量的物理量转换为应变。

弹性元件的设计需要根据被测量的特性和规模来完成，以确保将物理量转换为适合应变片测量的应变范围。换言之，电阻应变片式传感器的灵敏度和量程主要由弹性元件决定。为了确保电阻应变片式传感器的优异性能，弹性元件的设计必须仔细进行。

（二）电阻应变片式传感器的应用

电阻应变片式传感器因其广泛的用途而受到重视，不仅在结构件的应力和应变测量中大量使用，还遍布于工程测试的多个领域。下面介绍电阻应变片式传感器在汽车测试中的应用。

1. 拉力和压力的测量

电阻应变片式传感器在测量拉力和压力方面的一个典型应用是汽车轴荷仪。汽车轴荷仪的设计各有不同，用于测量中、大型车辆的轴荷仪与用于小型车辆的轴荷仪各有特点。

2. 转矩测量

利用电阻应变片式传感器测量转矩有扭力型和压力型两种不同的结构方案。

（1）扭力型 依据二向应用状态理论，在传动轴（一种弹性部件）的周围，沿着主要应力方向（应变片的长度方向与轴线方向成45°）布置4个应变片，并将它们组成一个电桥电路，如图2-4所示。通过这种方式，可以测量传动轴表面的最大应力，其数值等于扭转切应力，进而根据转轴的弹性模量、横截面形状和尺寸等已知参数，计算出转矩的大小。

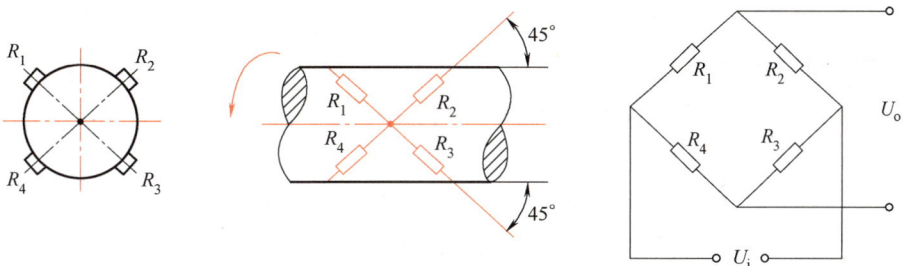

图 2-4 扭力型转矩测量

（2）压力型 通过一个力臂将转矩的测量转换为力的测量。用电阻应变片式压力传感器测得的压力 F 乘以测力臂的长度 L 即为所要测量的转矩 M，即

$$M = LF \tag{2-10}$$

（三）电阻应变片的温度特性

金属材料具有因温度变化而产生体积膨胀或收缩的性质。这种性质影响了电阻应变片中的敏感栅，随着温度升降，敏感栅的长度和直径都会发生变化，从而导致电阻值发生相应的变化。在实际测试过程中，由于应变引起的电阻值变化通常较小，温度变化导致的电阻值变化就显得尤为重要。此外，敏感栅与基底材料在线胀系数上的不同也会引入额外的应变。

1. 温度对敏感栅电阻值的影响

设测试过程中被测试件的温度变化为 ΔT，则由此引起敏感栅电阻值的变化 ΔR_T 为

$$\Delta R_T = R\gamma_t \Delta T \tag{2-11}$$

式中　R——应变片电阻（Ω）；

γ_t——应变片的电阻温度系数（℃$^{-1}$）；

ΔT——测试过程中被测试件的温度变化值（℃）。

电阻值的变化 ΔR_T 折算成相应的应变值为

$$\varepsilon_t = \frac{\Delta R_T}{R}\frac{1}{E_R} = \frac{\gamma_t \Delta T}{E_R} \tag{2-12}$$

式中　E_R——应变片的灵敏度。

2. 敏感栅与基底线胀差异引起的附加应变

测试过程中，敏感栅与基底线胀差异引起的附加应变 ε_s 为

$$\varepsilon_s = (\alpha_g - \alpha_s)\Delta T \tag{2-13}$$

式中　α_g——敏感栅的线胀系数（℃$^{-1}$）；

α_s——基底材料的线胀系数（℃$^{-1}$）。

温度引起的总应变 ε_z 为

$$\varepsilon_z = \varepsilon_t + \varepsilon_s = \frac{\gamma_t \Delta T}{E_R} + (\alpha_g - \alpha_s)\Delta T \tag{2-14}$$

消除温度影响常用的方法是进行补偿，如将应变片进行桥接就是一种有效的补偿方法。

第二节　电容式传感器

电容式传感器是将被测量（如尺寸、压力等）的变化转换成电容变化量的一种传感器，其实质是一个可变电容器。若忽略电容器的边缘效应，则平行极板电容器（图 2-5）的电容量 C 为

$$C = \frac{\varepsilon_r \varepsilon_0 A}{d} \tag{2-15}$$

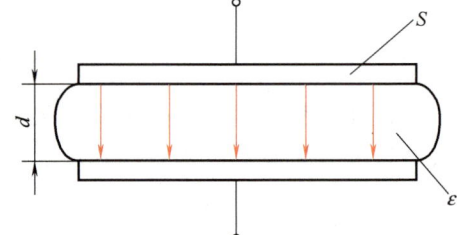

图 2-5　平行极板电容器

式中　C——电容量（F）；

A——极板的有效面积（m^2）；

ε_0——真空介电常数（F/m），$\varepsilon_0 = 8.85 \times 10^{-12}$ F/m；

ε_r——极板间实际介质的相对介电常数，极板间填充不同物质，其相对介电常数不同，对于空气，$\varepsilon_r = 1$；

d——极板之间的距离（m）。

由式（2-15）可以推断出，通过调整电容器的极板的有效面积、极板之间的距离和相对介电常数，可以改变电容值。于是可以制造出三种不同类型的电容式传感器：第一种是依赖于极板有效面积变化的变面积型电容式传感器，第二种是依赖于极板间距离变化的变极距型电容式传感器，第三种是依赖于介电常数变化的变介质型电容式传感器。

一、电容式传感器的类型和应用

（一）变面积型电容式传感器

改变极板间覆盖面积的电容式传感器有线位移型和角位移型两种，而线位移型又分为平面线位移型和圆柱线位移型两种，如图2-6所示。

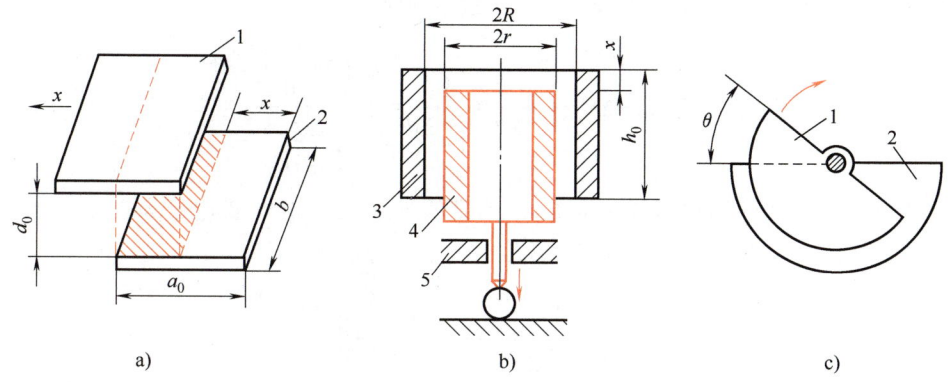

图 2-6 变面积型电容式传感器
a) 平面线位移型 b) 圆柱线位移型 c) 角位移型
1—活动极板（动板） 2—固定极板（定板） 3—定极筒 4—动极筒 5—导轨

对于平面线位移型电容式传感器（图2-6a），当宽度为 b 的动板沿箭头 x 方向移动 Δx 时，覆盖面积变化，电容量也随之变化，电容变化量 $\Delta C = (\varepsilon_0 \varepsilon_r b \Delta x)/d_0$，$\Delta C$ 与 Δx 呈线性关系，其灵敏度为

$$\frac{dC}{dx} = \frac{\varepsilon_r \varepsilon_0 b}{d_0} = 常数 \tag{2-16}$$

对于圆柱线位移型电容式传感器（图2-6b），当覆盖长度变化时，电容量也随之变化，若动极筒的轴向位移为 Δx，则其电容变化量 $\Delta C = (2\pi \varepsilon_0 \varepsilon_r \Delta x)/\ln(R/r)$，$\Delta C$ 与 Δx 呈线性关系，其灵敏度为

$$\frac{dC}{dx} = \frac{2\pi \varepsilon_r \varepsilon_0}{\ln(R/r)} = 常数 \tag{2-17}$$

对于角位移型电容式传感器（图2-6c），当动板有一转角时，与定板之间相互覆盖的面积就会发生变化，进而导致电容量变化。当覆盖面积对应中心角弧度变化 $\Delta\theta$ 时，若极板间距为 d、极板半径为 r，则电容变化量 $\Delta C = (\varepsilon_r \varepsilon_0 r^2 \Delta\theta)/(2d)$，$\Delta C$ 与 $\Delta\theta$ 呈线性关系，其灵敏度为

$$\frac{dC}{d\theta} = \frac{\varepsilon_r \varepsilon_0 r^2}{2d} = 常数 \tag{2-18}$$

变面积型电容式传感器具有高精度、高灵敏度、体积小、重量轻等特点，在汽车测试方面有广泛的应用潜力。例如，它可用于测量汽车部件的微小位移，如发动机活塞的微小移动、悬架系统的形变等。通过监测这些位移变化，可以评估部件的磨损情况、工作性能等。此外，汽车中的许多液体（如机油、冷却液、燃油等）的液位需要实时监测。变面积型电

容式传感器可以通过浸入液体中的电极来感知液位变化,从而实现对液位的精确控制。

(二) 变极距型电容式传感器

变极距型电容式传感器是最常见的一种电容式传感器,其电容器的一个极板固定,另一个极板在被测物理量的带动下发生位移,改变极板间距,从而引起传感器输出电容的改变。当传感器的 ε_r 和 S 为常数,初始极距为 d 时,可知其初始电容量 $C_0 = (\varepsilon_0 \varepsilon_r S)/d$,若电容器极板间距离由初始值 d 缩小 Δd,电容量增大 ΔC,则有

$$C = C_0 + \Delta C = \frac{\varepsilon_0 \varepsilon_r S}{d - \Delta d} = \frac{C_0}{1 - \frac{\Delta d}{d}} = \frac{C_0 \left(1 + \frac{\Delta d}{d}\right)}{1 - \left(\frac{\Delta d}{d}\right)^2} \tag{2-19}$$

由此可知,传感器的输出特性 $C = f(d)$ 不是线性关系。电容变化量为

$$\Delta C = C_0 \frac{\Delta d}{d - \Delta d} = C_0 \frac{\frac{\Delta d}{d}}{1 - \frac{\Delta d}{d}} \tag{2-20}$$

若 $\Delta d / d \ll 1$,则式(2-20)可简化为 $C = C_0 + C_0 \Delta d / d$,此时 ΔC 与 Δd 近似呈线性关系。因此,变极距型电容式传感器只有在 $\Delta d / d$ 很小时,才有近似的线性输出。

另外,当 Δd 很小时,$d^2 - \Delta d^2 \approx d^2$,式(2-20)可近似等效为

$$\Delta C = \frac{\varepsilon_r \varepsilon_0 S}{d^2} \Delta d \tag{2-21}$$

其灵敏度为

$$E_C = \frac{\varepsilon_r \varepsilon_0 S}{d^2} \tag{2-22}$$

由此可见,当 Δd 很小时,变极距型电容式传感器的灵敏度与 d 的平方成反比,d 越小,灵敏度越高。但当灵敏度提高时,非线性误差会随之增大。此外,若增加 d,则灵敏度迅速减小,这表明此类传感器的测量范围非常有限。通常变极距型电容式传感器的起始电容在 20~100pF 之间,极板间距离在 25~200μm 的范围内,最大位移应小于间距的 1/10,因而在微位移测量中应用最广。

变极距型电容式传感器可用于监测汽车行驶过程中车身姿态的变化,如侧倾、俯仰等,这对于提升汽车操控稳定性、安全性具有重要意义。此外,这种传感器也可用于监测制动系统的状态,如制动盘磨损情况,通过测量制动盘与传感器之间的距离变化,可以评估制动系统的性能并预测潜在故障。

(三) 变介质型电容式传感器

图 2-7 所示为变介质型电容式传感器,常用于测量长度或位移。图中两平行电极板固定不动,极距为 d_0,相对介电常数为 ε_{r2} 的电介质以不同深度插入电容器中,从而改变两种介质的极板覆盖面积。传感器总电容量 C 为

$$C = C_1 + C_2 = \varepsilon_0 b_0 \frac{\varepsilon_{r1}(L_0 - L) + \varepsilon_{r2} L}{d_0} \tag{2-23}$$

式中 b_0——极板宽度；
L_0——极板长度；
L——第二种介质进入极板间的长度。

若相对介电常数 $\varepsilon_{r1} = 1$，当 $L = 0$ 时，传感器初始电容 C_0 按下式计算：

$$C_0 = \frac{\varepsilon_0 \varepsilon_{r1} L_0 b_0}{d_0} = \frac{\varepsilon_0 L_0 b_0}{d_0} \quad (2\text{-}24)$$

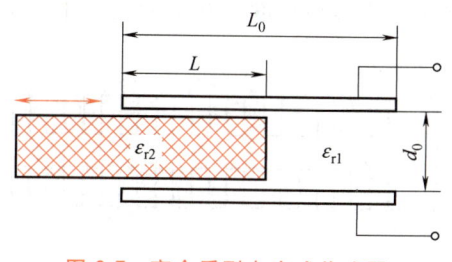

图 2-7 变介质型电容式传感器

当电介质 ε_{r2} 进入极间 L 后，引起电容的相对变化为

$$\frac{\Delta C}{C_0} = \frac{C - C_0}{C_0} = \frac{(\varepsilon_{r2} - 1)L}{L_0} \quad (2\text{-}25)$$

电容变化量与电介质 ε_{r2} 的移动量 L 呈线性关系，其灵敏度为

$$E_C = \frac{\varepsilon_0 b_0 (\varepsilon_{r2} - 1)}{d_0} \quad (2\text{-}26)$$

变介质型电容式传感器通过改变电极之间的介质来改变电容量，从而实现对物理量的测量。在汽车试验测试中，这种传感器的应用主要包括油位测量、湿度监测和材料检测等。例如，在测量汽车油箱中的油位时，由于油的介电常数与空气不同，传感器可以通过感知电容量的变化来确定油位高度；在涂装工艺中，传感器可以检测涂层的厚度和均匀性。

二、差动测量

在实际应用中，为了提高灵敏度，减小非线性误差，电容式传感器大都采用差动式结构，如图 2-8 所示。将两个在结构和参数上完全相同的电容式传感器以差动方式连接，当动极板位移为 Δd 时，电容器 C_1 的间隙 d_1 变为 $d_0 - \Delta d$，电容器 C_2 的间隙 d_2 变为 $d_0 + \Delta d$，两者的输出相反。此时，若将两个测量装置的输出相减，最终得到的输出将提高一倍，这也意味着传感器的灵敏度将提高一倍。同时，由于两个装置相同，工作环境也相同，可以在很大程度上消除由温度变化引起的误差。

三、容栅式传感器

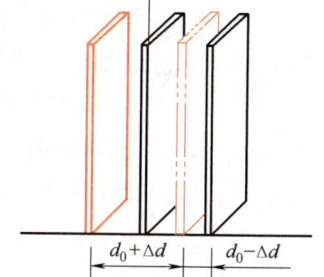

图 2-8 变极距型电容式传感器差动测量

在汽车测试和工程测量中，经常会遇到需要测量大幅度变化量的情形。为了能有效解决变化范围较大的一些物理量的测量问题，近年来，在变面积型电容式传感器的基础上发展出了一种容栅式传感器，如图 2-9 所示。

容栅式电容传感器由两个平板电容极板组成，与前文介绍的电容式传感器不同，该传感器的一个极板变成了一个较长的栅片（定栅），另一个极板为两块栅片（动栅对）。

容栅式传感器已经演变出多种构造，其以大范围量程和高度精确性（可以达到 $5\mu m$）而受到认可，被视作具有巨大潜力的传感器类型。在汽车试验领域，已经开始利用它来测量位置、位移和长度。在工程测试中，数显游标卡尺就是容栅式传感器的一个典型应用实例。

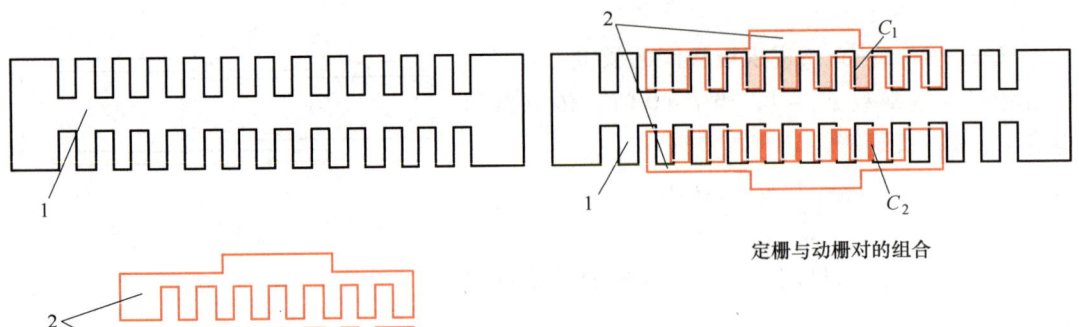

图 2-9　容栅式传感器
1—定栅　2—动栅

第三节　电感式传感器

电感式传感器运用电磁感应原理，先将诸如位移、压力、流量、振动等非电物理量转换为线圈自感或互感系数的变化，再由电路将这些变化转化为电压或电流的变化输出，完成非电量向电量的转换过程。

一、自感式传感器

自感式传感器可分为变间隙型、变面积型和螺管型三种，如图 2-10 所示。其中，变间隙型和变面积型自感式传感器由线圈、铁心和衔铁三部分构成，铁心与衔铁之间存在一定的气隙，厚度为 δ，空气隙截面积为 S。传感器的运动部分与衔铁相连接，当衔铁移动时，δ 或 S 发生变化，磁路的磁阻 R_m 随之改变，进而导致线圈电感值 L 发生变化。通过测量电感值的变化，可以确定衔铁位移的幅度和方向。螺管型电感传感器的铁心随被测对象移动时，线圈磁力线路径上的磁阻会发生变化，线圈电感量也随之改变。线圈电感量的大小与铁心插入线圈的深度有关，但电感量计算较复杂。

对于变间隙型和变面积型自感式传感器，当不考虑磁路的铁损和导磁体的磁阻时，线圈的电感量 L 为

$$L = \frac{N^2 \mu_0 S}{2\delta} \tag{2-27}$$

式中　N——线圈的匝数；

μ_0——真空磁导率（H/m），$\mu_0 = 4\pi \times 10^{-7}$ H/m；

S——气隙的截面积（m²）；

δ——气隙厚度（m）。

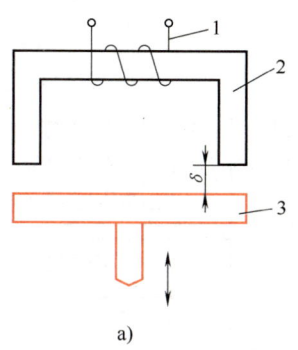 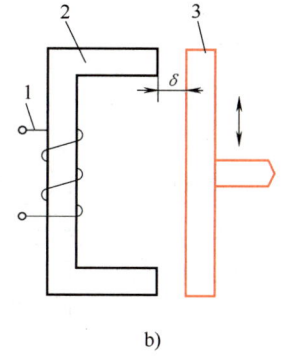 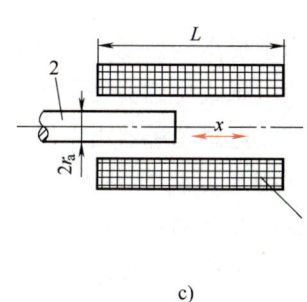

图 2-10 自感式传感器
a) 变间隙型　b) 变面积型　c) 螺管型
1—线圈　2—铁心　3—衔铁

(一) 变间隙型自感式传感器

变间隙型自感式传感器的气隙会随着被测量参数的变动而调整，进而影响磁阻的大小。灵敏度和非线性特性均会随着气隙的增加而降低，因此在设计时需要在两者之间寻求平衡。通常气隙的设定范围介于 0.1~0.5mm 之间。由式（2-27）可得，这种传感器的灵敏度为

$$E_L = \frac{\mathrm{d}L}{\mathrm{d}\delta} = -\frac{N^2\mu_0 S}{2\delta^2} \tag{2-28}$$

即 δ 越小，灵敏度越高。变间隙型自感式传感器的灵敏度较高，但非线性误差较大，并且制作装配比较困难。另外，变间隙式自感式传感器的测量范围与灵敏度及线性度相矛盾，因此变间隙式自感式传感器适用于测量微小位移的场合。

(二) 变面积型自感式传感器

变面积型自感式传感器的铁心与衔铁之间的相对接触面积（磁通的横截面积）随着被测量参数的变动而发生变化，进而调节磁阻。当 δ 保持不变时，线圈电感量 L 与截面积成正比，是一种线性关系。这种传感器的灵敏度保持恒定，线性度表现出色。由式（2-27）可得，这种传感器的灵敏度为

$$E_L = \frac{\mathrm{d}L}{\mathrm{d}S} = \frac{N^2\mu_0}{2\delta} \tag{2-29}$$

变面积型自感式传感器的灵敏度较变间隙型小，但线性较好，量程较大，使用比较广泛。

(三) 螺管型自感式传感器

螺管型自感式传感器的主体是由螺管线圈和一根连接被测物体的圆柱形衔铁组成的。其工作原理是被测物体移动，衔铁位置改变，导致线圈磁力线路径上的磁阻发生变化，进而使线圈的电感量发生改变。线圈电感量的大小与衔铁插入线圈的深度有关。螺管型自感式传感器的灵敏度较低，但量程大且结构简单，易于制作和批量生产，是使用最多的一种电感式传感器。

二、差动测量

为了提高线性度，同时提高灵敏度和抗干扰能力，电感式传感器经常采用差动测量方式。差动变隙式电感传感器由一对相同的传感线圈和一个衔铁构成，如图2-11所示。两个铁心共用一个衔铁，在被测量的作用下，通过导杆引导的衔铁发生上下移动，衔铁的运动引起两个线圈的电感反向变化，与变极距型电容式传感器中的差动测量类似，将这两个电感量之差接入测量电路，可实现差动测量，最终得到的输出将提高一倍，灵敏度也提高一倍。

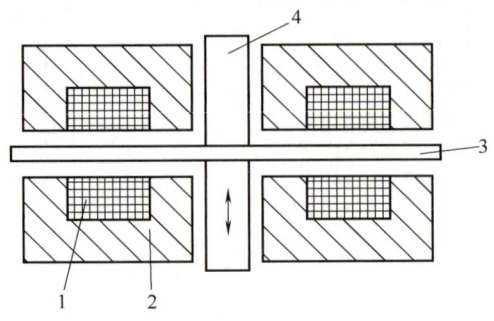

图 2-11 差动变隙式电感传感器
1—线圈 2—铁心 3—衔铁 4—导杆

三、其他类型电感式传感器

（一）互感式传感器

互感式传感器把被测的非电量变化转换为线圈互感的变化，其特点是线圈之间的互感系数会随着衔铁移位而变化。这种传感器是根据变压器的基本原理制成的，同时两个二次绕组反向串接，以差动方式输出，又被称为差动变压器式传感器。如图2-12所示，将激励电压加在一次绕组上，二次绕组将输出一个感应电压。当被测位移引起变压器的互感结构发生变化时，感应电压就会发生相应变化。当衔铁位于中间平衡位置时，两个二次绕组的互感电势相等，差动变压器输出电压为零；当衔铁向某一侧移动时，两个二次绕组的互感电势一个增加，一个减小，输出的差动电压不为零。在传感器量程范围内，衔铁移动量越大，差动输出电动势就越大。同样，当衔铁向另一侧移动时，差动输出电动势也不为零，但因移动方向改变，所以输出电动势反相。因此，通过差动变压器输出

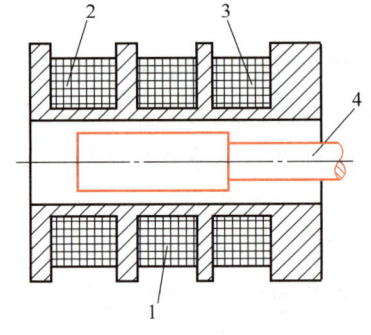

图 2-12 互感式传感器
1——次绕组 2、3—二次绕组 4—衔铁

电动势的大小和相位可知衔铁位移量的大小和方向。此外，这种传感器输出的差动电动势在很大范围内与衔铁的位移呈良好线性关系。

（二）电涡流式传感器

电涡流式传感器利用涡流效应，将非电量转换为线圈阻抗的变化，从而进行测量。如图2-13所示，将一个扁平线圈置于金属导体附近，当线圈中通有交变电流I_1时，线圈周围就会产生交变磁场H_1。置于磁场中的金属导体会产生电涡流I_2，电涡流也将产生一个新磁场H_2，H_2与H_1方向相反，抵消部分原磁场，使通电线圈的有效阻抗Z发生变化。由此可知，线圈阻抗的变化完全取决于被测金属导体的电涡流效应。电涡流效应与导体的电导率ρ、磁导率μ、几何形状，线圈的几何参数，激励电流频率f，以及线圈到被测导体间的距离x有

关。因此，传感器线圈受电涡流影响时的等效阻抗 Z 的函数关系式为

$$Z = F(\rho, \mu, r, f, x) \quad (2\text{-}30)$$

式中 r——线圈与被测体的尺寸因子。

如果保持式（2-30）中的其他参数不变，只改变其中一个参数，传感器线圈阻抗 Z 就只是这个参数的单值函数。通过与传感器配用的测量电路测出阻抗 Z 的变化量，即可实现对该参数的测量。电涡流式传感器可以实现非接触地测量物体表面为金属导体的多种物理量，如位移、振动、厚度、转速、应力、硬度等参数，也可用于无损探伤。

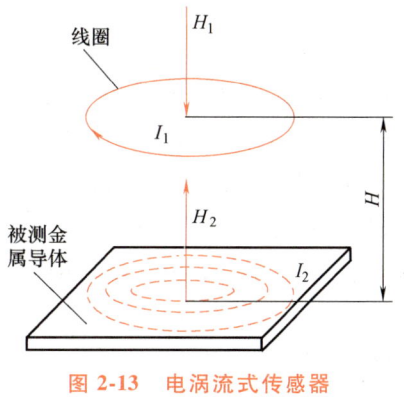

图 2-13 电涡流式传感器

四、电感式传感器的应用

电感式传感器以其非接触测量、高精度和可靠性著称，在汽车测试领域广泛应用于多个关键部位。例如，自感式传感器可用于监测轮胎转速与方向，以及发动机转速、转子位置和加速度，为车辆行驶的稳定性提供关键数据；互感式传感器可用于曲轴与凸轮轴位置检测，以及空气流量和进气压力的测量，确保发动机喷油与点火时刻的精准控制；电涡流式传感器可用于监测振动、轴对中及轴承状态，也可用于测量金属物体的位移，为汽车制造与维护过程中的质量控制提供有力支持。

第四节 气体传感器

气体传感器是一类用于检测气体浓度或成分的设备，有着多种类型和分类方式。

根据传感器结构的特点，气体传感器可以分为干式和湿式两类。干式气体传感器采用固态材料，湿式气体传感器则使用水溶性或电解质液体来感知气体浓度或成分的变化。

根据工作原理的不同，气体传感器又可以分为接触燃烧式、半导体式、固体电解质式等多种类型。

一、接触燃烧式气体传感器

（一）接触燃烧式气体传感器的工作原理

当可燃气体（如 H_2、CO、CH_4 等）与空气中的氧气相接触时，会发生化学反应，释放无焰接触燃烧热。这种反应会导致作为传感器的铂丝温度上升，进而引起其电阻值增加。

通常空气中可燃气体的含量较低（体积分数不超过10%），气体能够完全燃烧，放出的热量与气体浓度成正比。空气中的可燃气体浓度越高，燃烧反应放出的热量就越多，导致铂丝温度上升更多，电阻值随之增大。因此，通过测量铂丝电阻的变化，可以准确检测空气中可燃气体的浓度。

(二)接触燃烧式气体传感器的结构

接触燃烧式气体传感器采用铂丝制成线圈,为了获得适宜的电阻值(在 1~2Ω 之间),通常需要绕制 10 圈或更多。线圈外部会被涂覆一层由氧化铝或氧化铝与氧化硅混合的膏状物质,并在适当的温度下将其烧结成多孔的球形结构。这个球形结构会被浸入贵金属(如铂或钯)的盐溶液中,以形成贵金属层,随后取出烘干并进行高温处理,从而在氧化铝(或氧化铝与氧化硅)的载体上形成贵金属催化剂层。经过这样处理后的线圈将被组装成气体敏感元件。作为补偿元件的铂线圈,其尺寸和电阻值与检测元件相匹配,并且会被涂覆氧化铝或氧化硅的载体层,但不需要浸渍贵金属盐溶液或加入贵金属催化剂粉末,因此不会形成催化剂层。

(三)接触燃烧式气体传感器的应用

氢火焰离子化检测器(FID)的运作机制是基于氢气和空气混合燃烧所形成的火焰。当碳氢化合物等有机物进入该火焰时,它们会经历化学电离,产生的离子在高电场的引导下会形成一个离子流。这个离子流通过一个高电阻(大约在 $10^6 \sim 10^{11} \Omega$)的放大器,进而产生一个电信号,其大小与检测的有机物质量成正比,如图 2-14 所示。氢火焰离子型气体传感器因其结构简洁、运行稳定和测量精度高而被广泛应用。

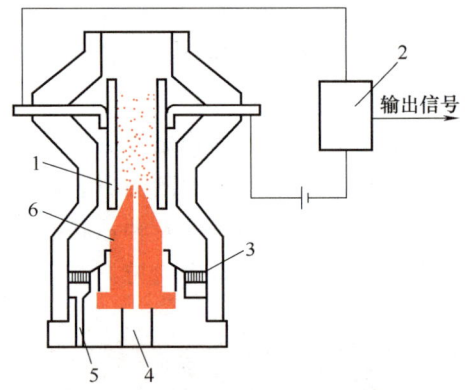

图 2-14 氢火焰离子型气体传感器示意图

1—离子收集器 2—信号放大器 3—空气分配器 4—氢气和待测气体入口 5—助燃空气入口 6—燃烧喷嘴

二、半导体式气体传感器

半导体式气体传感器的核心组件通常采用金属氧化物半导体材料。这类材料在接触被测气体后,其电学性质(如电导率)会发生变化,这种变化就是气敏效应,而具备这种效应的材料被称为气敏电阻。常见的气敏材料包括氧化锡、氧化锌、氧化铁、氧化镁、氧化镍、钛酸钡等。通过监测气敏电阻的阻值变化,可以准确检测各种气体,如甲烷、乙烷、丙烷、丁烷、酒精、甲醛、一氧化碳、二氧化碳、乙烯、乙炔、氯乙烯、苯乙烯、丙烯酸等。半导体式气体传感器的成本较低,因而在多个领域得到了广泛应用。

(一)气敏电阻的特性参数

1. 气敏电阻的固有电阻值

电阻型气敏元件在常温下洁净空气中的电阻值被称为气敏元件(电阻型)的固有电阻值,通常这个值在 103~105Ω 之间。由于不同地区的空气成分可能存在显著差异,即便是在相同的温度下,同一气敏电阻在不同地区的测量结果也可能会有不同。

2. 气敏元件的加热电阻和加热功率

气敏电阻通常需要在 200℃ 以上的高温环境中才能正常工作。为此,气敏元件需要一个加热电路来提供适当的工作温度,而这个加热电路的电阻(加热器的电阻值)被称为加热电阻。对于直热式加热电阻,其电阻值通常小于 5Ω;旁热式加热电阻则大于 20Ω。气敏元件在正常工作时所需的加热电路的功率被称作加热功率,其值一般在 0.5~2.0W 之间。

3. 气敏电阻的响应时间

在特定的工作温度下,气敏电阻与一定浓度的被测气体接触后,直到气敏电阻的电阻值达到该浓度下稳定电阻值的 63% 所需的时间,被定义为气敏电阻的响应时间。

4. 气敏电阻的恢复时间

在工作温度下,从气敏元件脱离被测气体至其电阻值恢复到在洁净空气中电阻值的 63% 所需的时间,被称为气敏电阻的恢复时间。

5. 初期稳定时间

长时间存放在非工作状态下的气敏电阻,可能会因吸附了空气中的水分或其他气体而改变其表面状态。这就意味着,为了让气敏电阻重新恢复到工作状态,需要一段恢复时间,而这个时间就是气敏元件的初始稳定时间。通常情况下,当气敏电阻刚通电时,其电阻值会先降低后升高,最终稳定在一个值上,从开启电源到电阻值稳定所需的时间就是初期稳定时间。

(二) 气敏电阻的结构型式

根据制造工艺的不同,气敏电阻可以分为烧结型、薄膜型和厚膜型三种,其中以烧结型的应用范围最为广泛。这些类型主要用于检测易燃的还原性气体,并且在大约 300℃ 的工作温度下运行。根据加热机制的不同,气敏电阻也可以分为直接加热式和旁热式两种类型。

1. 直接加热式

直接加热式气敏电阻的结构主要包括芯片(加热器和测量电极一同烧结在金属氧化物半导体管芯内)、基座和金属防爆网罩。由于其热容量较低、稳定性较差,测量电路与加热电路之间容易产生相互干扰;由于加热器与气敏电阻基体间的热膨胀系数不同,可能导致接触不良。这些因素使得直接加热式气敏电阻在工程应用中相对较少见。

2. 旁热式

旁热式气敏电阻以陶瓷管为基底,管内穿加热丝,管外侧设有两个测量电极,电极之间是经过高温烧结形成的金属氧化物气敏材料,其覆盖在管外侧,与加热元件相分离。

(三) 气敏电阻型氧传感器的应用

气敏电阻型氧传感器,如二氧化钛材料的氧传感器,其电阻值会随排气中氧气含量的变化而变化。这类传感器在传感器的保护套内装有一个二氧化钛厚膜元件。在常温下,二氧化钛是一种电阻率较高的半导体,但当表面缺氧时,其电阻值会下降。考虑到二氧化钛的电阻也会因温度变化而变化,二氧化钛氧传感器内置电加热器,以维持传感器在发动机工作过程中的温度稳定。二氧化钛氧传感器的输出电压在 0.1~0.9V 之间呈现连续变化。

三、固体电解质式气体传感器

固体电解质式气体传感器使用固体电解质气敏材料制作气敏元件,其工作原理是气敏材料在通入气体时产生离子,从而形成电动势,通过测量电动势来测量气体浓度。以氧化锆氧传感器为例,它又称为氧化锆固体电解质氧浓度电池,已广泛应用于发动机空燃比成分测量,其工作原理主要基于氧化锆陶瓷材料的氧离子导电性。在一定温度条件下(通常在

300℃以上），氧化锆固体电解质中只允许氧离子移动。当氧化锆管内外两侧的氧含量存在差异，即存在氧浓度差时，氧离子会从氧浓度高的一侧（通常是大气侧）向氧浓度低的一侧（废气侧）扩散。这种氧离子的定向移动会在氧化锆管两侧的铂电极之间产生电势差（电压差），形成微电池效应。电势差的大小与氧浓度差成正比。这个电势差信号被送入发动机电控单元（ECU）后，ECU可根据这个信号监测混合气空燃比，并通过调整喷油量来控制空燃比接近理想值。由于氧化锆氧传感器需要加热到一定温度才能正常工作，此类传感器都配备加热元件以保持其工作反应温度。

第五节　GPS/北斗传感器

全球定位系统（GPS）/北斗传感器的核心功能是通过GPS/北斗接收机（或称为GPS/北斗天线）进行绝对或单点定位测量，并通过一系列计算得出所需的测试数据。为了使GPS/北斗接收机能够执行测试任务，需要使用GPS/北斗卫星系统。由于北斗传感器在工程测试中的应用原理和方法与GPS传感器基本一致，下面将以GPS传感器为例，介绍其组成、工作原理和应用场景。

GPS是一种由美国在20世纪70年代启动，历时20年，投资超过200亿美元的卫星导航系统。它于1994年全面投入运营，具备全球范围内实时三维导航与定位功能。

一、GPS的组成

GPS由空间部分、地面监控部分和接收部分等组成。

（一）空间部分

空间部分由24颗卫星构成，它们分布在高度约为20200km的轨道上，形成一个卫星星座（包括21颗运行卫星和3颗备用卫星）。这些卫星运行在近圆形的轨道上，每圈的周期大约是11h58min，并且均匀地分布在6个轨道平面上（每个平面大约有4颗卫星），轨道的倾角为55°。这样的卫星布局确保了在全球任意位置、任何时间都能观测到至少4颗卫星，同时能够维持良好的定位解算精度所需的卫星几何构型。这些卫星持续发送包含测距信号和导航数据的信号，为用户接收机提供精确的位置、速度和时间信息，是实现全球导航和定位服务的核心组件。

（二）地面监控部分

地面监控部分是整个GPS的重要组成部分，担负卫星星历计算、卫星监控及系统维护等重要任务。它主要由监测站、主控站和注入站组成。

（1）监测站　监测站负责接收和记录GPS卫星发送的信号，并搜集当地的气象数据，如气压、气温等。这些数据对于精确计算卫星轨道和信号传播延迟至关重要。监测站通常配有高精度原子钟、GPS用户接收机、环境数据传感器及计算机信息处理机，以实现对卫星信号的连续观测和数据的初步处理。处理后的数据会被传送到主控站进行进一步分析。

（2）主控站　主控站是整个地面监控系统的核心，负责接收来自各监测站的数据，并进行综合处理。它利用这些数据计算每颗 GPS 卫星的轨道参数、卫星钟差和大气层的修正参数等，并编制成导航电文。主控站也负责调整偏离轨道的卫星，确保其沿预定轨道运行，并在必要时启用备用卫星替换失效的工作卫星。此外，主控站还承担系统时间基准的建立和维护任务，确保所有卫星和地面设备的时间同步。

（3）注入站 注入站的主要任务是将主控站编制的导航电文和控制指令注入相应卫星的存储器中。这一过程通常通过直径为 3.6m 的天线进行，以确保导航电文能够准确无误地传送到卫星。此外，注入站还会监测注入信息的正确性，以确保卫星能够正常接收和执行控制指令。

（三）接收部分

接收部分主要由 GPS 接收机及其相关设备组成，它是用户获取卫星信号、处理数据及实现定位、导航和时间服务的关键环节。

GPS 接收机是一种高度集成的电子设备，能够接收来自 GPS 卫星发射的射频信号，并通过内部处理电路对这些信号进行捕获、跟踪、解码和计算。接收机内部通常包含射频前端、基带处理单元、导航解算模块及用户接口等部分。

二、GPS 的工作原理

由于光速是已知的（约为 300000km/s），将时延乘以光速就可以得出接收器与卫星之间的大致距离。这个距离被称为伪距，因为它未考虑信号在大气层中传播的延迟和其他误差。伪距提供了接收器到每颗卫星的直线距离。

GPS 以地球中心为原点，将 Z 轴对准地球的北极。该系统的工作原理是通过测量用户接收机与多颗已知位置卫星之间的距离，确定用户接收机的位置。卫星的位置可以通过查阅卫星星历中记录的时间来确定。GPS 卫星的主要功能是持续发送信号。用户在收到这些信号后，提取卫星的时间信息，并与自身时钟进行比较，以此来计算卫星与接收机之间的距离。利用信号中的卫星星历数据，可以推算出卫星发送信号时的位置，进而确定接收机在大地坐标系中的位置和速度等信息。然而，由于用户接收机的时钟与卫星的星载时钟可能不同步，除了接收机的三维坐标 (x, y, z)，还需要引入一个未知数（卫星与接收机之间的时间差）来解算，因此至少需要收到 4 颗卫星的信号才能确定用户接收机的位置。

三、GPS 在汽车性能测试中的应用

GPS 传感器广泛应用于汽车性能测试中，涵盖了诸如最高速度、加速、爬坡、制动、滑行、操控稳定性和最低稳定速度等多项测试。在汽车性能测试中，GPS 传感器主要替代了传统的五轮仪，用于测量车辆的行驶速度和距离。然而，由于 GPS 开放的 C/A 码定位误差范围较大，难以满足汽车性能试验的精度要求。因此，为了提高定位精度，需要采取相应措施。在汽车性能测试中，主要有以下两种方法：

1）增加 GPS 传感器的数据更新率，即从标准的 1Hz 提升至 20~100Hz。尽管在汽车性能测试中，车辆的速度可能会频繁波动，但车辆的行驶速度和经过的距离是连续变化的，因此可以利用 GPS 传感器连续测量的速度或距离数据进行相互校正，从而提高定位的准确性。

2）汽车性能测试大都在户外汽车试验场上进行，对于如此开阔的试验环境，GPS 传感器通常可以接收 10~12 颗卫星的信号。由于通过 4 颗卫星即可获得汽车所处位置的 1 个三维位置坐标，通过 10~12 颗卫星可获得汽车所处位置更多的三维位置坐标，通过数据融合和滤波算法可以有效减少随机误差，提高定位精度。三维位置坐标个数可用排列组合的计算公式求得，即

$$A_n^m = \frac{n!}{(n-m)!} \tag{2-31}$$

式中　A_n^m——从 n 个不同元素中取出 m 个元素的排列数；

n——元素总数；

m——取出的元素数。

通过同时实施上述两种方法，GPS 传感器的定位误差可以显著减少，从原先的 2.93~29.3m 降低至 0.2m。无论车辆行驶至何处或行驶了多远的距离，GPS 传感器测量的位置坐标误差始终保持在 0.2m 以内，这意味着 GPS 传感器在汽车性能测试中不会产生随时间累积的系统误差。因此，与传统五轮仪相比，使用 GPS 传感器进行汽车性能测试的精度要高得多。

第六节　压电式传感器

某些特殊材料在受到沿特定方向的压迫时，不仅会发生机械形变，其内部还会出现极化现象，进而在其两个相对表面上出现正负相反的电荷，形成电场。一旦外力被移除，材料又会恢复到未带电的状态，这种现象被称为压电效应，如图 2-15 所示。这一效应最初由法国科学家皮埃尔·居里和雅克·居里于 1880 年提出。基于压电效应工作的传感器被称为压电式传感器。目前已知的压电材料主要分为三类：第一类是单晶压电材料，包括石英、罗谢尔盐、硫酸锂、磷酸二氢铵等；第二类是多晶压电陶瓷，如钛酸钡和锆钛酸铅等；第三类是高分子压电薄膜，如聚偏二氟乙烯和聚氟乙烯等。

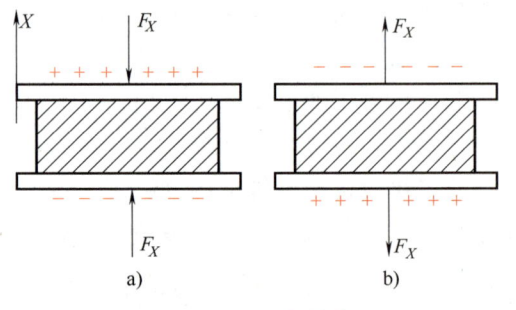

图 2-15　压电效应

a）受压力　b）受拉力

尽管不同的压电材料产生压电效应的机理不同，但对于任何压电材料制成的压电元件来说，压电效应原理中的电荷量 Q 与压力 F 的关系可表示为

$$Q = KF \tag{2-32}$$

式中　Q——压电元件表面产生的电荷量（C）；

K——压电元件的压电系数（C/N）；

F——施加在压电元件上的压力（N）。

式（2-32）表明，压电式传感器输出的电荷量与其承受的力成正比。然而，这种传感器的绝缘电阻通常非常高，电荷很容易泄漏。为了得到准确的测量结果，需要采取措施来防止压电元件表面产生的电荷流失，即确保压电式传感器与后续设备之间不发生能量交换。在实际测量中，这一要求往往难以满足。当压电元件受到动态交变力的作用时，产生的电荷可以持续得到补充，这使得压电式传感器适用于动态测量，但不适用于静态测量。

为了测量压电元件两个相对工作表面产生的异性电荷量，通常会在这两个表面上蒸镀一层金属薄膜，常用的金属材料包括银或金，这样可以形成两个电极。

由于压电元件在受力后产生的电荷量通常很小，在实际应用中，可采用两片或两片以上具有相同性能的压电晶片粘贴在一起使用。由于压电晶片有电荷极性，其连接有串联和并联两种，如图2-16所示，可根据输出的需求进行选择。

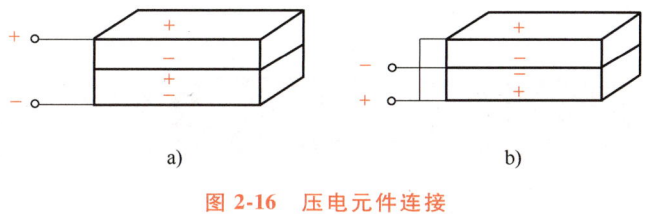

图 2-16 压电元件连接

a) 串联 b) 并联

对于串联接法，其输出的总电压 U、总电荷量 Q、总电容量 C 与单晶片电压 u、电荷 q 和电容 c 的关系为

$$Q = q, \quad U = nu, \quad C = \frac{c}{n}$$

式中 n——晶片数。

对于并联接法，其输出的总电压 U、总电荷量 Q、总电容量 C 与单晶片电压 u、电荷 q 和电容 c 的关系为

$$Q = nq, \quad U = u, \quad C = nc$$

当 $n=2$ 时，串联连接式压电传感器的输出电压为单片电压的2倍，而并联连接式极板上的电荷为单片电荷的2倍。因此，串联接法适用于电压量的输出，并联接法适用于电荷量的输出。

尽管通过组合多个压电元件可以提高传感器的输出信号强度，但总体输出仍然难以满足所有应用需求，因此信号放大是必要的。此外，为了让压电式传感器正常运行，必须尽量减少其与后续电路或设备之间的能量交换，这意味着传感器的负载阻抗需要尽可能大。配合压电式传感器使用的测量电路或前置放大器需要实现两个主要功能：一是将传感器输出的微弱信号放大；二是阻抗匹配，即先将传感器的高阻抗输出转变成低阻抗输出，再给常规放大器进行放大处理。根据压电晶片的不同组合方式，前置放大器可以分为两种类型：一种是电压放大器，其输出电压与输入电压（压电式传感器的输出电压）成正比；另一种是电荷放大器，其输出电压与输入的电荷量成正比。前者被称为电压放大型压电式传感器，后者被称为电荷放大型压电式传感器。

由于电压放大型压电式传感器的输出信号受信号线分布电容变化的影响,可能会降低测试系统的灵敏度,并且输出信号不适合远距离传输,这些缺点使得电荷放大型压电式传感器在工程测试领域中更为常用,尽管它的放大电路更复杂且成本较高。然而,随着微电子技术的进步,这种情况已经发生了显著变化。集成电路技术使得电压型前置放大器和传感器可以集成在一起,但不增加传感器的体积和质量,这样不仅解决了电压放大型压电式传感器的原有问题,相比电荷放大型压电式传感器,它还具有明显的成本优势。因此,一体化设计的电压放大型压电式传感器已经取代了电荷放大型压电式传感器。

压电式传感器因其小巧轻便、信噪比高、可靠性强、频带宽、精度高等特点,在汽车和各种工程领域得到了广泛应用。在汽车行业,压电式传感器常用于测量发动机的振动,尤其是爆燃现象的检测。此外,各种能够转化为力的机械量,如位移、变形或加速度等,都可以用压电式传感器来测量。

第七节　磁电式传感器

磁电式传感器是利用电磁感应原理工作的传感器。当闭合回路中的磁通量发生变化时,回路中就产生感应电动势,其大小与磁通量的变化率有关,即

$$E = -N\frac{\mathrm{d}\varPhi}{\mathrm{d}t} \tag{2-33}$$

式中　E——感应电动势(V);

　　　N——导电回路中线圈的匝数;

　　　$\dfrac{\mathrm{d}\varPhi}{\mathrm{d}t}$——磁通量的变化率(Wb/s)。

改变$\dfrac{\mathrm{d}\varPhi}{\mathrm{d}t}$可以有三种方式,即移动线圈、移动磁铁及改变磁阻,与之对应的分别称为动圈式磁电传感器、动磁式磁电传感器及磁阻式磁电传感器。

一、动圈式与动磁式磁电传感器

动圈式和动磁式磁电传感器本质上属于同一类传感器。如果将动圈式传感器中的运动线圈视为静止,那么动圈式传感器就转变为一个动磁式传感器,如图2-17所示。因此,动圈式和动磁式磁电传感器有时被统称为恒定磁场式磁电传感器,因为它们通常都使用永磁体来提供磁场,并且在传感器的工作过程中,磁场强度保持恒定。在这类传感器结构中,工作气隙中的磁通恒定,之所以产生感应电动势是因为永久磁铁与线圈之间有相对运动(由线圈切割磁力线而产生)。动圈式和动磁式磁电传感器常用于速度测量,能直接测量线速度或角速度。

(一)线速度型

在线速度测量中,当磁体相对线圈做直线运动时,线圈中产生的感应电动势为

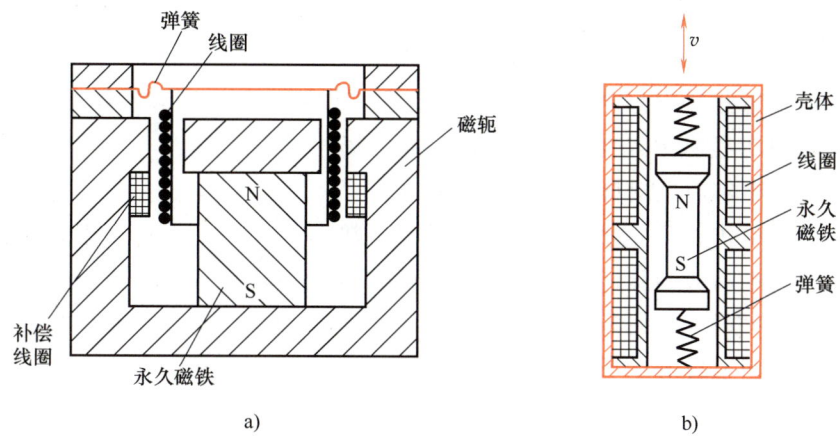

图 2-17 恒定磁场式磁电传感器

a）动圈式　b）动磁式

$$E = NBLv$$

则有

$$v = \frac{E}{NBL} \quad (2\text{-}34)$$

式中　N——线圈的有效匝数；

　　　B——磁感应强度（T）；

　　　L——单匝线圈导线的长度（m）；

　　　v——磁体相对线圈运动的速度（m/s）。

对于某一具体传感器而言，N、B、L 均为常数，磁体的移动速度 v 与感应电动势 E 成正比。传感器灵敏度为 $E_c = NBL$。

（二）角速度型

对于图 2-18 所示的角速度型动圈式磁电传感器而言，在磁场中以 ω 转速旋转的线圈中产生的感应电动势为

$$E = kNBA\omega$$

则

$$\omega = \frac{E}{kNBA} \quad (2\text{-}35)$$

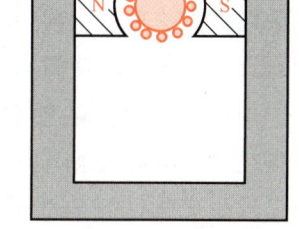

图 2-18　角速度型动圈式磁电传感器

式中　k——与结构有关的系数，$k<1$；

　　　N——线圈的有效匝数；

　　　B——磁感应强度（T）；

　　　A——线圈中导线的截面积（m²）；

　　　ω——线圈的旋转角速度（rad/s）。

传感器结构一旦确定，则 k、N、B、A 均为常数，由式（2-35）可知，线圈的旋转角速度 ω 与感应电动势 E 成正比。传感器灵敏度为 $E_c = kNBA$。

二、磁阻式磁电传感器

磁阻式磁电传感器又称为变磁通式传感器,其工作原理是线圈和磁体均不运动,利用运动的物体改变磁路中磁阻 R_m 的变化,进而引起磁场变化,使线圈中产生感应电动势,如图 2-19 所示。

磁阻式磁电感应传感器一般用作转速传感器,常用线圈中产生感应电动势的脉冲数作为输出,而电动势的脉冲数取决于磁通变化的频率。

所测转速 n 和角速度 ω 分别为

$$n = \frac{60m}{zt} \qquad (2\text{-}36)$$

$$\omega = 2\pi n = \frac{120\pi m}{zt} \qquad (2\text{-}37)$$

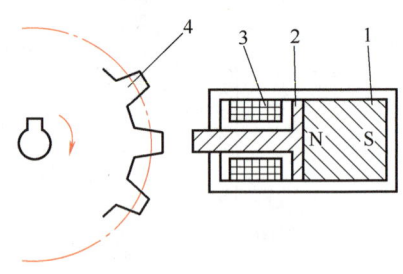

图 2-19 磁阻式磁电传感器
1—永久磁铁 2—软铁 3—线圈 4—齿轮

式中 m——脉冲个数;
t——时间(s);
z——信号齿盘的齿数。

通过比较式(2-34)、式(2-35)和式(2-37)不难发现,尽管恒定磁场式和磁阻式磁电传感器的工作原理均为 $E = -N\dfrac{d\Phi}{dt}$,但这两种传感器的测试量却不同,恒定磁场式磁电传感器测量的是感应电动势 E,而磁阻式磁电传感器测量的是感应电动势的变化次数 m。将速度和转速的测量转化为脉冲计数是一种避免测量失真的有效手段。因此,汽车上用于测量转速的传感器(如发动机转速传感器和车轮转速传感器)和用于汽车试验的转速传感器(如五轮仪、底盘测功机)通常使用频率输出式的磁阻式磁电传感器。

三、磁电式传感器的应用

在汽车工程领域,应用较广泛的磁电式传感器有磁阻式发动机转速/上止点位置传感器,其采用缺齿信号盘,利用缺少的信号脉冲可确定活塞位置。另外,在发动机电控系统传感器中,还有一种磁致伸缩式爆燃传感器,也利用了电磁感应原理。传感器安装在发动机的机体上,由磁心、永久磁铁和感应线圈等组成。当机体振动时,磁心受振偏移,致使感应线圈内的磁通量发生变化,感应线圈产生感应电动势,即为该爆燃传感器的输出信号。图 2-20 所示为转矩测量原理。当转轴不受转矩时,两线圈的输出信号相同,相位差为零。当被测轴感受转矩时,轴的两端产生扭转角,因此两个传感器输出的两个感应电动势将因转矩而有附加相位差。

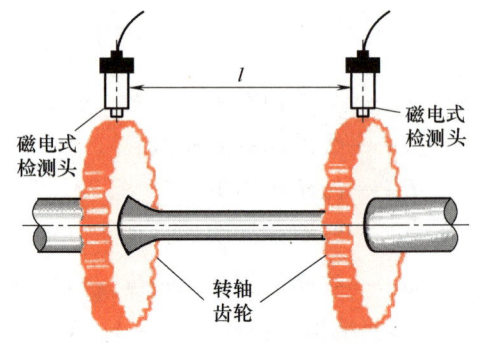

图 2-20 转矩测量原理

另外,在测量速度和转速时,由式(2-33)

可知，当被测量的变化非常缓慢时，由于 dΦ/dt 较小，所产生的感应电动势 E 也很小。由此可见，磁电式传感器并不适用于速度和转速低的测量，即磁电式传感器的低速特性不好。在选用传感器时，对此应予以足够的重视。

第八节 热电式传感器

热电式传感器基于某些材料或部件随温度变化的物理属性进行工作，主要用于温度测量，因此常被称为温度传感器。

温度测量可以通过接触式和非接触式两种方法进行。接触式测量主要使用热电偶和热敏电阻这两种结构不同的传感器。而非接触式测量，在汽车和工程领域主要采用红外测温技术。

一、热电偶式温度传感器

热电偶作为一种接触式温度传感器，能够将温度变化转换为电势（mV）信号。通过与测量仪表或转换器配合使用，可以实现对温度的准确测量和信号转换。热电偶是常见的接触式温度测量设备之一。自 1821 年托马斯·约翰·赛贝克发现热电效应起，热电偶已经发展了一个多世纪。尽管已有三百多种热电偶被开发，但广泛应用的种类只有四五十种。国际电工委员会（IEC）对其中七种性能卓越且产量大的热电偶制定了标准，包括 S 型（铂铑 10-铂）、B 型（铂铑 30-铂铑 6）、K 型（镍铬-镍硅）、T 型（铜-康铜）、E 型（镍铬-康铜）、J 型（铁-康铜）和 R 型（铂铑 13-铂）。

热电效应：将两根不同材料的导体或半导体（A 和 B）连接构成一个回路，如果两个接合点处的温度不同（$T_0 \neq T$），则在两导体内产生热电势，并在回路中出现一定大小的电流，如图 2-21 所示。

由热电效应制成的温度传感器就是热电偶，如图 2-22 所示，采用焊接方法将两种材料的接点相连接。测量时，结点 2 被置于被测温度场中，称为测量端（工作端或热端）；结点 1 则处于某一恒定温度（或已知温度），

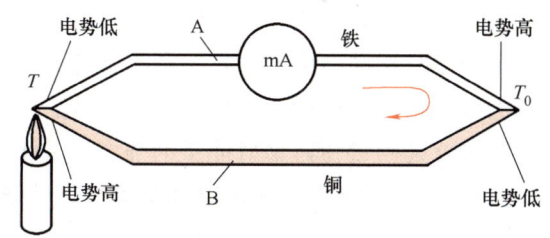

图 2-21 热电效应

称为参考端（自由端或冷端）。由不同电极材料 A、B 组成的热电偶，当冷端温度 T_0 恒定时，在回路中产生的热电势在一定温度范围内只是热端温度 T 的单值函数。回路中的热电势为

$$E_{AB}(T,T_0) = e_{AB}(T) + e_B(T,T_0) - e_{AB}(T_0) - e_A(T,T_0) \tag{2-38}$$

式中　$e_{AB}(T)$ ——温度为 T 处的接触点电势；

　　　$e_B(T,T_0)$ ——电极材料 B 的温差电动势；

　　　$e_{AB}(T_0)$ ——温度为 T_0 处的接触点电势；

$e_A(T, T_0)$——电极材料 A 的温差电动势。

热电偶回路中的热电势由两种材料的接触电势（帕尔贴电势）和单一材料的温差电势（汤姆逊电势）共同决定。通常令 $T_0 = 0℃$，在不同温度下精确地测回路总电势，并将结果绘成曲线或列成表格。

热电偶大都具有以下优点：

1）热电偶由两根不同金属线构成，其构造不受尺寸和形状的限制，外部通常有保护套管，结构简洁，制作容易，使用便捷。

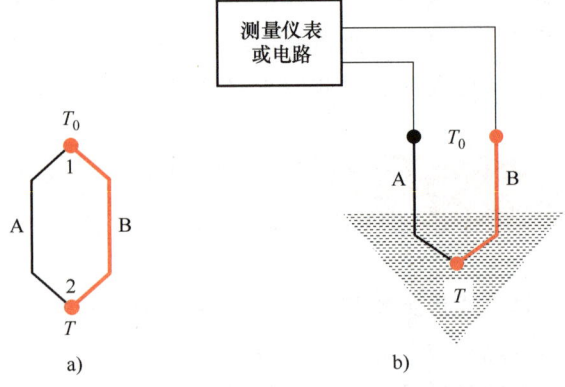

图 2-22 热电偶及与测量仪表连接方式

a) 热电偶示意图   b) 热电偶与测量仪表连接示意图

2）热电偶具有较高的测温精度，反应快，直接接触被测物体，不受介质影响，在高温区域的重复性和稳定性表现出色。

3）热电偶输出的是电信号，方便远距离传输和记录，有利于集中监控和控制。

4）热电偶体积小，热容量和热惯性较低，适合测量局部温度和壁面温度，也可用于动态温度测量。

5）热电偶有众多品种和规格，能够覆盖从 $-270 \sim 2800℃$ 的测温范围，因此被广泛应用。

二、非接触式温度传感器

非接触式温度传感器有多种类型，其中最普遍的一种是红外测温仪。下面介绍红外测温仪的工作原理。

所有物体只要其温度高于绝对零度（$-273.16℃$）就存在热状态，热状态下的物体分子和原子会不断振动、旋转并发生电子跃迁，从而产生电磁波辐射。这些电磁波的波长处于可见光的红光之外，被称为红外光或红外线。物体红外辐射的能量与其温度成正比。非接触式温度测量就是测量物体辐射能量的强弱，并由此得到一个与该物体温度成比例的信号。根据斯特藩-玻尔兹曼定律，物体的温度 T 与红外线辐射功率 W 的关系为

$$W = \varepsilon \sigma T^4 \tag{2-39}$$

式中 W——单位面积的红外热辐射功率（W/m^2）；

σ——斯特藩-玻尔兹曼常数，$\sigma = 5.67 \times 10^{-8} W/m^2 \cdot K^4$；

ε——比辐射率，黑体的 $\varepsilon = 1$，非黑体的 $\varepsilon < 1$；

T——热力学温度（K）。

式（2-39）表明，物体的辐射强度随温度的上升而显著增强。

红外测温仪由光学系统、光电探测器、信号放大器及信号处理和显示等部分组成，如图 2-23 所示。光学系统汇聚其视场内的目标红外辐射能量，能量聚集在光电探测器上并转变为相应的电信号，电信号经换算转变为被测目标的温度值。其中，大气中的水蒸气、二氧化碳等对某些红外辐射波段不吸收或极少吸收，有利于能量传输，从而能被红外测

第二章 汽车试验系统常用的典型传感器

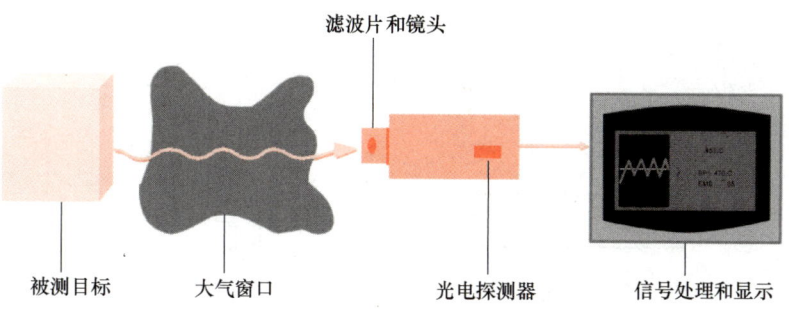

图 2-23 红外测温系统

温仪探测到。这样的特殊红外波段即为所谓的大气窗口。红外波段的选取要考虑大气窗口的影响。

非接触式温度传感器作为近些年发展起来的一种新型温度传感器，有效解决了工程领域中难以接触、环境恶劣或高温物体表面温度测量的问题。例如，在汽车制动热衰退性试验中，以往的方法是在摩擦衬片中埋入热电偶，但这种方式不仅复杂，测得的温度也不代表摩擦表面的实际温度。使用非接触式温度传感器可以轻松解决此问题。在电动汽车中，非接触式温度传感器还可以用于监测电池组的温度，确保电池在适宜的温度范围内工作，提高电池的性能和安全性。非接触式温度传感器的应用远不止于汽车测试，它在汽车制造及众多工程应用中都有广泛的使用。

第九节 光电式传感器

光电式传感器的物理基础是光电效应。当光照射在某些物质上时，这些物质的电特征会发生变化，这种现象就是光电效应。光电式传感器是各种光电检测系统中实现光电转换的关键元件，负责把光信号（红外、可见及紫外光辐射）转变为电信号。光电效应一般分为外光电效应、内光电效应和光生伏特效应三种。

一、外光电效应

当光照射在金属或金属氧化物的光电材料上时，光子的能量传给光电材料表面的电子，假如入射到表面的光能使电子获得足够的能量，电子会克服正离子对它的吸引力，脱离材料表面而进入外界空间，这种现象称为外光电效应，如图 2-24a 所示。

光电管是基于外光电效应制作的基本光电转换器件，如图 2-24b 所示。它是装有阴极和阳极的真空玻璃管，阴极受到合适的光照后发射光电子，这些光电子被具有一定电位的阳极吸引，在管内形成空间电子流，称为光电流。此时若光强增大，轰击阴极的光子数增多，单位时间内发射的光电子数也会增多，光电流变大。在光电管的外电路中接入合适的电阻，电阻上的电压降将和管内空间电流成正比，或与照射在光电管阴极上的光有函数关系，从而实现光电转换。

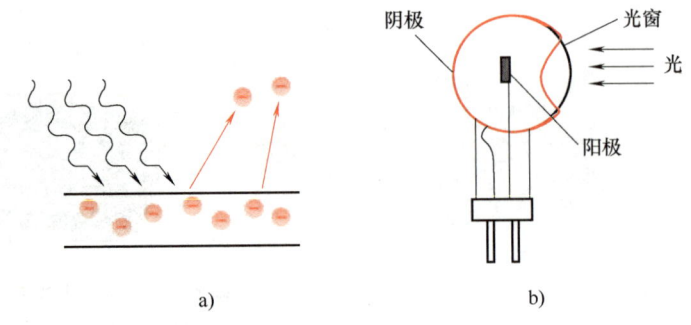

图 2-24 外光电效应原理及应用
a）外光电效应原理示意图　b）光电管

二、内光电效应

因光线作用而使物体的电阻率改变的现象称为内光电效应，也称为光导效应。基于内光电效应制作的光电元件有光敏电阻、光电二极管和光电晶体管等，如图 2-25 所示。

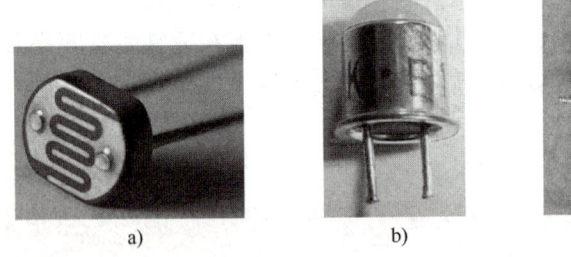

图 2-25 内光电效应元件
a）光敏电阻　b）光电二极管　c）光电晶体管

（一）光敏电阻

当光敏电阻受到光照时，其阻值减小。光敏电阻又称光导管，常用的制作材料为硫化镉，另外还有硒、硫化铝、硫化铅和硫化铋等材料。这些制作材料具有在特定波长的光照射下，阻值迅速减小的特性。其原因是在受到光照时，若光子的能量高于半导体的禁带宽度，则价带中的电子会吸收光子并跃迁到导带，从而在半导体内激发出电子-空穴对，使半导体的电阻值下降和导电性提升。光敏电阻的电极一般采用梳状，以提高灵敏度。

光敏电阻的特性参数主要有暗电阻、亮电阻和光电流等。暗电阻越大，亮电阻越小，光敏电阻的性能越好。常用光敏电阻的暗电阻往往超出 $1M\Omega$，甚至高达 $100M\Omega$，亮电阻则在几千欧以下，暗电阻与亮电阻之比在 $10^2 \sim 10^6$ 之间，可见光敏电阻的灵敏度很高。光敏电阻是一种光电效应半导体器件，可应用于光存在与否的感应（数字量）及光强度的测量（模拟量）等领域。

（二）光电二极管

光电二极管是一种半导体光电转换器件，其基本工作原理是在光照射半导体的 PN 结时，通过反向电压的作用，使其反向电流随光照度变化而变化，实现将光信号转换成电信号的功能。光电二极管的构造与一般二极管相同，其PN结装在管顶，以便接受光照，上面有一种透镜制成的窗口，可使光线集中在敏感面上。光电二极管具有响应快、体积小、价格低、坚实耐用等特点。

在电路中，光电二极管通常处于反向偏置状态，如图2-26所示。当光不照射时，光电二极管反偏，处于截止状态，此时只有少数载流子在反向偏压的作用下越过阻挡层，形成微小的反向电流，即暗电流；当有光亮时，PN结附近会产生电子-空穴对，受内电场的驱动而定向移动，形成光电流。这个光电流的大小会随着光照强度的增强而增加，呈近似线性关系。

（三）光电晶体管

光电晶体管是光电传感器中响应特征良好、测量范围最广、利用价值最高的一种传感器。它的构造与一般晶体管相同，存在NPN和PNP两种类型，具有电流增益，并且其基极不接引线（少数基极有引线，用于温度补偿等附加控制作用），如图2-27所示。

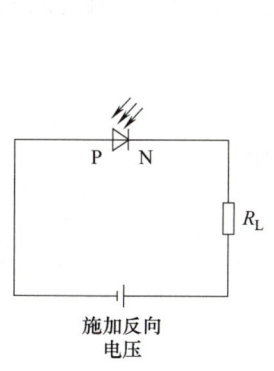

图2-26 光电二极管电路

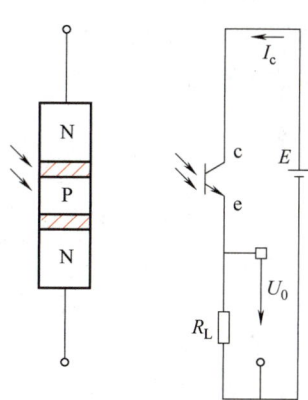

图2-27 光电晶体管电路

为了适应光电转换要求，光电晶体管的基区面积做得较大，入射光从基区吸收。这种晶体管的集电极接正电位，发射极接负电位。无光照时，流过光电晶体管的电流就是正常情况下集电极和发射极之间的穿透电流，称为暗电流。当有光照射基区时，激发产生电子-空穴对，在内电场作用下，集电结饱和电流大大增加，这就是光电晶体管的光生电流，该电流注入发射结进行放大。光电晶体管利用一般半导体晶体管的放大作用，对光生电流进行了放大，因此光电晶体管具有比二极管更高的灵敏度。

三、光生伏特效应

当有光照射特定材料，如硅、硒、砷化镓、硫化镉等时，这些材料能够产生一个有方向性的电动势，这一现象被称为光生伏特效应。具备这种效应的材料被称作光电池。光生伏特效应的原理是在一块N型硅片上用扩散方法掺入某些P型杂质（如硼）形成PN结，当光照射PN结区时，假如光子能量足够大，将在结区附近激发出电子-空穴对，在PN结内电场的作用下，N区聚积负电荷，P区聚积正电荷，从而在PN结两侧出现电位差。若将PN结两端用导线相连，电路中将有电流流过，电流方向为由 P 区流经外电路至 N 区，如图 2-28 所示。若将外电路断开，即可测出光生电动势。光的强度越高，产生的电动势越强。光电池工作时不需要外加电压，光电转换效率高、光谱范围宽、频率特征好、噪声低，已广泛用于光电读出、光电耦合、光栅测距、激光准直、电影还音、紫外光监视器等方面。

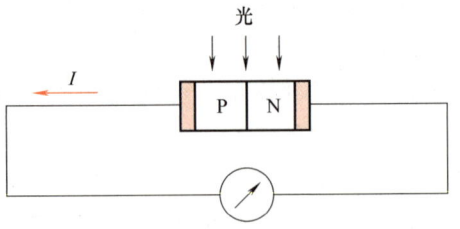

图 2-28 光电池的工作原理示意图

四、光电传感器的应用

（一）光电转速传感器

光电转速传感器由信号盘、光源和光电转换器件（光电元件）组成。当信号盘上的透光窗口转到光电元件处时，光源发射的光经过透光窗口照射光电元件，光电元件就输出与之对应的脉冲信号，若信号盘上的透光窗口数为 z，光电元件在时间 t 内输出的脉冲数为 m，则被测物体的转速为

$$n = \frac{60m}{zt} \tag{2-40}$$

式中　n——转速（r/min）；

　　　m——输出脉冲数；

　　　z——信号盘上的透光窗口数；

　　　t——时间（s）。

（二）透光式烟度计

发动机排放的烟雾越密集，其对光的吸收作用就越显著，导致光的透射能力下降。正是基于这一现象，才设计出透光式烟度计。在这种仪器中，废气通过采样装置被导入测量管道，恒定的光源发出的光穿透管道中的废气后抵达光电检测器。由于废气中烟雾的浓度不一样，透过管道的光线强度也会不同，这导致光电检测器输出的电信号强度改变。如果光电检测器输出的电信号较强，则说明废气吸收的光较少，烟雾浓度较低；反之，则表明烟雾浓度较高。

第十节　霍尔式传感器

霍尔式传感器是一种利用半导体材料的霍尔效应原理将被测量转换成电动势输出的传感器。

根据物理学的研究，将一块半导体薄片材料（如砷化铟、锑化铟、砷化镓、锗等）垂直放置在磁感应强度为 B 的磁场中，若沿着垂直于磁场方向给其通以电流 I，就会在薄片的另一对侧面产生电动势 e，这就是所谓的霍尔效应，如图 2-29 所示。能产生霍尔效应的半导体器件被称为霍尔元件,所产生的相应电动势就是霍尔电势。

霍尔元件产生的霍尔电压 U_H 的计算公式为

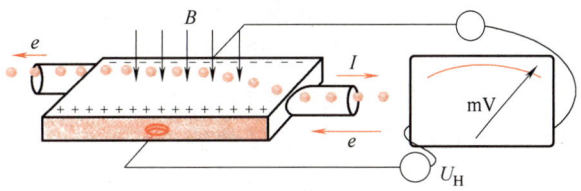

图 2-29 霍尔效应原理

$$U_H = \frac{R_H I_C B}{d} = K_H I_C B \quad (2\text{-}41)$$

式中 I_C——控制电流（A）；
  B——磁感应强度（T）；
  d——半导体的厚度（mm）；
  R_H——霍尔系数,表示材料产生霍尔效应能力的大小；
  K_H——灵敏度系数,表示单位磁感应强度和单位控制电流对应的霍尔电动势的大小,与材料的霍尔系数和几何尺寸 d 有关。霍尔元件的厚度 d 越小,K_H 越大,因此霍尔元件都较薄,通常厚度为几十微米到几百微米。

根据霍尔效应原理,霍尔式传感器输出电压 U_H 取决于控制电流 I_C 和磁感应强度 B,而与磁感应强度的变化速度无关,也就是与被测转速无关。这一点使其优于磁电式转速传感器,因为磁电式转速传感器输出的电压幅值会随被测转速的升高而增大,给后续波形的整理和标准化带来了一定困难。因此,霍尔式传感器的高、低速特性都很好,理论上讲,其测量转速的下限可以接近 0,而上限没有限制,这使得它非常适合工程中各种运行速度的测量。因此,在汽车行业中,霍尔式传感器常用于车速的测量。

霍尔式传感器因其结构简单、经济、可靠且易用等特点,在汽车和各种工程领域得到广泛运用,其能够测量速度、转速、位置、位移等不同的物理量。如图 2-30 所示,在被测转速的转轴上安装一个齿盘,也可选取机械系统中的一个齿轮,将霍尔器件及磁路系统靠近齿盘。齿盘的转动使磁路的磁阻随气隙的改变而周期性地变化,霍尔器件输出的微小脉冲信号经隔直、放大、整形后可以确定被测物的转速。

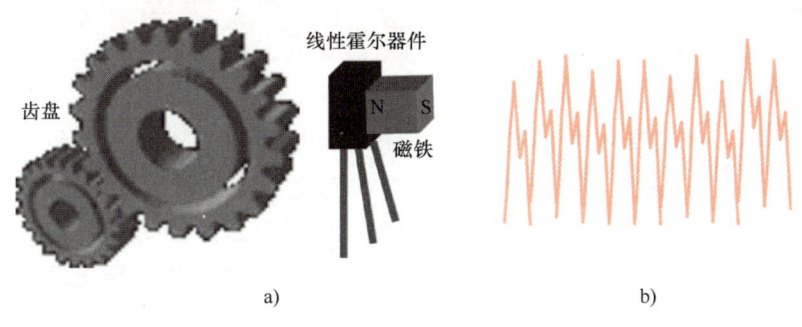

图 2-30 霍尔转速表原理图
a) 元件 b) 输出信号

霍尔式传感器也可以制作成非接触式行程开关,如图 2-31 所示。当磁铁随运动部件移动到距霍尔接近开关几毫米时,霍尔式传感器的输出由低电平变为高电平,经驱动电路使继电器吸合或释放,控制运动部件停止移动（否则将撞坏霍尔式传感器）,起到限位作用。

图 2-32 所示为一种在发动机电控燃油喷射系统中判别气缸信号的霍尔式传感器，其工作原理如下：信号转子 1 与发动机曲轴或凸轮轴连接（此时曲轴转速是信号转子转速的 2 倍），这意味着信号转子与曲轴之间有固定的相对角位置关系。转子上开有与发动机气缸数相等数量的缺口。当信号转子的缺口处于永磁体 2 和霍尔元件 3 之间时，由于磁场的存在，霍尔元件会产生霍尔电压。而当缺口离开永磁体和霍尔元件时，磁感线会因为遇到导磁材料而改变路径，导致没有磁场作用在霍尔元件上，因此不再产生霍尔电压。图 2-32 所示的状态与发动机 1 缸的进气行程相对应。由此可知，当信号转子随曲轴旋转时，它可以按照发动机的点火顺序（1 缸—3 缸—4 缸—2 缸）在各个气缸进气行程的开始前时刻向车辆的电控单元（ECU）提供即将进入进气行程的信息，以便于 ECU 可以适时地接通相应气缸的喷油器的电源，从而实现对相应气缸的燃油供应。该传感器还能用作电子点火系统中的点火信号发生器，它也具备测量转速的功能。

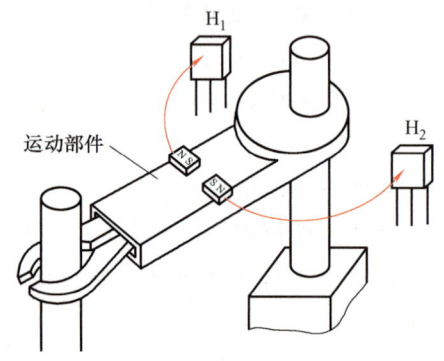

图 2-31 霍尔式行程开关原理图

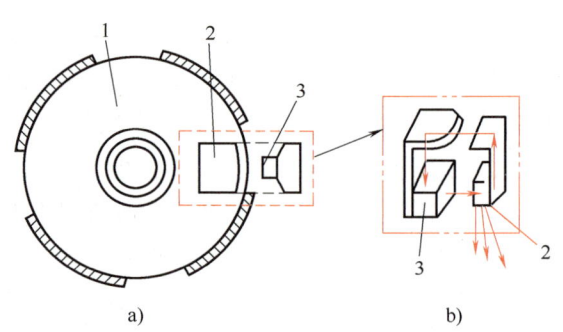

图 2-32 霍尔式传感器判缸信号原理图
a）元件 b）输出霍尔电压时的状态
1—信号转子 2—永磁体 3—霍尔元件

第十一节 CCD/CMOS 图像传感器

CCD/CMOS 图像传感器又称为摄像头或摄像机。CCD 和 CMOS 图像传感器的工作原理在本质上是一样的，都是把光信号转化为电信号，光线先通过镜头聚焦投射在图像传感器表面，再通过 MOS 电容器或光电二极管进行光电转化。入射光的强度与 MOS 电容器和光电二极管产生的电荷成正比，由此形成电荷图像，电荷图像又经过数模转化等处理后形成图像文件。

一、CCD 图像传感器

CCD（Charge Coupled Device，电荷耦合器件）图像传感器也称为电荷耦合器件，其核心由密排的 MOS 电容器组成，它的特点是以电荷为信号，而其他器件大都以电流或电压为信号。一个 MOS 电容器是一个光敏单元，可以感应一个像素点，若一个图像有 1024×768 个像素点，就需要同样数量的光敏单元，即传递一幅图像需要使用由许多 MOS 光敏单元大规模集成的器件。CCD 图像传感器的基本功能是产生、存储、传输和输出信号电荷。

电荷耦合器件是按一定规律排列的 MOS 电容器所组成的阵列（线阵或面阵）。MOS 电容器是它的单元结构，也称为像素。其中，金属为 MOS 结构的电极，称为栅极；半导体材料作为衬底电极；两电极之间有一层氧化物（SiO₂）绝缘体，用于构成电容，如图 2-33 所示。

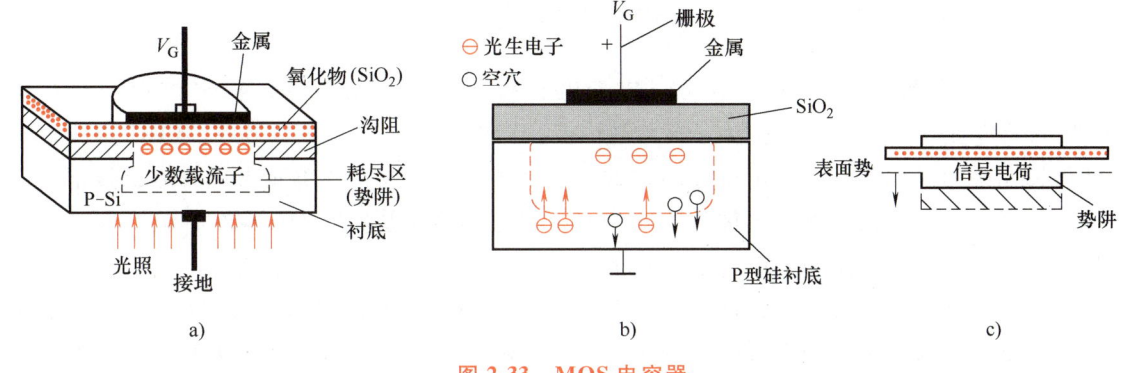

图 2-33　MOS 电容器

a）剖面图　b）结构　c）电荷势阱

当在栅极上施加一个正电压 V_G 时，会排斥 P 型硅中的多数载流子（空穴），并吸引半导体内的少数载流子（电子）到衬底处从而形成一个带负电的耗尽区，这个区域对于带负电的电子来说具有较低的势能，因此被称为势阱。势阱成为积累电荷的场所，所加 V_G 越大，耗尽区就越深，势阱所能容纳的少数载流子电荷的量就越大。当光线照射半导体硅片时，在光子作用下，半导体吸收光子，产生电子-空穴对，这些光生电子被附近的势阱捕获，空穴则被电场推出耗尽区。势阱捕获的电子数量与光照强度成正比。光照强度越大，势阱捕获的电子数就越多；反之，光照强度越小，势阱捕获的电子数就越少。因此，势阱中的电子数目能够反映光的强弱和图像的明暗程度，即这种 MOS 电容器可实现光信号向电荷信号的转变。一个势阱所捕获的若干光生电子被称为一个电荷包，若给光敏单元阵列同时加上电压 V_G，则整个图像的光信号将同时变为电荷包阵列，由此获得电荷图像。利用 CCD 图像传感器中的驱动电路将电荷包中的电荷按一定规律输出，经数模转化处理后形成图像文件。

CCD 图像传感器的应用已经渗透到工业生产、日常生活等领域。作为计量检测仪器，它可用于工业生产中产品的尺寸、位置、表面缺陷的非接触在线检测、距离测定等。作为光学信息处理模块，它可用于光学文字识别、标记识别、图形识别、传真、摄像等。

二、CMOS 图像传感器

CMOS 的全称为互补性金属氧化物半导体，它是一种集成度高的图像感应设备，将光敏元件、放大器、模数转换器、数字信号处理器和计算机接口电路等集成在单一的硅芯片上，并直接在像素上进行电信号放大。与 CCD 图像传感器中的光电转换单元不同，CMOS 图像传感器的光电转换是由光电二极管完成的，而不是 CCD 图像传感器使用的 MOS 结构。

CMOS 图像传感器相较于 CCD 图像传感器最主要的优势是非常省电，CMOS 图像传感器的耗电量只有普通 CCD 图像传感器的 1/3 左右。早期的 CMOS 图像传感器面临图像质量不佳、分辨率低、噪声较大和灵敏度不足等问题。然而，随着集成电路技术和工艺的持续进步，这些问题已经逐步被克服。现在的 CMOS 图像传感器以其高集成度、单电源低压供电、低功耗和低成本等优势，不仅在数码产品中获得了广泛应用，也开始在工程测试领域崭露头角。

三、CCD 图像传感器与 CMOS 图像传感器的对比

CCD 图像传感器基于 MOS 结构完成光电转换及电荷包的转移，输出模拟信号；而 CMOS 图像传感器依靠光电二极管完成光电转换，直接输出数字信号。另外，CCD 器件中的电荷包输出采用顺序转移、移位寄存的方式，一旦某个像素或寄存单元出现故障，整排电荷的传输都无法进行，而 CMOS 图像传感器就不存在这样的问题。CMOS 器件简化了系统硬件设计，由于集成度高，采用 CMOS 器件的成像系统不再需要配置更多电路。

由于结构和工作原理不同，两者在性能上也有所区别。CCD 图像传感器的优势主要体现在噪声低、响应度高、动态范围大等方面，而 CMOS 图像传感器的优势主要体现在集成度高、响应快、随机窗口读取能力强、成本低等方面。在应用上，两者都有非常广阔的空间。过去几十年，CCD 图像传感器主要用于高端领域，CMOS 图像传感器主要活跃在低端市场。随着科学技术的不断发展和工艺水平的不断进步，CMOS 图像传感器的性能不断提升，发展十分迅速，目前已经在手机等大众消费市场取代 CCD 图像传感器，并在高端市场展开激烈的竞争。

四、CCD/CMOS 图像传感器的应用

（一）车轮定位参数测试

在汽车制造总装线上，采用 CCD 图像传感器可测量车轮定位参数，如车轮前束角和外倾角。如图 2-34 所示，测量头由三个传感器总成组成，每个传感器都包含一个激光器和一个 CCD 图像传感器。三个激光器发出的三条激光线分别射向被测车轮侧壁的三个特定位置 A、B、C，并反射给 CCD 图像传感器，得到三个特定位置到测量头的距离 L_A、L_B、L_C，由于车轮存在前束角和外倾角，L_A、L_B、L_C 各不相等。若设车轮的前束角为 α、外倾角为 β，则被测参数 α 和 β 分别为

$$\alpha = \arctan \frac{|L_A - L_C|}{S} \tag{2-42}$$

$$\beta = \arctan \frac{L_A + L_C - 2L_B}{S} \tag{2-43}$$

式中　L_A，L_B，L_C——车轮侧壁上三个特定位置到测量头的距离（mm）；
　　　S——位置 A、C 间的距离（mm）。

（二）双目视觉测量

双目视觉测量技术是无人驾驶汽车的核心要素，对于实现车辆沿道路自主行驶、自动泊

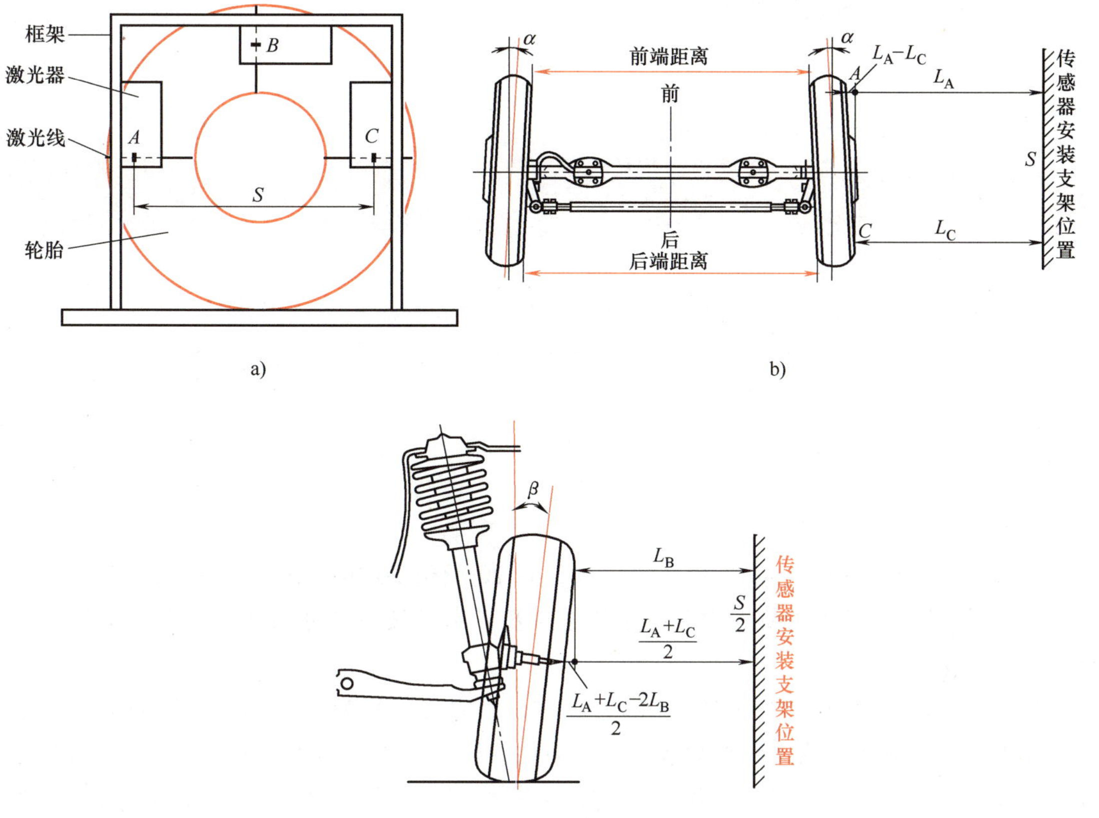

第二章 汽车试验系统常用的典型传感器

图 2-34 车轮定位参数测试示意图
a) 传感器组件 b) 前束角测试 c) 外倾角测试

车及自动待客等功能至关重要。该技术构成了智能汽车理解并响应周围环境图像信息的基础框架。通过双目视觉传感器，车辆能够捕获并生成周围物体的三维点云。这些数据不仅为物体的精确定位提供支持，还能还原物体的深度信息，从而在复杂驾驶场景中确保无人驾驶汽车的安全性与可靠性。

双目视觉传感器测量位置的原理主要基于三角法，一个视觉传感器获得一幅平面图像，两个视觉传感器和被测物体之间构成三角形，如图 2-35 所示。图中点 P 为被测目标，它的坐标可以表示为 (X, Y, Z)，Z 表示点 P 到双目摄像机的深度距离。设被测目标在左边摄像机的投影点为 P_1，在右边摄像机的投影点为 P_2，两个摄像机之间的基线长度为 b，f 为左右两个摄像机的焦距，d 为左右两张图像在 P 点上像点的视差。P 点和摄像机之间的距离 Z 跟视差 d 成反比。根据三角形相似原理，通过三角计算，可得 P 点的三维坐标，物体上多个点的三维坐标可构成物体的三维点云。

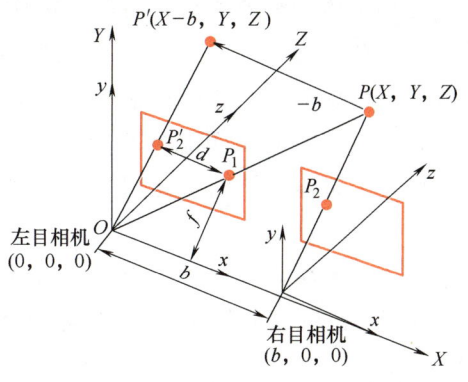

图 2-35 双目视觉传感器测量位置原理

P 点到双目摄像机的深度距离 Z 为

$$Z = f\frac{b}{d} \tag{2-44}$$

第十二节 激光雷达传感器

智能网联汽车中用于环境感知的硬件主要有视觉传感器和雷达传感器。常见的视觉传感器已在第十一节中做过介绍，本节将重点介绍雷达传感器。它主要包括毫米波雷达、激光雷达和超声波雷达等。

一、毫米波雷达

1. 概述

毫米波雷达从 20 世纪 40 年代开始研制，到 20 世纪 50 年代已经在军事领域得到应用，但是直到 20 世纪末，随着集成电路技术快速进步，毫米波雷达才被用来检测智能网联汽车行驶环境。

毫米波雷达采用波长为 1~10mm 的电磁波，相应的频率为 30~300GHz，具有适应能力强、精度高、响应快和成本较低等优点。与前述的视觉传感器相比，毫米波雷达受环境、天气等条件的影响较小，能够穿透灰尘层，在雨雪天气也能正常工作。与微波技术相比，毫米波由于波束窄、分辨率高、指向性好，能够有效识别较远处的行车环境。此外，因元器件结构可以实现小型化，所以毫米波雷达可以降低使用成本。然而，毫米波雷达也存在自身的不足，如不能识别周围物体的颜色，从而无法识别交通标志、信号灯和道路标识等；监测区域为扇形，存在一定范围的盲区；对横向目标、高处物体、行人等的分辨率不高。

2. 毫米波雷达的结构与分类

毫米波雷达的典型结构如图 2-36 所示，主要包括毫米波集成电路（monolithic microwave integrated circuit，MMIC）芯片、天线印制电路板（printed-circuit board，PCB）基板、带连接器的主体、整流罩和底板等。MMIC 芯片作为核心部件，由低噪声放大器、功率放大器、混频器和收发系统等组成，用来进行信息输入、处理和输出。天线 PCB 基板多采用微带阵列，通过高频 PCB 基板实现在较小的集成空间保持足够的信号强度。带连接器的主体用来与外部信息交互。整流罩和底板作为保护性结构体。

根据探测距离不同，毫米波雷达可分为近距离、中距离和远距离雷达，对应的最大测量距离分别为 60m、100m 和 200m。

根据探测频段不同，毫米波雷达可分为 24GHz、60GHz、

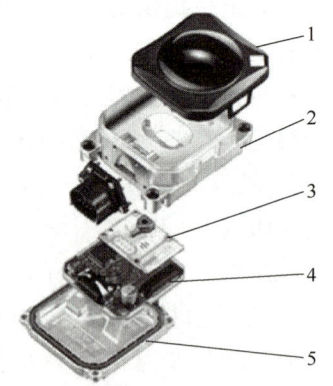

图 2-36 毫米波雷达的典型结构
1—整流罩 2—带连接器的主体
3—天线 PCB 基板 4—MMIC 芯片
5—底板

77GHz 和 79GHz 雷达。其中，车载雷达主流频率为 24GHz 和 77GHz，前者用于近距离测量，后者用于中远距离测量。

根据工作原理不同，毫米波雷达可分为脉冲式和调频式两种。前者利用发射和接收脉冲信号的时间差来计算目标物体的距离；后者利用多普勒效应测量目标物体的距离和速度，又可分为频移键控、相移键控、恒频连续波和调频连续波等方式。

3. 毫米波雷达的工作原理

毫米波雷达主要用来测量目标物体的位置和运动信息。下面以调频式连续毫米波雷达为例介绍其工作原理。

调频式连续毫米波雷达是根据多普勒效应测量目标物体的距离和速度信息的，其工作原理如图 2-37 所示。雷达调频器通过天线发射毫米波信号，利用信号频带宽度 Δf 和调频周期 T 控制雷达的距离分辨率和最大探测速度。当信号波遇到目标物体后，将产生具有相同波形但存在时间差的反射回波信号，即

$$s = \frac{c\Delta t}{2} \tag{2-45}$$

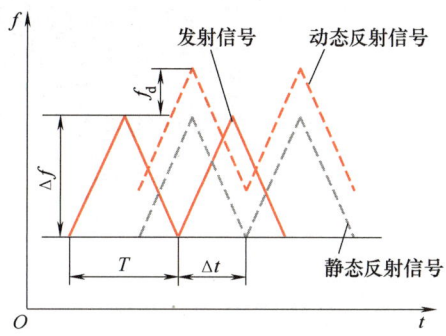

图 2-37　调频式连续毫米波雷达的工作原理

式中　s——目标物体的距离（m）；

c——光速（m/s）；

Δt——电磁波从发射到接收所经历的时间（s）。

如果目标物体与雷达发射源之间存在相对运动，还将产生多普勒频率 f_d。当目标物体接近雷达时，反射信号的频率将高于发射信号的频率；反之，其将低于发射信号的频率。这对毫米波雷达与目标物体之间相对速度的精确计算有着重要影响，可通过多普勒频率计算两者的相对速度，即

$$v_r = \frac{\lambda f_d}{2} \tag{2-46}$$

式中　v_r——雷达与目标物体之间的相对速度（m/s）；

λ——波长（m）；

f_d——多普勒频率（Hz）。

通过毫米波雷达探测目标物体的距离和速度，还可进一步通过对信号进行特征空间变换，提取目标物体的形状、大小和材质等特征信息，从而达到精确识别的目的。

4. 毫米波雷达的应用

为了保证汽车安全行驶，最重要的是控制目标车辆与周围物体，如行驶车辆、行人和道路设施等之间的相对距离和相对速度。毫米波雷达由于具有精确的测量能力，被广泛地应用于自适应巡航控制系统、自动紧急制动系统、前向碰撞预警系统、变道辅助系统和自动泊车系统等。

一般地，为了满足不同功能对硬件的要求，车上会安装不同类型的毫米波雷达，如

24GHz雷达系统用来近距离探测、77GHz雷达系统用来中距离探测等，在汽车ADAS中的具体应用，如图2-38所示。

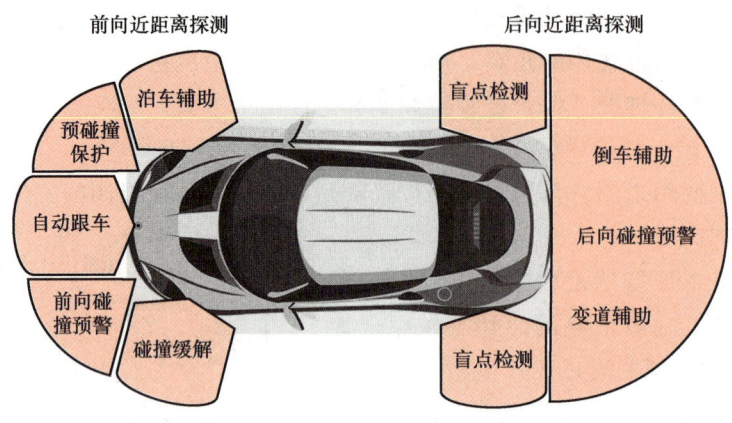

图2-38 毫米波雷达在汽车ADAS中的应用

二、激光雷达

1. 激光雷达概述

在20世纪60年代，随着激光器的出现并在工业中得到应用，1970年诞生了第一代激光雷达。后来，随着智能电动汽车技术的快速发展，机械式激光雷达、光学相控阵激光雷达、调频连续波激光雷达和面阵闪光激光雷达等相继被提出，目前已形成多种类型激光雷达共存的格局。

激光雷达工作在光频波段，比微波高2~3个数量级，具有更高的信息分辨率，因而可获得更丰富的目标物体信息。同时，它也具有抗干扰能力强、工作时间不受限制等优点。但其缺点是激光易受到环境中尘埃、雾霾和雨雪天气的影响，以及无法识别交通标志、信号和道路标识等。此外，由于激光雷达会获得目标物体的三维点云，产生巨大的计算量，导致车载中央处理器需要具有更强的计算能力和效率，器件成本也会随之大幅度提高。

2. 激光雷达的结构与分类

激光雷达主要包括收发光学系统、激光器、扫描系统及信息处理模块等，典型结构如图2-39所示，其中，收发光学系统用来实现激光的发射与接收；激光器用来产生、调制和发射激光信号；扫描系统用来调整激光束的发射方向；信息处理模块用来计算分析目标物体的距离与速度等信息。

根据雷达结构不同，激光雷达可分为机械式、混合固态和固态等类型。机械式激光雷达通过收发光学系统在机械旋转部件带动下实现水平角度全覆盖。该类雷达体积较大，可靠性一般，不能满足车载传感器等级要求。混合固态激光雷达利

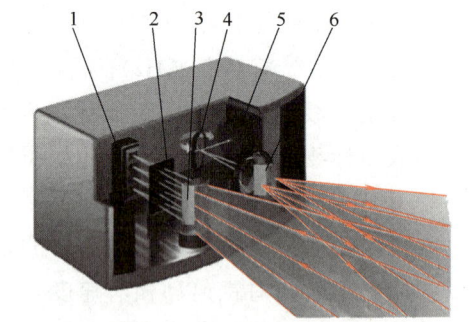

图2-39 激光雷达的典型结构
1—信息处理模块　2—滤光片　3—接收光学镜片
4—扫描系统　5—激光器　6—发射光学镜片

用半导体微动器件代替机械结构部件,能够实现在微观尺度上激光扫描。该类雷达体积较小、成本较低,可靠性较高,在L3及以下级别智能电动汽车中得到广泛应用。固态激光雷达取消机械结构,利用光学相控阵和快闪技术进行目标物体探测。该类雷达探测距离较短,关键技术较难实现,暂无成熟的解决方案。

根据雷达使用线束数量不同,激光雷达主要分为4线束、8线束、16线束、32线束和64线束。激光雷达的探测精度与线束数量成正比,线束数量越多,单次扫描的点数越多,但相应的成本更高。在应用中,如果采用1个多线束激光雷达,则将其置于车顶进行360°全景探测;如果采用多个低线束激光雷达,则将其置于车辆四周进行特定方向探测。

3. 激光雷达的工作原理

激光雷达的工作原理与毫米波雷达类似。首先向目标物体发射激光信号,然后测量接收信号与发射信号之间的时间差,以计算目标物体的实际距离,最后根据探测距离、激光发射角度、反射信号的强弱及频率变化等推算出目标物体的位置、速度和姿态等信息。

4. 激光雷达的应用

激光雷达在智能电动汽车中有多种应用形式,如绘制高精地图、目标物体实时定位等,如图2-40所示。

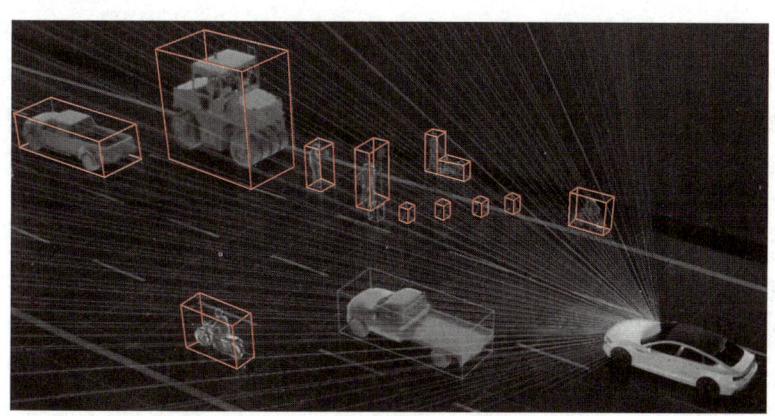

图 2-40 激光雷达在汽车中的应用

在汽车行驶过程中,激光雷达通过采集点云数据,经过处理,提取有效信息,对多次采集的点云信息进行拼接,从而绘制高精地图。在高精地图和GPS基础上,通过对行驶车辆当前时刻点云信息与上一时刻及高精地图进行对比分析,估算汽车的空间位置,从而保证信息的准确性和汽车行驶的安全性。

三、超声波雷达

1. 超声波雷达概述

超声波雷达是利用超声波近距离探测目标物体的传感部件。超声波频率在20kHz以上,其传播速度仅为空气中的声速,并且易受天气条件的影响,具有较强的温度敏感性,因此超声波雷达主要应用于近距离探测,最大有效距离仅为5~10m,以确保其能够适应灰尘、烟雾和电磁干扰等环境。超声波对颜色、光照等条件不敏感，因而可用来识别透明、半透明及漫反射差的目标物体。超声波雷达尺寸较小、成本较低且性能稳定可靠，由于其易于器件小型化，可与其他测试系统进行集成。

2. 超声波雷达的结构与分类

超声波雷达主要包括发射头、接收头、处理芯片、模拟接口和IIC接口等。发射头用来发射一定频率的超声波，而接收头用来接收返回的超声波，这两个器件安装在同一平面。处理芯片用来计算超声波往返时间及目标物体的距离。模拟接口和IIC接口用来传输超声波信息。

根据安装位置不同，超声波雷达可分为超声波驻车辅助（ultrasonic parking assistant，UPA）雷达和自动泊车辅助（automatic parking assistant，APA）雷达。前者用来探测车辆与前后目标物体的距离，测量范围为15~250cm，一般安装在汽车前后保险杠处；后者用来探测停车位长度，测量范围为30~500cm，一般安装在汽车侧面。

根据工作频率不同，超声波雷达可分为40kHz、48kHz和58kHz三类，一般频率越高，雷达的灵敏度和分辨率越高，但水平与垂直方向的探测角越小。因此，工作频率为40kHz的超声波雷达在智能电动车上得到较多应用。

3. 超声波雷达的工作原理

超声波雷达通过发射器向外发出超声波，根据接收器与发射器之间超声波的时间差来计算目标物体的距离。该类雷达的工作原理与毫米波雷达、激光雷达类似，但超声波雷达发射的是声波，主要应用于发射器与接收器之间的距离远小于雷达自身到目标物体之间距离的情况。相对距离的计算公式为

$$s = \frac{v\Delta t}{2} \tag{2-47}$$

式中 v——空气中的声速（m/s）；

Δt——超声波从发射到接收所经历的时间（s）。

4. 超声波雷达的应用

在智能电动汽车中，超声波雷达无法应用于高速行驶场景，主要应用于UPA和APA，如图2-41所示。用于APA的超声波雷达安装在汽车侧面，用来探测侧方是否有足够的空间进行泊车；用于UPA的超声波雷达安装在汽车前后，用来探测前后方的障碍物。

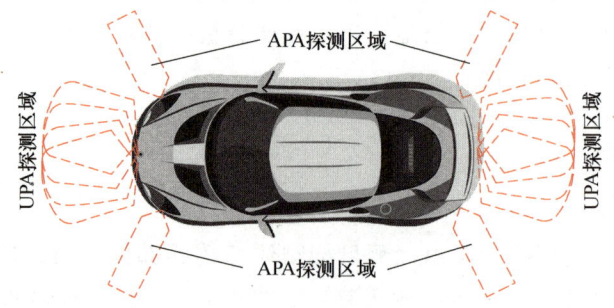

图2-41 超声波雷达在汽车中的应用

复习思考题

1. 热敏电阻式传感器可分为哪三种类型？它如何将被测物理量转换为电阻值的变化？请举例说明。

2. 电容式传感器如何通过改变电容来检测物理量？请解释其工作原理并给出一个实际应用场景。

3. 电感式传感器在测量金属物体位置时是如何工作的？请描述其测量原理及优势。

4. 气体传感器在汽车试验系统中有哪些应用？请列举至少两种并解释其工作原理。

5. GPS/北斗传感器如何为智能电动车提供精确定位？请阐述其工作原理。

6. 压电式传感器为什么只适合动态测量？请举例说明其在汽车试验系统中的应用。

7. 磁电式传感器如何测量转速？请描述其测量原理及特点。

8. 热电式传感器测量温度的基本原理是什么？请解释热电效应并给出热电偶传感器的应用实例。

9. 光电式传感器如何通过光信号来检测物理量？请举例说明其在汽车试验系统中的应用。

10. 霍尔式传感器的工作原理是什么？请讨论其在汽车试验系统中的应用及可能遇到的问题。

11. CCD/CMOS图像传感器在智能电动车视觉系统中的作用是什么？请比较两者的主要区别并讨论其对图像质量的影响。

12. 激光雷达传感器如何为智能电动汽车提供环境感知？请描述其工作原理并讨论其在障碍物检测中的应用。

第三章 / Chapter 3
典型汽车试验设备与设施

第三章 典型汽车试验设备与设施

导读：

在现代汽车制造业中，随着消费者对车辆安全性、舒适性等方面的需求不断升级，汽车的配置越来越多样化，设计风格也日益丰富。因此，验证汽车可靠性越来越依赖于高端的实验室和精密的仪器设备。建立高端汽车实验室对于提升研发效率、加速研究成果和生产高质量产品具有至关重要的作用。然而，高端实验室的建设和运行成本高昂，周期较长，因此在实验室建设过程中，需要精心规划如何最大化利用资金，采购先进的设备，并确保设备的有效使用、维护和修理，以实现最佳经济效益。

学习目标：

1. 熟悉典型试验仪器及设备。
2. 熟悉典型试验设施。
3. 了解汽车试验场。

第一节　典型试验仪器及设备

一、车速测量仪

在评估汽车的多项性能时，诸如行驶速度、时间和位移等参数是不可或缺的。尽管车辆里程表能够提供行驶距离和速度的信息，但会受到车轮滚动半径、传动系统磨损及指示仪表的精度等因素的影响，因此需要使用专门的高精度仪器来测量这些参数。用于测量并记录汽车行驶过程中速度、时间和位移的仪器被称为车速测量仪，简称车速仪。早期的车速仪由传感器和小型轮子组成，它们与被测车辆相连，由车辆拖动在路面上滚动，因此又称作第五轮仪。然而，由于安装便捷性、测量精度等因素的限制，这种与地面接触的接地式车速测量仪已经不太常用，实际使用非接地式车速测量仪更多。根据测量原理的不同，非接地式车速测量仪主要分为光电式车速测量仪和基于GPS定位的车速测量系统等类型。

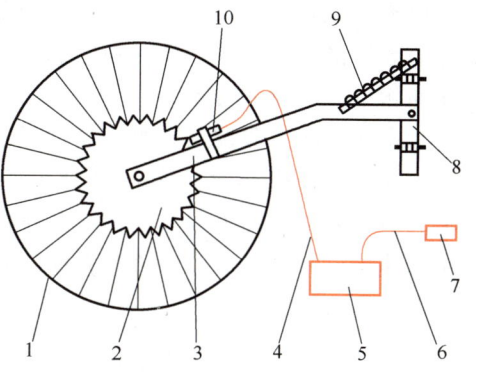

图 3-1　AM2020型第五轮仪的结构

1—第五轮　2—齿盘　3—连接臂　4—导线
5—显示器　6—开关导线　7—脚踏开关
8—安装盘　9—加力弹簧　10—磁电式传感器

（一）第五轮仪

第五轮仪也称为五轮仪，是早期汽车测试中经常使用的设备，用于测量汽车的加速能力、滑行性能和燃油效率等参数。这种仪器通常由一个额外的轮子（第五轮）、传感器、显示屏和脚踏控制器等部件构成。图 3-1 所示为 AM2020 型第五轮仪的结构。

在测试过程中，第五轮仪被固定在车辆的尾部或侧面。随着汽车运动，第五轮仪中的磁电式传感器感受到齿盘的齿牙变化，并据此产生与齿数成比例的电脉冲。这些脉冲的数量与车辆行驶的距离成正比，脉冲的频率则与车速成正比。车辆行驶的距离与脉冲信号之间的比例是一个固定值，通常称为传递系数。当显示器收到磁电式传感器传递的脉冲信号后，它会将这些信号与传递系数相乘，以计算相应的距离。同时，通过将距离与由晶体振荡器控制的时间相除，可以得到车速，并且这些信息可以被显示、存储或打印。这种测量过程会在测试中定期进行，直到测试完成，以此来实时记录车速、距离和时间。

传递系数取决于第五轮的周长和齿盘的齿数。假设第五轮的实际周长是 L（单位为 m），齿盘上有 n 个齿，并且磁电式传感器在感知到一次齿顶和齿谷的交替时会发出两个脉冲信号，那么传递系数就是 $L/(2n)$。由于第五轮的周长会随着轮胎压力和接触地面的压力变化而变化，每次测试前都需要对传递系数进行校准。不同类型的第五轮仪有着不同的校准方法，应遵循设备的使用手册进行。

接地式车速测量仪在测试时需要确保第五轮始终与地面接触，并且不能发生打滑，这限制了可用于测试的道路类型，不利于非道路车辆的测试实施。这类设备由于精度限制，不能用于测量超过 180km/h 的车速。另外，由于设备体积较大，不便携带，安装也不太方便，目前已不多见。

（二）光电式车速测量仪

光电式车速测量仪是一种基于空间滤波原理的非接触式车速测量设备。它包括一个空间频率传感器和一套信号处理系统。空间频率传感器（图 3-2）由一个发射器和一个接收器组成。发射器发出强烈的光线照射地面，由于地面不平整，光线会产生明暗不一的反射。接收器中的梳状光电管负责捕捉这些由于车辆移动而产生的明暗变化脉冲。

空间频率传感器的工作原理：如图 3-3 所示，有一排以一定间距 P 排列的透光格子，当点光源以一定速度相对格子移动时，经过格子列以后，光的强度就变成忽明忽暗、反复出现的脉冲状态，此脉冲与光穿过格子的次数相对应，即每移动 P 距离就变换一次。假设点光源的移动速度为 v，光学系统的放大率为 m，则在格子列上移动的光点速度为 mv。这样，一明一暗的脉冲列的周期为 $P/(mv)$，即频率 $f=mv/P$ 与速度 v 成正比。速度 v 的变化则通过频率 f 的变化表现出来。

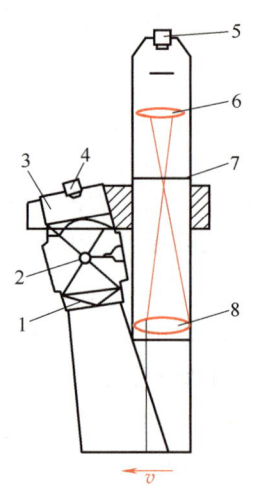

图 3-2 空间频率传感器

1—透镜 2—灯 3—反射镜 4—发射器 5—接收器 6—梳状光电管 7—光栅 8—聚光透镜

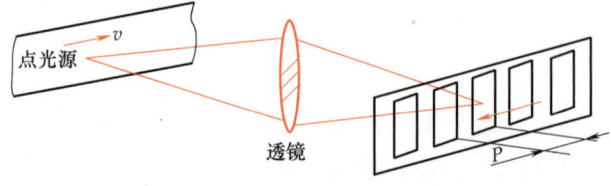

图 3-3 空间滤波原理

由于地面凹凸水平，点光源的分布和强度各不相同，导致其相位和亮度各不相同，但因为其光频率完全相同，所以形成了一系列相位和振幅各异的信号，这些信号的平均频率为 mv/P。这些信号是相位和振幅随机且平稳变化的窄带随机信号。通过分析这些信号的中心频率，可以计算物体的移动速度和移动距离。

与第五轮仪相比，光电式车速测量仪具有安装简便、测量精确度高等优点，尤其适用于高车速测量，其最高测量车速可以达到 250km/h。然而，这种测量仪的光源功耗较大，低速时的测量误差也较大，当车速低于 1.5km/h 时无法进行测量。另外，光电式车速测量仪依赖于内置的空间滤光片传感器来捕获地面的反射光并采集信号，但在冰雪路面或潮湿的 ABS（防抱死制动系统）性能测试路面上，由于路面附着力低，光线反射效果不佳，可能导致信号丢失，使得仪器无法正常工作。

（三）基于 GPS 定位的车速测量系统

采用 GPS 定位技术的车速测量系统，主要由 GPS 接收器和数据采集单元组成。该系统利用高灵敏度的卫星接收器，通过解析至少 4 颗已知位置的卫星的三维坐标数据，确定被测对象的三维位置（x，y，z）。系统通过分析卫星发射的无线电信号的传输延迟，建立三维位置和时间的关系方程，并结合测量得到的卫星与目标之间的距离，计算被测对象在地面上的确切位置。之后，通过计算被测对象的位移变化，得出其速度。

VBOX 是一种利用 GPS 定位技术进行车速测量的设备，由英国 Racelogic 公司制造，它是一个便携式测试系统，用于测量、记录和分析车辆的行驶数据。VBOX 数据采集系统由卫星接收器、主机、多种外接模块和传感器构成。主机能够直接读取车辆的速度、移动距离、横向和纵向的加速度、最大减速度（MFDD）、时间及制动、滑行、加速等距离。通过添加不同的模块和传感器，该系统还能采集油耗、温度、加速度、角速度和角度、转向力矩、制动踏板力和位移、制动风管压力等信息，从而方便地完成动力性能、燃油经济性和操控稳定性等多个试验项目的测试。

与光电式车速测量仪相比，基于 GPS 定位的车速测量系统具有相似的精度，安装更为简便，对测试道路环境的要求也更低，因此非常适合于汽车的综合测试。然而，这套试验设备的价格较为昂贵，通常只有专业的检测机构和科研机构才会采用。

二、陀螺仪

在执行汽车操纵稳定性测试时，常常需要在大范围的运动条件下监测车辆的动态参数，包括车辆的前进方向角度、横摆角速度、车身侧倾角度及纵倾角度（俯仰角）。这些动态参数通常借助于陀螺仪进行准确测量。

（一）陀螺仪的基本特性

狭义上的陀螺仪是一种装置，它包含一个能够在内外部框架内高速旋转的转子，该转子能够围绕自身的旋转轴在一个固定的点上自由旋转。这个装置展现了两种主要的物理特性：一是定向性，指的是在没有外部力量影响的情况下，转子的轴线方向会保持恒定；二是进动性，指的是当转子停止自转时，如果在外框架上悬挂一个重物，由于重力的作用，外框架会朝着重物的方向倾斜（图 3-4a）；然而，当转子高速自转时，即使外框架受到外部力的作用，它也不会倾斜，而是外框架围绕自身的旋转轴线发生旋转（图3-4b）。陀螺仪的这两种基本特性可利用动量矩定理来解释。

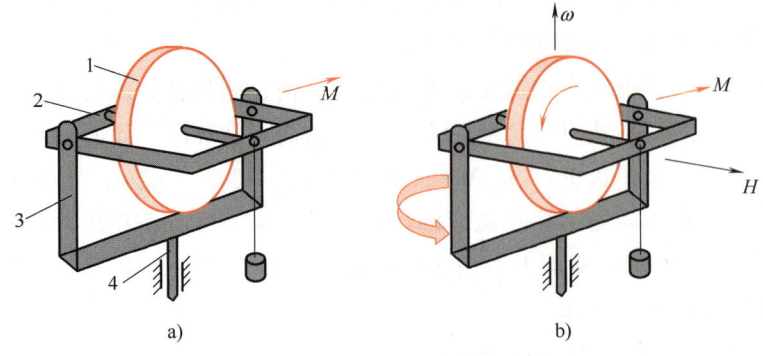

图3-4 陀螺仪进动性原理

1—转子 2—内框架 3—外框架 4—支架

M—重力作用力矩 ω—外框架转动角速度 H—转子的动量矩

（二）垂直陀螺仪

垂直陀螺仪是一种二自由度陀螺仪，其特点是可以维持自转轴在垂直方向上的稳定性，用于测量车辆的侧倾角和俯仰角。图3-5所示为垂直陀螺仪的结构示意图，它由二自由度陀螺仪、修正装置及指示机构（或角度传感器）等组成。

修正装置由摆式敏感元件和力矩器构成，其中摆式敏感元件常用液体开关或水银开关。这些液体开关实质上是液体摆，能够像气泡水准仪一样传输电信号，内部装有特殊的导电液体并配有电极。图3-5所示的液体开关是五极式，中心电极与液体开关的外壳连接，其他四个电极则均匀分布在壳体的顶部圆周上，形成两对相互垂直的电极。液体开关被安装在陀螺仪内框架的底部。力矩器通常采用力矩电动

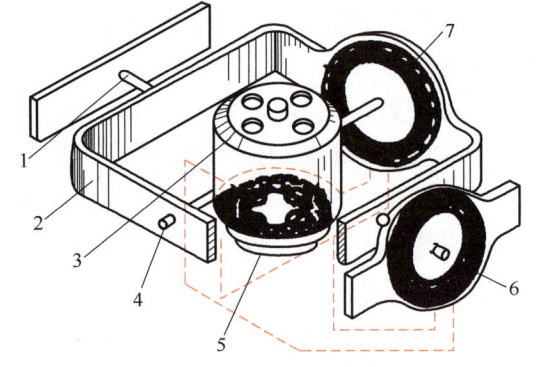

图3-5 垂直陀螺仪的结构示意图

1—外框轴 2—外框 3—陀螺房（内框）

4—内框轴 5—五极式液体开关

6、7—扁环形修正电动机

机，但设计为扁环形或弧形，以实现紧凑的仪表结构。两个力矩电动机分别安装在陀螺仪的内、外框轴上。当陀螺仪的外框轴与机体纵轴平行时，外框轴和内框轴方向的力矩电动机分别被称为纵向修正力矩电动机和横向修正力矩电动机，液体开关与力矩电动机的连接电路称为修正电路。

当自转轴保持在垂直位置时，液体开关保持水平，气泡位于中央位置，均匀覆盖四个电极表面约1/2的面积，中心电极通过导电液体至四个电极的电阻相等，此时每个力矩电动机中的两个控制绕组通过的电流大小相等、方向相反，因此不会在陀螺仪上产生修正力矩。

当陀螺仪的自转轴偏离垂直线时，液体开关会随之倾斜，气泡会向较高的电极移动。这

时，中心电极通过导电液体到一对电极中的两个电极的电阻不再相等，导致相应的力矩电动机中的两个控制绕组通过的电流大小不同，从而在陀螺仪上产生修正力矩，使自转轴围绕框架轴进动，直到液体开关中的气泡回到中央位置（自转轴返回垂直线）为止。通过指示机构（或角度传感器）测量自转轴围绕框架轴的进动角度，可以得到车辆的侧倾角和俯仰角。

使用垂直陀螺仪测量车辆侧倾角的主要挑战之一是自转轴不总是完全垂直于地面的，这会导致正弦波信号输出。因此，在试验前应让汽车以极慢的速度绕圈行驶，以测量由此产生的偏差，并在数据处理时进行修正。

在试验中使用带有修正装置的垂直陀螺仪时，可以在实验前利用修正装置自动将陀螺仪的自转轴修正到地垂线位置。在试验期间，应断开修正装置的电路，以防止修正装置误发出信号（如由离心力引起的信号）。试验时间不应过长，通常为数分钟，以防止自转轴因其他原因发生漂移而引起测量误差。

（三）角速度陀螺仪

角速度陀螺仪也称为单自由度陀螺仪（图 3-6），用于测量汽车的横摆角速度。这种陀螺仪通常被刚性地安装在汽车的底板上，并且其安装位置需要确保敏感轴与地垂线的平行度误差不超过 1°。在汽车进行稳态圆周运动时，车身侧倾角对横摆角速度输出的影响通常较小，可以忽略。然而，在车辆转向或制动时，则需要进行修正。为了确保动态测试值的实时性，角速度陀螺仪的相对阻尼系数应为 0.2，其自振频率应不低于 50Hz。此外，角速度陀螺仪应能够处理 0~2.5Hz 的输入频率，并且输出应是线性的。

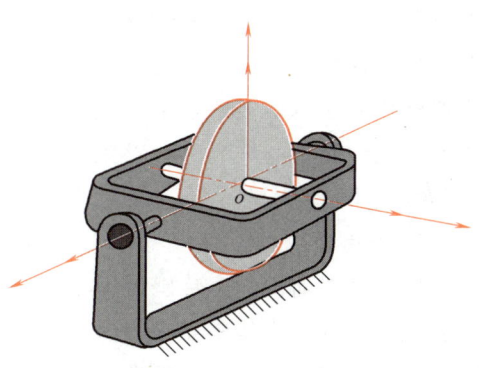

图 3-6　单自由度陀螺仪

与二自由度陀螺仪不同，角速度陀螺仪只有一个框架，因此它相对于基座缺少一个转动自由度。在陀螺力矩的作用下，角速度陀螺仪会绕框架轴相对于基座转动，并产生转角，这被称为强迫进动。

当基座转动方向相反时，角速度陀螺仪绕内框轴的进动方向也会相应改变。

三、负荷拖车

负荷拖车是用于向试验车辆施加负载的现代化汽车测试设备，如图 3-7 所示。这类拖车分为有动力和无动力两种类型，其中有动力负荷拖车能够自主行驶和被拖动，而无动力负荷拖车只能被拖动。下面将以无动力电涡流负荷拖车为例，详细解析负荷拖车的构造和工作原理。

（一）负荷拖车的结构

负荷拖车是由电子组件和机械结构组成的设备。对于无动力电涡流负荷拖车来说，其核

图 3-7　负荷拖车

心测控系统主要由功率吸收器、力传感器、速度传感器、手控盒及计算机等组成。

1. 功率吸收器

负荷拖车所施加的负载是通过功率吸收器实现的。功率吸收器是一种电子机械设备，能够从试验车辆处吸收动能，并将其转换为热能进行消耗。功率吸收器吸收的能量大小取决于供给其电流的大小，而电流的调节由 DC/DC 控制器来完成，该控制器受计算机的控制。

电涡流负荷拖车的功率吸收器由定子和转子两个主要部分构成，定子上有 16 组电磁线圈。只有当电磁线圈中流过电流且转子旋转时，功率吸收器才能发挥作用，吸收能量，从而使负荷拖车能够施加负载。

计算机通过指令来控制电流供应给功率吸收器的电磁线圈，从而使功率吸收器能够开始吸收能量。这个过程体现为定子的 16 个线圈产生 16 个磁场，而转子在旋转时会不断地穿过这些磁力线，每次穿过都会导致转子内部的微粒被极化（或重新极化）。这些微粒周围会产生杂散的分子电流，这些电流会阻止磁通量的变化，从而给转子提供一个与旋转方向相反的阻力矩。这个阻力矩通过传动系统传递给车轮，从而产生了拖车的负载。微粒的极化（或重新极化）过程需要吸收能量，这就是功率吸收器将动能转换为热能并吸收的过程。通过调整电磁线圈中的电流，可以控制极化（或重新极化）微粒的数量，以此来精确控制拖车的负载大小。

2. 力传感器

位于拖车前部的力传感器用于检测拖车对试验车辆施加的负载。在测试过程中，负荷拖车会施加负载，力传感器受到这个负载的作用后，先将负载转换成电信号，再将这些信号传输给计算机进行进一步的处理。

3. 速度传感器

速度传感器被安装在负荷拖车的轮轴传动装置上，其作用是监测负荷拖车的速度，这也等同于被试车辆的速度。在试验期间，负荷拖车的车轮会旋转，速度传感器便会产生脉冲信号，这些信号随后被送入计算机进行处理。

4. 手控盒

手控盒是一个有线设备，与计算机相连，用于在试验过程中控制负荷拖车是否施加负载。手控盒上设有两个按钮，分别为绿色和红色，对应开始和结束加载的操作，同时也有相应的绿色和红色指示灯作为反馈。此外，手控盒还包含两个调节开关，用于调整负荷拖车的速度和负载大小，而这些目标值可以实时显示在计算机屏幕上。

5. 计算机

试验中使用的计算机是一个便携式车载计算机。负荷拖车配备了足够长的电缆，以便在试验时计算机可以连接信号线和电源线。启动负荷拖车的控制程序后，试验人员可以在被试车辆上操作，控制拖车模拟各种不同的试验条件。

（二）负荷拖车的工作原理

在试验时，负荷拖车作为一个可调负荷拖挂在试验车辆之后，用以调节试验车辆的负荷。在试验中，试验车辆拖挂负荷拖车后的受力情况如图 3-8 所示。

其受力平衡方程为

$$F_K = F_w + F_f + F_g \tag{3-1}$$

式中 F_K——试验车辆所受的牵引力（N）；

F_w——试验车辆所受的空气阻力（N）；

F_f——试验车辆所受的轮胎滚动阻力（N）；

F_g——试验车辆所受的拖钩牵引力（N）。

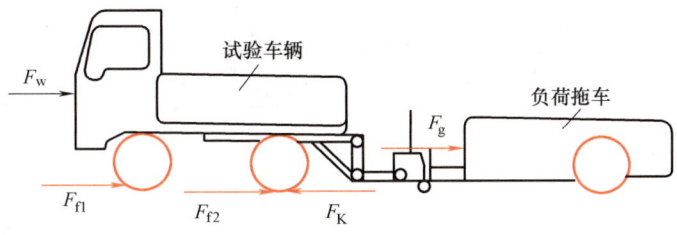

图 3-8 试验车辆的受力情况

为了测量被测车辆对拖钩的牵引力，负荷拖车上安装了专门的测力传感器。在试验过程中，负荷拖车由被测车辆拉动前进，车轮的滚动通过传动系统驱动交流发电机为车载蓄电池充电。同时，负荷拖车还驱动功率吸收器，后者通过吸收能量对转子施加制动力矩，这个力矩通过车轮制动，由车轮与地面的摩擦产生摩擦阻力，从而对前方的被测车辆施加载荷。负荷拖车的控制单元计算机由蓄电池供电，试验人员可通过计算机输入所需的负荷和速度目标值。计算机随后向 DC/DC 控制器下达指令，控制器调节蓄电池向功率吸收器定子中电磁线圈供应的电流大小，以改变负荷拖车的负荷，实现所需的目标值。计算机作为负荷拖车的核心控制单元，负责选择控制模式并下达指令，力传感器和速度传感器则向计算机提供负荷和速度的反馈信号。计算机收到反馈信号后，如果目标值与实际反馈不符，则会向 DC/DC 控制器发出调整指令，调整负荷拖车的负荷，直到实际反馈与目标值一致，满足控制要求。

负荷拖车可用于汽车牵引性能测试、测量汽车滑行阻力及滑行阻力系数、模拟汽车爬坡情况，以及为试验车辆提供可调节的稳定负荷。

第二节 典型试验设施

一、转鼓试验台

转鼓试验台也称为底盘测功机，它是一种用于评估汽车底盘输出功率及相关参数的检测设备。该设备利用转鼓的表面来模仿道路表面，通过加载系统对转鼓轴施加负荷，以模拟汽车在实际行驶过程中所遇到的阻力。此外，它还通过可调风速的供风系统来模拟汽车前行的迎面行驶气流，使汽车在室内就能够模拟道路行驶工况。

（一）转鼓试验台的分类

1. 双转鼓（滚筒）试验台

图 3-9 所示为双转鼓试验台，它的转鼓直径相对于单转鼓试验台来说更小，通常在 185~400mm 之间，随试验车速而定。由于转鼓的曲率半径较小，轮胎与转鼓的接触状况与

实际道路行驶不同，这可能导致试验精度有所下降。然而，这种试验台对于车辆的放置要求不高，操作更加便捷，成本较低，因此适合维修服务企业和汽车检测站对汽车技术状况的检查及故障诊断。

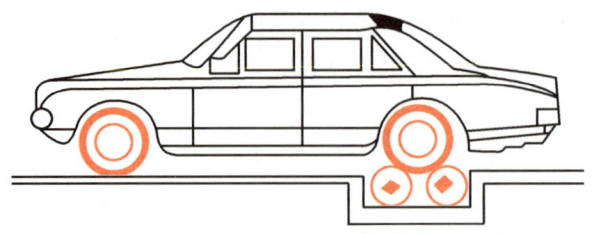

图 3-9 双转鼓试验台

2. 单转鼓（滚筒）试验台

图 3-10 所示为单转鼓试验台，其特点是转鼓直径越大，车轮在转鼓上的运动就越接近于其在水平路面上的滚动。然而，转鼓直径的增加会导致制造和安装成本的显著提升，因此转鼓的直径通常保持在 1500～2500mm 的范围内。由于单转鼓试验台对试验车辆的放置和定位有较为严格的要求，确保车轮与转鼓的对中是一件较为困难的事情。尽管如此，这种试验台凭借较高的试验精度，主要用于汽车制造厂的技术测试中。

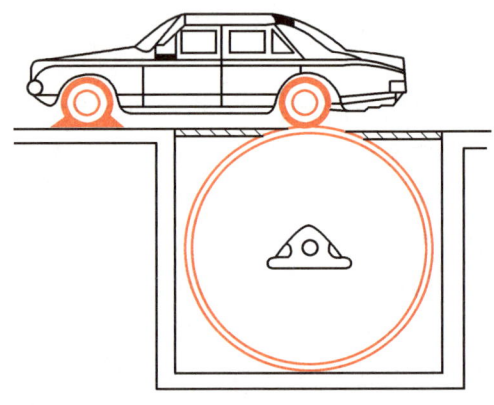

图 3-10 单转鼓试验台

（二）转鼓试验台的结构

转鼓试验台一般由加载装置、测量装置、转鼓组件、举升装置、纵向约束装置、轮胎冷却装置及测控管理系统等组成。图 3-11 所示为转鼓试验台机械部分示意图。图中，电涡流测功器 2 为加载装置，压力传感器 13 为测量装置，主动滚筒 4 和从动滚筒 12 为转鼓组件，举升器 11 为举升装置。

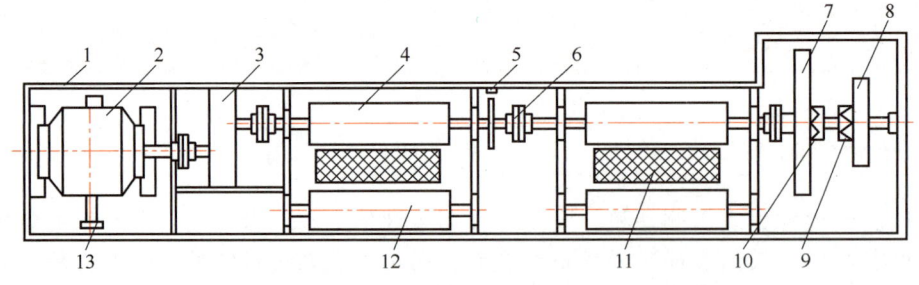

图 3-11 转鼓试验台机械部分示意图

1—框架 2—电涡流测功器 3—变速器 4—主动滚筒 5—速度传感器 6—联轴器
7、8—飞轮 9、10—电磁离合器 11—举升器 12—从动滚筒 13—压力传感器

1. 加载装置

在转鼓试验台上进行汽车性能测试或技术检查时，试验台需要能够模仿汽车在公路上行

驶时遇到的各种阻力。汽车在行驶过程中遇到的内部阻力，如传动系统产生的摩擦，在道路和试验台上是相同的，而外部阻力在这两种情况下的构成有所不同。在实际道路上，汽车的外部阻力包括滚动阻力、爬坡阻力和空气阻力。但在转鼓试验台上，由于只有驱动轮在运转，空气阻力、爬坡阻力和从动轮的轴承摩擦力等阻力必须通过调整测功器的负载来模拟，以确保汽车受到的力与其在道路上行驶时相当。

转鼓试验台用功率吸收装置作为加载装置，其能够模拟汽车在实际道路上行驶时的外部阻力，并可吸收和测量汽车驱动轮上的功率。转鼓试验台通常配备的测功器类型有水力测功器、电力测功器和电涡流测功器等。

（1）**水力测功器**　水力测功器采用水作为制动介质，在转子和定子之间起到传递动力的作用。它通过转子对水的冲击、切割和摩擦来消耗功率，并通过控制水的进出流量，实现不同制动功率的输出。当水流量保持不变时，水力测功器的制动转矩会随着转子速度的增加而增大。这种测功器在进行高功率测量时具有稳定的性能和较低的成本，但其测量精度相对较低。

（2）**电力测功器**　电力测功器也称作平衡电机，作为负载时通过发电方式来吸收功率，这时的作用类似于直流发电机。然而，它同样可以作为驱动装置，用于输出功率，类似于直流电动机。电力测功器能够精确地模拟汽车的行驶阻力和惯性力，运行时非常平稳，测试精度也相当高。因此，它极大地扩展了转鼓试验台的应用范围。但由于其制造成本较高，通常只会在用于科学研究和试验的转鼓试验台上使用。

（3）**电涡流测功器**　电涡流测功器主要由定子和转子两部分构成。定子周围布置有励磁线圈，而转子由高磁导率钢制成。转子与试验台的主滚筒相连接，并在磁场线圈间旋转。励磁线圈通电后，在两极产生磁场，转子便在磁场中旋转，并在转子盘上生成涡电流。涡电流与外磁场的相互作用对转子盘产生制动阻力矩。通过调整励磁线圈的电流大小，可以改变制动阻力矩（吸收的功率）的范围。

电涡流测功器将汽车驱动轮产生的功率转换为涡电流，进而转化为热能，通过空气（或水）散失。它分为水冷式和风冷式两种。水冷式测功器散热效果好，能够测量较大的持续功率，运行噪声较低，但成本较高。风冷式测功器需要良好的散热，因此转子盘通常设计成风扇式，以便周围空气带走热量，但是这种设计会导致测功器的功率消耗增加，尤其是在高转速下，消耗的功率会更大，从而使车轮在转鼓上的滚动更加接近实际道路条件。

电涡流测功器具有广泛的测试范围、紧凑的结构和适中的成本。它通过改变几安培的励磁电流，就可以自由地控制测功器吸收的转矩，因此被广泛用作转鼓试验台的功率吸收装置。

2. 测量装置

测量装置是转鼓试验台的关键部分，涵盖了测力装置、测速装置和功率值显示器。电涡流测功器无法直接测量汽车驱动轮的功率输出，而是需要先测定旋转时的转速和转矩，或者直线运动时的速度和牵引力，然后将这些数据转换为功率值。因此，测功试验台必须配备测力器和测速器。此外，在进行汽车加速性能、滑行性能和燃油消耗量的测试时，转鼓试验台也需要测速器来精确显示车辆的速度。

（1）测力装置 测力装置用于测量转鼓轴上的转矩，通过转换计算得出驱动轮上的切向力。当测功器的定子对转子施加制动转矩时，定子同时受到一个大小相等、方向相反的反作用力矩。由于定子是自由摆动的，这个力矩通过一定长度的杆臂传递给测力装置，并由仪表显示其数值。测力装置主要有以下四种不同的设计形式。

1）液压测力装置。该装置包含一个装满液体的压力传感器、一个压力表及一些连接油管。测功器定子杆臂的一端紧压在压力传感器上，压力传感器通过液体将压力传递给压力表。这种仪表的指示精度通常为 2%。

2）机械测力装置。该装置采用倾斜平衡器式设计，测功器定子受到的反作用转矩通过传动机构使倾斜平衡器的摆锤产生偏移。摆锤的偏转角度与转矩成正比，并且这个角度以力的单位显示在刻度盘上。这种装置以其可靠性和精度而著称，精度通常在 0.5% 以内，但是成本相对较高。

3）电测力装置 常见的电测力装置包括一个带有螺旋弹簧的测压盘、一个测试电位计、一个指示仪表及电源。测功器定子杆臂的一端被压在测压盘上，测压盘内的弹簧压缩量取决于测功器的转矩大小。弹簧的压缩通过电位计转化为电信号，并在指示设备上以力为单位显示。测试弹簧的误差约为 2%，而指示设备的精度在 1.5%～2% 之间，因此整个测量误差在 3% 左右。

4）电转矩仪。它由转矩传感器和转矩显示器构成。转矩传感器安装在转鼓轴与测功器轴之间，并通过连接法兰由转鼓和测功器提供支撑。通常使用铁丝等材料将传感器的定子轻轻固定，以防止其晃动。有些转矩传感器在定子上配有坚固的支架，可以将其牢固地安装在底座上。转矩大小由转矩显示器显示。

（2）测速装置 当前的测速装置多为电子式，由测速发电机和毫伏电压表构成。使用直流发电机的测速装置，其电压与转速成正比，精度约为 2%，但这种装置对温度的敏感度较高；而采用交流发电机的测速装置，其精度相对较高，约为 1%，已经得到了更广泛的应用。

（3）功率值显示器 液压或机械测力装置的指示盘上显示的数值通常以牛顿（N）为单位，代表的是汽车驱动轮上的牵引力。据此可以计算出驱动轮的功率，即通过牵引力与车速的乘积得出。在电子测力系统中，功率值可以被直接测量和显示。在给定的力（或转矩）的作用下，测试电位计和测速发电机产生的电量会同时输入功率显示器中，其刻度盘上会直接显示功率值。

3. 转鼓组件

（1）转鼓 转鼓通常由钢材制造，采用中空设计。转鼓的表面可以是平滑的，也可以是适度粗糙的。为了增强双转鼓制动试验台上转鼓表面的抓地力，某些转鼓表面设计成波纹形或具有凸起的结构，或者在表面粘贴一层专门的耐摩擦塑料。在实践中，带有凸起或表面焊接钢丝网的转鼓表现出色。对于那些用于测量或检验汽车动力和燃油经济性的转鼓试验台，以及模拟汽车行驶条件的转鼓试验台，转鼓表面多为平滑的，车轮与光滑鼓面间的附着力能够产生足够的牵引力。对于汽车振动试验用的转鼓试验台，转鼓表面有时会覆盖一层厚度呈正弦变化的木块，或者根据需要模拟的道路振动特性制成凹凸不平的形状。转鼓的直径直接影响轮胎的发热情况。当轮胎在转鼓上高速滚动时，如果转鼓直径较小，轮胎的摩擦功会增加，长时间高速运行会导致轮胎温度升高，可能达到临界温度，从而导致早期损坏。因此，当速度达到 200km/h 时，转鼓直径应不小于 350mm；而当速度达到 160km/h 时，转鼓直径应不小于 300mm。

（2）飞轮 在稳定工况下对汽车性能进行测试时，转鼓试验台上通常只安装测功器作为负载，此时希望旋转部分的惯性矩尽可能小，以减少惯性对测试设备的影响。而在评估非稳定工况下的汽车性能时，为了模拟汽车的质量，转鼓试验台上旋转质量的动能应与行驶中汽车的动能相匹配。为此，需要使用惯性可调节的飞轮、传动比可调整的增速器，或者通过电力驱动的方式调整试验台旋转质量的动能，以满足不同车型的测试需求。

4. 举升装置

汽车转鼓试验台在主动滚筒和从动滚筒之间配备了举升装置。在进行测试前，该装置会被提升，以便于车辆能够驶上试验台。在测试过程中，举升装置会被放下，确保车轮与滚筒接触并驱动滚筒旋转。测试结束后，升起举升装置，方便车辆安全离开试验台。

举升装置有气压式、液压式和电动式三种，目前当属气压式举升器应用较多。

5. 纵向约束装置

为了确保汽车在转鼓上行驶时车轮能稳定地处于正确位置，需要避免汽车在转鼓上的纵向滑移，以免改变实际行驶状态下的运动特性。因此，采用纵向约束装置是必要的。

纵向约束装置的实施方式有两种，其中一种是对从动轮进行固定，另一种是使用钢丝绳进行固定。如果汽车的所有车轮都在转鼓试验台上运行，那么汽车的四周将被张紧的钢丝绳所约束。

6. 轮胎冷却装置

在对转鼓进行长时间测试后，轮胎可能会因为摩擦而产生过多热量，此时需要通过鼓风机对轮胎进行强制冷却以避免过热现象。这些冷却用的鼓风机通常安置在地面覆盖板之下。部分鼓风机具备自动调节功能，可以根据风机运转时产生的风压自动调整出风口的开启程度。

7. 测控管理系统

汽车转鼓试验台计算机测控管理系统是以工业控制计算机为核心的多功能测试系统。整个系统包括计算机、多功能控制卡、可控硅及其控制电路等。转鼓试验台采用智能测控仪表，能对模拟信号和脉冲信号进行采集与处理，并能输出模拟量和开关量控制信号。它的有效性可以通过嵌入计算机的应用程序来调配，也可以通过应用程序的补偿措施得以改善和提高。

（三）转鼓试验台的工作原理

1. 汽车驱动轮输出功率测试原理

有两种方法可以测试驱动轮的输出功率：恒速测功和恒扭测功，它们的原理基本相似。在滚筒稳定转速下，固定在定子上的测力臂测得的力矩与驱动轮对滚筒施加的驱动力矩相等。根据测力装置与测速装置的测量值，由式（3-2）可得驱动轮的输出功率，即

$$P = \frac{T_1 n}{9550} \tag{3-2}$$

式中　P——驱动轮的输出功率（kW）；

　　　T_1——驱动轮的驱动力矩（N·m）；

　　　n——滚筒的转速（r/min）。

2. 汽车滑行能力测试原理

汽车驱动轮滚动时会带动滚筒和飞轮一起以特定的速度旋转，这时滚筒和飞轮所积累的动能等同于汽车在实际道路试验中具备的动能。当汽车处于空档滑行状态时，滚筒和飞轮中储存的动能会被释放，进而推动汽车驱动轮和传动系统继续旋转，此时滚筒转过的距离相当于汽车在路试中滑行的距离。

3. 汽车传动系统传动效率测试原理

汽车传动系统的效率是指驱动轮输出的功率与发动机有效功率之间的比率。

通过转鼓试验台进行反向拖动测试，可以测量传动系统损耗的功率，具体操作如下：在测出汽车驱动轮的输出功率后，迅速踩下离合器，此时飞轮存储的动能会反向推动汽车驱动轮和传动系统，滚筒所受到的运转阻力能够反映驱动轮和传动系统消耗的功率。

某些转鼓试验台配备了由变频调速器和大功率电机组成的反向驱动系统，从而可以直接通过电动机反向拖动来测量汽车底盘及测功机台架本身的损耗功率。

4. 车速表与里程表校准

在转鼓试验台上，测量汽车的行驶速度是一项核心功能，它提供了方便的车速表误差校准方式。转鼓试验台设计的初衷是为了模拟车辆在高速行驶时的条件，这使得它能够在大范围内对车速表的准确性进行校正。

在校准过程中，首先在测试系统内设定所需校正的速度点，然后让汽车在转鼓试验台上达到这个速度。当测试装置显示的速度达到预设值时，记录车速表的指示读数。车速表指示值与设定值之间的差异即为车速表在该速度下的误差。

里程表校准也采用类似的方法。首先设定一个特定的里程数作为校准标准，然后让汽车在试验台上以一定的速度行驶，直到里程表读数达到预期值。此时，测试系统停止记录距离，待汽车完全停稳后，测试结束。通过比较测试系统显示的实际行驶距离与里程表的读数，可以评估里程表的准确性。

5. 其他项目

除了执行上述测试，转鼓试验台还用于评估汽车的加速能力、最大爬坡能力和最高行驶速度。当与排气分析仪和油耗计相配合时，转鼓试验台能够用来测量汽车在多种工况下的排放和燃油消耗数据。

二、道路模拟试验机

道路模拟测试通过将整车或其组成部分、结构件放置在专门的试验设备上，并通过激发机构施加振动，以尽量真实地复制车辆在实际道路上遭遇的复杂动态。这类设备因其能重现汽车在现实行驶中遇到的多变情况而得名。道路模拟测试设备的优点在于能够提供稳定的试验环境，执行复杂的振动测试，并精确测量和观察车辆各部分的振动状况，这是实际道路测试无法比拟的，因此被广泛应用于测试领域。

由于道路模拟测试设备主要针对低频振动问题进行研究，这类设备需要使用大型、低频、具有强大激振力和振幅的激发设备。激发设备通常分为电磁式振动台和电子液压式振动台两种类型，后者更为常用。此外，还可以在转鼓上安装模拟实际路面凹凸不平的板材，以进行车辆振动测试，这种方法更能模拟车辆在行驶中遇到的实际前后方向的振动输入。

（一）道路模拟试验机的试验内容

道路模拟试验机可以比较准确地再现预定路面、预定行驶条件下汽车的运动情况及振动环境。就功能来说，道路模拟试验机可开展的试验主要有以下两类：

1. 汽车振动性能试验

汽车振动性能试验主要关注汽车自身的振动特性，包括评估汽车的舒适性、悬架系统的性能，以及进行模态测试等。实施这类测试的道路模拟试验机需要能够施加较小的振动幅值（约为20mm），同时具备较宽的频率范围（0~200Hz）。

2. 汽车结构耐久性试验

汽车结构耐久性试验旨在通过给汽车施加严酷的路面载荷来评估其耐久性。这种试验通常需要复现汽车在现实路面上行驶时预计达到的响应，如振动、位移等。为了达到这一目的，道路模拟试验机需要能够产生较大的振动幅值（通常为250mm），并且激振频率较低（0~50Hz）。这种试验对于新开发的车辆样品（或车身）尤为重要。

（二）道路模拟试验机的基本组成

道路模拟试验机的基本组成按其功能可分为以下五部分：

1. 信号生成系统

信号生成系统主要由计算机及其辅助设备、磁带记录装置、波形发生器等组成。计算机能够根据预设程序持续输出控制信号，并实时监测试件的振动状态，具备对随机数据进行解析处理的能力，在构建激励信号时能实现逐步优化逼近的功能。

2. 电控系统

电控系统的核心作用是对输入的指令信号进行处理，并将之转换成电子驱动信号，通过闭环控制确保执行机构的精确运动，以准确执行预定动作。目前，电控系统已经完全采用数字化控制方式，并与计算机技术相结合，共同实现了一系列复杂的控制任务。

3. 伺服控制系统

伺服控制系统的作用是将连续变化的电信号转换为动力液压油的流量和压力输出，伺服阀是其核心组件。

4. 机械执行系统

激振机构通常使用电子液压式激振器，它将动力液压油的流量和压力转换成机械运动，利用特定的夹具推动被测试的汽车，并将运动数据反馈至电控系统。机械执行系统主要由作动器、位移传感器、压力差传感器和夹具等组成。

5. 动力供给系统

动力供给系统负责供应稳定的液压驱动力量，它主要由液压泵站、储能器、分配器及液压管道等构成。

(三) 道路模拟试验机的工作原理

道路模拟试验机的核心运作机制是通过一个由计算机、信号测量设备和液压伺服系统构成的模拟系统，重现汽车在实际行驶中遇到的道路载荷、振动及运动参数。

图3-12所示为道路模拟试验机的工作原理示意图，该设备包含四个电子液压激振器，汽车的四个车轮直接放置在激振器2顶部的工作平台1上。在测试过程中，来自液压泵6的高压液体在电子伺服阀3的控制下流入激振器内的工作缸4，从而使得工作平台1进行上下往复的运动。位移传感器5安装在激振器2柱塞的下方，用于检测位移量，并在检测放大器9中将这些位移量按比例转换为电信号。这些电信号随后在校正放大器11中与磁带记录仪8、函数发生器10或其他设备的输出信号进行比较和校正，形成控制信号。经过校正放大器11放大后，这些信号输入伺服阀，

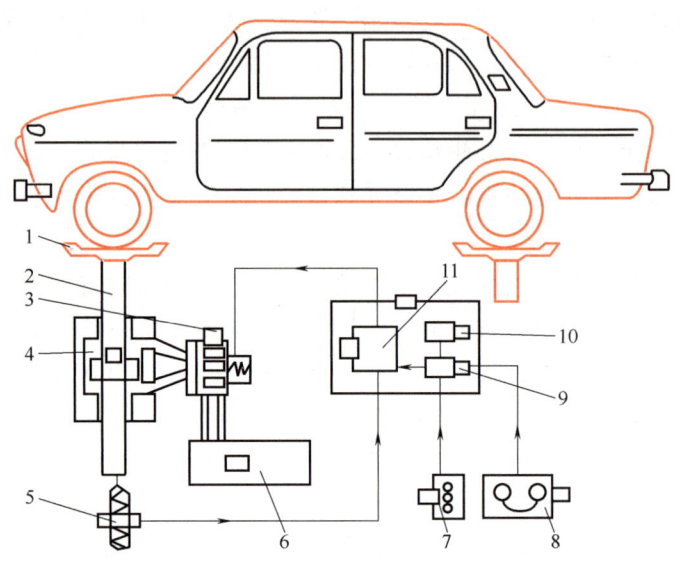

图3-12 道路模拟试验机的工作原理示意图
1—工作平台 2—激振器 3—电子伺服阀 4—工作缸
5—位移传感器 6—液压泵 7—遥控台 8—磁带记录仪
9—检测放大器 10—函数发生器 11—校正放大器

使得激振器2的柱塞能够按照指令信号进行工作。因此，伺服阀、带有柱塞的工作缸、位移传感器、检测放大器和校正放大器共同构成了一个反馈闭环控制回路，可根据柱塞的位移进行调整和控制。

液压激振器的控制通过磁带记录仪8、检测放大器9、遥控台7和函数发生器10等设备来实现。电子伺服阀3在闭环校正回路中扮演核心角色。激振器运作时需要的高压液压由液压泵提供，涉及储油池、过滤器和液压油冷却器等组件。液压泵的功率一般在5～200kW之间，排量为12～600L/min，供油压力介于19600～29400kPa之间。当需要较大排量时，通常会使用多个液压泵并联工作以满足需求。由于汽车振动试验中的静载荷较大而相对动载荷较小，配备了储能器来支撑静载荷，从而降低了液压泵的排量和功率消耗。

闭环数控系统是实现室内复现技术的核心。在试验过程中，预定的载荷序列被输入计算机，计算机输出的控制信号经过数/模转换器转换为模拟信号后，通过功率放大器控制激振器的运动，执行各项试验。传感器从试验对象上收集加载后的数据，经过电荷放大器处理后输入数/模转换器，将模拟数据数字化。这些数字数据随后被送入快速傅里叶变换器，待其计算出傅里叶系数后，计算机将这些系数与标准载荷频谱进行对比并做出修正，修正后的频谱被传递回加载系统。通常需要经历多个这样的循环，以确保加载的精度和标准达到预定的要求。

（四）道路模拟试验机的工作过程

道路模拟试验机的工作过程主要分为六部分：数据采集、数据编辑、求系统的传递函数、导出初始驱动信号、迭代过程和程序循环试验。

1. 数据采集（路面采样）

试验车辆在选择的路段按试验要求行驶，通过传感器、前置放大器和信号记录装置，同时记录各期望响应点的控制变量（如加速度、应变等）的时间历程。

2. 数据编辑

将在道路上行驶时记录的信号输入计算机，按试验要求确定的准则对原始信号进行取舍和编辑，从而获得汽车在道路模拟试验机上再现路面振动的期望响应信号。

3. 求系统的传递函数

将试验车辆置于道路模拟试验机上，求出由汽车、传感器、前置放大器、试验台架、电控系统、计算机等组成的系统的传递函数。

4. 导出初始驱动信号

由期望响应信号和系统的传递函数计算初始驱动信号。

5. 迭代过程

用初始驱动信号激振，同时回收期望响应点的驱动响应信号。将这个响应信号与预期的响应信号进行对比，得到驱动响应的误差值，利用这个误差值和系统的传递函数可以计算驱动的误差值。将这个误差值乘以一个小于1的权重系数，并加到初始驱动信号上，得到第一次迭代的驱动信号。使用这个信号激振汽车，可以得到第二次驱动的误差值，将这个误差值再次乘以小于1的权重系数，并加到第一次迭代的驱动信号上，得到第二次迭代的驱动信号。这个过程会不断重复，直到回收的响应信号与期望响应信号的误差在规定的范围内，此时迭代过程结束。最后一次迭代的驱动信号就是最终的试验驱动信号，通常经过5~10次迭代就能达到满意的结果。权重系数的选取取决于驱动响应与预期响应的接近程度，通常会选择0.3~0.6之间的系数，以确保正常的收敛迭代过程。

6. 程序循环试验

最终生成的驱动信号能够存储在计算机系统内，或者由调频磁带记录仪记录。无论是计算机，还是磁带记录仪，它们都将驱动信号反复播放，以激发汽车振动。

（五）与道路模拟相关的试验内容

1. 道路模拟试验机与汽车的耦合方式

根据道路模拟试验机对被测试车辆施加输入方式的不同，可以将其与汽车的耦合方式分为轮耦合和轴耦合两种类型。

（1）轮耦合　轮耦合通过在作动器的活塞杆顶部安装托盘或平面钢带，并将车轮放置在其上来实现。这种耦合方式主要用于模拟道路上的垂直冲击振动，适用于分析和评估汽车悬架系统的性能，以及检验汽车行驶和承载系统的可靠性。

（2）轴耦合　轴耦合通过移除汽车的车轮，使用夹具固定汽车的轴头，并将其与作动器相连来实现。这种耦合方式能够对轴头施加三个方向的力，以模拟发动机动力、制动力和侧向力对汽车的影响，适用于小型货车和乘用车的测试。除了对整车的常规评估，轴耦合还能更有效地评估汽车钣金件的可靠性。在设计夹具时，需要考虑惯性力和运动干涉等因素，并对夹具的质量和技术尺寸做出具体规定。

2. 再现方式

（1）**时间域再现**（波形再现）　时间域再现技术旨在试验室内精确地复现汽车在采样路面上的时间历程。它的优势在于能够精确地模拟非平稳随机过程，对激振点和响应点之间的线性关系要求也不高。由于这种技术的直观性，它在实际应用中得到了广泛运用。

（2）**频率域再现**（功率谱模拟）　频率域再现技术关注在试验设备上确保汽车的振动功率谱与预定的响应功率谱一致，而不必严格匹配具体的时间序列。它要求在进行道路采样时，汽车受到的激励应是平稳的随机过程，并且激振点与响应点之间应存在较好的线性关系。频率域再现主要应用于轮胎连接方式。

（3）**期望响应点**（反馈点）**位置及控制量**　所期望的响应点对于驱动信号的迭代速度和模拟的精确度有着显著影响。

1）选择期望响应点时，应遵循以下准则：①期望响应点应尽可能靠近激振点，以便准确地反映车辆受到的振动或力的大小；②期望响应点的信号应清晰，这样干扰信号就会相对较小；③期望响应点应位于试验中最受关注的区域。

2）在选择控制量时，应遵循以下准则：①如果垂直力是由路面不平引起的，并且频率在 0.5~40Hz 之间，则宜使用加速度作为模拟控制参数；②如果纵向力主要来源于汽车的驱动力和制动力，并且低频成分较多，则应采用应力作为控制参数；③对于侧向力，它通常由车辆转弯和路面横向力引起，因此应使用应力作为控制参数。

三、高/低温模拟实验室

（一）高温模拟实验室

为了确保汽车能够在高温和热负荷环境下保持良好性能并考察零部件的耐久性，不同汽车制造企业依据自家车型的特定要求，竞相建造了高温模拟试验设施。

1. 高温模拟实验室的结构

（1）**日照装置**　在实验室的天花板和侧墙上均匀分布着可以调节光照强度和照射范围的红外线灯，以此来模拟强烈的阳光照射下，汽车各部分的温度升高和热效应。

（2）**供风系统**　通过大型风机的吹拂，在实验室中构建了一个能够模拟车辆在公路上遭遇的正面气流的环境。所模拟的迎面行驶气流由大型鼓风机产生，再配以风道及风速控制，组成供风系统。与空气动力风洞不同的是，风道出口截面积很小，同时，风速调节范围要尽可能地覆盖汽车的车速范围。

（3）**加热装置**　加热装置有电加热与蒸汽加热两种形式，一般大型实验室采用蒸汽加热装置。

（4）**路面辐射装置**　为了再现路面热辐射状态，一般使用加热箱，并将其铺装在试验地面上。设定的温度范围为 40~80℃。

2. 高温模拟实验室的技术指标

（1）**温度**　温度的上限有许多，如 40℃、50℃、60℃等，通常以 50℃为限。

（2）**湿度** 湿度的范围有 30%~80%、30%~100%、0~95%、5%~95% 等，其中以 5%~95% 最合适。

（3）**风速** 风速应尽可能覆盖整个车速范围。

3. 高温模拟实验室的试验项目

（1）**冷却性能试验** 在炎热地区或夏季高温环境中，汽车散热性能的评价标准是确保其主要部件维持在适宜的温度范围内。该试验的主要内容包括监控发动机冷却液的温度、变速器及其他机械部件的机油温度、发动机的进气温度，以及燃油温度和气阻情况。

（2）**动力性能试验** 该试验是在高温环境里，当燃油和进气温度升高导致发动机功率下降时，评估汽车的动力表现，或者检验汽车在高温环境下熄火后重新点火的性能。

（3）**耐热性能试验** 该试验是在高温条件下，对汽车在高速行驶、爬坡、城市道路行驶及停车空转等多种驾驶状态下的结构部件耐热性进行评估，包括发动机舱和车身各部位所用的橡胶和塑料部件的抗热性能。

（4）**空调性能试验** 该试验是在高温且潮湿的气候条件下，评估车内环境的舒适度，涉及对驾驶室温度、湿度、通风效果、风速、空气流通情况及车窗视野透明度等多方面因素的检测。

（二）低温模拟实验室

低温模拟实验室能够复制低温气候条件。与在实际寒冷地区进行的测试相比，该试验是在节省人力资源、物资和资金方面具有优势，也不会受到自然气候条件或季节变化的影响。此外，它还具备高度的环境控制精准性、出色的稳定性和良好的可重复性。

1. 低温模拟实验室的结构

（1）**低温测试间** 低温测试间需要具备密闭、保温、防腐蚀的特性，同时拥有足够的空间尺寸和地面承重能力。内部装备包括防潮照明、冷气发生器、蒸发器，以及用于监测温度、压力、转速和一氧化碳含量的传感器。此外，还有测试设备所需的电源插座、排烟接口、拍摄设备支架等。低温测试间的大门需要足够宽敞，以便车辆进出，并且保持良好的保温效果。在试验期间，人员进出的小门外应设有过渡室，既能减少冷气流失，保持室内温度稳定，又能让试验人员逐步适应温度变化，避免因温度骤变而引发健康问题。测试间内还应设有保温除霜的观察窗、通信线路插头、报警器等，以确保试验的安全和有效性。若配置功率吸收装置（如底盘测功机），则能在低温环境下模拟车辆的多种行驶情况。

（2）**制冷机房及其系统** 制冷机房及其系统负责供应冷能源，涵盖制冷压缩机、冷却器、中间冷却器、蒸发器、管道、阀门、电源和配电柜、显示测量参数的设备及相关报警装置，并配有机组操作人员的值班室。

（3）**换气系统** 换气系统旨在清除室内有害气体，引入新鲜低温空气进行替代，以及排出人体及试验样品产生的热量，确保实验室内维持所需的低温环境。

（4）**冷却液系统** 制冷系统的辅助设备之一是冷却液系统，它负责冷却制冷机组。该系统通常由冷却塔、水泵、水池及软化水设备等组成。

（5）**测控及观察间** 在测控及观察间内，配有用于试验测量的仪器和试验数据采集与处理系统，这个区域构成了低温模拟实验室的核心控制和指挥中心。

（6）**试验数据采集与处理系统** 试验数据采集与处理系统负责收集和分析温度、电流、电压、时间和转速等试验数据，通常采用计算机来实现上述功能。

2. 低温模拟实验室的技术指标

根据检测标准选择，低温模拟实验室的温度多为-50～-40℃，湿度为5%～95%，风速与高温模拟实验室相同。

3. 低温模拟实验室的试验项目

1）汽车发动机的低温起动性能试验。对汽车发动机在低温条件下的起动性能进行测试，主要包括以下内容：①确定发动机在没有辅助起动设备时的最低可起动温度；②评估和匹配发动机低温起动辅助设备的性能；③调整起动系统的各种参数以适应低温环境，这些参数包括起动系统电压、起动机啮合齿轮齿数、起动机的功率和转速、蓄电池的容量及其在低温下的充放电性能。

2）发动机低温行驶性能匹配试验。低温条件下发动机运行性能的优化匹配涉及发动机在冷起动、预热、起步及行驶过程中的多个参数调整，包括点火时机、点火能量、燃油供应量及节气门控制等。

3）整车行驶安全性检测试验。在中国强制性汽车安全标准中，整车低温试验是必需的，其中包括对汽车风窗玻璃除霜性能和除雾装置的有效性进行检测。

4）汽车寒区适应性试验。该试验涵盖了对汽车暖风系统效能的评估和汽车起步性能的测试。具体来说，起步性能测试要求发动机起动后，在最短时间内完成必要的预热过程，确保汽车能够顺畅地起步并行驶。

5）刮水器等总成的低温性能试验。

6）非金属零件的低温适应性试验。

7）汽车燃油、润滑油、液压油等的低温性能验证试验。

8）其他必要的低温性能、低温适宜性试验。

（三）高低温模拟实验室

环境测试室也称为高低温模拟实验室，它是一种同时模拟高温和低温环境的专业设施。这种实验室的设计允许进行各种温度条件下的测试，并且可以容纳转鼓试验台等设备。

四、消声室和混响室

汽车被广泛认为是噪声污染的主要来源之一，因此各国的环境保护条例都对汽车的噪声水平设定了限制。为了有效进行汽车噪声的测量和相关的科学研究，必须建立一个不受外部噪声影响的声学测试环境，其中包括消声室和混响室。

（一）消声室

消声室是一个在封闭空间内构建的，能够产生自由声场的环境。在这个空间中，声波在均匀分布的介质中向四面八方传播，声源发出的声能可以自由扩散，不会受到障碍物反射或外部环境噪声的影响。

根据内部吸声表面的不同配置，消声室可以分为半消声室和全消声室。半消声室的五个立面（四面墙+顶面）装有高性能吸声材料，地面则使用水磨石等硬质材料作为声反射面，以模拟汽车在复杂路况下的声波反射环境。其结构类似于一个置于独立基础上的长方体

"声学容器"，通过弹簧隔振系统实现与外围建筑结构的物理解耦，有效隔绝外部振动干扰。全消声室的六个面都装有吸声材料，如图3-13所示，其能创造出没有任何反射的纯净空间，主要用于发动机的声学性能测试。

图3-13　全消声室构造

消声室的功能主要体现在以下方面：

1. 自由场

自由场是指在无限广阔的空间中，声波传播时不会受到任何反射体或反射面的影响。消声室的主要功能就是提供一个自由场空间或半自由场空间，用于声学测试。自由场半径是衡量自由场大小的关键指标，一个设计良好的噪声实验室，其自由场半径应从中心点延伸至距离尖劈1.0m处。

2. 背景噪声

消声室旨在提供一个低噪声水平的背景环境，以满足测试要求。在特定的测试频率范围内，背景噪声的声压水平至少应比待测声源低6dB，理想情况下应低12dB。

3. 截止频率

在消声室的设计中，将吸声系数为0.99的尖劈的最低频率定义为截止频率。当墙面的吸声结构能够提供99%的吸声效率时，消声室在截止频率以上就能够满足自由场的条件。

在消声室内可以进行多种声学试验，如测量发动机的声功率级、声场分布、1m处的声压级等，也可以研究排气系统的噪声、冷却系统的噪声、传动系统的噪声，以及起动机、发电机等产生的电气噪声。此外，消声室还可用于气喇叭和电喇叭的频谱分析及可靠性测试，同时也是声学仪器计量的理想环境。

（二）混响室

混响室的特点是其所有墙壁对声音都能完全反射，并在室内均匀分布，形成一个声能密度均匀、随机分布在各个传播方向的扩散声场。为了达到这一目标，混响室的混响时间需要尽可能长，以确保声音能量得到充分扩散。因此，混响室通常被设计成表面不平行、尺寸比例不规则的房间，或是长宽高比例不等于或接近整数的矩形房间。国际标准化组织推荐的比例包括1.54∶1.28∶1、1.58∶1.25∶1、1.69∶1.17∶1、2.13∶1.17∶1、2.38∶1.62∶1。混响室所有表面的平均吸声系数应控制在0.06以下，这可以通过涂刷瓷漆、铺设瓷砖或粘贴铜箔等方式实现。为了进一步提高声能的扩散效果和改善声场的均匀性，混响室内可以悬挂固定扩散片，安装大型旋转或摆动的扩散体。

在混响室内可以进行诸如机器声功率级测量、汽车车身隔声性能研究及吸声材料吸声系数测量等试验，也可以与消声室联合使用，以便进行材料隔声性能的研究。

五、汽车风洞

汽车风洞技术源于航空领域的风洞，两者的工作原理相似。然而，鉴于汽车在地面上行驶而非在空中飞行，汽车风洞在设计上与航空风洞存在差异。汽车风洞旨在模拟汽车在实际道路上行驶时所遇到的气流状态，以确保试验时的流场条件与实际行驶条件相符或非常接近。

（一）汽车风洞的特性

1. 风洞的结构

在结构上，汽车风洞根据气流的方向可分为直流式和回流式两种类型。直流式风洞（图3-14）的特点是气流直接从入口吸入，经过测试区域从风洞尾部排至大气中。由于这种类型的风洞气流容易受到外界自然风的影响，其内部噪声水平通常较高。

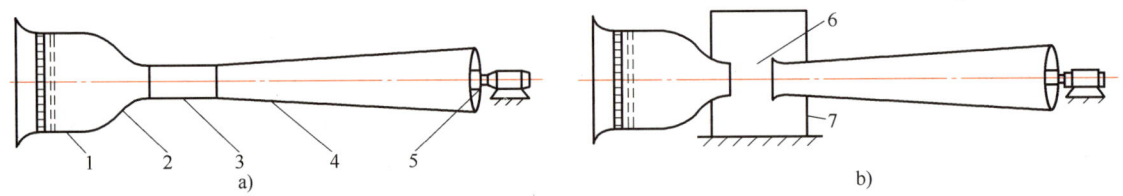

图3-14　直流式风洞

a）闭口试验段　b）开口试验段
1—稳定段　2—收缩段　3、6—试验段　4—扩压段　5—风扇　7—密闭室

回流式风洞又分为双回流式风洞（图3-15）和单回流式风洞（图3-16）。其特点是空气沿封闭路线循环流动，气流不受外界自然风的影响，流态稳定。

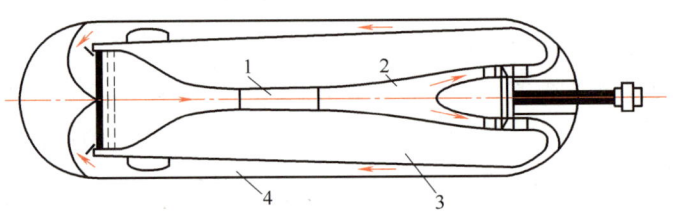

图3-15　双回流式风洞

1—试验段　2—扩压段　3—静止空气空间　4—环形回流道

2. 风洞试验段的形式

如图3-17所示，风洞的试验段设计可以分为开口式、闭口式及开槽壁式三种类型。在实车风洞中，闭口式试验段的横截面积通常大于$20m^2$，以适应实车的大小；而开口式或开槽壁式试验段由于其阻塞效应较小，横截面积介于$12\sim20m^2$之间。在模型风洞中，闭口式试验段较为常见，其横截面积约为$12m^2$。

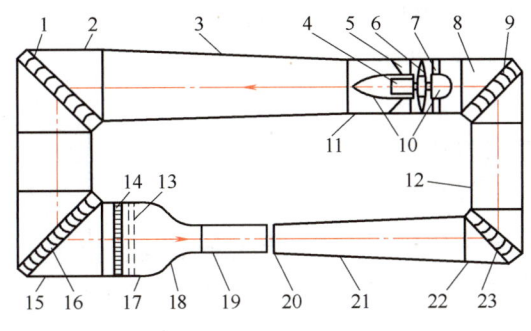

图 3-16　单回流式风洞

1、9、16、23—导流片　2—第三拐角　3、12、21—扩压段　4—电动机　5—止旋片　6—风扇
7—导向片　8—第二拐角　10—整流罩　11—动力段外壳　13—整流网　14—整流器
15—第四拐角　17—稳定段　18—收缩段　19—试验段　20—调压缝　22—第一拐角

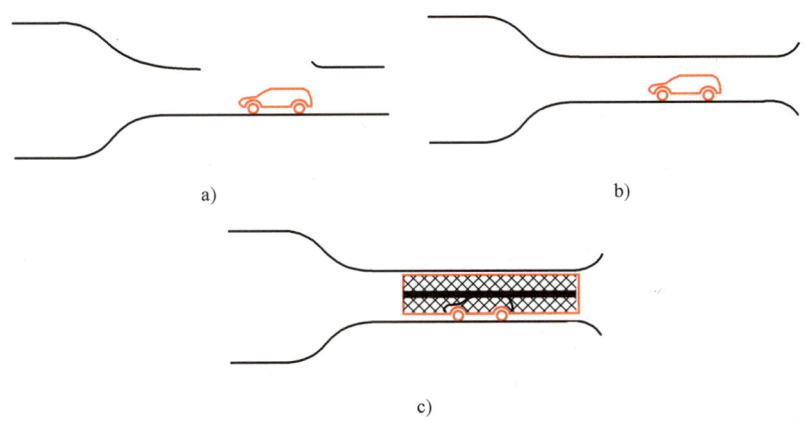

图 3-17　风洞试验段的形式
a）开口式试验段　b）闭口式试验段　c）开槽壁式试验段

当在闭口式试验段的风洞中进行测试时，如果模型的高度不超过模型支撑地板到风洞顶部墙壁高度的 1/3，并且在最大侧偏角时模型的正面投影宽度不超过试验段宽度的 1/3，同时阻塞度保持在 5% 以下，那么得到的试验数据无须进行洞壁阻塞修正。如果这些条件不满足，则要对数据进行阻塞修正。

风洞试验段的长度通常为模型长度的 2~5 倍。对于全尺寸风洞，试验段长度可能在 10~25m 之间，而一般轿车的实际长度约为 5m。试验段的长度会对空气动力学特性的测量结果产生影响。

3. 风洞最大风速

实车风洞的测试风速通常需要超过或至少等同于车辆的最高行驶速度，现代汽车的最高行驶速度已经超过 200km/h。例如，奔驰和日产的风洞设施能够达到的最大风速为 270km/h。随着轿车空气阻力系数的不断降低，其空气动力学特性对风速的敏感度越来越高。

4. 风洞收缩比

风洞收缩比对于风洞试验段内气流的湍流程度和流体分布的均匀性有决定性影响。目前，风洞的收缩比跨度很大，范围从 1.45∶1 到 12∶1 不等。为了确保湍流度符合要求，汽车风洞的设计通常会采用至少 4∶1 的收缩比。

5. 地面附面层

在风洞试验中，由于试验段下方洞壁会产生地面附面层，进而干扰试验数据的精确度，必须采用特定设备来削弱或消除这种影响，以确保下方洞壁的气流状态更贴近真实流动情况。常见的设备包括附面层抽吸系统、喷气装置及可移动地面板等，如图 3-18 所示。对于离地间隙较小的车型，在风洞试验中采取有效措施来管理地面附面层显得尤为重要。

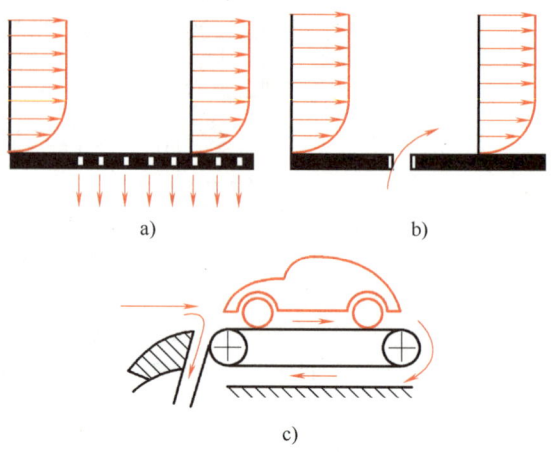

图 3-18　消除地面附面层影响的方法
a）吸气法　b）吹气法　c）移动带法

（二）汽车风洞的类型

1. 空气动力学风洞

空气动力学风洞根据使用对象的不同，分为实车风洞和模型风洞。实车风洞主要用于真实车辆或全尺寸车辆模型的气动性能测试，模型风洞则用于缩小比例模型的气动试验。模型风洞的试验成本相对较低且易于调整，其试验量可以远大于实车试验。随着多功能风洞的增加和对现有实车风洞的改造，实车风洞也能进行模型试验。汽车模型通常采用的缩放比例有 3∶8、1∶3、1∶4、1∶5 等。模型风洞的风速范围通常在 30~70m/s 之间。

此外，汽车风洞还可以配备一些附加设备，以增强其试验功能。例如，通过安装底盘测功机进行发动机冷却系统的冷却性能测试，或安装降雨装置来模拟雨天条件等。

2. 噪声风洞

噪声风洞是专门用于探究气流引起的车辆噪声（包括风噪声和漏风噪声等）的研究设施，它是现代汽车开发中的关键性研究工具。噪声风洞的设计理念是采用多种方法，如在风道顶部和侧墙安装吸声材料和设备、在转角叶片加吸声材料并进行形状优化等，打造一个接近无回声的环境，以减少风洞自身的背景噪声，从而能够准确测量汽车的风噪声。

3. 气候风洞

环境适应性测试对于汽车而言至关重要，而气候风洞正是进行此类测试的场所，它能够模拟多种气候条件（如温度、湿度、降雨、降雪、日照等），其测试区域的横截面积通常介于 $10~12m^2$ 之间。为了确保测试结果的准确性，气候风洞的阻塞度校正系数需要通过在更大型的风洞设施或实际道路环境中进行校准测量来确定，并依据校准结果对风洞内部的气流速度进行精细调整。此外，还可以利用诸如缓冲板类的辅助装置进一步优化气流，目标是在风洞中尽可能模拟出真实道路行驶时的压力分布情况。

4. 气候风室

气候风室也称为空调室，其试验段截面积通常为 $5m^2$ 或更小。在这样的环境中，可以模拟出轿车前部的压力分布，使其接近实际行驶条件，这是通过调整风速来实现的。这种压力分布对于发动机冷却系统的性能测试是必需的。气候风室通常配有日照模拟装置,能够调节室内温度,以进行汽车空调系统的测试。

气候风洞和气候风室的最大风速通常都能达到 180km/h,并且它们的温度调节范围广泛,一般为 -50~50℃。

5. 小型全尺寸风洞

小型全尺寸风洞的测试段横截面积一般在 10~20m² 之间,其测试段设计为 3/4 开口式或开槽壁式。通过适当的数据修正,小型全尺寸风洞能够提供令人满意的结果。

第三节 汽车试验场

一、汽车试验场的功用与类型

汽车试验场是用来模拟汽车在实际使用过程中遇到的各种道路和环境条件的专用场所。这些道路是真实道路的集中、精简和强化版本,旨在不失真地再现典型道路条件。与实验室环境或常规行驶条件下的测试相比,汽车在试验场地上的测试更为严格、科学和高效。

诸如美国的通用汽车、福特,德国的大众,以及日本的丰田、日产、本田等世界知名汽车制造商,均在 20 世纪中叶着手构建了各自的汽车测试场地。中国最早的汽车试验场为海南汽车试验场,随着中国汽车产业的持续壮大,后续又相继建成了安徽定远、东风襄阳、交通运输部所属的公路交通试验场、一汽农安、上海大众、通用广德、比亚迪韶关、中汽中心盐城国际和重庆长安等汽车测试场地。图 3-19 所示为重庆西部汽车试验场地。

图 3-19 重庆西部汽车试验场地

汽车试验场的主要功用如下:
1) 开展汽车产品的质量鉴定试验。
2) 开展汽车新产品的开发、鉴定与认证试验。
3) 为实验室零部件试验或整车模拟试验及计算机模拟确定工况,提供采样条件。

4）开展汽车标准及法规的研究和验证试验等。

汽车试验场按照功能可以划分为综合型和专用型，按照规模则可以分为大型、中型和小型。大型试验场占地面积通常超过 $10km^2$，试验道路总长度超过 $100km$，具备多种类型的道路，多属于综合型试验场。美国的通用、福特和克莱斯勒等汽车公司都拥有大型综合试验场。在所有汽车试验场中，中、小型试验场数量更多些，其中，中、小型综合型试验场虽然面积较小，但通过紧凑布局依然能提供多种试验道路和设施，欧洲的大部分试验场属于这一类。在中、小型试验场中，很多是由汽车零部件制造商为了产品开发和满足法规要求而建造的专用试验场。例如，WABCO 公司在汉诺威附近建设的试验场，其试验道路是附着系数在 0.15~0.50 之间的五条制动试验路，专门用于评估 ABS、ASR 和 EBS 等性能。此外，也存在大型专用功能试验场，如美国通用汽车公司在马萨建立的沙漠热带汽车试验场，其面积达到 $18km^2$。该试验场所处地区气候干燥，夏季最高温度可达 45℃，非常适合评估发动机冷却系统、供油系统及整车的动力性、经济性和空调系统性能。

二、试验道路与相关设施

由于规模和职能的差异，不同汽车试验场的测试道路和设施种类、形状、路面特性等存在很大差异，甚至相同的设备也可能有不一样的命名。下面仅对常见试验道路与相关设施进行简要介绍。

（一）高速环形跑道

高速环形跑道是专门为车辆提供连续高速行驶条件的设施，它是试验场中的关键道路之一，如图3-20所示。这些跑道的形状通常有椭圆形、三角形或圆形等，长度可以从几百米到数千米。高速环形跑道由平坦的直线段、用于维持高速转弯的倾斜曲线段及连接它们的过渡曲线段构成。某些环形跑道在特定位置配有大型鼓风机，以产生侧风，从而可以评估侧风对车辆及其驾驶人的影响。

图3-20 高速环形跑道

为了确保驾驶人在安全且不过于紧张和疲劳的条件下进行连续高速驾驶，直线段需要具备一定的平坦度和宽度，并且与曲线段之间有平滑的过渡。

（二）综合性能试验道路

综合性能试验道路也称为水平直线性能道路，如图 3-21 所示。其中，直线段是测试区域，需要保证路面的平坦性和均匀性；在保证排水前提下，横向坡度应尽可能小，纵向坡度不应超过 0.2%，理想状态是水平；长度应达到 1000m 以上，宽度不小于 8m。这种道路主要用于汽车的动力性、经济性和制动性能测试。在一些中、小型试车场中，直线段会被加宽到数十米，以便进行操纵稳定性等测试，其两端则是用于掉头和加速的回转弯道。如果直线段不够长，那么回转弯道会设置一定的超高，以增加试验车速。

图 3-21　综合性能试验道路

（三）回转特性试验场

回转特性试验场（图 3-22）通常是一个直径约为 100m 的圆形区域，其内侧或外侧的倾斜坡度不超过 0.5%，路面要求平坦且均匀，能够长时间保持稳定的附着系数。这个区域主要用来检测和评估汽车的方向稳定性。一些试验场还配备了喷水或溢水系统，以便在湿滑路面上测试汽车的方向稳定性。

图 3-22　回转特性试验场

（四）低附着系数试验道路

低附着系数试验道路也称为 ABS 性能试验道路（图 3-23），能够模拟结冰、积雪、降雨等容易导致车辆打滑的路面条件，因而用于进行防抱死制动系统、防侧滑系统、牵引力控制、四轮制动驱动控制及操纵稳定性等测试。低附着系数通常通过在沥青路面或经过特殊处理的路面上喷水来产生。为了形成均匀的水膜，路面在施工时会设置大约 0.5% 的横向坡度，并在道路两侧安装喷水装置以调节水量。

根据路面附着系数的不同，低附着系数试验道路通常分为三种类型：一是单一附着系数路面，即整个路面的附着系数一致；二是左右对开路面，即车辆左右两侧车轮与路面间附着系统不同；三是前后对接路面，即车辆前后轴车轮与路面间附着系统不同。根据车辆测试的具体需求，低附着系数试验道路可以包括直线段、曲线段和有一定宽度的广场状路段，有的设计将这三种路段集成在一起，以进行更复杂的车辆测试。常见的低附着系数路面材料包括玄武岩瓦片或瓷砖，也有使用混凝土表面研磨抛光，或者在抛光表面涂覆树脂以降低附着系数的。在水膜喷洒后，这些路面的附着系数通常可以降低到 0.05~0.45 的范围内。

（五）操纵性和平顺性试验道路

操纵性和平顺性试验道路由各种半径的弯道路段（包括 U 形弯和 S 形弯）及包含多种瑕疵的路面组成，通常不在弯道处设置超高。在这些有瑕疵的路面上，会设置诸如凸起或下陷的井盖、横沟、铁路岔口、修补过的补丁和反向超高等地貌。这种道路主要用于评估汽车的操作性、稳定性、舒适性及噪声水平，并且作为一种模拟恶劣路况的环境，可以用来进行汽车的可靠性测试。

图 3-23　ABS 性能试验道路

（六）石块路

石块路（图 3-24）被认为是汽车行业标准的可靠性测试路面，其长度可从几百米延伸到几千米，宽度约为 4m，是大多数试验场必备的路段。这种道路起源于比利时的一些老旧石块道路，因而也被称为比利时路。它非常适合评估汽车轮胎、悬架系统、车身、车架及其他结构部件在强度、振动和可靠性方面的性能。

图 3-24　石块路

（七）卵石路

卵石路通过将直径在 180~310mm 之间的鹅卵石随机且稀疏地嵌入水泥混凝土路基中，使卵石顶部距离地表的高度在 40~120mm 之间，从而形成一种数百米长的路面。当车辆在这种路面上行驶时，除了会经历垂直方向的颠簸，不规则分布的卵石还会对车轮、转向系统和悬架系统产生较大的前后和侧向冲击。卵石路通常用于大中型载货汽车、自卸车等车辆的可靠性测试。

（八）扭曲路

扭曲路（图 3-25）由交错排列的凸起模块构成，这些模块通常呈梯形，但也可能是正弦波或环形锥体形状。这种设计的目的是让车辆经历剧烈的扭曲，

图 3-25　扭曲路

从而测试车架、车身结构的强度，以及各系统部件的连接强度和干涉情况。这些凸起的高度通常在 80~200mm 之间，根据不同的标准修建成不同等级的扭曲路，如甲、乙、丙等级。例如，某些试验场要求大中型载货汽车通过 200mm 高的甲级扭曲路，而微型车需通过 80mm 高的丙级扭曲路。

（九）搓板路

搓板路（图 3-26）的路面凸起形态类似于正弦波，这类路面在砂石路中较为常见。波峰之间的距离（波距）一般在 500~900mm 之间，而在高速行驶时，波距甚至可以达到 1000mm。当车辆在搓板路上以较高速度行驶时，悬架系统下的质量（簧下质量）会经历高频振动，而悬架系统上的质量（簧上质量）相对保持稳定。在试验场中，用混凝土修建的搓板路通常设置 25mm 的波高，波距在 500~800mm 之间。为了产生左右车轮之间的相位差，通常会将搓板路左右两侧错位布置或倾斜一定角度。搓板路主要用于测试汽车的振动特性、舒适性和可靠性。

图 3-26　搓板路

（十）标准坡道

标准坡道（图 3-27）是专门用于评估汽车爬坡能力、驻车制动器的可靠性、坡道起步及离合器的研究与开发等方面的设施。这种坡道通常设有 10%~60% 的坡度，以多条坡道并列布置或阴阳坡两面布置，每条坡道长度至少为 20m。为了满足越野车辆的试验需求，某些坡道的坡度可以高达 100%。对于坡度超过 20% 的路面，需要嵌入横向的木条以增强附着力。为了确保试验的安全性，坡道的顶部通常配有绞盘牵引装置和回转平台。随着制动和驱动控制技术的发展，为了评估新兴技术的性能，国外一些坡道表面会贴上瓷砖等材料，以降低路面的附着系数。

图 3-27　标准坡道

（十一）山路

山路通常根据自然地形建造，有时也会对现有公路进行改造，主要用来检验汽车的动力系统、传动系统和制动系统在实际使用中的表现。例如，中国定远汽车试验场内的山路总长达到 5700m，路面采用混凝土铺设，允许的最大坡度为 20%，而连续坡段长度可达 2000m，平均坡度则为 5%。

（十二）溅水池与涉水池

溅水池通常与石块路面相邻设置，水位深度约为 0.15m，并且可以进行调节。水池的两边会建造挡水墙。由于汽车在石块路面上连续行驶时，悬架系统尤其是减振器会产生大量热量，这可能导致非正常的损坏。因此，试验场通常会规定车辆在石块路面上每行驶两圈就要通过溅水池一次，以冷却悬架系统。

涉水池（图 3-28）可以设计成环状或条状形状，其水深可以根据需求进行调整。它主要用于制动器浸水后的恢复测试、汽车底部和底盘的密封性测试，以及电气设备的防水性能测试等。

图 3-28　涉水池

（十三）特殊路面

除了之前提到的道路和设施，一些汽车试验场还配备了其他特殊的路面和环境模拟设施，如长坡路、枕木路、砾石路、盐水池、灰尘洞、噪声发生路、静路（标准路面），以及沙石路和越野路等。越野路面通常指崎岖、未铺设的路面，包括沙地、沼泽地等，还可能包含弹坑、横沟、垂直台阶和驼峰等复杂地形，用于评估越野车辆在无道路条件下的通过性能。

（十四）安全和环境设施

在设计每一条试验道路和相应的设施时，必须将汽车试验的安全需求作为首要考量。例如，高速环道旁边应设有至少 10m 宽的安全区域，并铺设草坪；弯道外侧、桥梁和涵洞附近、填方区域，以及安全区域内设置的标志杆、灯柱和测速设备等，都应配备安全护栏；高速环道的入口应只有一个，并能得到有效管理。对于其他试验道路和设施，也应配备辅助道路和紧急停车区域。这些辅助道路不仅用作故障车辆或事故救援通道，也作为监测车辆跟踪试验车辆的线路。所有试验道路都应划有明显标线并配备指示牌，夜间应有足够的照明以确保可见性。

试验场地应充分利用空地种植树木和花草，以形成高低起伏、形态各异的绿化带。这样的绿化不仅能够起到挡风、降噪、减少排放污染、防止夜间眩光的作用，还能为试验人员营造轻松的氛围，有助于缓解工作带来的枯燥和疲劳。

为了支持车辆和部件的试验研究工作，试验场内还配备了必要的辅助建筑和设施，如车库、油库、维修车间及水电供应设施等。

复习思考题

1. 简述光电式车速测量仪的基本组成及其工作原理。
2. 简述 GPS 车速测量系统的特点。

3. 简述陀螺仪的两个主要特性，并说明它在汽车上用于测量哪些对象。
4. 介绍负荷拖车的运作原理。
5. 转鼓试验台上常用的测功器有哪些？它们的基本构造和工作原理是什么？
6. 简述转鼓试验台可完成的试验项目。
7. 消声室和混响室分别是什么？它们可以进行哪些试验？
8. 简述汽车风洞的种类及其功能。
9. 简述汽车试验场的功用和种类。
10. 汽车试验场通常包含哪些类型的试验道路？

第四章 Chapter 4
动力性试验

第四章 动力性试验

> **导读：**
>
> 汽车的动力性能主要体现在最高车速、加速时间及最大爬坡度三个核心指标上。通过精准测量这些动力性能指标，可以有效评估汽车是否达到既定标准并契合用户需求，为设计的持续优化提供坚实依据。本章将重点讲解滑行阻力试验、最高车速试验、加速试验和爬坡试验，涵盖试验的分类、所需设备、运作原理及试验结果的运用等关键内容。

> **学习目标：**
>
> 1. 掌握滑行阻力试验。
> 2. 掌握最高车速试验。
> 3. 掌握加速试验。
> 4. 掌握爬坡试验。

第一节 滑行阻力试验

滑行是指车辆在直线路面上不由加速踏板控制，而是依靠自身的惯性前进的行为，它包括空档滑行和带档滑行等类型。通常讨论的滑行阻力特指空档滑行时的阻力。

滑行阻力指的是车辆在水平路面上匀速直线行驶时所遇到的阻力，主要可以被分解为底盘阻力和空气阻力。底盘阻力是由车辆的传动系统、行驶系统、转向系统和制动系统传递到车轮的阻力总和，进一步可以细分为轮胎滚动阻力、变速器空档时的内部摩擦阻力、轮毂轴承摩擦阻力、制动器的拖滞力和车轮定位的前束阻力等。

本节将详细介绍滑行阻力试验的种类、道路滑行试验的实施方法，以及试验的应用与拓展内容。

一、滑行阻力试验的种类

滑行阻力试验是测定行驶阻力的常规技术之一。在实际测试中，除了滑行测试，还可以使用匀速测试方法，如牵引法、转矩仪法和等效法等。

（1）**牵引法** 利用另一辆车在前方牵引测试车辆，并使用安装在牵引设备上的力测量装置来记录不同车速下的牵引力，以确定行驶阻力。

（2）**转矩仪法** 将转矩仪置于每个驱动轮的轴与轮毂之间，保持车辆匀速行驶，转矩仪测量的转矩即代表驱动转矩，从而可以推算出不同速度下的行驶阻力。

（3）**等效法** 车辆在道路上匀速行驶时，同步测量加速踏板的开度（或燃料消耗、电能消耗等），接着在转鼓试验台上调整加载阻力，使车辆在相同车速下达到与道路一致的加速踏板开度（或能耗值），这时转鼓试验台的总加载阻力即等效于道路实际滑行阻力。

除了在道路上对整车进行滑行阻力测试，还可以通过单独测试系统部件试验来分析分解行驶阻力。例如，利用风洞实验室测试空气阻力，如图 4-1 所示；利用轮胎滚阻试验台测试滚动阻力，如图 4-2 所示。

图 4-1　风洞实验室测试空气阻力

图 4-2　轮胎滚阻试验台测试滚动阻力

二、道路滑行试验

基于在道路滑行试验中测定的物理量，可以将道路滑行试验分为时间法和距离法两种。在现行各类标准中，时间法使用更为普遍。本节将依据 GB/T 27840—2021《重型商用车辆燃料消耗量测量方法》中附录 C 行驶阻力测定及在底盘测功机上的模拟部分中所采用的时间法，介绍道路滑行试验测定滑行阻力的具体流程。

（一）试验准备

1. 试验道路

道路滑行试验应当在清洁、干燥且平直的沥青或混凝土路面上进行。试验路面需要足够长，以满足试验需求，路面纵向坡度应控制在 ±0.1% 以内。

2. 环境条件

进行试验时，天气应晴朗且无降水、无雾，环境温度应介于 0~40℃ 之间，相对湿度不应超过 95%，大气压力应在 91~104kPa 的范围内。在测量环境风速时，对于轻型车，应在其高出路面 0.7m 的位置进行测量；对于重型车，应在其高出路面 1.6m 的位置进行测量。此时，要求平均风速不超过 2m/s，最大风速不超过 3m/s，侧向最大风速不超过 2m/s。

3. 装载质量

在无特殊要求的情况下，轻型车应处于空载状态，即包括车辆的整备质量和必要的试验人员及设备；重型车应处于其最大设计总质量的状态。

4. 试验车辆

试验车辆应经过至少 3000km 的磨合，并进行必要的保养和调整。对于有能量回收装置的车辆，应控制其不工作。试验前需要充分预热车辆，预热行驶时间的长短因车型和气候条件而定，以保证动力传动系统、制动器、轮胎等部件处于正常温度状态，行驶时间一般不少于 20min。试验时应关闭车窗和驾驶室通风口。

5. 试验设备精度

时间测量精度应不低于0.1s；车速测量仪器精度应不低于0.5%。

（二）试验步骤

1）在进入滑行区域之前，驾驶人需要选择恰当的档位让车辆加速至略高于计划中的滑行起始速度，随后将变速杆切换至空档，以便车辆开始滑行。轻型车的滑行起始速度一般定为130km/h，重型车则定为90km/h。若由于车辆加速能力或试验场地限制无法达到这一速度，应以车辆在试验场上能达到的最高速度为基础，向下取整至5km/h的整数倍，作为滑行起始速度。

2）在滑行过程中，要确保车辆保持直线行驶。如果滑行距离超过试验跑道的长度，可采用分段滑行法，先从130km/h减速至80km/h，再从80km/h减速至5km/h。

3）测量车辆从 $v_2 = v + \Delta v$ 减速至 $v_1 = v - \Delta v$ 所需的时间，一般 $\Delta v \leq 5 \text{km/h}$。

4）沿着相反方向重复上述操作。对两个方向的单次滑行时间 T_a、T_b 取平均值，得出单次平均滑行时间 T。

进行往返重复试验至少4次，计算试验数据的统计准确度。若统计准确度未满足要求，则要增加试验次数。

（三）试验数据处理

数据处理是道路滑行试验中的一个关键环节，通常包括以下步骤：计算往返方向的平均值、评估时间的一致性、计算滑行阻力、对滑行阻力进行曲线拟合，以及环境因素校正。这些步骤对于准确评估车辆的滑行阻力至关重要。

1. 单次往返方向平均滑行时间计算

在试验过程中，如果存在风速且该风速沿着车辆的行驶方向，那么在车辆往返滑行时，会分别受到顺风和逆风的影响。当风速较弱时，顺风和逆风对滑行时间的影响相对较小，此时可以使用算术平均值简单算出单次平均滑行时间，见式（4-1a）。然而，当风速较强，导致顺风和逆风下的滑行时间差异较大时，采用调和平均值计算单次平均滑行时间会更加合适，因为它能更准确地反映实际滑行时间，见式（4-1b）。

算术平均值的计算方法：

$$T = \frac{T_a + T_b}{2} \tag{4-1a}$$

调和平均值的计算方法：

$$T = \frac{2}{\frac{1}{T_a} + \frac{1}{T_b}} \tag{4-1b}$$

2. 多次滑行时间重复性校验

对滑行时间的重复性进行检验，使用95%置信区间的统计准确度 p 计算方法，即真实的滑行时间有95%的概率落在 $\overline{T}(1-p)$ 和 $\overline{T}(1+p)$ 之间。每一车速段的时间统计准确度都应≤4%，其计算方法如下：

$$p = \frac{ts}{\sqrt{n}} \frac{100}{\overline{T}} \qquad (4-2)$$

式中 p——平均耗用时间 $\overline{T}$ 的统计精度;

$\overline{T}$——从车速 v_2 滑行至 v_1 所需时间 T 的算术平均值,$\overline{T} = \frac{1}{n}\sum_{i=1}^{n} T_i$,其中,$T_i$ 为第 i 次往返方向试验车辆从 v_2 减速至 v_1 所用时间的平均值;

s——标准偏差,$s = \sqrt{\sum_{i=1}^{n} \frac{(T_i - \overline{T})^2}{n-1}}$;

n——往返方向的试验次数;

t——计算统计准确度的系数,它与试验次数的关系见表 4-1。

表 4-1 试验次数与计算统计准确度系数的关系

n	4	5	6	7	8	9	10
t	3.2	2.8	2.6	2.5	2.4	2.3	2.3

3. 滑行阻力-车速计算

按照式(4-3)可以得出试验车速对应的滑行阻力 F,即

$$F = (M + M_r) \frac{v_2 - v_1}{3.6\overline{T}} \qquad (4-3)$$

式中 F——滑行阻力(N);

M——试验时汽车的总质量(kg);

M_r——旋转部件的当量质量(kg);

$\overline{T}$——从车速 v_2 滑行至 v_1 所需时间 T 的算术平均值(s);

v_1、v_2——试验车速(km/h)。

同理,可以得到其他车速 v_i 下的滑行阻力 F_i,形成滑行阻力-车速数组。

4. 滑行阻力拟合

以滑行阻力-车速数组为基础,用最小二乘法进行拟合。拟合方程有两种,常用式(4-4)对滚动阻力和空气阻力进行简单拆解;为了提高拟合精度,常用式(4-5)对转鼓试验台进行设定。

$$F = a + bv^2 \qquad (4-4)$$

式中 a——阻力随车速变化常数项(N);

b——阻力随车速变化二次项[N/(km/h)^2]。

$$\begin{cases} a = \dfrac{\sum v_i^4 \sum F_i - \sum v_i^2 \sum v_i^2 F_i}{n \sum v_i^4 - (\sum v_i^2)^2} \\ b = \dfrac{n \sum v_i^2 F_i - \sum v_i^2 \sum F_i}{n \sum v_i^4 - (\sum v_i^2)^2} \end{cases}$$

$$F = f_0 + f_1 v + f_2 v^2$$

$$f_0 = \frac{\sum F_i - f_1 \sum v_i - f_2 \sum v_i^2}{n}$$

$$f_1 = \frac{-[n\sum(v_i F_i) - \sum v_i \sum F_i](n\sum v_i^3 - \sum v_i^2 \sum v_i) - (n\sum v_i F_i - \sum v_i \sum F_i)[n\sum v_i^2 - (\sum v_i)^2]}{[n\sum v_i^4 - (\sum v_i^2)^2][n\sum v_i^2 - (\sum v_i)^2] - (n\sum v_i^3 - \sum v_i^2 \sum v_i)^2}$$

$$f_2 = \frac{[n\sum v_i^2 - (\sum v_i)^2][n\sum(v_i F_i) - \sum v_i \sum F_i] - (n\sum v_i^3 - \sum v_i^2 \sum v_i)(n\sum v_i F_i - \sum v_i \sum F_i)}{[n\sum v_i^4 - (\sum v_i^2)^2][n\sum v_i^2 - (\sum v_i)^2] - (n\sum v_i^3 - \sum v_i^2 \sum v_i)^2}$$

(4-5)

式中 f_0——阻力随车速变化的常数项（N）；

f_1——阻力随车速变化的一次项 [N/(km/h)]；

f_2——阻力随车速变化的二次项 [N/(km/h)^2]。

5. 环境校正计算方法

环境温度和大气压力对滑行阻力有影响。随着环境温度的升高或大气压力的降低，空气密度减小，导致空气阻力减小，环境温度的上升又会提高轮胎温度，进而降低轮胎滚动阻力。此外，温度升高还会使传动系统和轴承等部件的润滑油脂温度上升，减少内部摩擦阻力。因此，为了进行准确比较，滑行阻力需要根据标准环境条件进行校正。

各标准体系对标准的环境状态定义不同，这里使用的标准环境温度和大气压力是20℃（293K）和100kPa。阻力函数的校正计算公式为

$$\begin{aligned} F_0 &= (f_0 + f_1 v)[1 + K_R(t-20)] + f_2 \frac{t+273}{293} \times \frac{100}{P} v^2 \\ &= a[1 + K_R(t-20)] + b \frac{t+273}{293} \times \frac{100}{P} v^2 \end{aligned}$$

(4-6)

式中 F_0——换算后的行驶阻力（N）；

t——试验道路上的平均气温（℃）；

P——试验道路上的平均大气压（kPa）；

K_R——滚动阻力温度校正系数，轻型车取0.00864，中重型车取0.006（各标准体系略有不同）。

三、试验的应用及拓展

道路滑行试验结果在汽车工程领域具有多层次、多维度的应用价值。首先，它可作为汽车底盘健康状况的"诊断仪"，直观反映底盘各部件的技术状况和调整精度，帮助技术人员及时发现潜在问题并进行针对性维护。其次，在转鼓试验环节，该试验结果是设定试验台阻力的"基准尺"，只有依据道路滑行试验结果准确设定阻力，才能保证后续试验结果的真实性和可靠性。最后，从车辆空气动力学性能优化角度来看，道路滑行试验结果还是计算空气阻力系数的"金钥匙"，通过对滑行阻力的科学分解和计算，能够为车辆外形设计、动力系统选型等提供精确的数据支撑。

（一）基于滑行阻力设定转鼓试验台阻力

汽车在转鼓上，从动轮保持静止，驱动轮旋转模拟道路行驶。驱动轮及与其相连的轴承和变速器等产生的底盘阻力为 F_{loss}，可以近似等于道路上驱动轮的底盘阻力。为了能再现道路上受到的行驶阻力 F_{road}（近似等同于上文中的道路滑行阻力 F_0，用 $F_{\text{road}} = f_0 + f_1 v + f_2 v^2$ 表示），还需要转鼓电机模拟出行驶中的空气阻力、从动轮底盘阻力等转鼓加载阻力 F_{dyno}，即

$$F_{\text{dyno}} = f_0' + f_1' v + f_2' v^2 \tag{4-7}$$

式中　f_0'——转鼓试验台加载阻力系数常数项（N）；

　　　f_1'——转鼓试验台加载阻力系数一次项 [N/(km/h)]；

　　　f_2'——转鼓试验台加载阻力系数二次项 [N/(km/h)²]。

转鼓加载阻力模式如图 4-3 所示。图中，F_{dyno} 的计算公式为

$$F_{\text{dyno}} = F_{\text{road}} - F_{\text{loss}} \tag{4-8}$$

下面介绍底盘阻力测试法和拟合滑行法两种转鼓试验台阻力设定方法。

1. 底盘阻力测试法

先将转鼓设置为驱动模式，由转鼓驱动轮胎匀速转动，直接获得转鼓驱动力，即为驱动轮底盘阻力 F_{loss}，如图 4-4 所示，再求出转鼓加载阻力 F_{dyno}。

$$F_{\text{loss}} = F_{\text{dyno}}' \tag{4-9}$$

式中　F_{dyno}'——转鼓试验台驱动模式下的驱动力（N）。

得到驱动轮底盘阻力 F_{loss}，代入式（4-8）中，即可求得出转鼓加载阻力 F_{dyno}。在得出不同车速下转鼓试验台的加载阻力后，使用最小二乘法进行二次项拟合，将生成的加载阻力随车速的函数作为最终的阻力设定。

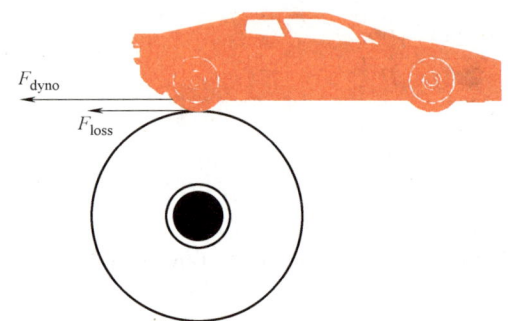
图 4-3　转鼓加载阻力模式

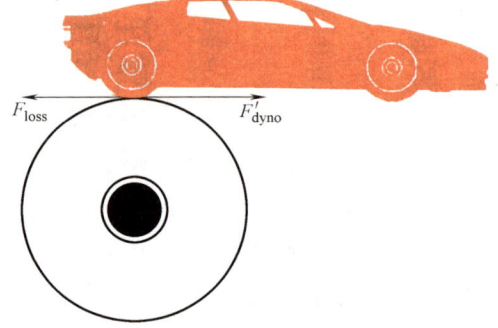
图 4-4　转鼓驱动模式

2. 拟合滑行法

首先按照经验值进行初始控制系数设置（如两驱车 $f_0' = 0.5 f_0$，$f_1' = 0.2 f_1$，$f_2' = f_2$），然后开展转鼓试验台滑行试验，得出滑行时间，最后计算转鼓试验台总阻力 F_{road}'，并判断其与 F_{road} 的偏差是否在要求范围内。如果不满足偏差要求，调整控制系数 f_0'、f_1'、f_2'，并再次进行转鼓试验台滑行试验和迭代计算，直到满足偏差要求为止。

（二）基于滑行试验数据计算空气阻力系数

根据滑行阻力拟合计算方法、环境校正计算方法可以得出最终滑行阻力与车速的拟合曲线 $F_0 = a_0 + b_0 v^2$，使用式（4-10）得到空气阻力系数 C_D，即

$$C_D = \frac{2b_0 3.6^2}{A\rho} \tag{4-10}$$

式中 b_0——基准气象条件下阻力随车速变化二次项[N/(km/h)^2];

A——迎风面积(m^2),可以通过测试获得,如图4-5所示;

ρ——空气密度(kg/m^3),标准气压(100kPa,20℃)下的空气密度是1.189kg/m^3。

由滑行法得到的空气阻力系数与风洞法有较高的一致性,虽然精度与风洞不是一个量级,但可以替代精度要求不高的风阻测试任务,缩短试验周期,降低试验成本。

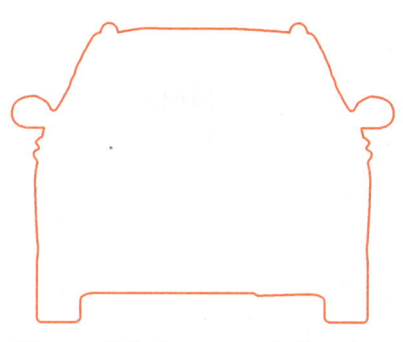

图4-5 某汽车迎风面积轮廓示意图

(三)提高滑行试验精度的措施

道路滑行试验对气象条件,尤其是风速有着严格的要求。由于试验风速条件经常不满足标准,会对试验的进展产生影响。为了提升试验的效率和精确度,行业内已经开发出一种新的方法,即同步测试风速和风向,并对试验结果(行驶阻力F_0)进行相应的校正。使用该方法,气象条件的风速要求可以放宽到以下标准:平均风速≤7m/s,最大风速≤10m/s,侧向最大风速≤4m/s。

$$F_0 = f_0 + f_1 v + f_2 v^2 + \frac{1}{2}\rho A v_r^2 (a_0 + a_1 Y + a_2 Y^2 + a_3 Y^3 + a_4 Y^4) \tag{4-11}$$

式中 v_r——相对风速(km/h),滑行试验过程的同步采集数据,采集频率不低于10Hz;

v——车辆速度(km/h);

Y——相对于车辆行驶方向的表面风速偏离角(°),同步采集数据;

a_0、a_1、a_2、a_3、a_4——偏离角函数的常数项、一次项、二次项、三次项、四次项系数,可以通过滑行试验数据分析得到,或者由风洞试验直接得出。

第二节 最高车速试验

最高车速是指在无风环境下,汽车在质量良好的水平路面上能够实现的最大行驶速度,通常是一定距离内的平均最高车速。

最高车速展现了车辆动力性能的上限。对于多数乘用车而言,较高的比功率意味着它们能够达到较高的最高车速。例如,某款电动轿车能够达到的最高车速为240km/h,而中国的高速公路限速为120km/h,这意味着该车的最高车速主要是一种备用动力表现。然而,对于某些商用车来说,比功率较低,因此它们的最高车速也较低。例如,某款电动货车的最高车速为80km/h,在这种情况下,车辆的最高车速就成了它能否快速行驶的关键性指标。

最高车速试验可以在道路或转鼓上进行。在道路试验中，选择合适的试验场地，如高速环道或直线道，确保有足够的加速距离让车辆加速至最高车速且不超出道路设计速度。此外，还可根据试验车最高车速确定试验的安全风险等级，高风险试验需要采取更严格的管控措施，如独占场地以减少其他车辆干扰。高速环道的设计车速是指车辆在车道中心线行驶时不依赖轮胎与路面间的横向摩擦力所能达到的平衡车速，此时车辆高速行驶产生的离心力完全由高速弯道横断面的横向超高所平衡。在转鼓上进行最高车速试验时，选择合适的转鼓试验台，确保其设计车速超过车辆的最高车速。由于在转鼓上车辆没有平移动能，仅靠驱动轮模拟道路上的旋转运动，安全风险远低于道路试验。此外，转鼓试验无须往返两个方向和多次测量，提高了试验效率，故多数车企选择转鼓进行最高车速试验。

依据 GB/T 18385—2024《纯电动汽车　动力性能　试验方法》，在道路上进行最高车速试验时，可采用三种试验程序：标准试验程序（双方向试验）、单一方向试验程序及环形道路试验程序。以标准试验程序为例，试验时，设定测试长度，至少 200m，在车辆驶入测量区之前加速到其所能达到的最高车速并稳定行驶 200m，维持最高稳定车速通过测量区，记录通过测量区的时间 t_1，随即进行反方向试验，记录时间 t_2。往返方向的试验次数应相同且不少于 1 次。基于往返时间的算术平均值，计算实际最高车速。

电动汽车采用电力驱动系统，其瞬间功率可能超过额定功率，因此需要执行一项持续 30min 的测试，以验证车辆在长时间高速行驶下的性能。该测试要求车辆以预计的 30min 最高车速（允许误差±5%）行驶 30min。若速度出现波动，可以通过踩踏加速踏板进行调整，以保证车速在要求的范围内。如果测试过程中车速下降至预估值的 95% 以下，则该测试应被视为无效，并应根据预估值或重新计算的 30min 最高车速进行重测。测试车辆已行驶的里程，并按照式（4-12）计算平均 30min 最高车速，即

$$v_{30} = \frac{S_1}{500} \tag{4-12}$$

式中　v_{30}——30min 最高车速（km/h）；

　　　S_1——30min 行驶距离（m）。

第三节　加速试验

加速能力是衡量汽车在起步和超车场景下快速提升速度的能力。评价加速性能的关键指标包括加速度、加速时间和加速距离。虽然加速度可以直接反映汽车的动力特性，但它的评价往往不如速度或距离与时间的关系直观，因此通常以汽车在特定条件下加速到特定速度或到达特定距离所需的时间作为评价标准。

一、加速试验设备

传统的加速试验通常会在道路上进行，并且试验标准会对接口参数的精度提出要求，如加速时间测量精度为±0.1s，车速测量精度为±0.1km/h，距离测量精度为±0.1%S（其中 S

为试验路段的长度）。目前，道路试验中使用的测试设备主要有两种：一种是基于GPS定位的车速测量系统，如VBOX测试设备（图4-6），它具有体积小、功率低、自带存储器并能与计算机通信等优点，目前被企业广泛采用；另一种是利用光束照射路面，通过接收反射光来检测速度的非接触式测量系统，如光电式车速仪（图4-7）。

图4-6 VBOX测试设备

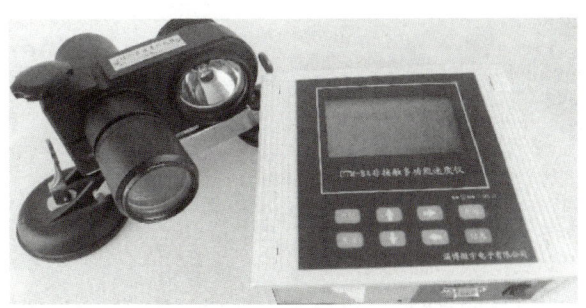

图4-7 光电式车速仪

大多数汽车制造商选择在转鼓试验台（底盘测功机）上进行动力性测试。与道路测试相比，转鼓试验台具有多种优势，如不受外界环境条件影响、能够控制试验参数、缩短试验周期、节省人力资源、提高精度和效率，以及适用于动力系统的特性试验和潜在危险的汽车极限测试等。不同的转鼓试验台适用于不同类型的驱动方式、载重能力和尺寸的汽车。转鼓试验台能够准确模拟整车在道路上的行驶阻力，并且可以高精度地测量车速、行驶距离和加速度等参数。例如，某48in（1in=0.0254m）的四驱转鼓试验台（图4-8）适合进行4.5t以下所有车型的动力性试验，其时间测量精度为±0.001s，车速测量精度为±0.01km/h，行驶距离测量精度为±0.1%S，牵引力测量精度为±0.1%F（F为试验牵引力），加速度测量精度为±0.005m/s^2。

图4-8 四驱转鼓试验台

二、起步和超车加速试验

加速试验的目的是为了精确测量车辆的加速性能，通常在平坦、干燥的混凝土或沥青路面上进行。这种试验测量的是车辆从加速起点到终点所需的时间、车速和距离，以评价其加速能力。在实际操作中，通常会采用车速来设定加速的开始和结束条件（速度法），但有时也会采用以车速作为开始条件，以行驶距离作为结束条件的方法（距离法）。

（一）起步加速试验

将加速踏板完全踩下，使车辆从静止状态加速至预定的目标车速，记录此过程中的行驶时间与距离。对于轻型汽车，将目标车速设定为100km/h；重型汽车则为80km/h；纯电动汽车还需额外进行目标车速为50km/h的测试。测试时，配备自动变速器的车辆应使用D位起步加速，手动变速器车辆则需要从I档起步，并在转速达到额定值时顺序升档。另外，也可以原地起步连续换档全力加速通过 400m 距离,记录加速过程的行驶时间。为了确保数据的可靠性,需要往返方向各进行至少 3 次测试,并且同一方向测试结果的变异系数必须控制在 5% 以内。若未满足此要求,则要增加测试次数,直至达到规定的变异系数标准。

变异系数是一组数据的标准差与平均值之比,见式(4-13),可用于判断测试数据的离散程度。

$$C_v = \frac{\sigma}{\mu} \tag{4-13}$$

式中　C_v——变异系数;
　　　σ——试验值的标准差;
　　　μ——试验值的平均值。

(二) 超车加速试验

将变速器调整至适合超车加速的档位,并确保车速稳定在低于预设起始车速 2~3km/h 的范围内。之后,迅速将加速踏板踩到底,使车辆全力加速,直至车速超越目标车速后停止。在此过程中,需要精确记录从起始车速至目标车速的行驶时间和距离。试验涵盖多个加速区间,包括 40~80km/h、60~100km/h 及 80~120km/h。针对纯电动汽车,还需要额外增加 50~80km/h 的加速测试。为了确保数据的准确性和可靠性,试验需要在往返两个方向上各进行至少 3 次。此外,同一方向上测试结果的变异系数必须严格控制在 3% 以内。若未能满足此标准,则应增加测试次数,直至达到规定的变异系数要求为止。

三、加速性能开发性试验

加速试验不仅可以收集轮边驱动力的数据,还能得到驱动功率等信息,这有助于分析动力特性曲线和传动效率等关键参数。由于加速过程中需要频繁地采集和记录车速、加速度等数据,使用转鼓试验台进行此类试验的优势更加突出。下面介绍如何使用转鼓试验台进行驱动力试验。

在进行试验时,需要将车辆固定在转鼓试验台上,并按照转鼓试验台的设定方法调整加载参数,以确保车辆在转鼓上所承受的总阻力与其在实际道路上的滑行阻力相符。

变速器置于要求的档位,并在稳定在该档位的最低稳定车速 3s 后,将加速踏板完全踩下,继续加速至最高车速。记录加速过程中的车速、加速度等数据,采集频率 ≥10Hz。通过加速度、质量、滑行阻力可以得到轮边驱动力 F_t,其计算公式为

$$F_t = F_{road} + (M + M_r)a \tag{4-14}$$

式中　F_t——轮边驱动力(N);
　　　M——汽车质量(kg);
　　　a——加速度(m/s²);
　　　F_{road}——转鼓模拟再现的道路滑行阻力(N);
　　　M_r——汽车旋转部件当量质量(kg),可以通过测试准确获得,也可以使用经验值,一般重型车的 $M_r = 0.07M_0$,轻型车的 $M_r = 0.03M_0$,M_0 为汽车整备质量。

在低速区域,电动汽车的驱动力保持在额定转矩水平,但随着速度超过某一阈值,驱动力开始下降;而对于带有固定档位的内燃机汽车,其在低速时的轮边驱动力较小,随着速度

的增加而增加,直至达到额定转矩后,驱动力随着速度的增加而减少。电动汽车的驱动电机在低转速下的转矩特性远胜过传统的内燃机。

为了全面评估汽车的加速性能,在开发过程中通常会根据具体产品的需求,制订一系列不同环境条件和特定路况下的测试方法,如在开启空调、高海拔环境下的加速试验等。电动汽车尤其需要进行低温环境、动力蓄电池电量低的状态下的加速性能测试,以比较加速衰减程度。电动汽车在起步反应速度和加速的平顺性方面通常表现更佳,为了评估起步反应,可以使用距离法来测量车辆从起步加速到5m所需的时间和最终速度。

第四节 爬坡试验

根据坡道倾斜程度和路线长度,爬坡试验可以分为陡坡试验和长坡试验。陡坡试验通常在倾斜度超过10%的短坡道上进行,长坡试验则在倾斜度不超过12%的长坡道上进行。爬长坡试验包括坡道最高车速测试、坡道加速测试,以及监控行驶过程中冷却液和润滑油的温度以评估热平衡情况,并对靠近热源的橡胶和塑料部件进行温度测试。

一、试验工况及指标要求

爬坡试验的设定和评价标准通常与实际道路条件相吻合,尽管如此,汽车设计的最大爬坡能力通常会超过实际道路上的最大坡度。

在全球范围内,即使是经济发达国家,也会遇到许多陡坡,如图4-9所示。然而,随着中国道路建设的快速发展,越来越多的公路通过建造桥梁、开凿隧道等方式来跨越山谷或翻越山脊,即便是爬山公路也会采用盘旋环绕的方式降低坡度,如图4-10所示。根据中国交通运输部的规定,各级公路的最大纵坡及最大坡长都有明确限制,最大坡度被设定为10%。最大爬坡度的一般设计要求:轿车和货车≥30%,越野车≥60%,这远高于中国道路坡度的

图4-9 某国坡度大的城市道路

图4-10 盘山公路

标准。因此，除了关注最大爬坡度，企业和用户还更注重汽车在爬坡道路上的通勤效率指标，如坡道最高车速和坡道加速性能。例如，某电动汽车制造企业规定，其生产的电动汽车在4%坡道上的路面上行驶时，最高车速需超过130km/h。

在我国快速城市化的进程中，建造了大量地下停车场坡道，车辆由于交通拥堵等原因常停在坡道中，此时起步性能变得尤为关键。我国住房和城乡建设部对各类机动车车库坡道制定了最大纵向坡度限制，规定最大坡度为15%。例如，某汽车制造企业针对其电动汽车设计了坡道起步性能要求，确保起步坡度≥20%。

二、陡坡试验

在陡坡试验中，实际道路通常是主要的测试场所，转鼓试验台则作为辅助手段。转鼓能够精确模拟阻力，但在模拟前后轴荷的变化和实际路面的摩擦系数方面存在局限。随着坡度的增加，车辆前后轴荷的变化更加显著，导致转鼓模拟的误差增大。

爬坡性能不仅受驱动力的影响，还可能受到轮胎与路面之间附着系数的影响，这决定了爬坡的最大极限。因此，除了在干燥且路面条件良好的地方进行测试，还应在冰面、雪地等低附着力的路面上进行爬陡坡试验。常见的高附着力坡道坡度包括20%、30%、40%、60%等，而一半高附着力一半低附着力的对开坡道的坡度包括10%、12%、15%。

根据爬坡方式的不同，陡坡试验可以分为两种：一种是从坡道下方的平坦路面上平稳起步，逐渐加速通过坡道，即规定坡道爬坡试验；另一种是在坡道中途紧急停车后再起步，加速通过坡道，即坡道起步试验。

（一）道路试验坡道要求

如图4-11所示，测试路段坡道长度不小于20m，测试路段的前后设有渐变路段，坡前平直路段长度不小于8m，允许用表面平整、干燥、坚实、坡度均匀的自然坡道（沥青路面或混凝土路面）代替。测试路段的纵向坡度变化率不大于0.1%，横向坡度变化率不大于3%。

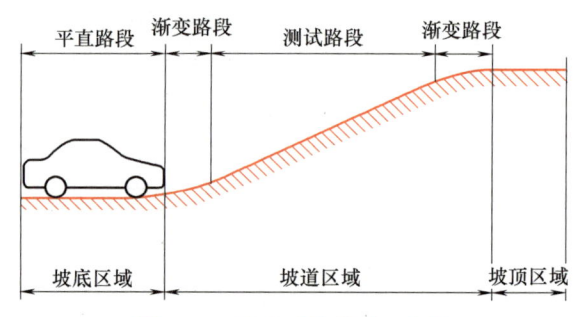

图4-11 测试路段坡道示意图

（二）规定坡道爬坡

将车辆变速器设置在最低前进档，如果有副变速器，也将其置于最低档。对于自动变速器车辆，将变速器置于D位；对于全轮驱动车辆，确保使用全轮驱动模式。将车辆停在接近坡道入口的平坦路段上。起步后，全力踩下加速踏板，在指定的测试路段上收集车辆的速度和转速数据。如果车辆在爬坡过程中速度逐渐增加或保持稳定，则视为爬坡成功，并记录平均车速。如果首次爬坡失败，需要分析失败的原因。例如，如果爬坡过程中发动机转速未达到最大转矩点，可以调整车辆前端与坡道入口的距离，以便车辆在进入测试路段前将转速提升至最大转矩点，随后进行第二次尝试，但总体尝试次数不应超过两次。

（三）最大爬坡度

如果爬坡能力有富余，可以爬更陡的坡，但又没有规定坡度更陡的坡道，则可通过增加装载质量或采用变速器更高一档（如Ⅱ档）进行试验，按式（4-15）折算为最大设计总质量下，变速器使用最低档时的爬坡度（最大爬坡度）：

$$\tan\alpha_m = \tan\left\{\arcsin\left[\frac{m_{a实}\dfrac{i_1}{i_实}\sin\alpha_实 + f\left(m_{a实}\dfrac{i_1}{i_实} - m_a\right)}{m_a}\right]\right\}100\% \tag{4-15}$$

式中　$m_{a实}$——汽车实际总质量（kg）；

　　　m_a——汽车最大设计总质量（kg）；

　　　i_1——最低档总速比；

　　　$i_实$——实际总速比；

　　　$\alpha_实$——试验时的实际坡度；

　　　f——滚阻系数，一般取 0.01。

（四）坡道起步

坡道起步的难度及其后的加速性能是关键的测试指标。这些测试不仅包括标准条件下的测试，还包括高原地区的适应性测试及开启空调条件下的测试。

在进行坡道起步测试时，车辆会在测试路段上利用自身的制动系统停下，随后将变速杆置于空档，熄火停留 2min 后，重新起步尝试爬坡，记录车辆通过 10m 距离所需的时间及最终车速。最大坡道起步的测试方法与最大爬坡度的质量调整方法相似。

三、长坡试验

长坡试验对汽车的动力性能、经济性、热平衡和热害性能的开发至关重要。一方面需要在实际道路上进行适应性测试，以验证汽车是否能够更好地适应特定地区的道路条件和环境；另一方面需要在能够模拟环境温度、光照强度、道路坡度等参数的转鼓试验台上进行试验，从而可以在试验开发过程中准确地重复这些条件，以便于选择和验证不同的方案。下面将介绍如何在转鼓上进行坡道最高车速试验，以及在道路和转鼓上进行坡道热平衡热害试验的方法。

（一）坡道最高车速试验

坡道最高车速试验通常在转鼓试验台上进行。常用的坡道最高车速设定的坡度包括 3%、4%、5%、6%、7%、8%、9%、10% 等，对于电动汽车，主要测试 4% 和 12% 两种坡度下的最高车速。

以电动汽车 4% 坡度试验为例，除了在转鼓试验台上设定阻力，还需要将转鼓模拟的坡度设置为 4%。试验时，将试验车辆的质量设为最大设计总质量，转鼓会自动计算坡道阻力，并将其加到转鼓电机模拟的阻力中。在试验过程中，需要将加速踏板踩到底或选择适当的变速档位来加速车辆。

确定试验车辆能够达到并持续行驶 1km 的最高车速，同时记录持续行驶 1km 的时间 T，计算公式为

$$V = \frac{3600}{T} \tag{4-16}$$

式中　V——实际坡道最高车速（km/h）；

T——持续行驶 1km 所需的时间（s）。

（二）坡道热平衡热害试验

在进行道路上的坡道热平衡热害试验时，挑选合适的路段至关重要。路段的选择需要考虑多个因素，包括坡道的总长度、平均坡度、海拔高度、弯道速度限制等道路自身因素，环境温度、光照强度、湿度、风速等环境因素，以及车流量、物流运输等后勤支持条件。

在试验过程中，不仅要全程记录试验路段的环境温度、湿度、光照强度、气压等气象数据，还要记录与热平衡热害相关的温度和能耗等关键数据，并标记汽车极限转矩、空调断开、仪表警告等现象发生时的具体试验路段和对应的车速。试验结束后，需要对收集的数据进行分析和处理。

在转鼓试验台上开展坡道热平衡热害试验相对容易，试验常在配置温控和阳光模拟的转鼓实验室中进行，工况设定如下：以 120km/h 的速度爬 4% 坡，以 90km/h 的速度爬 7% 坡，以 60km/h 的速度爬 9% 坡，以 40km/h 的速度爬 12% 坡等，环境温度为 35℃，光照强度为 1000W/m² 等。图 4-12 所示为可开展坡道热平衡热害试验的某转鼓实验室，其环境温度控制范围 -40～60℃，光照强度控制范围 0～1200W/m²。

图 4-12　某转鼓实验室

复习思考题

1. 测试滑行阻力的作用有哪些？
2. 若在坡道最高车速试验的过程中记录了持续行驶 1km 的时间 T（单位为 s），那么实际坡道最高车速 v（单位为 km/h）如何计算？
3. 加速试验的测试设备与测试项目有哪些？
4. 简述爬坡试验的分类。

第五章 / Chapter 5
经济性试验

> **导读：**
> 在保证汽车动力性的基础上，以尽可能低的能量消耗行驶的能力，称作汽车的经济性。这一性能指标通常是消费者购车时最关注的几项之一。本章主要介绍试验工况、不同车型的经济性试验，分别从试验设备、试验原理和试验方法等方面进行讲述。

> **学习目标：**
> 1. 了解试验工况。
> 2. 熟悉电动汽车经济性试验。
> 3. 了解燃油汽车经济性试验。

第一节　试验工况

对车辆在道路上的行驶特性（如加速、减速、恒速和怠速等）进行研究和分析，以形成能够代表车辆运动状态的速度-时间关系曲线，这被称为车辆的行驶工况。因为不同国家对车辆行驶工况的影响因素上有显著的不同，所以各自制定了适用于不同目的的工况曲线。自美国加州推出世界上首个车辆循环工况 FTP-72 以来，世界上主要的汽车生产国和地区都开始进行相关研究和开发，各种类型和用途的循环工况应运而生。本节将重点介绍中国汽车测试工况（CATC）和全球统一轻型车测试工况（WLTC）。

一、试验工况的分类

（一）按行驶工况构成形式分类

依据行驶工况的构成形式，试验工况可以分为瞬态工况和模态工况。瞬态工况旨在模拟实际车辆运行过程中的速度-时间关系，紧密跟随车辆的实际运动特性。CATC 工况就是瞬态工况的一个典型例子。模态工况由一系列匀速、匀加速和匀减速的线段组成，这些线段简化了车辆的实际运行过程，使得测试操作更为便捷，但与车辆的实际运行特征存在一定差异。欧洲的 NEDC（New European Driving Cycle）工况就是模态工况的一个典型代表。

（二）按行驶工况的使用目的分类

1. 认证工况

认证工况是由政府或权威机构（如国家标准化行政主管部门）制定，具有法定效力的标准化工况。这些工况主要用于法规认证，确保车辆符合排放、燃油经济性等标准。认证工况通常是基于广泛道路数据综合得出的，具有代表性，但不特定于某一地区。例如，CATC（中国汽车行驶工况）和 WLTC（全球轻型车测试规范）等工况，虽然考虑了不同地区的驾驶特征，但其核心目标是提供一个统一、可重复的测试标准，而非针对单一地区进行定制化设计。

第五章 经济性试验

2. 开发工况

开发工况是由汽车制造商或研发团队主导设计的、服务于产品开发或特殊市场需求的定制化测试条件。例如针对某地区高温爬坡环境定制的工况、或为某市区城市运行条件设计的工况等。其核心逻辑在于通过场景化、参数化的模拟，解决特定技术问题或优化车辆性能，而非直接满足法规要求。

（三）常见试验工况

目前已形成数百条不同试验目的的试验工况，常见工况见表5-1。

表5-1 常见工况

序号	工况名称		简称	备注
1	中国工况	中国轻型汽车行驶工况	中国乘用车行驶工况	CLTC-P	
2			中国轻型商用车行驶工况	CLTC-C	
3			中国客车行驶工况	CHTC-B	城市公交车
4				CHTC-C	
5		中国重型商用车行驶工况	中国货车行驶工况	CHTC-LT	总质量≤5500kg
6				CHTC-HT	总质量>5500kg
7			中国自卸汽车行驶工况	CHTC-D	总质量>3500kg
8			中国半挂牵引车列车行驶工况	CHTC-TT	
9	中国调整世界重型商用车辆瞬态循环			C-WTVC	
10	全球统一轻型车测试工况			WLTC	
11	新欧洲汽车驾驶循环工况			NEDC	
12	美国轻型车排放认证工况			FTP	
13	日本机动车燃油排放标准			JC08	
14	速度修正测试循环			SC03	
15	高速大负荷工况循环			US06	

二、中国工况

试验工况是进行车辆能耗和排放测试及制定限值标准的关键，它是汽车工业的一项核心技术。21世纪初，中国开始使用欧洲的NEDC工况进行汽车产品的能耗和排放认证。然而，随着汽车数量的急剧增加，道路交通环境已经发生了显著变化，NEDC工况逐渐显得不适应。因此，工业和信息化部、财政部和生态环境部共同发布了指令，要求开发与中国实际车辆行驶状况相符的测试工况。于是由中国汽车技术研究中心负责，联合40多家汽车制造企业，最终成功研发出符合中国国情的工况标准。

（一）中国工况构建概述

中国汽车行驶工况的制定主要涵盖试验规划、数据采集与处理、权重因子开发、工况合成及工况验证等环节。

1. 试验规划

中国工况用于评估汽车性能的主要指标有能耗和排放等。在确定工况数据采集的城市和车辆类型时,综合考虑了人口密度、汽车拥有量、GDP等国家指标,以及中国不同城市和地区的地理和气候特点等因素。

2. 数据采集与处理

车辆在指定的城市中自由行驶,期间收集的数据包括车辆的位置、动力系统状态、电池信息、排放和环境数据,并通过车载终端传输到远程数据平台。

车辆运行数据被分割为怠速和运动两部分。根据设定的筛选标准(包括运行时间、速度范围、加速度范围、最大怠速时长、均速比例和数据缺失率等),对运动和怠速的短片段进行筛选,以获取可用于工况开发的短片段。这些短片段根据最大速度被分为不同的速度区间,以便分析各个区间的运动和怠速片段特征。通过分析平均速度、速度分布等关键工况特征,确保数据的稳定性,并验证用于工况构建的数据是否满足统计学上的要求。

3. 权重因子开发

获取对应城市的低频动态交通量大数据,建立速度流量模型,利用获取的低频动态交通量大数据计算各城市路网上相应行驶车队的总行驶时间,建立总行驶时间随平均速度的变化趋势,速度与流量的关系为

$$流量 = -\frac{速度}{系数} \times \ln\left(\frac{速度}{自由流速度}\right)$$

通过设定不同速度区间的分界值,将总的行驶时间分布分割成不同的部分。之后,统计每个速度区间的交通流量,通过将各速度区间的交通流量除以总交通流量,计算每个速度区间的权重因子。同样地,通过将各个城市不同速度区间的交通流量除以相应速度区间的总交通流量,可以得到不同城市在每个速度区间的权重。

4. 工况合成

计算不同城市各速度区间的速度-加速度联合分布,利用各速度区间不同城市的权重进行加权,获得各个速度区间统一的速度-加速度联合分布。根据实际需求和实践经验,确定工况曲线总时长(通常控制在1800s以内)。然后,将各速度区间的权重与工况曲线总时长相乘,确定各速度区间的时长。根据各速度区间的时长和对应速度区间运动片段和怠速片段的平均时长,确定各速度区间需要选择的运动片段数目和怠速片段数目,即

$$\begin{cases} n_{\mathrm{st},i} = \dfrac{T_i - T_{\mathrm{id},i}}{T_{\mathrm{st},i} + T_{\mathrm{id},i}} \\ n_{\mathrm{id},i} = n_{\mathrm{st},i} + 1 \end{cases} \quad (5\text{-}1)$$

式中 T_i——各速度区间时长长度;

$T_{\mathrm{st},i}$——运动片段的平均时长;

$T_{\mathrm{id},i}$——怠速片段的平均时长;

$n_{\mathrm{st},i}$——运动片段个数;

$n_{\mathrm{id},i}$——怠速片段个数。

基于各速度区间需要选择的运动片段数目和怠速片段数目以及对应的运动和怠速片段时长累计分布,采用等分的方法确定具体的运动和怠速片段时长。

根据片段时长选择出来的候选运动片段,通过笛卡儿积进行自由组合,将组合后片段的

速度-加速度联合分布与统一的速度-加速度联合分布进行卡方检验。由于可能的短片段组合数量庞大，为保持计算成本和卡方检验次数处于合理水平，使用平均速度、相对正加速度及加速、减速和匀速比例等参数对短片段组合进行初步筛选，仅对符合条件的短片段组合进行卡方检验。选择卡方检验结果中较好的，即卡方值最小的组合作为工况曲线。

5. 工况验证

基于整车转鼓台架，对所构建工况的跟随性进行验证，确定工况曲线的可操作性。

（二）中国工况与其他工况的对比

中国工况开发了能够代表中国汽车行驶特征的八条工况曲线，其中一条乘用车行驶工况（CLTC-P），一条轻型商用车工况（CLTC-C），六条重型车行驶工况（CHTC），如表5-1中所示。中国工况比其他工况更能体现我国的道路及车辆行驶特征，CLTC-P 与各工况数据特征对比见表5-2。

与 WLTC、NEDC、FTP75 工况相比，CLTC-P 工况的怠速比例、最高车速、平均速度等特征更能够体现出我国汽车道路行驶特征。

表5-2 CLTC-P与各工况数据特征对比

参数	CLTC-P	WLTC	NEDC	FTP75
总时间/s	1800	1800	1180	1874
总里程/km	14.48	23.21	11.03	17.68
最高车速/(km/h)	114	131.30	120.00	90.16
平均速度/(km/h)	28.96	46.40	33.60	33.90
运行平均速度/(km/h)	37.18	53.20	43.50	40.90
平均加速度/(m/s^2)	0.45	0.53	0.53	0.62
平均减速度/(m/s^2)	-0.49	-0.58	-0.75	-0.71
加速比例(%)	28.61	30.90	23.20	31.10
减速比例(%)	26.44	28.60	16.60	27.10
匀速比例(%)	22.83	27.80	37.50	24.70
怠速比例(%)	22.11	12.70	22.60	17.20

（三）中国工况的应用情况

中国工况构建了我国的汽车行驶工况标准体系，它被广泛应用于汽车行业的研发进程。

1. 标准法规应用

中国工况制定的八种工况曲线已被确立为国家级标准，如 GB/T 38146.1—2019《中国汽车行驶工况 第1部分：轻型汽车》、GB/T 38146.2—2019《中国汽车行驶工况 第2部分：重型商用车辆》等。在 GB/T 18386.1—2021《电动汽车能量消耗量和续驶里程试验方法 第1部分：轻型汽车》中，CLTC 工况被用于电动汽车的续驶里程和能耗认证；在 GB/T 27840—2021《重型商用车燃料消耗量测量方法》中，CHTC 工况被用作重型商用车的燃料消耗量测试标准；在 GB/T 19233—2020《轻型汽车燃料消耗量试验方法》中，CLTC 工况也被选作能耗测试的工况之一。

2. 企业开发应用

中国工况通过对各种条件下的车辆行驶数据进行采集，包括车速、位置、加速度和节气门开度等信息，为企业和研究机构提供了针对特定地区和车型进行深入研究和专项测试的数据基础。这些数据可以用于开发针对特定城市（如重庆）或特定驾驶条件（如爬坡、开空调）的测试工况。

三、其他工况及应用

除中国工况外，在经济性测试及排放测试过程中广泛应用的试验工况有 NEDC 工况、WLTC 工况、FTP75 工况、JC08 工况等。

（一）NEDC 工况

NEDC 工况源于 20 世纪 70 年代的 ECE-15 标准，经过多次修订和更新后，于 1997 年正式更名为 NEDC。整个 NEDC 测试循环时长为 1180s，包括 4 个市区循环（1 部）和一个郊区循环（2 部），如图 5-1 所示。市区循环的设计最高车速为 50km/h，平均车速为 18.77km/h，每个循环时长为 195s，行驶距离为 1.013km；郊区循环的时长为 400s，最高车速为 120km/h，平均车速为 62.6km/h，行驶距离为 6.955km。

NEDC 工况是根据当时欧洲的汽车市场情况设计的，考虑了当地的交通情况、驾驶习惯和汽车使用环境等因素，能够较为准确地反映车辆在实际道路上的行驶情况。因此，它在很长一段时期内作为多国汽车能耗和排放测试的标准，对汽车工业的发展起到了关键的推动作用。

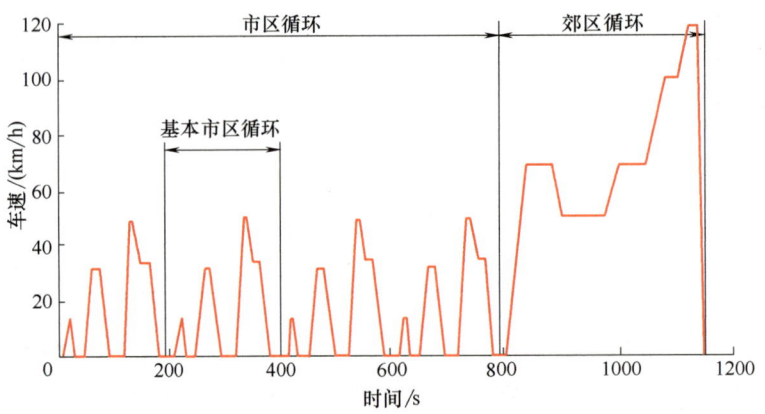

图 5-1 NEDC 循环工况

（二）WLTC 工况

WLTC 工况是一个基于多个国家和地区车辆实际行驶数据的瞬态循环工况，它涵盖了多种车辆类别（如 M1、N1 和 M2 车型）和不同发动机排量的车辆，涉及的道路类型包括城市、乡村和高速公路，并考虑了高峰时段、非高峰时段及节假日的行驶情况，因此被认为能够较好地代表当前车辆的实际行驶状况。WLTC 循环工况由低速、中速、高速和超高速四部分构成，如图 5-2 所示。

自 2017 年起，WLTC 工况已逐步取代旧的能耗和排放测试循环，成为各国的新标准。在我国，WLTC 工况也被用于轻型燃油车和混合动力车辆的排放测试。

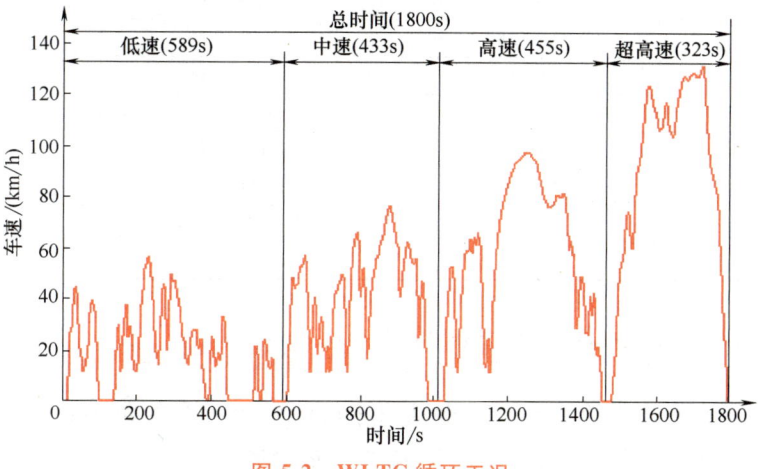

图 5-2　WLTC 循环工况

第二节　电动汽车经济性试验

电动汽车的经济性测试主要涉及续驶里程和能量消耗两方面。续驶里程（以 km 为单位）是指电动汽车在充满电的情况下，按照既定的行驶条件能够连续行驶的最远距离。能量消耗量（以 W·h/km 为单位）则是电动汽车在完成一定的试验循环后，将其动力蓄电池充电至与试验前相同的容量所需的电能与行驶距离的比率。

通常，动力蓄电池的容量越大，电动汽车的续驶里程越长。然而，这也可能导致车辆的总质量增加、行驶阻力提升及能量消耗增加。因此，续驶里程和能量消耗量的测试与评价需要同时进行。

一、仪器设备

电动汽车的经济性测试通常在受控的实验室环境中进行，所需设备包括转鼓试验台、环境仓、充电设施及电器件功率测试系统。充电设施不仅为电动汽车提供充电服务，还能够监测并记录从电网摄入的电能量。汽车电器件功率测试系统可以测量试验过程中动力蓄电池的实时工作电流、电压，设备参数见表 5-3 和表 5-4。

表 5-3　7kW 充电桩参数

项目	参数	项目	参数
型号	AC 7000-TB-06	输出电流	32A
功率	7kW	工作环境温度	-20~50℃
输入电压	AC 220±30V	防护等级	IP54
输入频率	50±1Hz	交流电表精度等级	1.0 级

表 5-4 汽车电器件功率测试系统参数

测试项目	量程	精度	通道数
电流	±20A	0.05%量程	8个
	±50A	0.05%量程	
	±200A	0.05%量程	
	±1000A	0.05%量程	
电压	±600V	0.01%量程	32个
温度	-100~1000℃	±0.5℃	32个
CAN 信号	根据信号列表		
采样频率	10kHz		

二、基于缩短法的续驶里程和能量消耗量试验

作为车辆公告认证试验的一部分，电动汽车的续驶里程和能量消耗量测试必须得到执行。为了确保测试结果的一致性和精确性，必须严格控制影响结果的各种边界条件，包括车辆标准、环境条件、测试负载参数及试验的起始和结束准则等。

（一）试验基本要求

1. 试验车辆

试验车辆在出厂前应确保所有部件符合量产标准。根据制造商的要求，车辆可进行磨合以确保其机械状态最佳。对于装有可充电能量存储系统（REESS）的车辆，磨合里程应超过300km，并且REESS应至少从满电放电至最低荷电状态（SOC）一次。此外，除驱动用途外，所有的储能系统应充至制造商指定的最高容量限值，无论是电能、液压，还是气压等形式。

2. 试验循环工况

试验循环工况采用CLTC工况（对于乘用车为CLTC-P，对于轻型商用车为CLTC-C）。若车辆申报的最高车速低于试验循环工况所设定的最高车速，当目标车速超过车辆申报的最高车速时，需要进行相应的调整，按照GB 18352.6—2016的规定对试验循环进行修正。

3. 试验环境

将试验车辆放置在温度控制为（23±3)℃的浸车室内（配有恒温恒湿空调系统的房间）进行静置，至少需要6h；试验应在温度为（23±5)℃的环境仓内进行。

4. 试验加载参数

试验加载参数由测试质量和阻力系数组成。测试质量为车辆的基准质量（整备质量加100kg）、附加装备质量（车辆额外安装的部件）及代表性负载质量（通常指旋转惯量）的总和。阻力系数根据第四章中道路滑行阻力试验的内容确定，并通过转鼓试验台拟合出相应的阻力加载系数。

5. 试验截止条件

在循环工况测试中，如果试验车辆在全力加速时仍无法达到工况曲线的公差要求，则应终止试验。同样，如果车辆在恒定速度阶段连续4s无法达到规定的公差下限，也应立即停止试验。一旦满足试验停止条件，车辆应保持当前的档位，让车辆滑行至最低稳定车速或降至5km/h，接着踩下制动踏板停车。

（二）试验过程
1. 试验速度片段

缩短法测试中的速度片段包含两个试验循环部分和两个恒速部分，可参考 GB/T 18386.1—2021。利用两个试验循环部分收集的能耗和里程数据，可以分别计算出车辆的能量消耗量和续驶里程。

2. 试验放电及充电流程

续驶里程和能量消耗测试的程序分为放电阶段、充电后静置阶段、能量消耗和续驶里程的测试阶段，测试完成后再次充电。

（三）试验数据处理

对基于缩短法的续驶里程和能量消耗量的试验数据进行计算分析。

为了计算车辆的能量消耗量和续驶里程，需要了解式（5-2）~式（5-4）。

$$\mathrm{EC}_{\mathrm{DC},j} = \frac{\Delta E_{\mathrm{REESS},j}}{d_j} \tag{5-2}$$

式中　$\mathrm{EC}_{\mathrm{DC},j}$——基于 REESS 电能变化量的第 j 个速度区间的能量消耗量（W·h/km）；

j——速度区间的序号，对于完整的试验循环，j 记为 c；

d_j——车辆在第 j 个速度区间的行驶里程（km）；

$\Delta E_{\mathrm{REESS},j}$——第 j 个速度区间所有 REESS 的电能变化量（W·h），按照式（5-3）计算。

$$\Delta E_{\mathrm{REESS},j} = \sum_{g=1}^{m} \Delta E_{\mathrm{REESS},g,j} \tag{5-3}$$

式中　g——REESS 编号；

m——REESS 总数量；

$\Delta E_{\mathrm{REESS},g,j}$——第 j 个速度区间的时间范围内，编号为 g 的 REESS 电能变化量（W·h），按照式（5-4）计算。

$$\Delta E_{\mathrm{REESS},g,j} = \frac{1}{3600} \int_{t_0}^{t_{\mathrm{end}}} \Delta U(t)_{\mathrm{REESS},g_i,j} I(t)_{g,j} \mathrm{d}t \tag{5-4}$$

式中　t_0——第 j 个速度区间的开始时刻（s）；

t_{end}——第 j 个速度区间的结束时刻（s）；

$\Delta U(t)_{\mathrm{REESS},g_i,j}$——第 j 个速度区间的时间范围内，编号为 g 的 REESS 在 t 时刻的电压值（V）；

$I(t)_{g,j}$——第 j 个速度区间的时间范围内，编号为 g 的 REESS 在 t 时刻的电流值（A）。

基于缩短法的续驶里程的计算公式为

$$\mathrm{BER} = \frac{E_{\mathrm{REESS,STP}}}{\mathrm{EC}_{\mathrm{DC}}} \tag{5-5}$$

式中　BER——续驶里程（km）；

$E_{\mathrm{REESS,STP}}$——缩短法试验前后 REESS 的电能变化量（W·h）；

$\mathrm{EC}_{\mathrm{DC}}$——基于 REESS 电能变化量的能量消耗量（W·h/km）。

$E_{\mathrm{REESS,STP}}$ 和 $\mathrm{EC}_{\mathrm{DC}}$ 分别按照式（5-6）和式（5-7）计算。

$$E_{\mathrm{REESS,STP}} = \Delta E_{\mathrm{REESS,DS}_1} + \Delta E_{\mathrm{REESS,CSS}_M} + \Delta E_{\mathrm{REESS,DS}_2} + \Delta E_{\mathrm{REESS,CSS}_E} \tag{5-6}$$

式中　$\Delta E_{\mathrm{REESS,DS}_1}$——计算得到的试验循环段 DS_1 所有 REESS 的电能变化量（W·h）；

$\Delta E_{\text{REESS,CSS}_M}$——计算得到的恒速段 CSS_M 所有 REESS 的电能变化量（W·h）；

$\Delta E_{\text{REESS,DS}_2}$——计算得到的试验循环段 DS_2 所有 REESS 的电能变化量（W·h）；

$\Delta E_{\text{REESS,CSS}_E}$——计算得到的恒速段 CSS_E 所有 REESS 的电能变化量（W·h）。

$$\text{EC}_{\text{DC}} = \sum_{c=1}^{4} \text{EC}_{\text{DC},c} K_c \tag{5-7}$$

式中　c——试验循环序号，两个试验循环段 DS_1 和 DS_2 共有 4 个试验循环；

　　$\text{EC}_{\text{DC},c}$——基于 REESS 电能变化量的第 c 个试验循环的能量消耗量（W·h/km）；

　　K_c——第 c 个试验循环的权重系数，按照式（5-8）计算。

$$K_c = \begin{cases} \dfrac{\Delta E_{\text{REESS},c}}{E_{\text{REESS,STP}}}, & c \leq 2 \\ \dfrac{1-K_1-K_2}{2}, & c > 2 \end{cases} \tag{5-8}$$

式中　$\Delta E_{\text{REESS},c}$——计算得到的第 c 个试验循环所有 REESS 的电能变化量（W·h）；

　　K_1、K_2——调整参数。

能量消耗量的计算公式为

$$\text{EC} = \frac{E_{\text{AC}}}{\text{BER}} \tag{5-9}$$

式中　EC——基于从外部获取的能量消耗量（W·h/km）；

　　E_{AC}——来自外部的电能（W·h）。

第三节　燃油汽车经济性试验

燃油汽车的经济性通常通过计算每行驶 100km 的燃油消耗量（L/100km）来评估，这个数值越高，表示车辆的燃油效率越低。

燃油经济性试验又称为油耗试验。依据油耗测量的不同方法，这种试验可以分为两种类型：一种是直接测量法，即使用油耗仪进行测量；另一种是间接测量法，即通过排放分析仪来推算。此外，根据所采用的测试标准不同，试验也可以分为等速工况法（用于开发目的）和综合工况法（用于认证目的）。

一、仪器设备

燃油经济性试验通常在受控的实验室环境中进行，期间会用到诸如转鼓试验台、油耗仪和排放分析仪等设备。转鼓试验台能够加载车辆在实际道路上遇到的阻力，测量车辆的行驶速度和距离。油耗仪或排放分析仪则用于监测试验期间的燃油消耗量，通过将燃油消耗量测量值与行驶距离相除，可以计算出车辆的百公里油耗。

（一）油耗仪

要想测试车辆的燃油消耗量，就需要把油耗仪串联至整车的燃油供给系统。根据测量物理量的不同，油耗仪可分为体积式油耗仪和质量式油耗仪。

1. 体积式油耗仪

体积式油耗仪的外形、测试原理与生活中常见的水表类似，但油耗仪的精度较高，其测量参数见表5-5。

体积式油耗仪的典型代表是行星活塞式油耗仪，其机械构件为一个四缸液压马达，如图5-3所示。在图5-3a中，从入口来的燃油被导入曲轴室，通过P4进入下侧的活塞室3。这时上部活塞室1与P2导通，处于泵油状态，燃油经活塞2上的环槽从排油口E排出，曲轴在下部活塞的作用下做顺时针旋

表5-5 油耗仪测量参数

项目		参数
测量范围	流量	0.3~120L/h
	温度	0~99.9℃
	压力	0~980kPa
测量精度	流量	±0.2%（0.3~120L/h）
	温度	JIS0.5级（B级）
	压力	±0.5%量程
压力损失		2kPa以下（汽油流量60L/h）
最大分辨率		0.1mL最大
最大流量压力		980kPa
使用温度范围		0~65℃
适用的流体		汽油、轻油、煤油、一般石油

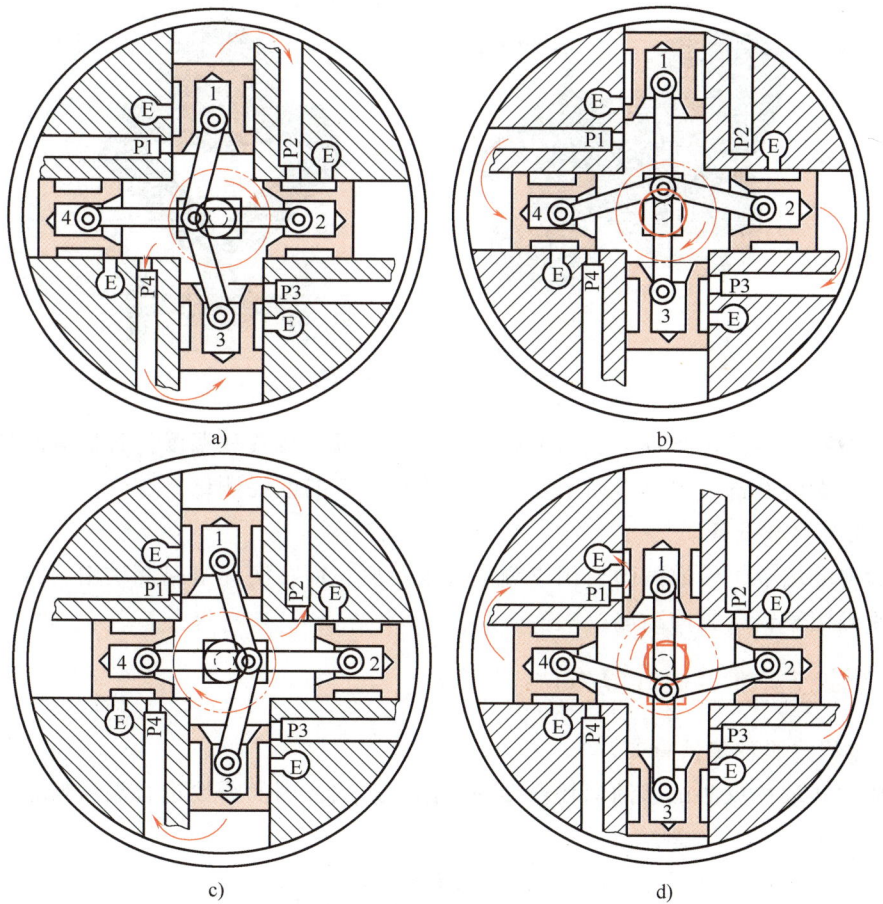

图5-3 活塞式油耗仪的工作原理

a）活塞室1排油、活塞室3进油　b）活塞室2排油、活塞室4进油
c）活塞室3排油、活塞室1进油　d）活塞室4排油、活塞室2进油

转。在图 5-3b 中，当曲轴转至最高点时，P1 和曲轴室导通，左侧活塞室 4 进油，上部活塞 1 的泵油行程结束，右侧活塞 2 处于泵油状态。在图 5-3c 中，当曲柄转至右端时，右侧活塞 2 的泵油行程结束，下部活塞 3 处于泵油状态。在图 5-3d 中，当曲柄位于底端时，重复上述过程。燃油流动驱动各活塞运动，活塞通过各自连杆带动曲轴旋转。每当四个活塞及其液压缸完成一次进、排油，曲轴就旋转一周，对应固定的燃油体积。利用光电传感器，将曲轴的转动转换为电脉冲信号，每个脉冲信号对应一定量燃油，通过计数器计算，即可得出累计燃油消耗量（L）。

2. 质量式油耗仪

科里奥利质量流量计是一种常用的质量式油耗仪，如图 5-4 所示，它通过测量流体在振动管道内流动时产生的科里奥利力来确定燃油的质量流量。这种流量计结合了流量检测元件和转换器，能够直接准确地测量燃油的质量流量，同时适应多种介质和不同的工艺参数，因此在石油化工、制药、食品等产业中得到了广泛应用。

图 5-4　质量式油耗仪

质量式油耗仪通常还配备了燃油恒温系统、压力调节装置和温度传感器等配件，从而成为一种体积较大的设备，主要适用于发动机或整车台架的油耗测试。

（二）距离测试设备

在实验室环境中，转鼓试验台用于测量行驶距离，而在实际道路测试中，常用非接触式的五轮仪来确定车辆行驶的距离。

二、燃油经济性试验计算方法

（一）体积式油耗仪计算方法

采用体积式油耗仪测试燃油消耗量会受到温度影响，因而需要进行温度校正，其计算公式为

$$Q = \frac{V_L[1+\alpha(T_0-T_F)]}{D} \times 100 \tag{5-10}$$

式中　Q——燃油消耗量（L/100km）；

V_L——燃油消耗量体积测量值（L）；

α——燃油容积膨胀系数（$10^{-3}/℃$）；
T_0——基准温度（℃），通常取20℃；
T_F——燃油平均温度（℃）；
D——试验期间的实际行驶距离（km）。

（二）质量式油耗仪计算方法

采用质量式油耗仪测试燃油消耗量，其计算公式为

$$Q = \frac{M_{FC}}{D\rho_g} \times 100 \tag{5-11}$$

式中　Q——燃油消耗量（L/100km）；
M_{FC}——燃油消耗量质量测量值（kg）；
ρ_g——基准温度（20℃）下的燃油密度（L/kg）。

（三）排放分析仪测试油耗计算方法

1）对于装备汽油机的车辆，可按照式（5-12）进行计算。

$$Q = \frac{0.1154}{\rho}(0.866b_{HC} + 0.429b_{CO} + 0.273b_{CO_2}) \tag{5-12}$$

2）对于装备柴油机的车辆，可按照式（5-13）进行计算。

$$Q = \frac{0.1155}{\rho}(0.866b_{HC} + 0.429b_{CO} + 0.273b_{CO_2}) \tag{5-13}$$

式中　b_{HC}——测得的碳氢化合物排放量（g/km）；
b_{CO}——测得的一氧化碳排放量（g/km）；
b_{CO_2}——测得的二氧化碳排放量（g/km）；
ρ——基准温度15℃下的燃油密度（L/kg）。

三、基于等速工况的油耗试验

基于等速工况的油耗试验是指车辆在直线道路上以恒定速度行驶时测试燃油的消耗率，也称为等速油耗测试。在基于等速工况的油耗试验中，车辆会在平坦的路面上以一定速度匀速行驶一段距离（通常是1km），并测量这段距离内消耗的燃油量。

等速油耗测试可以在实际道路上进行，也可以在转鼓试验台上进行。如果是在道路上进行，需要确保路面水平、笔直且干燥，风速不超过2m/s。测试时，车辆需要在往返两个方向上测试，并取两次测试结果的平均值。同一车速下往返各进行两次测试，测试的精度要求与道路滑行测试相当。在转鼓试验台上进行测试时，会将转鼓的加载设置为经济性加载，每个速度点测试两次，确保测试误差不超过5%，如果误差超过该值，则需要增加测试次数。由于转鼓试验台能够提供可控的环境条件、一致的测试结果和高精度，越来越多的企业选择用它进行等速油耗测试。

等速油耗测试通常用于评估车辆高速行驶时的燃油经济性。例如，对于轿车来说，通常

是在120km/h的速度下进行测试，重型车辆则在80km/h的速度下测试，这能够较好地反映车辆在高速公路上的燃油消耗情况。由于等速油耗测试的工况稳定，它能够有效表征发动机在整车上稳定运行时的燃油消耗特性，因此，通过在不同档位、不同速度和阻力条件下进行等速油耗测试，可以获得发动机在整车上的万有特性数据。

四、基于综合工况的油耗试验

与等速工况法不同，在基于综合工况的油耗试验中，车辆的速度是不断变化的，这模拟了车辆在实际行驶中遇到的各种情况，包括起步、加速、减速和换档等。通过测量完成整个综合工况循环所消耗的燃油量及行驶的距离，并计算燃油消耗量与行驶距离的比值，得到的结果就是综合油耗。

（一）WLTC综合工况油耗

WLTC综合工况油耗测试是当前车辆公告认证试验中传统燃油乘用车和插电式混合动力乘用车必须测试的项目。为了确保油耗测试结果的可靠性和精确性，必须对影响测试结果的各种边界条件进行严格控制，包括车辆要求、环境要求及试验加载参数等。

1. 车辆要求

在进行车辆试验前，允许对车辆进行磨合，但磨合里程不得超过15000km。车辆应符合制造商的规定，具有良好的动力性能和其他性能，能够在常规行驶条件下顺畅运行，包括正常的冷起动和热起动能力。此外，车辆的润滑油、冷却液、轮胎气压等必须符合制造商的要求，燃油应选择生产厂家推荐的最低牌号。试验前一日，应进行预跑，以确认车辆状况良好。

2. 环境要求

将试验车辆放置在温度控制为（23±3）℃的浸车室内（配有恒温恒湿空调系统的房间）进行静置，至少需要6h，以确保发动机的机油和冷却液温度与室温相一致。在试验过程中，应在温度为（23±5）℃的环境仓内进行。

3. 试验加载参数

试验加载参数由测试质量和阻力系数组成。测试质量为车辆的基准质量（整备质量加100kg）、附加装备质量（车辆额外安装的部件质量）及代表性负载质量（通常指旋转质量）的总和。阻力系数根据第四章中道路滑行阻力试验的内容确定，并通过转鼓试验台拟合出相应的阻力加载系数。

4. 试验工况

在试验过程中，依照WLTC工况曲线进行，驾驶人需要依据工况规定的档位和车速进行驾驶，同时记录燃油消耗量和行驶距离。如果车辆无法达到循环规定的加速度或最大车速，驾驶人应将加速踏板踩到底，直至回到要求的运行曲线。

5. 试验数据

转鼓或者油耗测试设备一般会自带一套数据采集记录软件，可以实现试验结束后燃油经济性的自动计算，直接得出百公里油耗。某乘用车WLTC综合工况油耗试验结果见表5-6。

表 5-6 某乘用车 WLTC 综合工况油耗试验结果

测试项目	油耗值/(L/100km)	技术要求/(L/100km)	结论
低速	12.6	≤13.0	符合要求
中速	9.3	≤10.5	符合要求
高速	8.3	≤9.0	符合要求
超高速	12.0	≤12.5	符合要求
综合	10.4	≤11.0	符合要求

6. 试验数据修正

当使用含有 10%乙醇的乙醇汽油 E10 进行试验时，试验数据需要乘以 0.97 进行修正。在进行车辆制造商的生产一致性抽检时，通常会进行"0"km（车辆未经磨合）工况下的油耗测试，此时试验结果应乘以 0.95 进行修正，修正后的结果与申报值的误差应符合相关法规的要求。

（二）其他综合工况油耗

综合油耗测试能够准确模拟汽车在特定行驶条件下的燃油消耗，因此在车辆开发阶段被广泛使用。除了车辆公告认证试验中必须进行的综合工况油耗测试，许多机构也会进行其他类型的综合油耗测试。例如，在-7℃的采暖工况下、在30℃且开启照明和空调制冷的情况下进行油耗测试。

复习思考题

1. 经济性试验中常见的试验工况有哪些？中国工况分为哪几种？
2. 电动汽车经济性试验常用的试验设备有哪些？
3. 根据测量油耗的原理不同，燃油经济性试验有哪些测量方法？

第六章 / Chapter 6
制动性能试验

第六章　制动性能试验

导读：

汽车制动性能是指汽车行驶时在短距离内停车且维持行驶方向稳定性和在下长坡时维持一定车速的能力。本章将重点介绍行车制动效能试验、制动衰退试验及电子控制制动系统试验。这些试验将从试验设备、测试方法、测试项目、数据处理及评估手段等多个维度进行详细说明。

学习目标：

1. 掌握行车制动效能试验。
2. 熟悉制动衰退试验。
3. 熟悉电子控制制动系统试验。

第一节　行车制动效能试验

行车制动效能描述的是车辆在平稳路面上由一定行驶速度减速至停止所需的制动距离及其对应的减速度，这一指标是评估汽车制动能力的基础。行车制动系统需要确保驾驶人能够在行驶中可靠且有效地对车辆进行减速和停车。行车制动效能试验分为冷态制动效能试验和应急制动效能试验。

一、试验设备

进行行车制动效能试验时，可采用台架试验和道路试验两种方法。台架试验使用滚筒式或平板式制动试验台，道路试验则需要配备卫星定位系统、数据采集单元、踏板力感应器、轮速感应器及制动触发装置等设备。卫星定位天线应位于试验车辆的中央顶部，踏板力感应器和制动触发装置则安装在制动踏板附近，其他设备均安置于车内，由操作人员操控并记录数据。

二、磨合试验

在执行行车制动效能的道路试验之前，必须进行磨合试验，这个过程包括磨合前检查试验和磨合行驶试验。

（一）磨合前检查试验

在进行行车制动效能的道路试验之前，必须先完成磨合前的检查，以初步评估汽车的制动功能和仪表的正常状态。如果发现严重问题，车辆应先进行必要的维修；如果制动性能和仪表功能无法恢复到正常水平，则应停止试验。

制动系统的静态检查内容包括但不限于制动器的磨损与调整状况、制动系统的结构完整性、控制力量与管路压力的比例关系、储液罐/主缸的功能、报警系统的有效性、储能与供能系统的状态，以及电力再生制动系统的运作情况。

动态检查应在一条平坦、坚实、清洁、干燥且附着系数不小于0.7的混凝土或沥青路面上进行，并确保风力不会对试验结果产生影响。在试验开始前，制动系统应处于冷态。

在试验过程中，车辆应从30km/h的速度开始制动，直至停止，减速度保持在3m/s^2，或者保持相应的踏板制动力和制动管路压力。制动间隔距离应设定为1.6km，总共进行10次制动，同时记录制动管路压力、制动减速度和制动器温度。

在制动前，车辆应沿着试验通道的中线稳定行驶，制动过程中横摆角不应超过15°，也不应偏离通道或产生异常振动。

在试验中，车辆应根据规定进行加载。空载状态指的是车辆处于制造商规定的整备质量状态，除驾驶人外，前排座位上可有一个人记录试验数据。满载状态则包括驾驶人、试验记录人员及设备的质量，车辆应加载至最大设计总质量，并确保质量分布符合制造商的规定。如果存在多种质量分布方案，应选择前后轴质量分配比例最大的方案进行测试。

（二）磨合行驶试验

在实施各类制动性能测试之前，通常需要对车辆进行磨合行驶试验。

1. 乘用车磨合行驶试验

在车辆满载状态下，用车辆最高速度的80%（不超过120km/h）作为起始速度行驶，接着以3m/s^{2}的减速度实施制动，直至车速降至起始速度的50%，此时放松制动踏板，让车速加速至起始速度，然后重复这一过程。整个磨合过程应至少进行200次。如果由于实验条件限制无法连续进行200次，可以根据实际情况适当调整磨合次数。

2. 商用车磨合行驶

对于商用车，磨合行驶的制动初始速度设定为60km/h，而制动末速度大约为20km/h。对于全盘式制动系统，先以大约2m/s^{2}的减速度进行30次制动，再以4m/s^{2}的减速度进行30次制动；对于前盘后鼓式或全鼓式制动系统，先以约2m/s^{2}的减速度进行100次制动，再以4m/s^{2}的减速度进行100次制动。在磨合期间，需要确保制动盘或制动鼓的温度不超过200℃。

三、冷态制动效能试验

冷态制动效能试验是评估汽车制动效果的关键手段，同时也用于确保车辆制动的安全性，它主要测量车辆的制动距离和减速度等参数。

冷态制动效能试验也称为0-型试验，分为动力装置脱开的0-型试验和动力装置接合的0-型试验两种。在进行试验时，必须关闭再生制动系统，或者确保其所产生的制动力不超过系统设计的最低标准。

（一）动力装置脱开的0-型试验

按表6-1规定的车速进行试验。对于最大设计车速无法达到规定车速的车辆，试验时应使用车辆能够达到的最高实际速度进行测试。在附着条件良好的水平路面上，先将车辆加速至规定车速以上5km/h，然后脱开档位，让车辆自然减速至规定车速时全力实施行车制动。重复这一制动过程，确认车辆在未出现车轮抱死的情况下，其最佳制动性能符合测试要求。

表 6-1 0-型试验条件

车辆类型		M_1	M_2	M_3	N_1	N_2	N_3
动力装置脱开的 0-型试验	规定的车速 $v/(km/h)$	100	60	60	80	60	60
	制动距离 S/m	$\leq 0.1v+0.0060v^2$	$\leq 0.15v+v^2/130$				
	充分发出的平均减速度 $d_m/(m/s^2)$	≥ 6.43	≥ 5.0				
	制动踏板力 F/N	65~500	≤ 700				
动力装置接合的 0-型试验	规定的车速 $v=80\%v_{max}/(km/h)$	≤ 160	≤ 100	≤ 90	≤ 120	≤ 100	≤ 90
	制动距离 S/m	$\leq 0.1v+0.0067v^2$	$\leq 0.15v+v^2/103.5$				
	充分发出的平均减速度 $d_m/(m/s^2)$	≥ 5.76	≥ 4.0				
	制动踏板力 F/N	65~500	≤ 700				

注：v_{max} 为最高车速。

（二）动力装置接合的 0-型试验

按表 6-1 规定的车速进行试验。对于乘用车，该项试验仅适用于最高车速 $v_{max}>125km/h$ 的车辆。对于 $v_{max}>200km/h$ 的车辆，试验车速取 160km/h。试验时，在附着条件良好的水平路面上，先将车辆加速至规定车速以上 5km/h，然后采用相应的最高档位行驶，松开加速踏板但保持档位不变，待车速降至规定的速度时进行行车制动。在制动过程中，施加的制动力（或管路压力）应与动力系统脱开的 0-型试验接近。制动力需要在整个制动过程中保持恒定，以实现最大的制动强度而不发生车轮抱死。

对于商用车，该项试验应在表 6-1 所规定的各种车速下进行，最低试验车速为车辆最高设计车速的 30%，最高试验车速为车辆最高设计车速的 80%。对于装备限速器的车辆，限速器的限制车速将作为车辆的最高设计车速。

四、应急制动效能试验

应急制动是在行车制动系统失效时，能够在安全距离内使车辆停下的制动方式。应急制动系统必须可控制、可调节，并能在行车制动只有一处失效时，确保车辆在规定距离内停下。因此，进行应急制动效能试验是必要的。

应急制动效能试验应以一定的初速度，按动力装置脱开的 0-型试验条件进行试验，作用在行车制动控制装置上的力也应处于规定范围内。

乘用车的应急制动起始速度设定为 100km/h，制动控制力应在 65~500N 之间。而商用车根据车型不同，应急制动的起始速度有所不同，如 M_2 和 M_3 类车辆为 60km/h，N_1 类车辆为 70km/h，N_2 类车辆为 50km/h，N_3 类车辆为 40km/h。对于设计最高速度无法达到标准试验速度的车辆，应使用其实际能达到的最高速度进行试验。

试验应模拟行车制动系统的实际失效情况。对于气压制动车辆，可通过断开前后行车制动气室来模拟前、后轴失效；对于液压制动车辆，可通过断开制动主缸前后腔的出油硬管与软管转接处来模拟前、后轴失效。

应急制动的制动距离和充分发出的平均减速度应符合表 6-2 的要求。对于乘用车，作用在制动控制装置上的力应在 65~500N 的范围内。对于商用车，若使用手控制动装置，控制力不应超过 600N；若使用脚控制动装置，控制力不应超过 700N。

表 6-2 应急制动的性能要求

车辆类型	M_1	M_2 和 M_3	N
制动距离 S	$\leq 0.1v+0.0158v^2$	$\leq 0.15v+(2v^2/130)$	$\leq 0.15v+(2v^2/115)$
平均减速度 d_m	$\geq 2.44\text{m/s}^2$	$\geq 2.5\text{m/s}^2$	$\geq 2.2\text{m/s}^2$

注：v 为规定的车速。

另外，针对配备电力再生制动系统的车辆，需模拟两种失效状态以检验应急制动性能。①行车制动系统输出的电动部件完全失效，即电动部件无法提供任何制动力矩。此状态用于验证在电力再生制动系统完全失效的情况下，车辆的应急制动系统能否独立承担制动任务，确保制动安全性。②电动部件因失效而产生最大制动力的情况。此状态用于检验在电力再生制动系统异常输出最大制动力时，车辆的制动系统能否合理分配制动力，防止因制动力过大而导致的车辆失控或部件损坏。

五、行车制动效能评价指标

评价行车制动效能的主要指标包括制动距离和充分发出的平均减速度（MFDD），而辅助指标涉及制动稳定性和协调时间。

（一）制动距离

制动距离是指车辆在规定的初速度下急踩制动踏板时，从脚接触制动踏板（或手触动驻车制动手柄）至机动车停止所驶过的距离。GB 7258—2017《机动车运行安全技术条件》规定，车辆在规定初速度下的制动距离应符合表 6-3 中的要求。对于乘用车，在 50km/h 的制动初速度下，空载状态下的制动距离不应超过 19.0m，而满载状态下的制动距离不应超过 20.0m。对于商用车，在相同的制动初速度下，空载状态下的制动距离不应超过 21.0m，而满载状态下的制动距离不应超过 22.0m。

表 6-3 制动距离和制动稳定性要求

车辆类型	制动初速度/(km/h)	空载检验制动距离要求/m	满载检验制动距离要求/m	试验通道宽度/m
三轮汽车	20	≤ 5.0		2.5
乘用车	50	≤ 19.0	≤ 20.0	2.5
总质量≤3500kg 的低速货车	30	≤ 8.0	<9.0	2.5
其他总质量≤3500kg 的汽车	50	≤ 21.0	<22.0	2.5
铰接客车、铰接式无轨电车、汽车列车	30	<9.5	<10.5	3.0①
其他汽车	30	<9.0	<10.0	3.0①

① 对车宽大于 2.55m 的汽车和汽车列车，其试验通道宽度为车宽（m）+0.5。

（二）制动稳定性要求

制动稳定性要求是指制动过程中车辆任何部位（不计入车宽的部分除外）都不允许超过规定宽度的试验通道边缘线。GB 7258—2017《机动车运行安全技术条件》规定，车辆在规定初速度下的制动稳定性应符合表6-3中的要求。按照 GB 7258—2017 中的要求，乘用车制动试验过程中车辆不能偏离2.5m宽的试验通道。

（三）充分发出的平均减速度

制动协调时间定义为从脚接触制动踏板到车辆减速度（或制动力）达到 GB 7258—2017 中规定的充分发出的平均减速度的75%所需的时间。液压制动车辆的制动协调时间不应超过0.35s，气压制动车辆的制动协调时间不应超过0.60s，而对于汽车列车、铰接客车和铰接式无轨电车，这一时间不应超过0.80s。

当车辆在设定的初始速度下迅速踩下制动踏板时，其充分发出的平均减速度和制动稳定性需要满足表6-4中的要求。

表 6-4 制动减速度和制动稳定性要求

车辆类型	制动初速度/（km/h）	空载检验充分发出的平均减速度/（m/s²）	满载检验充分发出的平均减速度/（m/s²）	试验通道宽度/m
三轮汽车	20	≥3.8		2.5
乘用车	50	≥6.2	≥5.9	2.5
总质量≤3500kg 的低速货车	30	≥5.6	≥5.2	2.5
其他总质量≤3500kg 的汽车	50	≥5.8	≥5.4	2.5
铰接客车、铰接式无轨电车、汽车列车	30	≥5.0	≥4.5	3.0①
其他汽车	30	≥5.4	≥5.0	3.0①

① 对车宽大于2.55m的汽车和汽车列车，其试验通道宽度为车宽（m）+0.5。

车辆制动时充分发出的平均减速度 d_m 可表达为

$$d_m = \frac{v_b^2 - v_c^2}{25.92(S_c - S_b)} \tag{6-1}$$

式中　d_m——充分发出的平均减速度（m/s²）；

　　　v_b——试验车速（km/h），$v_b = 0.8v_0$，其中 v_0 为试验车制动初速度（km/h）；

　　　v_c——试验车速（km/h），$v_c = 0.1v_0$；

　　　S_b——试验车速从 v_0 达到 v_b 车辆行驶的距离（m）；

　　　S_c——试验车速从 v_0 达到 v_c 车辆行驶的距离（m）。

（四）制动踏板力（或制动气压）

满载试验时，对于气压制动系统，需要确保气压表显示的气压不超过系统的额定工作气压；而对于液压制动系统，乘用车的制动踏板力不应超过500N，商用车的制动踏板力不应超过700N。

空载试验时，在气压制动系统中，气压表的读数不应超过600kPa；在液压制动系统中，乘用车的制动踏板力不应超过400N，商用车的制动踏板力不应超过450N。

(五) 制动踏板行程

当液压行车制动系统达到预定制动效果时，制动踏板的行程不应超过其全行程的3/4；对于装有自动调节间隙功能的制动系统，制动踏板的行程应不超过全行程的4/5，并且乘用车的制动踏板行程不应超过120mm，其他类型的机动车制动踏板行程不应超过150mm。

GB 7258—2017规定，在符合上述要求的制动踏板力或制动气压下的行车制动性能，只要制动距离或平均减速度满足其中任何一项标准，即可视为合格。

第二节 制动衰退试验

一、制动热衰退试验

(一) 制动器加热试验

采用最高档位并依据表6-5所设定的初始速度 v_1 执行两次动力装置脱开的0-型试验，测定车辆满载情况下达到3m/s² 减速度时所需的控制力或管路压力，并验证车辆能否在预设时间 Δt 内，从速度 v_1 减速至 v_2。之后，利用先前测定的控制力，在车速 v_1 时开始制动，使车辆产生3m/s² 的平均减速度。当车速降至 v_2 时，解除制动，切换至最适宜的档位，使车速快速恢复到 v_1，并在最高档位维持至少10s，再次制动，核实两次制动开始的间隔等于 Δt。为了确保时间测量的准确性，计时装置应在首次制动操作时即刻启动或进行重置。

重复上述制动—解除制动过程，次数见表6-5。对于装有电力再生式制动系统的车辆，试验开始时的动力蓄电池荷电状态应确保电力再生式制动系统产生的制动力不超过系统设计所保证的最低水平。

表6-5 制动器加热试验条件

车辆类型	试验条件			
	制动初始车速 v_1/(km/h)	制动结束车速 v_2/(km/h)	制动循环周期 Δt/s	制动次数 N/次
M_1	$80\%v_{max} \leq 120$	$v_1/2$	45	15
M_2	$80\%v_{max} \leq 100$	$v_1/2$	55	15
N_1	$80\%v_{max} \leq 120$	$v_1/2$	55	15
M_3、N_2、N_3	$80\%v_{max} \leq 60$	$v_1/2$	60	20

注：v_{max} 为车辆最高设计车速；Δt 指从一次制动开始到下一次制动开始所经历的时间。

(二) 热态性能试验

在完成制动器加热过程的最后一次制动后，可以评估车辆在热状态下的制动性能。车辆迅速加速至0-型试验速度，进行动力装置脱开的0-型试验，此时所施加的平均控制力不应超过满载0-型试验中实际使用的控制力。

确认在未发生车轮锁死的情况下，车辆的热态性能应保持在满载0-型试验实际性能的60%和0-型试验标准性能的75%（对于商用车则是80%）以上。

对于配备电力再生式制动系统的车辆,为了进行比较,应在与热态试验相同的车速下进行冷态制动试验,并确保动力蓄电池的荷电状态适宜,以使电力再生式制动产生的制动力与热态试验结果相近。

如果车辆在0-型试验控制力下能够达到60%的0-型试验实际性能,但无法达到75%的规定性能,可以施加不超过500N(商用车为700N)的控制力进行进一步的热态性能测试。两次试验的结果都应记录在试验报告中。

(三) 恢复性能试验

完成热态性能测试后,应立即在动力装置接合的情况下,以$3m/s^2$的平均减速度,从50km/h的速度开始,进行4次停车制动。每次制动开始点之间应保持至少1.5km的间隔。每次制动后,应尽快加速至50km/h,以准备下一次制动。

在恢复阶段结束时,应迅速加速至0-型试验速度,进行动力装置脱开的0-型试验,确认在未发生车轮锁死的情况下,能达到满载0-型试验实际性能的70%,但不得超过150%。

对于装有电力再生式制动系统的车辆,恢复试验应在电力再生式制动组件不参与制动的情况下进行。

在制动器冷却至环境温度后,需要验证制动器是否出现黏合现象。对于带有自动磨损补偿装置的车辆,应在最热的制动器冷却降温至100℃时检查车轮是否能够自由转动。

(四) 评价指标

评价制动器抗热衰退性能的指标主要是制动效能衰退率 η,即

$$\eta = \frac{F_i - F_1}{F_1} \times 100\% \tag{6-2}$$

式中 F_i——第 i 次踏板力(管路压力);
F_1——基准踏板力(管路压力)。

式(6-2)中的数值均是在相同的制动减速度下取得的。显然,衰退率越高,意味着在制动效能下降后,制动器恢复到初始效能所需的制动踏板力(或制动管路压力)越大,因此其抗热衰退能力越弱。

二、涉水制动试验

当制动器被水淹没时,其表面会形成水层,这会减小摩擦系数并引起制动效能的下降,这种现象称为制动器的水衰退。涉水制动试验旨在评估制动系统对抗水衰退的能力,这种性能同样通过衰退率来衡量,衰退率较低表明系统对水衰退的抵抗力较强。

涉水制动试验的基本概念和关键操作与热衰退测试相似,分为基准试验、涉水试验和恢复试验三个阶段。

(一) 基准试验

在基准试验中,汽车的制动初速设定为30km/h,最终速度降至0。对于总质量不超过4500kg的车辆,所需的制动减速度为$4.5m/s^2$,而对于总质量超过4500kg的车辆,则要求减速度为$3.0m/s^2$。制动器的起始温度不应超过90℃,并且需要进行3次制动。在测试过程中,记录制动减速度、制动踏板力或制动管路压力,以及制动器的初始温度。

(二) 涉水试验

将测试车辆驶入水槽，确保车轮浸入水中的深度超过车轮半径，同时让制动器保持放松状态，随后以 10km/h 或更慢的速度在水槽中来回行驶。进行此往返行驶 2min 后，将车辆驶出水槽。

(三) 恢复试验

在车辆完成涉水后，驶出水槽 1min 后进行恢复试验。该试验的初始制动速度设定为 30km/h，直至停车。对于总质量不超过 4500kg 的车辆，要求减速度为 $4.5m/s^2$，而总质量超过 4500kg 的车辆则要求减速度为 $3.0m/s^2$。车辆的冷却速度为 30km/h，制动之间的距离至少为 500m。在测试中，记录制动踏板力、制动管路压力和制动减速度。计算衰退率，考察制动器的抗水衰退性能。

第三节 电子控制制动系统试验

一、防抱制动系统性能试验

防抱制动系统（ABS）是一种旨在紧急制动或在湿滑路面上制动时防止车轮锁死，确保车辆方向稳定性、操控性和安全性的主动安全技术。

作为确保汽车安全性的关键组件，ABS 需要在长时间、全面制动的情况下维持其性能，因此必须通过实际道路试验来检验装有 ABS 的车辆，这些试验要在不同类型的路面上进行，包括高附着系数路面、低附着系数路面、高低附着系数对开路面及高低附着系数对接路面。此外，还要分别进行空载和满载的试验。试验过程应包括能耗试验、附着系数利用率测定试验及附加检查试验。

(一) 能耗试验

能耗试验旨在证实装有 ABS 的车辆在长时间、全面制动操作中能够保持性能，它主要针对采用气制动的车辆。

在试验过程中，车辆的动力系统应被关闭，或储能装置的供能应被切断，满载车辆在附着系数小于或等于 0.3 的路面上，以不低于 50km/h 的速度进行全行程制动。在此制动过程中，车轮消耗的间接能量应被计算在内，并且所有车轮都必须在防抱制动系统的控制之下。

车辆的行车制动需要连续进行 4 次全行程制动，而在进行第 5 次制动时，必须保证满载车辆至少能够达到规定的应急制动效能。

(二) 附着系数利用率测定试验

附着系数利用率 ε 是用于评价 ABS 的指标之一。首先测定最大制动强度 Z_{AL} 和附着系数 k_M，然后计算附着系数利用率 ε。

1. 最大制动强度 Z_{AL} 的测定

在进行测试时，首先激活 ABS，并踩下制动踏板，以确保每个制动器均能正常工作；然后以 55km/h 的速度进行制动，记录从 45km/h 减速至 15km/h 所需的时间 t'。在整个制动过程中，确保 ABS 完成一个完整的循环，即减压、保压、升压的过程。

根据 3 次试验的平均值 t'_m，计算 ABS 工作时的最大制动强度 Z_{AL}，即

$$Z_{AL} = \frac{0.849}{t'_m} \tag{6-3}$$

2. 附着系数 k_M 的测定

附着系数 k_M 是在无车轮抱死的前提下，由最大制动力与被制动车轴（桥）相应动态载荷的商来确定的。

试验前，脱开 ABS 或使其不工作。仅对试验车辆的单根车轴进行制动试验，试验初速度为 50km/h。试验时，逐次增加管路压力，进行多次试验以确定 ABS 不工作时的最大制动强度 Z_m。每次试验时，应保持脚踩制动踏板力不变。Z_m 应根据车速从 40km/h 降到 20km/h 所经历时间 t 的算术平均值 t_m 来计算，即

$$Z_m = 0.566/t_m \tag{6-4}$$

式中　t_m——从 t 的最小测量值 t_{min} 开始，在 $t_{min} \sim 1.05 t_{min}$ 之间选择 3 个 t 值，取其算术平均值。

根据测得的制动强度和未制动车轮的滚动阻力计算制动力和动态轴荷。驱动桥和非驱动桥的滚动阻力分别为其静载轴荷的 0.015 倍和 0.010 倍。下面以后轴驱动的两轴车为例进行说明。

当用前轴制动时，最大制动力 F_{bf} 与前轴动态轴荷 F_{fdyn} 的计算方法如下：

$$F_{bf} = Z_{mf} mg - 0.015 F_2$$

$$F_{fdyn} = F_1 + \frac{h}{L} Z_{mf} mg$$

当用后轴制动时，最大制动力 F_{br} 与后轴动态轴荷 F_{rdyn} 的计算方法如下：

$$F_{br} = Z_{mr} mg - 0.010 F_1$$

$$F_{rdyn} = F_2 + \frac{h}{L} Z_{mr} mg$$

式中　F_1、F_2——路面对前、后轴的法向静态反力（N）；

　　　m——试验车辆质量（kg）；

　　　h——试验车辆质心高度（mm）；

　　　L——试验车辆轴距（mm）；

　　　Z_{mf}——只对前轴制动时的最大制动强度；

　　　Z_{mr}——只对后轴制动时的最大制动强度。

分别计算前、后轴的附着系数 k_f、k_r 和整车附着系数 k_M，k 值应圆整到千分位。

前轴附着系数 k_f 为

$$k_f = \frac{Z_{mf} mg - 0.015 F_2}{F_1 + \frac{h}{L} Z_{mf} mg} \tag{6-5}$$

后轴附着系数 k_r 为

$$k_r = \frac{Z_{mr}mg - 0.010F_1}{F_2 + \dfrac{h}{L}Z_{mr}mg} \tag{6-6}$$

可得整车附着系数 k_M 为

$$k_M = \frac{k_f F_{fdyn} + k_r F_{rdyn}}{mg} \tag{6-7}$$

3. 附着系数利用率 ε 的测定

附着系数利用率 ε 定义为防抱制动系统工作时的最大制动强度 Z_{AL} 和轮胎与路面附着系数 k_M 的商，即

$$\varepsilon = Z_{AL}/k_M \tag{6-8}$$

若满足附着系数利用率 $\varepsilon \geq 0.75$，则认为该 ABS 是符合要求的。

（三）附加检查试验

附加检查试验旨在评估车辆在各种路面条件下进行紧急制动时，受控车轮的抱死现象及对车辆方向稳定性的影响。

在试验过程中，车辆的发动机应关闭，允许车轮短暂抱死；当车速降至 15km/h 以下时，车轮可以完全抱死。对于间接控制的车轮，在任何速度下都可以抱死，但要确保这一行为不会影响车辆的行驶稳定性和操控性能。试验并不要求车辆完全停下来，而是进行一定程度的制动。

1. 单一路面试验

在附着系数不超过 0.3 和约为 0.8（干路面）的两种不同路面上，车辆应以 40km/h 及 GB 13594—2003《机动车和挂车防抱制动性能和试验方法》中规定的初速度进行急剧而全力的制动。在整个试验过程中，ABS 应直接作用于车轮，且不发生抱死现象。

2. 对接路面试验

（1）**从高附着系数路面到低附着系数路面** 当试验车辆某一车轴从高附着系数路面驶入低附着系数路面时，急促全力制动，检查直接控制的车轮未抱死。行驶速度和制动时机应确保车辆以单一路面试验中所规定的高、低两种速度从高附着系数路面驶入低附着系数路面，并使 ABS 在高附着系数路面上全循环。

（2）**从低附着系数路面到高附着系数路面** 当车辆从低附着系数路面驶入高附着系数路面时，急促全力制动，检查车辆的减速度在一定时间内有明显的增加，车辆未偏离原来的行驶路线。行驶速度和制动时机应确保车辆以约 50km/h 的速度从低附着系数路面驶入高附着系数路面，并使 ABS 在低附着系数路面上全循环。

3. 对开路面试验

在试验开始时，确保车辆的左右车轮分别置于附着系数不同的两种路面上，车辆的纵向中心平面通过高低附着系数路面的交界线。车辆以 50km/h 的速度紧急制动，检查直接控制的车轮未抱死，同时轮胎（外胎）的任何部分都未跨越交界线。

在试验过程中，允许进行适度转向调整，但转向盘的转动角度在最初的 2s 内不应超过 120°，整个测试过程中的总转动角度也不应超过 240°。

ABS 应配备专门的报警装置，以便在出现任何可能影响系统功能或性能的电气故障或传感器异常时，通过特定的灯光报警信号向驾驶人发出警报，因此需要进行指示灯检查试验。

当 ABS 失效时，车辆的剩余制动效能应符合一定标准，即车辆在行车制动传递装置部件失效时的性能要求。对于挂车，当 ABS 出现故障时，剩余制动效能至少应达到满载挂车行车制动性能规定的 80%，因此需要进行剩余制动效能测试。

ABS 应在磁场或电磁干扰的不利条件下正常工作。根据相关标准，车辆应接受抗电磁干扰测试，以确保系统在电磁环境中的稳定性。

二、再生制动系统性能试验

（一）制动安全性试验

制动安全性试验涉及对可充电储能系统在不同电池状态下的汽车制动性能进行稳定性测试。该试验将在车辆处于以下三种不同状态时进行：

1) 车辆完成充电或 SOC 在 95% 以上。
2) 车辆放电，完成 1/3 等速续驶里程。
3) 车辆放电，完成 2/3 等速续驶里程。

制动安全性试验要求车辆空载，制动初速度为车辆最高车速的 80% 且不能超过 160km/h。试验时，首先确认温度最高车轴上的行车制动器的平均温度为 65~100℃。在附着条件良好的水平路面上，先将车辆加速到试验规定车速以上 5km/h，待车速自然下降到试验规定车速时，全力制动。在车辆从规定初速度减速到 10km/h 的过程中，车轮应未发生抱死，同时记录制动距离 S_1。根据试验结果计算汽车的平均减速度 a_{m1}。

开启制动能量回收功能，重复试验，并根据试验结果计算上述 3 种状态下充分发出的平均减速度及其标准差 S 和平均值（Mean），即

$$S = \sqrt{\sum_{i=1}^{n} \frac{(X_i - \bar{X})^2}{n-1}} \tag{6-9}$$

式中　X_i——第 i 次试验获得的充分发出的平均减速度；

　　　$\bar{X}$——充分发出的平均减速度的平均值；

　　　n——试验次数。

将标准差 S 与平均值的比值定义为不同 SOC 下电动汽车制动试验中充分发出的平均减速度的变异系数（CV），即 CV = S/Mean。

在紧急制动过程中，电动汽车的制动能量回收功能在开启与关闭状态下，应保持制动效能的稳定，满足制动系统的性能标准。同时，车辆平均减速度的变异系数应控制在 15% 以内。

（二）制动能量回收效能试验

制动能量回收效能试验包含等速试验和工况试验。首先执行等速试验，旨在检验再生制动系统的开启和关闭状态。若等速试验结果被认为是有效的，那么将进行工况试验，以评估能量回收的效能。

1. 等速试验

试验前，先开启制动能量回收功能，指定某一车速（60~80km/h）进行等速试验，记录试验车辆驶过的距离 D_0；然后关闭制动能量回收功能，以同样的车速进行等速试验，记录试验车辆驶过的距离 D_0'；最后比较 D_0 与 D_0'，若 $(D_0-D_0')/D_0'×100\% \leqslant 3\%$，则试验结果有效，可继续完成后续试验（证明制动能量回收功能完全关闭），否则无效。

2. 工况试验

在试验开始时，开启制动能量回收功能，按照 GB/T 18386 的试验方法进行试验，实时监测动力蓄电池的总线电流和电压，并将回馈电流记为 I，将动力蓄电池的电压记为 U。所有测试数据均基于一个 NEDC 的试验结果进行计算。试验循环完成后，记录车辆行驶的距离 D_1，也就是车辆的续驶里程。之后，关闭制动能量回收功能，再次执行相同的试验步骤。在第二次试验循环完成后，记录车辆行驶的距离 D_2，这一数据将用来表示关闭制动能量回收功能时车辆的续驶里程。

3. 数据分析与处理

按照下述各种数据的计算方法对工况试验结果进行处理。

1）回收的制动能量的计算公式为

$$E_1 = \frac{\int IU\mathrm{d}t}{3600 \times 1000} \tag{6-10}$$

式中 E_1——汽车减速过程中，由再生制动系统回收，最终回馈至可充电储能系统的能量（kW·h）；

I——汽车减速过程中，回馈至可充电储能系统总线的电流（A），可在试验中得到；

U——汽车减速过程中，可充电储能系统两端的电压（V），可在试验中得到。

2）最大理论制动能量的计算公式为

$$E_2 = E_3 - \int v(A + Bv + Cv^2)\mathrm{d}t \tag{6-11}$$

式中 E_2——试验循环内汽车减速过程中所需施加的制动能量（kW·h）；

E_3——试验循环内汽车减速过程中的动能减少量（kW·h）；

v——试验循环内汽车减速过程中的车速（km/h），可在试验中得到；

A、B、C——车辆滑行系数。

其中，

$$E_3 = \frac{1}{2}m\frac{v_1^2-v_2^2}{3.6^2 \times 3600 \times 1000} \tag{6-12}$$

式中 m——汽车基准质量（kg）；

v_1、v_2——试验循环内汽车减速过程中的车速（km/h），v_1 为前一时刻的车速，$v_1>v_2$。

3）制动能量回收效率 η 是指最终回馈至可充电储能系统的能量 E_1 与汽车减速过程中所需施加的制动能量 E_2 之比，即

$$\eta = \frac{E_1}{E_2} \tag{6-13}$$

4）制动能量回收系统续驶里程贡献率 P_1 是指开启与关闭制动能量回收功能时,电动汽车续驶里程的差值（D_1-D_2）与关闭制动能量回收功能时的续驶里程 D_2 比值的百分数,即

$$P_1 = \frac{D_1-D_2}{D_2}\times 100\% \quad (6-14)$$

复习思考题

1. 用于评价汽车制动性能的指标有哪些？
2. 什么是制动距离？能对它产生影响的因素有哪些？
3. 对于制动性能试验前的磨合试验,乘用车与商用车的试验方法有哪些不同要求？
4. 制动热衰退试验的主要项目有哪些？

第七章 Chapter 7
操纵稳定性试验

第七章 操纵稳定性试验

导读：

汽车的操纵稳定性指的是在保障驾驶人操作轻松、无不适感的前提下，汽车能够精准响应驾驶人的操控指令，并在面对外部干扰时，具备有效抵御及保持平稳行驶状态的能力。这一性能对于汽车在高速行驶条件下的安全性至关重要，综合体现了汽车的操控灵活性与行驶稳定性两个核心要素。本章将重点阐述多种汽车操纵稳定性试验项目，涵盖试验设备、测试程序、试验内容等多个方面，并会详细介绍试验数据的分析和处理流程。

学习目标：

1. 熟悉主要的测试设备。
2. 熟练进行稳态回转试验。
3. 掌握转向瞬态响应试验。
4. 掌握转向回正特性试验。
5. 熟练进行转向轻便性试验。
6. 掌握蛇行试验。
7. 熟练进行电子稳定性控制系统性能试验。

第一节 常用测试设备

一、试验设备

在实施汽车操纵稳定性道路试验时，常用的设备包括卫星定位数据采集系统、惯性传感器、转向盘测力仪和驾驶机器人等。用于记录和处理试验数据的设备通常有车辆动态测试装置或现场操纵稳定性数据处理系统。所有设备的测量范围和最大允许误差均须符合相关标准，见表7-1。

表7-1 试验设备的精度要求

测量变量	测量范围	设备的最大允许误差
转向盘转角/(°)	±360	±2（转角≤180°时） ±4（转角>180°时）
转向盘力矩/(N·m)	±50	±1
	±100	±3
汽车横摆角速度/[(°)/s]	±50	±0.5
汽车纵向速度/(m/s)	0~50	±0.3
汽车横向速度/(m/s)	±10	±0.4
车身侧倾或俯仰角/(°)	±15	±0.15
汽车质心侧偏角/(°)	±15	±0.5
汽车纵向或侧向加速度/(m/s²)	±15	±0.15

（一）卫星定位数据采集系统

采用双天线配置的卫星定位数据采集系统通过两个具有特定间距的卫星定位天线，能够同步测量车辆的横向速度、纵向速度和横摆角速度。该系统能够以 100 次/s 的频率更新卫星定位数据，即使在没有地面基站支持的情况下，也能实现小于 1m 的定位精度。若与地面基站配合使用，定位精度更可提高至 ±2cm。当双天线沿车辆长度方向安装时，可以测量车辆的俯仰角；横向安装时，则能够测量侧倾角。此外，该系统还能够以两颗卫星为基准，测算车辆上任意位置的倾斜角度。

（二）惯性传感器

惯性传感器也称为惯性测量单元（IMU），主要用来检测加速度和旋转运动，其中以陀螺仪最常见。陀螺仪能够测量相对于惯性参考系的角速度，它是一种对微小角度变化非常敏感的设备，由自由旋转的转子和框架组成。转子在其轴上高速旋转，产生动量矩，使得陀螺仪能够保持其旋转姿态不变，即陀螺的稳定性。这一特性让陀螺仪在飞行器、船舶等交通工具的导航、惯性制导系统中，以及测量交通工具的倾斜角度、俯仰角度和角速度等方面发挥了重要的作用。三轴电子陀螺仪模块集成了三个加速度计和三个角速度传感器，能够同时测量偏航角、俯仰角、滚动角、偏航角速度、俯仰角速度和滚动角速度。这种模块不仅可以作为独立的传感器使用，还可以与卫星定位系统结合使用，以提高定位数据的准确性。

（三）转向盘测力仪

转向盘测力仪用于精确测量施加在转向盘上的转动角度、转向力矩及转向角速度。它能检测的转角范围一般为 ±1080°；测量力矩的最大值为 ±1000N·m。在设计这种测力仪时，对测力元件的扭转刚度有较高要求。这是因为转向系统的本质是由质量、弹簧和阻尼器组成的力学结构。当在转向盘上安装测力仪时，测力元件成为转向系统的一部分，如果其扭转刚度不足，可能会对整个系统的动态特性产生影响，从而导致测量得到的汽车运动特性与未安装测力仪时有差异。

目前，转向盘测力仪主要分为两种类型。其中一种转向盘测力仪包括一个带有测力传感器的辅助转向盘，该转向盘会与被测汽车的转向盘刚性连接。使用时，通过操作辅助转向盘进行转向输入。这种结构的优点在于安装过程简单，但因增加了辅助转向盘，相当于增加了被测汽车转向盘的转动惯量，可能会改变系统的运动特性，尤其是在执行力输入测试时，这种影响会更加明显。此外，这种结构也会让驾驶人在操作时感到不适。另一种转向盘测力仪则没有辅助转向盘，仅包括力传感器和角度传感器组成的组件，该组件可以安装在原车转向盘的下方。测试时，驾驶人仍然可以操作原车的转向盘，因此不会感觉到任何不适，也不会影响车辆原有的动态特性。然而，相较于第一种类型，此种类型在安装传感器组件时更为复杂。

（四）驾驶机器人

利用驾驶机器人能够实现对驾驶行为的客观评估，确保车辆测试中的准确性和一致性，有效节约时间和减少开支，同时减少了驾驶人面临的风险。常见的驾驶机器人包括转向机器人、复合制动加速机器人及换挡机器人等。

二、测量设备

在进行汽车操纵稳定性试验之前,必须对车辆的整体参数进行准确的测量与调整,如车辆的质量(轴荷分配)、质心高度、四轮定位参数及转向系统的角传动比,所需的测量设备包括四轮定位仪、轴荷计和静态侧翻试验台等。

(一)四轮定位仪

汽车悬架系统与车轮之间的精准位置对于车辆的性能至关重要,具体包括车轮的前束和外倾、主销的后倾角和内倾角等,这些位置关系统称为四轮定位参数。为了确保车辆在行驶过程中能够保持稳定的直线行驶和转向性能,试验前必须对四轮定位参数进行测量,并对不符合标准的部件进行调整或更换。光学探头3D定位仪是一种常用的测量设备,它通过安装在四个车轮上的传感器收集数据,并在车轮前后滚动时,利用摄像头感知标靶的移动或转动,从而获取位置数据并将其反馈给主机系统,进而计算出相关的定位参数。

(二)轴荷仪

轴荷仪能够测量整个车辆的轮荷、前后轴荷、左右负载及车辆的总质量。它配备4块轴重板,能够同时进行静态称重,显示轮荷、前后轴荷及整车的质量,测量误差通常在0.1%~0.5%之间。

(三)静态侧翻试验台

静态侧翻试验台用于整车称重、侧翻测试和三维质心测量。在操纵稳定性道路试验的准备阶段,它主要用来确定整车的质心位置。这种试验台通常采用一系列独立的浮动板来测量车辆的轮荷和总质量。通过液压系统举起试验台,使车辆倾斜到一定角度,以测试车辆的侧翻稳定性。同时,利用质量反应法来测量整车的质心三维坐标。

第二节 稳态回转试验

稳态回转试验的主要目标是评估车辆的转向性能和车身侧倾特性。该试验可以用来判断车辆在稳定状态下的转向是不足或过度,并量化这种不足或过度转向的程度。稳态回转试验有多种不同的方法,包括定转向盘转角法、定转弯半径法和固定车速法等。定转向盘转角法和定转弯半径法都属于通过变化侧向加速度进行测试的方法。在测试过程中,通过改变车辆的速度来产生不同的侧向加速度。这两种方法的差异在于定转向盘转角法是保持转向盘转角不变,测量转弯半径的变化;而定转弯半径法是保持转弯半径不变,测量转向盘转角的变化。

一、定转向盘转角法

采用定转向盘转角法进行稳态回转试验能够提供一个连续的测试过程,以便于捕捉车辆转向特性中的关键转折点。例如,车辆在何种侧向加速度下由中性转向转变为不足转向或过度转向,以及发生侧滑等现象。由于测试是连续进行的,车辆只需转动2~3周即可完成整个试验，不仅节省了成本，对驾驶人的操作技巧要求也不高，从而提高了试验的安全性。

（一）试验准备

在开始试验之前，需要在试验场地绘制一个半径 R_0 为 15m 或 20m 的圆，使用醒目的颜色有助于辨认。在条件允许的情况下，也可以选择半径为 30m 或 45m 的圆。使用更大的初始半径不仅可以提高试验的准确性，还允许在更高的车速下进行测试。正式试验前，汽车按初始转向半径 R_0 以 3m/s^2 的侧向加速度行驶 500m，使轮胎升温。

（二）试验执行

驾驶人需以车辆能够稳定行驶的最低速度沿绘制的圆行驶，当车辆上的车速传感器与地面上的圆对齐时，保持转向盘位置不变，停车并开始记录相关变量的零线。之后，车辆开始行驶并平稳地加速（确保纵向加速度不超过 0.25m/s^2），直至车辆的侧向加速度达到 6.5m/s^2（或者车辆表现出不稳定迹象）为止，期间需要记录整个过程的数据。该试验需要分别进行向左和向右的转弯测试，每个方向进行 3 次测试，每次测试开始时车辆都应处于正中位置。试验中需要测量的参数包括车辆的横摆角速度、车身侧倾角度、车辆的前进速度、转向盘的转角、车辆重心的侧偏角、转向盘所需的转向力矩及车辆的纵向加速度。

（三）试验数据分析与处理

1. 转弯半径比 R_i/R_0 与侧向加速度 a_y 的关系曲线

根据记录的横摆角速度及汽车前进车速，用式（7-1）和式（7-2）分别计算各点的转弯半径及侧向加速度。

$$R_i = V_i/r_i \tag{7-1}$$

$$a_{yi} = V_i r_i \tag{7-2}$$

式中　V_i——第 i 点前进车速（m/s）；

　　　r_i——第 i 点横摆角速度（rad/s）；

　　　R_i——第 i 点转弯半径（m）；

　　　a_{yi}——第 i 点侧向加速度（m/s^2）；

　　　i——采样点数，$i=1, 2, \cdots, n$。

由式（7-1）的结果可算出各点的转弯半径比 R_i/R_0（R_0 为初始半径），并结合式（7-2），可绘出转弯半径比 R_i/R_0 与侧向加速度 a_y 的关系曲线。

2. 汽车前后轴侧偏角差值（$\delta_1-\delta_2$）与侧向加速度 a_y 的关系

为了计算及阅读方便，在数据处理时，各变量可不严格按坐标系规定，即左转及右转均取为正。汽车稳态回转时，汽车前后轴侧偏角差值（$\delta_1-\delta_2$）的计算公式为：

$$\delta_1-\delta_2 = 57.3L\left(\frac{1}{R_0}-\frac{1}{R_i}\right) \tag{7-3}$$

式中　δ_1、δ_2——前、后轴侧偏角（°）；

　　　L——汽车轴距（m）；

　　　R_0——初始半径（m）；

　　　R_i——第 i 点转弯半径（m）。

对于两轴汽车，可以根据 R_i/R_0 与 a_y 关系曲线上各点的转弯半径 R_i 求得（$\delta_1-\delta_2$）与 a_y 的关系。

3. 车身侧倾角 Φ 与侧向加速度 a_y 的关系曲线

根据记录的车身侧倾角 Φ 和前述计算的侧向加速度 a_y，即可绘出 Φ-a_y 关系曲线。

（四）评价指标

稳态回转试验通常用中性转向点的侧向加速度 a_n、不足转向度 U 和车身侧倾度 K_φ 三个指标进行评价。

1. 中性转向点的侧向加速度 a_n 的评价分值

中性转向点的侧向加速度 a_n 的定义是前后轴侧偏角之差与侧向加速度关系曲线上斜率为零处的侧向加速度值。在所测试的侧向加速度值范围内，未出现中性转向点时，a_n 值用最小二乘法按无常数项的三次多项式拟合曲线进行推算。a_n 的物理意义是在加速过程中，汽车由不足转向变为过度转向时（中性转向点）对应的侧向加速度值。a_n 值越小，说明汽车会过快地出现过度转向而导致翻车。

侧向加速度评价分值的计算公式为

$$N_{a_n} = 60 + \frac{40}{a_{n100} - a_{n60}}(a_n - a_{n60}) \tag{7-4}$$

式中　N_{a_n}——中性转向点侧向加速度的评价分值；

　　　a_n——中性转向点侧向加速度的试验值（m/s²）；

　　　a_{n60}——中性转向点侧向加速度的下限值（m/s²）；

　　　a_{n100}——中性转向点侧向加速度的上限值（m/s²）。

这里还需注意，若计算值 N_{a_n} >100，应按 100 分计。

2. 不足转向度 U 的评价分值

不足转向度 U 按前、后轴侧偏角之差（$\delta_1-\delta_2$）与侧向加速度 a_y 关系曲线上 $a_y = 2$m/s² 处的平均斜率计算的。U 是对汽车不足转向"量"大小的评价，虽然汽车都应具有不足转向特性，但不足转向的"量"并非越大越好。不足转向"量"越大，转向稳定性越好，但转向的侧向力减弱，对操纵性不利；不足转向"量"越小，汽车在转向时会较早进入不稳定性状态。

不足转向度评价分值的计算公式为

$$N_U = 60 + \frac{U(U_{60}-U)(\lambda-U)}{U_{100}(U_{60}-U_{100})(\lambda-U_{100})} \times 40 \tag{7-5}$$

式中　N_U——不足转向度的评价分值；

　　　U——不足转向度的试验值 [(°)/(m/s²)]；

　　　λ——根据 U_{60} 和 U_{100} 的比值计算的系数，$\lambda = \frac{2U_{60}/U_{100}}{U_{60}/U_{100}-2}U_{100}$；

　　　U_{60}——不足转向度的下限值 [(°)/(m/s²)]；

　　　U_{100}——不足转向度的上限值 [(°)/(m/s²)]。

3. 车身侧倾度 K_φ 的评价分值

车身侧倾度 K_φ 按车身侧倾角与侧向加速度关系曲线上侧向加速度为 2m/s^2 时的平均斜率来计算。K_φ 表示转向过程中车身的倾斜程度，K_φ 越大，说明汽车越不安全，侧倾过大将直接导致车辆失控。

车身侧倾度评价分值的计算公式为

$$N_{K_\varphi} = 60 + \frac{40}{K_{\varphi 60} - K_{\varphi 100}}(K_{\varphi 60} - K_\varphi) \tag{7-6}$$

式中　N_{K_φ}——车身侧倾度的评价分值；

　　　$K_{\varphi 60}$——车身侧倾度的下限值 $[(°)/(\text{m/s}^2)]$；

　　　$K_{\varphi 100}$——车身侧倾度的上限值 $[(°)/(\text{m/s}^2)]$；

　　　K_φ——车身侧倾度的试验值 $[(°)/(\text{m/s}^2)]$。

4. 稳态回转试验的综合评价分值

综合评价分值的计算公式为

$$N_\omega = \frac{N_{a_n} + N_U + N_{K_\varphi}}{3} \tag{7-7}$$

式中　N_ω——稳定回转试验的综合评价分值。

N_ω 分值越高，表示汽车的稳态转向特性越好，而总评价计分值小于60分代表不合格。稳态转向特性中的中性转向点侧向加速度评价分值 N_{a_n} 具有否决权，当 N_{a_n} 小于60分或试验的最大侧向加速度小于 a_n 的下限值时，汽车操纵稳定性的总评价计分值也定为不合格。

二、定转弯半径法

采用定转弯半径法进行试验的优点在于车辆无须绕行整个圆，只需在扇形区域行驶，因此所需场地较小，试验设备也相对简单。在最低要求下，只需测量转向盘的转角和车速，车速可以通过行驶一段圆弧的时间来计算，这些参数相对容易测量。然而，这种方法对试验驾驶人的技巧要求较高，试验的成功率相对较低。

（一）试验准备

在试验场地内，使用显著的颜色标出半径为30m的圆形测试轨迹，如图7-1所示。在轨迹的两边，沿着圆弧的中心线，每隔5m放置一根标桩，以此来构成一条通道。两侧标桩至通道中心线的距离为1/2车宽+ b，b 值按表7-2确定。

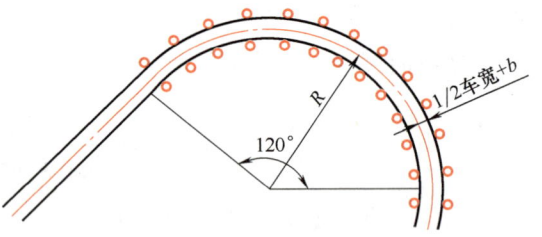

图7-1 定转弯半径法的试验场地示意图

表7-2 定转弯半径法的标桩距离 b

试验汽车轴距 x/m	标桩距离 b/m
$x \leq 2.5$	0.6
$2.5 < x \leq 4.0$	1.0
$x > 4.0$	1.4

（二）试验执行

在试验过程中，车辆以最低稳定车速沿设定的路径行驶，同时调整转向盘的角度以确保车辆能够顺利沿着圆弧行进。在车辆进入圆弧路径并稳定下来之后，开始记录数据，要求加速踏板和转向盘在随后的 3s 内保持不变，最后结束记录（在此期间，允许转向盘的角度在 ±10° 的范围内进行微调）。汽车通过试验路径时，若撞倒标桩，则试验无效。之后，驾驶人逐渐提升车速，并重复之前的试验步骤，但每次侧向加速度的增加不超过 $0.5\mathrm{m/s^2}$，一直重复到侧向加速度达到 $6.5\mathrm{m/s^2}$，或者车辆出现不稳定迹象为止。

该试验分别在向左和向右的方向上进行，每个方向进行三次。试验过程中记录的参数包括转向盘的转角、车辆的横摆角速度、车辆的前进速度、车身侧倾角度、车辆重心的侧偏角度及车辆重心的侧向加速度。

（三）试验数据分析与处理

1）根据试验数据，确定侧向加速度 a_y，方法有三种：①用横摆角速度 γ 乘以汽车前进车速 v；②用加速度计直接测出，如果加速度计的输出包括车身侧倾角 φ 的作用，则按所记录的加速度值减去 $g\sin\varphi$ 加以修正（g 为重力加速度）；③用前进车速的二次方除以圆弧路径中心线的半径。

2）根据记录的转向盘转角、转向力矩、车身侧倾角、质心侧偏角数据，绘制各参数随侧向加速度的变化曲线。

3）根据式（7-8）将转向盘转角与侧向加速度曲线转换成前后轴侧偏角之差 $(\delta_1-\delta_2)$ 与侧向加速度 a_y 的关系曲线。

$$\delta_1-\delta_2 = \frac{L}{R}\left(\frac{\theta_i}{\theta_0}-1\right) \tag{7-8}$$

式中 δ_1、δ_2——前、后轴侧偏角（°）；

L——汽车轴距（m）；

R——圆弧路径半径，$R=30\mathrm{m}$；

θ_i——汽车以某一车速通过圆弧路径时的转向盘转角（°）；

θ_0——汽车以最低稳定车速通过圆弧路径时的转向盘转角（°）。

第三节　转向瞬态响应试验

转向瞬态响应特性是衡量汽车操纵稳定性的关键指标之一，它涉及时域响应特性和频域响应特性两方面。在测试汽车转向瞬态响应时，通常会通过转向盘转角阶跃输入试验来分析车辆的时域响应特性，通过转向盘角脉冲输入试验来评估车辆进行横摆运动时的频域响应特性。

一、转向盘转角阶跃输入试验

在车辆以恒定速度直线行驶时，如果给予转向盘一个瞬间的转角且保持不变，车辆将经历一个短暂但复杂的变化阶段，随后进入等速圆周行驶状态，这一短暂而复杂的过程被称为转向盘转角阶跃输入试验。在这个过程中，车辆转向的瞬态特性得到了体现：响应时间越短，表明车辆的瞬态转向性能越佳，驾驶人感受到的响应越快，车辆的操控性也就越灵敏。

（一）试验执行

在试验开始前，车辆应以测试速度行驶10km，以便轮胎达到工作温度。同时，连接设备电源，确保所有设备达到正常的工作温度。车辆转向盘在直线行驶时的自由行程不应超过±10°，如果有需要，应进行相应的调整。试验车速为试验车最高车速的70%，圆整至10km/h的整倍数，建议取60km/h、80km/h、100km/h或120km/h的车速进行试验。

试验开始前，在车辆静止时记录车速表的零位。之后，先让车辆以设定的试验速度匀速直线行驶，轻轻地将转向盘向预定的转向方向推动（如向左转向，则向左轻推转向盘，以消除转向系统的间隙），并将所有测试变量的记录曲线归零；接着迅速旋转转向盘（动作时间不超过0.2s或角速度超过200°/s），使其达到事先确定的位置并保持该状态，同时保持车速恒定，记录这一过程所有相关参数，直至车辆达到新的稳定状态，即等速圆周行驶。

在试验中，转向盘转角的目标位置（输入角度）根据稳态侧向加速度的值（1~3m/s²）来确定。试验从1m/s²的侧向加速度开始，每增加0.5m/s²进行一次新的行驶试验。对于左转和右转两个方向，都需要进行试验，可以轮流进行，或者先完成一个方向的全部试验，再进行另一个方向的试验。

（二）试验数据分析与处理

根据试验目标和相应标准，对采集的数据进行处理并绘制相应的关系曲线。对于各个测量变量的稳态值，使用进入稳态后测得的平均值。如果车辆前进速度的变化率超过5%或转向盘转角的变化超过平均值的10%，则此次试验结果将被视为无效。

1. 横摆角速度与侧向加速度响应时间

选择转向盘转角达到设定终值50%的时点作为时间轴的起点，记录从此时点到测量变量过渡到新稳态值90%所需的时间，这段时间为横摆角速度和侧向加速度响应的时间域。

响应时间反映了系统的灵敏特性。较大的响应时间不利于汽车的控制，汽车对转向输入响应迟钝。在QC/T 480—1999《汽车操纵稳定性指标限值与评价方法》中，此项试验仅取横摆角速度响应时间一项作为评分标准，即转向盘转角阶跃输入试验以侧向加速度为2m/s²时的汽车横摆角速度响应时间作为评价指标。

2. 横摆角速度峰值响应时间

从转向盘转角达到设定终值50%的时点开始，测量变量达到首个峰值的时间被定义为横摆角速度峰值响应时间。该值越小，瞬态响应性越好。

3. 横摆角速度超调量

$$\sigma = \frac{r_{max} - r_0}{r_0} \times 100\% \tag{7-9}$$

式中　σ——横摆角速度超调量（%）；
　　　r_0——横摆角速度响应稳态值 [(°)/s]；
　　　r_{max}——横摆角速度响应最大值 [(°)/s]。

横摆角速度超调量过大，说明汽车的瞬态响应性能不好。

4. 横摆角速度总方差

$$E_r = \sum_{i=0}^{n}\left(\frac{\theta_i}{\theta_0} - \frac{r_i}{r_0}\right)^2 \Delta t \quad (7\text{-}10)$$

式中　E_r——横摆角速度总方差（s）；

　　　θ_i——转向盘转角输入的瞬时值（°）；

　　　r_i——汽车横摆角速度输出的瞬时值 [（°）/s]；

　　　θ_0——转向盘转角输入的稳态值（°）；

　　　r_0——汽车横摆角速度输出的稳态值 [（°）/s]；

　　　Δt——采样时间间隔（s），不应大于 0.2s；

　　　n——采样点数，取至汽车横摆角速度响应达新稳态值为止。

横摆角速度总方差 E_r，理论上表达了汽车横摆角速度响应跟随转向输入的灵敏性。相关试验表明，操纵稳定性得到改善的汽车，其总方差 E_r 会减小。

5. 侧向加速度总方差

$$E_{ay} = \sum_{i=0}^{n}\left(\frac{\theta_i}{\theta_0} - \frac{a_{yi}}{a_{y0}}\right)^2 \Delta t \quad (7\text{-}11)$$

式中　E_{ay}——侧向加速度总方差（s）；

　　　a_{yi}——侧向加速度的瞬时值（m/s²）；

　　　a_{y0}——侧向加速度的稳态值（m/s²）。

6. 汽车因数

汽车因数是瞬态响应时域特性的综合评价指标，其计算公式为

$$TB = t_\omega \beta \quad (7\text{-}12)$$

式中　TB——汽车因数 [s·（°）]；

　　　t_ω——横摆角速度响应时间（s）；

　　　β——汽车质心处的侧偏角（°）。

利用不同侧向加速度条件下的试验数据，通过拟合方法绘制曲线图，以展示各数据变量之间的关系。这些曲线图包括但不限于横摆角速度响应时间与稳态侧向加速度的关系图、侧向加速度的稳态响应与转向盘转角的关系图、横摆角速度的稳态响应与转向盘转角的关系图、侧向加速度响应时间与稳态侧向加速度的关系图、汽车质心的侧偏角与稳态侧向加速度的关系图、横摆角速度的总体方差与稳态侧向加速度的关系图，以及侧向加速度的总体方差与稳态侧向加速度的关系图。

二、转向盘转角脉冲输入试验

转向盘转角脉冲输入试验旨在评估从转向盘接收脉冲式转角输入至车辆横摆角速度达到新的稳态值的时间范围内，车辆的瞬态响应特性。该试验用于揭示车辆横摆角速度的频域响应特性，进而映射出车辆对转向操作的真实响应情况。

（一）试验执行

转向盘转角脉冲输入试验对场地要求不严格，只需要宽度超过 20m 即可。试验开始前，

需要检查并调整转向盘的自由行程，确保其在直线行驶时不超过±10°，并且完成其他试验准备工作，具体如下：为了引起横摆角速度的显著波动，需要确保车辆横摆系统的阻尼较小，并且车辆的速度较高。试验的速度应设置为车辆最高速度的70%，并四舍五入到10km/h的整数倍。

车辆应以试验速度直线行驶，并保持横摆角速度在极小范围内 [(0±0.5°)/s]，标记转向盘中间位置。在保持车速不变的情况下，向左或向右给予转向盘一个三角形脉冲（图7-2）输入后，迅速将其转回原位保持不动。脉冲输入的宽度应在0.3~0.5s之间，其峰值应确保本次试验过渡过程中的最大侧向加速度不超过4m/s²。

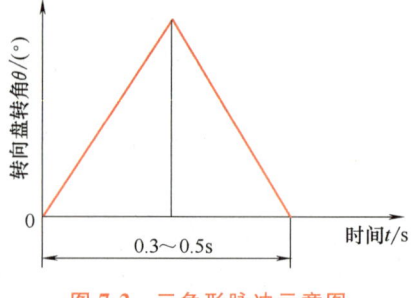

图7-2　三角形脉冲示意图

记录整个过渡过程，包括输入的角脉冲和输出的车辆横摆角速度，直到车辆恢复直线行驶状态。试验应至少进行三次向左和向右的三角形脉冲输入，每次输入的时间间隔不得少于5s。

（二）试验数据分析与处理

在试验过程中，需要记录时间 t、转向盘转角、车辆速度 v、横摆角速度及侧向加速度。特别要注意观察车辆速度和转向盘转角的时间历程曲线，确保记录的实际车速变化不超过规定车速的±5%，同时转向盘转角的零线在脉冲输入前后应保持一致，其偏差不应超过转向盘转角最大值的±10%，否则试验记录无效。将转向盘脉冲输入的起点和终点相连作为参考零线。

三角形脉冲输入产生的瞬态响应用频率响应特性来表示，频率响应特性分为幅频特性和相频特性。幅频特性是指响应输出的幅值（汽车横摆角速度）与输入激励的幅值（转向盘转角或前轮转角）之比随频率变化的函数；相频特性是输出与输入的相位差随频率变化的函数。幅频特性反映了驾驶人以不同频率输入指令时，汽车执行驾驶人指令失真的程度。相频特性则反映了汽车横摆角速度滞后于转向盘转角的失真程度。

试验后，在专门的信号处理设备上进行转向盘转角脉冲输入和横摆响应的幅频特性与相频特性的分析，并根据试验数据处理结果的平均值，按向左与向右转分别绘制汽车的幅频特性图和相频特性图。转向盘转角脉冲输入试验将整车看作一个系统，按谐振频率 f、谐振峰水平 D 和相位滞后角 α 三项指标进行评价计分。当汽车受到外来因素干扰时，系统的谐振频率 f 越高、谐振峰水平 D 和相位滞后角 α 越小，说明整车所受到的影响越小，抗干扰能力越强。

基于所绘制的幅频和相频特性图，可以确定谐振频率 f、谐振峰水平 D 和相位滞后角 α 三项指标，根据 QC/T 480—1999 确定其评价计分值。

第四节　转向回正性能试验

转向回正性能试验旨在评估汽车在驾驶人松开转向盘时，转向系统恢复直线行驶的能力。在试验中，驾驶人对转向盘施加的力保持恒定，直到驾驶人突然释放转向盘，此时保持转向盘的力突然降至零。这种试验实际上是一种转向盘力阶跃输入的瞬态响应试验，它揭示了保持转向盘的力与车辆运动状态之间的关系，用于表征和评价汽车从曲线行驶过渡到直线行驶的能力，这一过程在一定程度上反映了汽车的"路感"质量。

一、试验执行

试验前应使用醒目的颜色在试验场地上划出一个半径为 15m 的圆形轨迹，并完成其他试验准备工作。转向回正性能试验分为两部分：低速回正性能试验和高速回正性能试验。每部分都包括向左和向右两个转向方向，每个方向需要进行 3 次测试。

（一）低速回正性能试验

试验前，试验汽车沿半径为 15m 的圆周以侧向加速度 $3m/s^2$ 的相应车速行驶 500m，使轮胎升温。接通设备，使其达到正常工作温度。

在试验期间，车辆应沿直线行驶并记录所有测量变量的初始值。之后，先将转向盘转角调整至使车辆沿半径为 15m 的圆周行驶，然后由驾驶人调整车速，直至侧向加速度稳定在 $(4±0.2)m/s^2$，最后固定转向盘转角，保持车速稳定并记录数据。记录过程持续 3s 后，驾驶人突然释放转向盘，至少记录松手后 4s 内车辆的运动情况。建议使用微动开关和信号通道同步记录这一过程，同时确保加速踏板角度在记录期间保持恒定。

试验按向左转与向右转两个方向进行，每个方向操作 3 次。对于那些无法达到 $(4±0.2)m/s^2$ 侧向加速度的车辆，应按照车辆能够实现的最高侧向加速度进行试验，并在试验报告中备注。

（二）高速回正性能试验

对于最高车速超过 100km/h 的汽车，需要进行高速回正性能试验。试验速度应为车辆最高速度的 70%，并四舍五入到 10km/h 的倍数。

在试验中，车辆应以其试验速度沿直线行驶，并记录所有测量变量的初始值。之后，由驾驶人将转向盘转动，使侧向加速度达到 $(2±0.2)m/s^2$。在车速稳定并开始数据记录之后，驾驶人突然释放转向盘，至少记录松手后 4s 内车辆的运动情况。记录时加速踏板位置保持不变。试验按向左转与向右转两个方向进行，每个方向操作 3 次。

二、试验数据分析与处理

利用试验中获得的横摆角速度随时间的变化曲线，对数据进行处理，并以驾驶人松开转向盘的时刻作为时间的参考点（横坐标的零点）。横摆角速度的时间历程曲线大致可以分为两类：发散型和收敛型。对于发散型曲线，不进行进一步的数据分析；对于收敛型曲线，根据车辆向左或向右转向的情况，可以确定一些评价指标。基本的评价指标包括残留横摆角速度和横摆角速度响应总方差，其他指标则为建议收集的额外指标。

（一）稳定时间

在时间序列数据中，驾驶人释放转向盘的时刻由微动开关记录的标记点被设定为时间轴的起点。从这一起点到车辆横摆角速度达到新的稳定值（包括返回到零值）所经过的时间段被定义为稳定时间。

通过对三次试验结果取平均值，可以得到稳定时间的平均值 t，即

$$t = \frac{1}{3}\sum_{i=1}^{3} t_i \tag{7-13}$$

式中　t_i——第 i 次试验的稳定时间（s）。

（二）残留横摆角速度

在车辆横摆角速度的时间序列曲线中，以驾驶人松开转向盘后 3s 时刻的横摆角速度（包括当该值为零的情况）作为残留横摆角速度的指标。通过对三次独立试验的结果进行平均计算，可以得到残留横摆角速度的平均值 Δr，即

$$\Delta r = \frac{1}{3} \sum_{i=1}^{3} \Delta r_i \tag{7-14}$$

式中　Δr_i——第 i 次试验的残留横摆角速度 [(°)/s]。

（三）横摆角速度超调量

在汽车横摆角速度时间历程曲线上，将横摆角速度响应第一个峰值超过新稳态值的部分与初始值之比定为横摆角速度超调量，其计算公式为

$$\sigma_i = \frac{r_1}{r_0} \times 100\% \tag{7-15}$$

式中　σ_i——第 i 次横摆角速度超调量（%）；

　　　r_1——横摆角速度响应第一个峰值超过新稳态值的部分 [(°)/s]；

　　　r_0——横摆角速度响应的初始值 [(°)/s]。

将 3 次试验结果的平均值作为横摆角速度超调量均值 σ，即

$$\sigma = \frac{1}{3} \sum_{i=1}^{3} \sigma_i \tag{7-16}$$

（四）横摆角速度自然频率

第 i 次试验横摆角速度自然频率的计算公式为

$$f_{oi} = \frac{\sum_{j=1}^{n} A_{ij}}{2 \sum_{j=1}^{n} A_{ij} \Delta t_{ij}} \tag{7-17}$$

式中　f_{oi}——第 i 次横摆角速度自然频率（Hz）；

　　　A_{ij}——横摆角速度响应时间历程曲线的波峰值 [(°)/s]；

　　　Δt_{ij}——横摆角速度响应时间历程曲线上两相邻波峰的时间间隔（s）；

　　　n——横摆角速度响应时间历程曲线的波峰数。

将三次试验结果的平均值作为横摆角速度自然频率均值 f_o，即

$$f_o = \frac{1}{3} \sum_{i=1}^{n} f_{oi} \tag{7-18}$$

（五）相对阻尼系数

第 i 次试验相对阻尼系数的计算公式为

$$\xi_i = \frac{1}{\sqrt{\left[\dfrac{\pi}{\ln(1 - D'_i)}\right]^2 + 1}} \tag{7-19}$$

式中　ξ_i——第 i 次试验相对阻尼系数；

　　　D_i'——衰减率，$D_i' = \dfrac{A_{i1}}{\sum_{j=1}^{n} A_{ij}}$，$A_{i1}$ 为横摆角速度曲线第一个波峰值 [(°)/s]。

将三次试验结果的平均值作为横摆角速度相对阻尼系数均值 ξ

$$\xi = \frac{1}{3} \sum_{i=1}^{3} \xi_i \tag{7-20}$$

（六）横摆角速度响应总方差

第 i 次试验横摆角速度响应总方差的计算公式为

$$E_{ri} = \left[\sum_{j=0}^{n} \left(\frac{r_{ij}}{r_{0i}} \right)^2 - 0.5 \right] \Delta t \tag{7-21}$$

式中　E_{ri}——第 i 次试验时横摆角速度响应总方差（s）；

　　　r_{ij}——横摆角速度响应时间历程曲线瞬时值 [(°)/s]；

　　　r_{0i}——横摆角速度响应初始值 [(°)/s]；

　　　n——采样点数，一般按 $n\Delta t = 3s$ 来选取；

　　　Δt——采样时间间隔，一般不大于 0.2s。

将三次试验结果的平均值作为横摆角速度总方差均值 E_r，即

$$E_r = \frac{1}{3} \sum_{i=1}^{3} E_{ri} \tag{7-22}$$

在试验报告中，应详细记录上述评价指标，并绘制车辆向左和向右转向时，三次试验的横摆角速度随时间变化的曲线。

对于指标（三）~（六）项，在进行低速转向回正性能试验时，横摆角速度记录通常难以得出。这主要是因为在低速状态下，汽车横摆角速度相对阻尼系数较大，再加上转向系内干摩擦的影响，记录曲线在大多数情况下不能形成波形。

根据 GB/T 6323—2014《汽车操纵稳定性试验方法》和 QC/T 480—1999《汽车操纵稳定性指标限值与评价方法》，转向回正性能试验按松开转向盘3s时的残留横摆角速度绝对值 Δr 及横摆角速度总方差 E_r 两项指标进行评价计分。残留横摆角速度绝对值 Δr 越小，说明汽车转向后自动回正保持直线行驶的能力越好；横摆角速度总方差 E_r 越小，说明车辆在松开转向盘后自动回正越迅速。

第五节　转向轻便性试验

驾驶人通过操作转向盘来指导车辆的行进路径。如果转向盘的操作力过大，驾驶人可能无法迅速响应，这会增加驾驶人的疲劳度。相反，如果操作力过小，驾驶人可能会感到失去对道路的感知，觉得车辆不稳定，难以准确控制行驶方向。因此，转向盘的操作力需要在一个合理的范围内，这是评价车辆操纵稳定性的关键因素之一。转向轻便性试验旨在通过量化驾驶人操作转向盘的力量，综合评估车辆操控稳定性的优劣。

一、试验准备

试验前,在试验场地上画出颜色鲜明的双纽线路径,如图7-3所示。双纽线路径的极坐标方程为

$$L = d\sqrt{\cos 2\psi} \tag{7-23}$$

式中 L——极径(m);

d——系数(m),$d = 3R_{min}$,其中 R_{min} 为双纽线的最小曲率半径(m),$R_{min} = 1.1 r_{min}$,r_{min} 为试验汽车的最小转弯半径(m)。

双纽线的最小曲率半径应当是试验车辆前外轮的最小转向半径乘以1.1,基于此尺寸绘制双纽线。在双纽线的最宽点、顶点和中间点(节点)的路径两侧,应分别放置两个标记物,共需放置16个标桩,如图7-3所示。每个标桩与测试路径中心线的距离应等于车辆宽度的一半加上50cm,或者按照转弯通道圆宽的一半加上50cm。

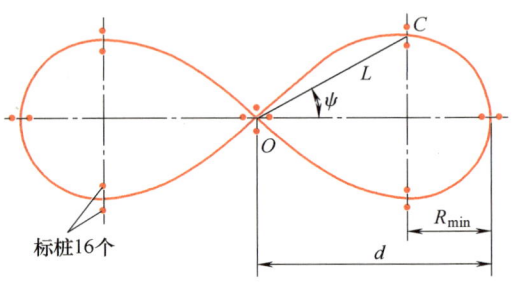

图 7-3 试验场地双纽线路径示意图

二、试验执行

在试验正式开始之前,驾驶人应驾驶汽车沿双纽线路径行驶数周,以便熟悉路线和相应的操作步骤。之后,让汽车沿着双纽线中点O的切线方向直线滑行,并在O点处停车。停车后,检查车轮是否处于直线行驶位置,如有需要,可调整转向盘以确保车轮处于正确的直行状态。确认后松开转向盘,记录转向盘中间位置及作用力矩的初始值。

驾驶人应操纵转向盘,使汽车沿着双纽线路径行驶,直至车速稳定在(10±2)km/h。在此过程中,开始记录转向盘的转角和转向力矩,并记录行驶车速作为监控参数。当汽车沿双纽线路径行驶一周并返回起始点时,即完成一次试验,共进行三次试验。在测量和记录数据的过程中,驾驶人需要保持车速稳定,同时尽可能平滑地操作转向盘,并确保不撞到任何标桩。

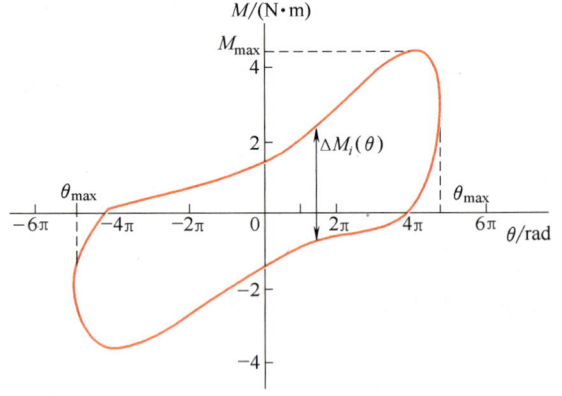

图 7-4 转向盘力矩-转角曲线

三、试验数据分析与处理

转向轻便性试验旨在分析转向盘力矩 M 与转向盘转角 θ 之间的关联,以评估车辆操控的便捷性。图7-4所示为转向力矩-转角曲线。另外,可以直接采用计算机采集的转向角度和力矩数据,计算反映车辆转向轻便性的各项指标,包括转向盘最大作用力矩均值、转向盘最大作用力均值、沿双纽线路径行驶一周所需的作用功、每行驶一周双纽线路径

时的转向盘平均摩擦力矩及摩擦力。

（一）转向盘最大作用力矩均值

转向盘最大作用力矩均值 $\overline{M}_{\max}$ 应取三次试验的转向盘最大作用力矩的算术平均值，单位为 N·m，其计算公式为

$$\overline{M}_{\max} = \frac{\sum_{i=1}^{3}|M_{\max i}|}{3} \tag{7-24}$$

式中 $\overline{M}_{\max}$——转向盘最大作用力矩均值（N·m）；

$M_{\max i}$——绕双纽线路径行驶第 i 周（$i=1\sim3$）的转向盘最大作用力矩（N·m）。

（二）转向盘最大作用力均值

转向盘最大作用力均值的计算公式为

$$\overline{F}_{\max} = \frac{2\overline{M}_{\max}}{D} \tag{7-25}$$

式中 $\overline{F}_{\max}$——转向盘最大作用力均值（N）；

D——试验汽车原有转向盘的直径（m）。

（三）转向盘的作用功和作用功均值

1）转向盘作用功的计算公式为

$$W_i = \frac{1}{57.3}\sum_{1}^{n_i-1} M_{ij}[\theta_{i(j+1)} - \theta_{ij}] \tag{7-26}$$

式中 W_i——绕双纽线路径行驶第 i 周（$i=1\sim3$）的转向盘作用功（J）；

M_{ij}——绕双纽线路径行驶第 i 周（$i=1\sim3$）的第 j（$j=1\sim n_i-1$）个采样点处转向盘转向力矩（N·m）；

n_i——绕双纽线路径行驶第 i 周的采样点数；

$\theta_{i(j+1)}$——绕双纽线路径行驶第 i 周（$i=1\sim3$）的第 $j+1$（$j=1\sim n_i-1$）个采样点处转向盘转角（°）；

θ_{ij}——绕双纽线路径行驶第 i 周（$i=1\sim3$）的第 j（$j=1\sim n_i-1$）个采样点处转向盘转角（°）。

2）转向盘作用功均值的计算公式为

将三次试验的转向盘作用功的算术平均值作为转向盘作用功均值 $\overline{W}$，其单位为 J，即

$$\overline{W} = \frac{\sum_{i=1}^{3} W_i}{3} \tag{7-27}$$

（四）转向盘平均摩擦力矩和平均摩擦力

1）转向盘平均摩擦力矩的计算公式为

$$\overline{M}_{swi} = \frac{57.3 W_i}{2(|+\theta_{\max}|+|-\theta_{\max}|)} \tag{7-28}$$

式中 $\overline{M}_{swi}$——绕双纽线路径行驶第 i 周（$i=1\sim3$）的转向盘平均摩擦力矩（N·m）；
$\pm\theta_{max}$——绕双纽线路径行驶第 i 周（$i=1\sim3$）的转向盘左、右最大转角（°）。

2）转向盘平均摩擦力的计算公式为

$$\overline{F}_{swi} = \frac{2\overline{M}_{swi}}{D} \tag{7-29}$$

式中 $\overline{F}_{swi}$——绕双纽线路径行驶第 i 周（$i=1\sim3$）的转向盘平均摩擦力（N）。

（五）转向盘平均摩擦力矩均值和转向盘平均摩擦力均值

1）转向盘平均摩擦力矩均值 $\overline{M}_{sw}$ 的计算公式为

$$\overline{M}_{sw} = \frac{1}{3}\sum_{i=1}^{3} \overline{M}_{swi} \tag{7-30}$$

2）转向盘平均摩擦力均值 $\overline{F}_{sw}$ 的计算公式为

$$\overline{F}_{sw} = \frac{2\overline{M}_{sw}}{D} \tag{7-31}$$

第六节 蛇行试验

蛇行试验是一种广泛用于评估汽车操纵稳定性的试验，也是一种涉及人与车辆相互作用闭环系统的测试方法。在此试验中，车辆需要遵循特定的条件，在预先规划的复杂路径上行驶，这考验了驾驶人的反应和操控技能。蛇行试验对车辆的随动性、收敛性、转向操作的便捷性及避免事故的能力进行综合评定，它需要测量的参数包括转向盘的转角、横摆角速度、车身侧倾角、通过有效标桩区的时间及侧向加速度等。

一、试验准备

试验准备阶段的核心任务包括车辆准备和场地准备。在汽车操纵稳定性的所有试验项目中，试验准备阶段的工作内容大体相似。

（一）车辆准备

用于试验的车辆必须符合汽车制造商的技术标准，并配备所有必需的部件。在试验开始前，需要测量车辆的轮胎定位参数，并对转向和悬架系统进行检查、调整和紧固。根据规定进行必要的润滑处理。只有当确认车辆满足制造商的技术要求时，才能进行试验。

如果试验使用的是新轮胎，那么在试验前应让轮胎至少行驶 200km 以达到磨合状态；对于旧轮胎，试验结束时，轮胎花纹深度应不小于 1.6mm。轮胎的气压必须符合汽车制造商的技术要求，并且冷充气压力的误差不能超过 ±10kPa。试验开始前，车辆需要以规定的车速直线行驶 10km，或者在半径为 15m 的圆上以产生 3m/s² 侧向加速度的速度行驶 500m（左右各一次），以便使轮胎升温至工作温度。

在蛇行试验中，汽车的载荷状态应为最大设计总质量，并且轴载质量需要遵守设计任务书的规定。对于货车，装载物应均匀分布在货箱内；对于客车，装载物应分布在座椅和地板上。

在进行转向瞬态响应试验、转向回正性能试验、转向轻便性试验和稳态回转试验时，汽车的载荷状态包括最大设计总质量和轻载两种。轻载状态指的是除驾驶人、试验员及设备外，汽车没有其他加载物的整备质量状态。对于承载能力较小的汽车，如果轻载状态的总质量已经超过最大总质量的70%，可以不进行轻载状态的试验。

陀螺仪的安装应遵循使用说明书，尽可能位于车辆质心位置，并确保安装稳固，以避免与车厢产生相对运动。车速计的传感器部分应安装在车辆的纵向对称平面内，并确保安装高度正确。测力角转向盘传感器应按照要求与被试汽车的转向盘连接牢固。

（二）场地准备

汽车操纵稳定性试验应在干燥、平整且干净的混凝土或沥青路面上进行，确保路面在任何方向上的倾斜度不超过2%。试验期间的风速应保持在5m/s以下，环境温度应在0~40℃范围内。

二、试验执行

蛇行试验也称为绕桩测试，它是一种相对简单的操作。蛇行试验场地示意图如图7-5所示。该试验的具体参数，如标桩的间距和基准车速，应根据相关标准确定。参与试验的驾驶人应具备丰富的驾驶经验，并在正式试验之前，在试验场地上进行至少5个往返练习。在试验过程中，车辆以接近基准车速一半的速度匀速行驶。在进入测试区域之前，需要将所有测量数据的记录曲线归零，并在蛇行通过测试路段时记录各参数的时间历程及车辆通过有效标桩区的时间。

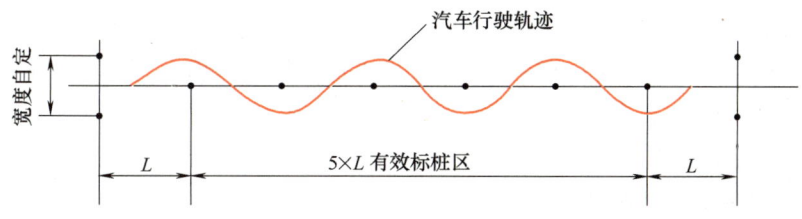

图7-5　蛇行试验场地示意图

蛇行试验应按照预定的车速间隔逐步提高车速，从低到高，每个间隔进行一次试验，共进行10次（若车辆碰撞标桩，则视为失败，需要重新开始试验，不计入次数）。最高试验车速应确保安全，可自行决定，但不应超过80km/h。基准车速与车辆的最大总质量有关。

三、试验数据分析与处理

作为一项反映人与车辆交互的人-车闭环系统试验，蛇行试验对驾驶人的反应速度和操控技巧提出了较高要求，这意味着试验结果在很大程度上取决于驾驶人的表现。在某些情况下，可采用主观评估方法，即由经验丰富的驾驶人按照既定条件和路线进行驾驶，并对汽车的操纵稳定性进行很好、较好、中等、较差或很差的定性评分。实际上，许多关于操纵稳定性的道路试验都可以通过驾驶人的主观评价来完成，然后通过加权各项分数得到车辆操纵稳定性主观评价试验的综合得分。

当使用客观评价法进行蛇行试验时，最简单的方式是通过车辆在有效标桩区内的通过时间进行评价，通常时间越短，表示车辆的操纵稳定性越好。然而，这种评价方法一方面难以完全排除驾驶人因素的影响，不一定能真正反映车辆性能的客观情况；另一方面，过分追求高速通过可能会忽视安全性，结果不够全面。

我国采用的标准为 GB/T 6323—2014 及 QC/T 480—1999。这些标准通过规定评价指标和合格标准，通常采用基准车速下的平均转向盘转角峰值、平均横摆角速度峰值和平均车身侧倾角峰值等参数进行客观评价，确保车辆具有良好的操纵稳定性和行驶安全性。在相同的基准车速下，这些峰值越大，表明车辆的"蛇行"行为越难以控制。

（一）蛇行车速

蛇行车速的计算公式为

$$v_i = \frac{3.6L(N-1)}{t_i} \tag{7-32}$$

式中　v_i——第 i 次试验的蛇行车速（km/h）；
　　　L——标桩间距（m）；
　　　N——有效标桩区包含的标桩数，$N=6$；
　　　t_i——第 i 次试验通过有效标桩区的时间（s）。

（二）平均转向盘转角

平均转向盘转角的计算公式为

$$\overline{\delta}_{swi} = \frac{1}{4}\sum_{j=1}^{4}|\delta_{swij}| \tag{7-33}$$

式中　$\overline{\delta}_{swi}$——第 i 次试验的平均转向盘转角（°）；
　　　δ_{swij}——在有效标桩区内，转向盘转角时间历程曲线峰值（°），j 表示一次试验中的每一次响应。

（三）平均横摆角速度

平均横摆角速度的计算公式为

$$\overline{r}_i = \frac{1}{4}\sum_{j=1}^{4}|r_{ij}| \tag{7-34}$$

式中　$\overline{r}_i$——第 i 次试验的平均横摆角速度 [(°)/s]；
　　　r_{ij}——在有效标桩区内，横摆角速度时间历程曲线峰值 [(°)/s]。

（四）平均车身侧倾角

平均车身侧倾角的计算公式为

$$\overline{\Phi}_i = \frac{1}{4}\sum_{j=1}^{4}|\Phi_{ij}| \tag{7-35}$$

式中　$\overline{\Phi}_i$——第 i 次试验的平均车身侧倾角（°）；
　　　Φ_{ij}——在有效标桩区内，车身侧倾角时间历程曲线峰值（°）。

（五）侧向加速度

侧向加速度既可以用侧向加速度计测量，也可以用瞬时横摆角速度（rad/s）乘以汽车前进瞬时速度（m/s）计算得到。

用侧向加速度计测量时，其输出轴应与车辆坐标系的 Y 轴（平行于地面，从质心指向驾驶人的左侧）对正或平行，若加速度传感器随车身一起侧倾较大，应按下式加以修正：

$$a_y = \frac{a_y' - g\sin\varphi}{\cos\varphi} \tag{7-36}$$

式中　a_y——真实的侧向加速度（m/s²）；

a_y'——加速度传感器指示的侧向加速度（m/s²）；

g——重力加速度（m/s²）；

φ——车身侧倾角（°）。

（六）平均侧向加速度

平均侧向加速度的计算公式为

$$\bar{a}_{yi} = \frac{1}{4}\sum_{j=1}^{4}|a_{yij}|$$

式中　$\bar{a}_{yi}$——第 i 次试验的平均侧向加速度（m/s²）；

a_{yij}——在有效标桩区内，侧向加速度真实值时间历程曲线峰值（m/s²）。

第七节　电子稳定性控制系统性能试验

汽车电子稳定性控制（ESC）系统是一种先进的主动安全技术，它依据驾驶人的操作和传感器数据实时跟踪车辆的行驶状况。该系统将车辆的实际行驶轨迹与驾驶人的预期轨迹进行比较，并通过闭环控制来纠正车辆的过度或不足转向，从而增强车辆的操纵稳定性。

ESC 系统能够有效减少车辆失控和由此导致的交通事故，因此在乘用车领域得到了广泛应用。目前，我国针对 ESC 系统的性能试验，主要制定了两项国家标准，即 GB/T 30677—2014《轻型汽车电子稳定性控制系统性能要求及试验方法》和 GB/T 38185—2019《商用车辆电子稳定性控制系统性能要求及试验方法》。这两项标准根据车辆类型和最大设计总质量进行了明确区分。具体而言，GB/T 30677—2014 适用于最大设计总质量不超过 3500kg 的 M 类和 N 类车辆的电子稳定性控制系统，而 GB/T 38185—2019 则专门用于规范装备了电子稳定性控制系统，且最大设计总质量超过 3500kg 的 M_2、M_3、N_2、N_3 类车辆的相关性能试验。汽车 ESC 系统的测试主要评估在 ESC 激活状态下汽车的方向稳定性和反应特性，以确保车辆的安全性。常见的测试场景包括正弦迟滞测试、双移线测试、避障测试和稳态回转测试等。下面重点介绍正弦迟滞测试。

一、试验执行

（一）制动器预处理试验

制动器预处理试验用于检测制动器部件是否正常工作。车辆先在 56km/h 的速度下，以 5.0m/s² 的平均减速度进行 10 次紧急制动直至停止；再以 72km/h 的速度进行全力制动直至停止，这一过程需要重复 3 次，以确保车辆的防抱死制动系统在每次制动的关键阶段都能有效工作。最后一次制动完成后，车辆以 72km/h 的速度行驶 5min，以便对制动系统进行冷却。

（二）轮胎磨合试验

轮胎磨合试验用于检测轮胎的状况，也用于暖胎。车辆在直径为 30m 的圆环上先顺时针行驶 3 圈，再逆时针行驶 3 圈，车速 v_0 以产生 5~6m/s² 的侧向加速度来确定。之后，车辆以 56km/h 的速度行驶，接受 1Hz 频率的正弦波形转向输入，确保每次转向盘转角峰值与 v_0 时的转向盘转角一致。每次试验包括 10 个正弦波形循环。共进行 4 次试验。在最后一次试验的最后一个循环中，转向盘转角的幅度将是其他循环的 2 倍。试验的时间间隔最长不得超过 5min。

（三）慢增量转向试验

车辆需要分别沿逆时针和顺时针方向进行一组慢增量转向试验。每组试验由 3 次重复的测试构成，每次测试之间最长休息时间为 5min。试验应在（80±2）km/h 的恒定速度下进行，并以 13.5°/s 的角速度逐渐增大转向盘的角度，直至侧向加速度达到 5.0m/s² 左右。将车辆在侧向加速度为 3.0m/s² 时的转向盘转角定义为基准转角 A。使用线性回归分析每次慢增量转向试验的 A 值，并四舍五入到最接近的 0.1°。取 6 次试验中 A 值绝对值的平均数，并四舍五入到最接近的 0.1°，这个值将用于正弦停滞转向试验。

（四）正弦停滞转向试验

在慢增量转向试验结束后的 2h 内，应确定基准转角 A 值，并开始第一组正弦停滞转向试验。在试验开始前，轮胎不应被更换，应再次对轮胎进行磨合并立即进行正弦停滞转向试验。

在试验前，需要检查 ESC 系统的故障指示灯和关闭指示灯（如果车辆配备），以验证 ESC 系统是否正常工作。之后，进行两组正弦停滞转向试验，其中，一组试验的上半周期按顺时针方向进行，另一组试验的上半周期按逆时针方向进行。每次试验之间，允许车辆停车并冷却 1.5~5min。

在试验开始时，将车辆置于较高档位，并保持车速在（80±2）km/h 的范围内。对转向盘施加 0.7Hz 的正弦波形转向输入，在第二个波峰处延迟 500ms。初始转向盘转角设定为 1.5A，随后以 0.5A 的步长逐次增加。如果计算出的 6.5A 不超过 300°，就将每组试验的最终试验中的转向盘转角设定为 6.5A 或 270°中的较大值；如果超过 300°，就将每组试验的最终试验中的转向盘转角设定为 300°。

二、试验数据分析与处理

对转向盘转角的原生数据应用滤波器，以 10Hz 为截止频率进行处理。对横摆角速度和侧向加速度的原始数据也应用滤波器，以 6Hz 为截止频率进行处理。利用静态预试验的数据来纠正传感器的偏移量。在消除车身侧倾和传感器安装位置偏差之后，确定车辆质心处的侧向加速度数据。侧向加速度传感器应尽量安装在车辆纵向和横向质心附近，以便更准确地采集数据。通过对转向盘转角数据应用 0.1s 的移动平均法滤波后求导，确定转向盘的转速。

第七章　操纵稳定性试验

三、ESC 系统性能评价

在完成正弦停滞转向试验后，根据试验数据对 ESC 系统进行评价，通常以车辆侧向位移和横摆角速度作为 ESC 系统稳定性控制的评价指标。

复习思考题

1. 汽车操纵稳定性道路试验常用的试验设备有哪些？
2. 操纵稳定性试验主要包括哪些测试项目？每个项目的测试目的是什么？
3. 如何通过试验数据分析和处理，评估汽车的过度转向与不足转向特性？
4. 转向瞬态响应试验中有哪两种输入方式？它们有什么区别？
5. 简述转向轻便性试验的目的和试验方法。
6. 解释蛇行试验的原理和测试方法，以及如何评估汽车的操纵稳定性？

第八章 / Chapter 8

平顺性试验

第八章 平顺性试验

导读：

当汽车在不良路面上行驶时，会因为强烈的振动而需要减速，其行驶速度在很大程度上受限于行驶舒适性；同时，振动产生的动态载荷会加速零部件的磨损，甚至导致损坏。另外，振动还会造成能量的消耗，影响经济性。因此，减少汽车振动，不仅对提高乘坐舒适性和货物的完好率至关重要，也直接影响汽车的运输效率、燃油经济性、使用寿命及工作可靠性。

学习目标：

1. 熟悉汽车行驶平顺性的评价方法。
2. 掌握随机振动基础和路面输入的基本知识。
3. 熟悉汽车振动系统的简化模型和单质量系统的振动分析。
4. 了解影响汽车行驶平顺性的各种因素。
5. 熟悉汽车行驶平顺性的试验方法。
6. 熟悉悬架系统的台架试验。

第一节 汽车行驶平顺性的评价

对汽车行驶平顺性的评价通常基于人体对振动的感觉及振动对货物完整性的影响，采用与振动相关的物理参数，如频率、振幅、加速度和加速度的变化率等，作为衡量汽车行驶平稳性的指标。

一、人体对振动的反应

人体的振动感受受到多种因素的影响，包括振动的频率、强度、方向及暴露于振动环境中的时长。此外，乘员的心理和生理状况也是一个重要因素。相关科学研究显示，人体对不同方向的振动反应有所不同，对垂直方向的振动耐受性最强，对前后方向的振动次之，而对左右方向的振动最为敏感。垂直方向振动的共振频率在 4~8Hz 之间，水平方向振动的共振频率则在 1~2Hz 之间。在共振频率处施加振动，会显著降低人体的抗振动能力，增加氧气的消耗量，加快能量代谢。暴露时间是指人体在振动环境中的持续时间。暴露时间越长，人体能够承受的振动强度就越小。

二、平顺性的评价方法

当振动波形峰值系数<9［峰值系数是加权加速度时间历程 $a_w(t)$ 的峰值与加权加速度均方根值的比值］时，采用加权加速度均方根（RMS）值作为衡量人体对振动舒适度及健康影响的基本评价手段，其流程包括计算各单轴方向的加权加速度均方根值，进而合成得到

整体加权加速度均方根值。该值通过与人的感受相关联,对车辆行驶过程中的舒适性进行评价。此方法在各种典型汽车行驶条件下皆有效。为与全球标准的新动向保持一致,我国在汽车平顺性评估方面,也已经转向只使用加权加速度均方根值作为评价方法。

(一) 单轴向加权加速度均方根值 a_w

在使用基本的评价方法进行评价时,要先计算各轴向加权加速度均方根值,具体方法有以下两种:

1) 对记录的加速度时间历程 a_t,通过相应频率加权函数 $w(f)$ 的滤波网络,得到加权加速度时间历程 $a_w(t)$ 后,计算加权加速度均方根值 a_w(单位为 m·s^{-2}),即

$$a_w = \left[\frac{1}{T}\int_0^T a_w^2(t)\,dt\right]^{\frac{1}{2}} \tag{8-1}$$

式中 T——振动的分析时间,一般取 120s。

2) 对记录的加速度时间历程 $a(t)$ 进行频谱分析,得到功率谱密度函数 $G_a(f)$ 后,计算单轴向加权加速度均方根 a_w,即

$$a_w = \left[\int_{0.5}^{80} w^2(f) G_a(f)\,df\right]^{\frac{1}{2}} \tag{8-2}$$

频率加权函数 $w(f)$(渐近线)可用以下公式表示(式中频率 f 的单位为 Hz):

$$w_k(f) = \begin{cases} 0.5 & (0.5<f\leq 2) \\ f/4 & (2<f\leq 4) \\ 1 & (4<f\leq 12.5) \\ 12.5/f & (12.5<f\leq 80) \end{cases} \tag{8-3a}$$

$$w_d(f) = \begin{cases} 1 & (0.5<f\leq 2) \\ 2/f & (2<f\leq 80) \end{cases} \tag{8-3b}$$

$$w_c(f) = \begin{cases} 1 & (0.5<f\leq 8) \\ 8/f & (8<f\leq 80) \end{cases} \tag{8-3c}$$

$$w_e(f) = \begin{cases} 1 & (0.5<f\leq 1) \\ 1/f & (1<f\leq 80) \end{cases} \tag{8-3d}$$

人体坐姿受振模型共三个输入点(座椅支承面、座椅靠背、脚支承面)、十二个轴向的振动,不同输入点、不同轴向的振动对人体影响有差异。表 8-1 给出了三个输入点、十二个轴向分别应选用的频率加权函数 $w(f)$ 和对应的轴加权系数 k。

表 8-1 频率加权函数和轴加权系数

位置	坐标轴名称	频率加权函数 $w(f)$	轴加权系数 k
座椅支承面	x_s	w_d	1.00
	y_s	w_d	1.00
	z_s	w_k	1.00
	r_x	w_e	0.63
	r_y	w_e	0.40
	r_z	w_e	0.20

（续）

位置	坐标轴名称	频率加权函数 $w(f)$	轴加权系数 k
座椅靠背	x_b	w_c	0.80
	y_b	w_d	0.50
	z_b	w_d	0.40
脚支承面	x_f	w_k	0.25
	y_f	w_k	0.25
	z_f	w_k	0.40

（二）总加权加速度均方根值 a_v

同时考虑椅面 x_s、y_s、z_s 三个轴向振动时，三个轴向的总加权加速度均方根 a_v 的计算公式为

$$a_v = \left[(1.4 a_{xw})^2 + (1.4 a_{yw})^2 + a_{zw}^2 \right]^{\frac{1}{2}} \tag{8-4}$$

式中　a_{xw}——前后方向（x 轴方向）加权加速度均方根值（m·s^{-2}）；

a_{yw}——左右方向（y 轴方向）加权加速度均方根值（m·s^{-2}）；

a_{zw}——上下方向（z 轴方向）加权加速度均方根值（m·s^{-2}）。

（三）加权振级与加权加速度均方根值的换算

在具体测量时，有些人体振动测量仪采用加权振级 L_{aw}（单位为 dB）作为测量指标。加权振级表明振动的量级，可以理解为用分贝值表示的加权加速度均方根值，它与加权加速度均方根值 a_w 的关系为

$$L_{aw} = 20 \lg \frac{a_w}{a_0} \tag{8-5}$$

式中　a_0——参考加速度均方根值，$a_0 = 10^{-6}$ m·s^{-2}；

L_{aw}——加权振级（dB）。

在 1~80Hz 振动频率范围内，a_w 和 L_{aw} 与人体的主观感觉之间的关系见表 8-2。把计算得到的加权加速度均方根值 a_w 与之相比较，即可评价汽车的行驶平顺性。

表 8-2 　a_w 和 L_{aw} 与人的主观感觉之间的关系

$a_w/(\text{m·s}^{-2})$	L_{aw}/dB	人的主观感觉
<0.315	110	没有不舒适
0.315~0.63	110~116	有一些不舒适
0.5~1.0	114~120	相当不舒适
0.8~1.6	118~124	不舒适
1.25~2.5	112~128	很不舒服
>2.0	126	极不舒服

第二节　随机振动基础和路面输入

平顺性评价依托于随机振动理论，下面重点介绍几个关键的随机振动概念。

一、随机振动基本概念

（一）随机过程

物体的运动轨迹大致可以分为确定性运动和随机运动两种类型。确定性运动可以通过具体的函数公式严格刻画；而随机运动的规律性无法用固定的函数公式来描述。

以行驶在公路上的汽车为例，汽车受到来自路面的激励，这些激励受许多随机因素（如路面凹凸不平）的影响持续地发生变化，并在一个平均值附近上下波动。在平顺性分析中，随机过程通常假定为平稳的，这意味着可以通过一个单一的样本函数来表征整个过程的特征，这样的假设为平顺性分析提供了极大的方便。

（二）加速度均方根值

对于具有各态历经性的平稳随机过程，样本函数 $X(t)$ 时刻都在变化，其均方根值 X_m 为

$$X_m = \sqrt{\lim_{T \to \infty} \frac{1}{T} \int_0^T X^2(t) \, dt} \tag{8-6}$$

如果 $X(t)$ 表示振动的加速度 $a(t)$，那么 X_m 就是加速度均方根值 a。

（三）功率谱密度

在平顺性分析中，需要利用傅里叶变换作为工具确定时间（或空间）函数的频率结构，并得到频率 f 的函数 $G_x(f)$，其反映不同频率上的振动能量和振幅，代表单位频带上所具有的平均功率（平均功率密度），被称为功率谱密度函数，简称谱密度。谱密度与均方根值之间的关系为

$$X_m = \left[\int_{-\infty}^{+\infty} G_x(f) \, df \right]^{\frac{1}{2}} \tag{8-7}$$

由此可知，谱密度可以用来表示一个系统受到的激励及其响应。

（四）1/3 倍频带

由数学分析的理论可知，随机过程的非周期函数可以看成由频率连续变化的周期函数叠加而成，即随机过程的样本函数 $X(t)$ 实际上包含频率连续变化的周期性函数成分。为了分析方便，常将连续频率按一定规则划分成一些频段，这些频段被称为频带，每个频带由其中心频率 f_c 表示。频带所表示的频率范围称为频带宽，频带宽 Δf 的计算公式为

$$\Delta f = f_u - f_l \tag{8-8}$$

式中　f_u——上限频率；
　　　f_l——下限频率。

若每个频带范围按 $f_u/f_l = 2$ 确定，则将这样的频带称为倍频带，把倍频带按等比关系分成 3 个频带，即 1/3 倍频带，则有

$$\frac{f_u}{f_l} = 2^{\frac{1}{3}} = 1.26 \tag{8-9}$$

其中心频率为

$$f_c = \sqrt{f_u f_1} = 2^{\frac{1}{6}} f_1 \tag{8-10}$$

(五) 常系数线性系统

在汽车平顺性研究中，通常将汽车近似看成常系数线性系统。所谓常系数，是指系统的质量、刚度和阻尼等不随时间变化；所谓线性，则是指能够满足叠加原理，其运动微分方程是线性常系数微分方程。对于线性系统来说，系统的固有传递特性，不会因激励的不同而变化，若输入是频率为 f 的正弦波，输出也是同频率的正弦波。

(六) 频响函数

对于一个振动系统来说，输出与输入的幅值比和相位差反映系统的传递特性，其取决于系统的固有参数。一个复数具有模和相角两个参数，因此一个系统的传递特性可以用一个复数 $H(j\omega)$ 来表示，称为频率响应函数，简称频响函数。频率响应函数的模又称为幅值比，其随频率的变化称为幅频特性；频率响应函数的相角随频率的变化，称为相频特性。频响函数与输入、输出之间有以下重要的关系：

$$H(j\omega) = \frac{G_{xy}(w)}{G_x(w)} \tag{8-11}$$

$$|H(j\omega)|^2 = \frac{G_y(w)}{G_x(w)} \tag{8-12}$$

式中　$G_y(w)$——输出功率谱密度；
　　　$G_x(w)$——输入功率谱密度；
　　　$G_{xy}(w)$——输入输出的互功率谱密度。

二、输入的路面不平度功率谱

通过输入的路面不平度功率谱和车辆系统的频率响应函数，可以计算出各响应变量的功率谱。这样可以分析振动系统中各参数对响应变量的影响，并据此探索提升车辆平顺性的策略。

路面纵断面的不平度可通过水准仪器或专用的路面测量设备进行测定。通过这些仪器或设备收集的路面不平度数据通常呈现随机分布态势，经由计算机处理后得到路面不平度的功率谱密度 $G_q(n)$ 等统计特性参数。作为车辆振动输入的路面不平度，主要采用路面功率谱来描述其统计特性。

在对汽车振动系统的输入进行评估时，除了要考虑路面不平度，车速也是一个重要的因素。在某些情况下，可能需要将空间频率功率谱密度转换为时间频率功率谱密度。

第三节　汽车振动系统的简化与单质量系统的振动

汽车作为一个多变的振动实体，为了方便分析，通常需要依据具体问题对其进行必要的抽象化处理。

一、汽车振动系统的简化

在简化汽车振动系统时，常用等效系统来替代。汽车通常被认为是由相互关联的悬挂质量和非悬挂质量构成的复杂体系。悬挂质量 M 包括车身、车架及其上的各种总成，即由悬架弹簧支撑的部分；非悬挂质量 m 主要由车轮和车轴组成，即悬架弹簧以下的部分。由于汽车的弹性元件、操控杆、减振器和传动轴等部件的一端连接弹簧以上的部分，另一端连接弹簧以下的部分，它们被认为一半属于悬挂质量，另一半属于非悬挂质量。

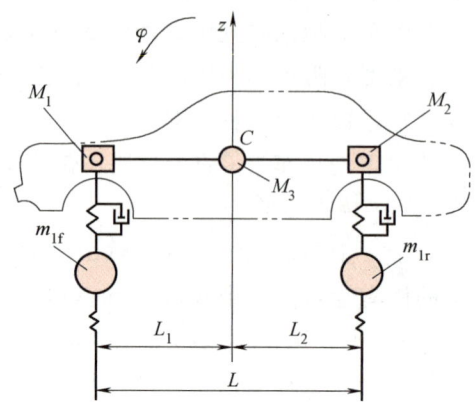

图 8-1 汽车振动系统简化平面模型

假设汽车对称于纵向轴线且没有横向角振动，只有垂直振动 z 和俯仰振动 φ，由此可将汽车振动系统简化为图 8-1 所示的平面模型，该模型为双轴汽车模型。将悬挂质量 M 按动力等效的条件分解为前轴上的质量 M_1、后轴上的质量 M_2 和质心 C 上的质量 M_3 三个集中质量，并由无质量的刚性杆连接，其大小由下述三个条件决定：

1）总质量不变，即

$$M = M_1 + M_2 + M_3 \tag{8-13}$$

2）质心位置不变，即

$$M_1 L_1 - M_2 L_2 = 0 \tag{8-14}$$

3）转动惯量 I_y 的值保持不变，即

$$I_y = M\rho_y^2 = M_1 L_1^2 + M_2 L_2^2 \tag{8-15}$$

式中　ρ_y——绕横轴 y 的回转半径（m）；
　　　L_1——质心至前轴距离（m）；
　　　L_2——质心至后轴距离（m）。

由式（8-13）~式（8-15）解得

$$\begin{cases} M_1 = \dfrac{M\rho_y^2}{L_1 L} \\[2mm] M_2 = \dfrac{M\rho_y^2}{L_2 L} \\[2mm] M_3 = M\left(1 - \dfrac{\rho_y^2}{L_1 L_2}\right) \end{cases} \tag{8-16}$$

式中　L——轴距（m）。

当悬挂质量分配系数 $\varepsilon = \dfrac{\rho_y^2}{L_1 L_2} = 1$ 时，质心 C 上的质量 $M_3 = 0$，此时有

$$\begin{cases} M_1 = \dfrac{ML_2}{L} \\ M_2 = \dfrac{ML_1}{L} \end{cases} \tag{8-17}$$

在 $\varepsilon=1$ 的情况下，前、后轴上集中质量 M_1、M_2 在垂直方向的运动是相互独立的，即当前轮遇到路面不平度而引起振动时，质量 M_1 运动而质量 M_2 不运动，反之亦然。

大部分汽车的 $\varepsilon=0.8\sim1.2$，即接近 1。在这种情况下，可以分别讨论图 8-1 中 M_1 与前轮轴及 M_2 与后轮轴所构成的两个双质量系统的振动，如图 8-2 所示。在远离车轮固有频率 f_0（10~16Hz）的较低激振频率范围（如 5Hz 以下）内，轮胎的动变形很小，若忽略其弹性和车轮质量，可得到分析车身垂直振动的单质量系统，如图 8-3 所示。

二、单质量系统及其振动特性分析

图 8-3 所示为车身单质量振动系统模型，它由轴上质量 M_1（或 M_2）和弹簧刚度为 K、减振器阻尼系数为 C 的悬架组成。q 是路面输入，z 是车身垂直方向输出，其原点在静力平衡位置。

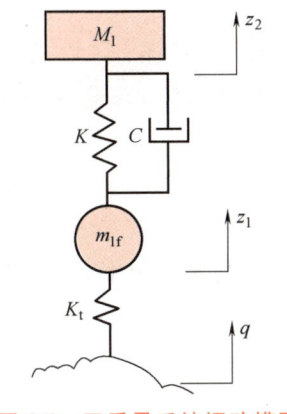
图 8-2　双质量系统振动模型

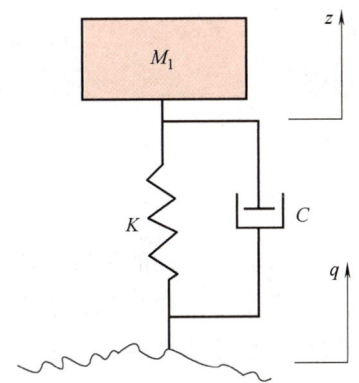
图 8-3　车身单质量振动系统模型

根据牛顿第二定律，得到描述系统运动的微分方程为

$$M_1 z'' + C(z' - q') + K(z - q) = 0 \tag{8-18}$$

整理得

$$M_1 z'' + Cz' + Kz = Cq' + Kq \tag{8-19}$$

式（8-19）是二阶常系数非齐次线性微分方程。由其齐次微分方程的通解和频响特性的分析，可得有关悬架系统的以下结论：

1）悬架系统的阻尼系数 C（或阻尼比 ξ）对系统衰减振动的固有频率有一定的影响，并直接决定振幅的衰减程度。

2）系统减振在频率比 λ [路面输入频率（激振频率）f/系统固有频率 f_0 之比] 不同的路面输入下，对阻尼比 ξ 的要求也不同。

3）降低系统的固有频率 f_0 可以明显减小车身振动加速度，从而改善汽车的平顺性，但 f_0 的降低又受到动挠度 f_d 的限制。

常见汽车悬架系统的参数见表 8-3。

表 8-3 常见汽车悬架系统的参数

车型	固有频率 f_0/Hz	静挠度 f_s/cm	动挠度 f_d/cm	阻尼比 ξ
轿车	1.1~1.2	15~30	7~9	0.2~0.4
货车	1.5~2	6~11	6~9	
大客车	1.2~1.8	7~15	5~8	
越野车	1.3~2	6~13	7~13	

综上所述，轿车舒适性要求高，其所行驶的路面相对货车和越野车较好，悬架动挠度 f_d 引起的撞击限位概率很小，故其车身部分固有频率 f_0 选择得较低，以减小车身加速度，一般为 1~1.5Hz。反之，货车和越野车行驶的路面较差，为了减小撞击限位的概率，车身固有频率 f_0 较高，一般为 1.5~2Hz。在固有频率 f_0 较低、行驶路面较差的情况（如某些越野车）下，动挠度 f_d 会相当大，为了减少撞击限位的概率，阻尼比 ξ 应取偏大值。

第四节　影响汽车行驶平顺性的因素

一、悬架结构

提高汽车行驶平顺性的关键方法是降低悬架的刚度并减少其固有频率，以降低乘员所承受的加速度。通常可使用较软的弹簧和较低的轮胎气压。然而，悬架刚度过小也会带来问题，如会增加非悬挂质量的高频振动幅度，影响车辆的操纵稳定性，并且在紧急制动或转弯时可能导致车辆过度点头或侧倾。

对于承受不同载荷的公共汽车和货车，为了适应不同载荷对悬架刚度的需求，常会使用非线性悬架，也就是变刚度悬架。轻载时，悬架刚度较小，以防止振动频率过高；重载时，悬架刚度会迅速增加，从而减轻车辆的侧倾和纵向角振动。通过在钢板弹簧中增加副弹簧或复合弹簧，可以使其刚度随载荷变化而调整。此外，空气弹簧、空气液力弹簧和橡胶弹簧等都具备非线性特性。

为了防止前后悬架在行驶中遇到激振频率而发生共振，前后悬架的固有频率应当分别设置，特别是路面激励先影响前轮，然后才传递到后轮，因此前悬架的固有频率应稍低于后悬架，即前悬架刚度应稍小于后悬架。

传统悬架系统通常由弹簧和减振器构成，其特性参数（如悬架刚度和阻尼系数）一旦在特定条件下被优化设定，就无法进行修改，这种结构被称为被动悬架。这就意味着被动悬架无法根据实际使用条件（如载荷变化导致的悬挂质量改变，以及由车速和路面状况决定的路面输入）进行调整以改善悬架性能。

相比之下，主动悬架和半主动悬架能够更有效地提升车辆的行驶平顺性。主动悬架通常使用液压缸作为主要动力源，替代传统的弹簧和减振器。这种系统通过外部高压液体供应能源，利用传感器监测系统运动状态，并将这些信号反馈给电控单元。电控单元根据这些反馈信号发出控制指令，操纵动力源产生所需的主动控制力，实现对振动系统的闭环控制。半主动悬架的主要组件是可调节阻尼的减振器，其控制策略类似于主动悬架，采用闭环控制，或者使用基于车速等参数的开环控制系统。由于其能耗主要用于驱动控制阀，半主动悬架的能耗相对较低。图 8-4 所示为车身与车轮两个自由度主动或半主动悬架模型。

二、悬架阻尼

悬架系统通过减振器、钢板弹簧叶片间的摩擦及轮胎变形时的内部摩擦来消耗振动能量。这种阻尼作用有助于快速减少车身振动，降低传递给乘员和货物的加速度，缩短振动持续时间，从而提升行车舒适性。此外，它还有助于改善车轮与地面的接触状态，防止车轮离地，增强车辆的操纵稳定性。

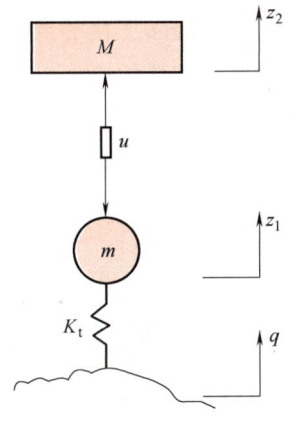

图 8-4　车身与车轮两个自由度主动或半主动悬架模型

由于钢板弹簧悬架中的干摩擦较大，并且弹簧片数越多，摩擦力越大，有时车辆会省略减振器。但是弹簧的摩擦阻尼是变化的，并且钢板弹簧生锈后阻力增加，控制难度加大。对于使用其他摩擦较小弹性元件（如螺旋弹簧、扭杆弹簧等）的悬架系统，则要配备减振器以吸收和快速衰减振动。为了确保减振器在压缩和伸张行程中提供适当的阻尼效果，同时不传递大的冲击力，可以设计不同阻尼系数的压缩和伸张行程。如果减振器只在伸张行程中提供阻尼，而在压缩行程中不提供阻尼，则称为单向作用减振器；如果减振器在压缩和伸张行程中都提供阻尼，则称为双向作用减振器。

使用减振器或提升减振器性能不仅能够增强汽车的舒适性，还能增加悬架的角刚度，改善车轮与地面的接触条件，预防车轮离地，从而提升车辆的稳定性。悬架系统的干摩擦可能会导致悬架部分或全部失去活动性，使车辆在行驶过程中的振动频率和冲击增大。在车辆使用过程中，应注意防止减振器失效和弹簧片生锈卡滞，以免影响行车舒适性。为了减少钢板弹簧叶片间的摩擦，应定期添加润滑脂或使用摩擦衬垫，并在设计上采用较少片数的弹簧。

三、轮胎

轮胎的弹性作用能够降低悬架的有效刚度。当汽车在起伏不平的道路上行驶时，轮胎的弹性提供了一种展平效果，使得轮胎的位移曲线比道路的实际轮廓更加平滑，尽管其跳跃的幅度比道路的起伏要大，但跳跃的峰值比道路不平的峰值低。轮胎内部摩擦产生的阻尼能够吸收振动能量，从而使振动得到衰减。

轮胎对车辆行驶舒适性的影响主要与轮胎的径向刚度有关。适当降低轮胎的径向刚度可以提升行驶舒适性。例如，使用子午线轮胎可以减少轮胎的径向刚度，从而增加轮胎的静挠度，提高车辆的行驶平顺性。然而，如果轮胎刚度过低，可能会导致车辆侧偏，影响操纵稳定性。为了确保行驶平顺性，进行轮胎动平衡测试是必要的。

四、座椅

车辆内部座椅的布局对提升乘坐舒适性有显著作用。座椅位置靠近车身中部时,其受到的振动幅度相对较小,而位于前后两端的座椅会有更大的振动幅度。这意味着在相同振动频率下,不同位置的乘员感受到的振动加速度会有所不同。因此,在设计轿车时,座位通常被布置在车辆前后轴之间的范围内。对于货车和公共汽车,为了减少前后方向的振动,应尽量减少座位在垂直方向上与车辆质心之间的距离。

座椅的减振性能也很重要,座椅的弹性和减振特性需要适当选择。如果车辆悬架较硬,可以搭配较软的座椅以提供更好的舒适性;如果悬架较软,则应使用较硬的座椅来避免与人体敏感频率范围(4~8Hz)的重合,防止发生共振现象。此外,座椅应具备一定的阻尼,以确保阻尼系数超过 0.2,以便有效减少振动。

五、非悬挂质量

非悬挂质量的大小直接影响传递到车身上冲击力的大小,即非悬挂质量较小的车辆冲击力较小,反之则较大。因此,非悬挂质量对车辆行驶的平顺性有着显著的影响。

行驶平顺性受非悬挂质量影响的程度,通常通过非悬挂质量 m 与悬挂质量 M 的比值来衡量。这个比值越低,车辆的行驶平顺性通常越好。然而,当非悬挂质量减小时,它对平顺性的影响也会减弱,而且过小的非悬挂质量可能会影响车轮与地面的抓地力。现代轿车的 m/M 一般为 10.5%~14.5%。

六、底盘旋转件

车辆底盘上的旋转部件(如传动轴和车轮)如果存在不平衡,则会在行驶过程中迅速产生循环的激振力,这些力通过悬架系统传递到车身上,从而影响车辆的行驶舒适性。通过提升这些旋转部件的动态平衡性,可以显著增强汽车的行驶平顺性。

七、轴距

在汽车行驶中,路面不平造成的冲击会导致车身俯仰角加速度随着汽车轴距的增加而降低;除了前轮和后轮上方区域,车身垂直振动加速度也随着轴距的增加而减小。因此,增加轴距有助于提升汽车行驶平顺性。

第五节 汽车行驶平顺性试验

在评估汽车行驶平顺性的过程中,需要收集包括随机振动在内的多种振动和冲击数据。通过计算机系统,结合采样、模-数转换,以及各种软件和硬件的数据处理组件,对平顺性的评价指标、频谱分析和频率响应函数进行处理。

一、试验条件

（一）车辆条件

车辆按要求装备齐全，并在相应位置设置加速度传感器，轮胎气压符合技术要求。

（二）道路条件

试验道路为平直坚实沥青路面或混凝土路面，路面等级可根据需求确定，路面干燥平整、纵坡不大于1%，不平度应均匀、无突变，路面长度应不小于试验采集时间所需的最短路面长度。

（三）气候条件

风速不大于5m/s。

二、平顺性试验数据的采集和处理系统

在执行汽车行驶平顺性测试时，需要搜集大量的随机振动数据。之后，利用微机作为核心，结合采样、模-数转换及多种软件和硬件数据处理工具，对这些数据进行处理，以评估汽车行驶平顺性相关的指标、频谱和频率响应函数。

（一）测试仪器系统

平顺性试验仪器系统包括加速度传感器、前置放大器和记录仪或数据采集器、车速仪、滤波器等。图8-5所示为测试仪器系统框图。由试验仪器构成的测试系统应适宜于冲击测量，其性能应稳定、可靠。

在使用压电式加速度传感器进行振动测量时，传感器的布局应根据具体的测量目的来决定。为了准确捕捉车身整体的振动，传感器应安装在车身的刚性接合点处，以避免传感器本身的结构振动（如车地板的弯曲）对

图8-5 测试仪器系统框图

数据产生干扰。相反，若目标是测量高频结构振动，传感器应放置在车身较软的板件上。对于测量车身俯仰和侧倾等旋转振动，需要使用两个加速度传感器，并确保它们之间有一定的距离。在测量座椅和乘员受到的振动时，传感器应安装在一个半刚性的平台上。座椅靠背的振动测量也采用相似的装置。

在进行汽车平顺性测试时，会用到配有特定标准功能模块的加权平顺性测量仪。这些模块包括带通滤波器、频率加权、求和及求取时间历程平均值等功能。为了获取更详细的数据，需要依据所使用的标准记录硬件，并对时域信号进行幅频分析。

（二）数据处理系统

由测试系统采集振动信号后，数据需要经过处理才能得到有用的结果，应由数据处理系统来完成。数据处理系统具有快速傅里叶变换功能，采用相应的软件快速、精确地进行自谱、互谱、传递函数、相干函数和概率统计等数据处理和分析。

三、试验项目及方法

（一）汽车悬架系统的刚度、阻尼和惯性参数的测定

通过测量轮胎、悬架系统、座椅垫等部件的弹性特性（载荷与其变形之间的关系），可以在规定的载荷条件下计算出这些部件的刚度。加载和卸载曲线所围成的区域可用于确定这些部件的阻尼特性。此外，还需要测定悬挂系统的质量、非悬挂部件（如车轮）的质量及车身质量的分配比例等参数。

（二）悬架系统部分固有频率（偏频）阻尼比的测定

先将汽车前轮、后轮分别从一定高度抛下，记录车身和车轮质量的衰减振动曲线（图8-6），分别求得车身质量振动周期 T 和车轮质量振动周期 T'，然后计算各部分的固有频率：

车身固有频率 f_0 为

$$f_0 = \frac{\omega}{2\pi} = \frac{1}{T} \tag{8-20}$$

车轮固有频率 f_l 为

$$f_l = \frac{\omega_l}{2\pi} = \frac{1}{T'} \tag{8-21}$$

车身衰减率 τ 和车轮和衰减率 τ' 分别为

$$\tau = \frac{A_1}{A_2} \tag{8-22}$$

$$\tau' = \frac{A_1'}{A_2'} \tag{8-23}$$

式中　A_1——车身自由衰减振动曲线上第2个峰的峰值；
　　　A_2——车身自由衰减振动曲线上第3个峰的峰值；
　　　A_1'——车轮自由衰减振动曲线上第2个峰的峰值；
　　　A_2'——车轮自由衰减振动曲线上第3个峰的峰值。

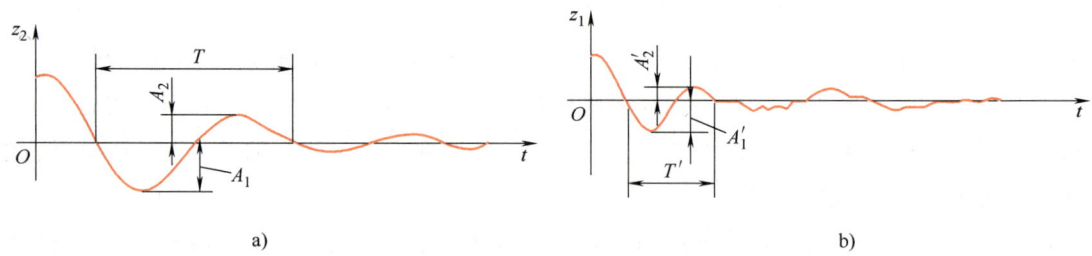

图 8-6　车身和车轮质量衰减振动曲线
a）车身部分　b）车轮部分

继续求出车身阻尼比 ξ 和车轮阻尼比 ξ'：

$$\xi = \frac{1}{\sqrt{1 + \frac{\pi^2}{\ln^2 \tau}}} \tag{8-24}$$

$$\xi' = \frac{1}{\sqrt{1+\frac{\pi^2}{\ln^2 \tau'}}} \qquad (8\text{-}25)$$

用同样方法可以求出人体-座椅系统之间的部分固有频率和阻尼比。

(三) 汽车振动系统频率响应函数的测定

在实际的道路随机输入或电液振动试验台上,对车轮施加 0.5～30Hz 的振动,并记录车轴、车身和坐垫上各测点的振动反应。这些数据经过统计分析仪器的处理,可以得到车轮、悬架和坐垫等部分与输入之间的频率响应函数,以及车身与车轴、坐垫与车身之间的响应关系。其幅频特性的峰值所在频率即为各环节的固有频率,根据共振时的振幅 A 近似求出各环节的阻尼比 ξ,即

$$\xi = \frac{1}{2\sqrt{A^2-1}} \qquad (8\text{-}26)$$

(四) 实际路面随机输入行驶试验

实际路面随机输入行驶试验是评定汽车行驶平顺性的核心试验。

(1) 传感器的安装位置 轿车安装在左侧前排和后排座椅上;客车安装在驾驶员座椅上、左侧后轴正上方座椅上和左侧后排座椅上;其他类型汽车安装在驾驶员座椅上车厢地板中心,以及距车厢边板、车厢后板各 300mm 处的车厢地板上。安装在座椅上的传感器应能测量垂直、侧向 (左右) 和纵向 (前后) 三个方向的加速度。

(2) 所测试的座椅由真人乘员乘坐 乘员的身高为 (1.75±0.05) m,体重为 (65±5) kg。乘员应全身放松,两手自然放在大腿上,驾驶人双手自然置于转向盘上。乘员应自然地靠在靠背上,否则应注明。试验过程中乘员姿势应保持不变。传感器应与人体紧密接触,并在人体和座椅间放置安装传感器的垫盘。

(3) 试验车速的选择 试验车速应至少选择高于常用车速、低于常用车速和包括常用车速在内的三种车速。路面不同,常用车速的界定也不同。在沥青路面上,轿车的常用车速为 70km/h,其他类型汽车为 60km/h;在砂石路面上,轿车的常用车速为 60km/h,其他类型汽车为 50km/h。实际试验车速相较于预选值允许有 ±4% 的偏差。试验时变速器采用常用档位。

试验开始前,标定传感器、调零。试验中,汽车先在稳速路段以规定的车速稳定行驶,然后以该稳定车速通过试验路段。在进入试验路段时,启动测试仪器开始测量并记录各测试部位的加速度时间历程,同时测量通过试验路段的时间以计算平均车速。待车辆驶出试验路段后关闭测试仪器,记录样本的时长不短于 3min。变换车速,重复上述试验过程。

平顺性随机输入试验主要以总加权加速度均方根值 a_w 来评价。根据试验中记录的振动加速度时间历程,通过数据处理设备得到加速度功率谱密度,并可计算各 1/3 倍频程带宽中心频率 f_{ci} 的加速度均方根 a_i,进而求得 a_w。这些评价指标随车速的变化曲线称为车速特性,可用于在整个使用车速范围内全面地评价汽车平顺性。

(五) 脉冲输入行驶试验

在汽车行驶过程中,路面凸起或坑洼会对车辆的行驶平顺性产生影响,并在极端情况下对乘车人员的健康和所载货物造成损害。脉冲输入行驶试验就是利用放置于地面上的凸块,

给行驶中的汽车一个振动输入,并采用测试系统对汽车振动的输出信号进行测量、记录和数据处理。其试验目的是从汽车驶过单凸块时的冲击对乘员及货物影响的角度来评价汽车的行驶平顺性。

试验道路应为平直的水泥路面或沥青路面,以确保路面平整、干燥、纵坡坡度不大于1%。路面等级按 GB/T 7031—2005《机械振动道路路面谱测量数据报告》规定的 A 级路面。加速度传感器的量程不得小于 $10g$。其他基本试验条件与随机输入行驶试验基本相同。

试验车速分别为 10km/h、20km/h、30km/h、40km/h、50km/h 和 60km/h。

试验前,将凸块置于试验道路中间,并按汽车轮距调整两凸块的间距。为了保证汽车左右车轮同时驶过凸块,应将两凸块放在与汽车行驶方向垂直的一条直线上。

试验时,汽车以规定的车速匀速驶过凸块。在汽车通过凸块前 50m 应稳住车速。当汽车前轮接近凸块时开始记录,待汽车驶过凸块且冲击响应消失后停止记录。每种车速的有效试验次数不少于 5 次。

通常使用座椅垫和车内地板上的加速度最大值或加权加速度最大值作为衡量车辆行驶平顺性的评价指标。

第六节 悬架系统的台架试验

悬架系统由弹性元件、导向机构及减振器三个主要部分组成。通过悬架系统试验台,可以进行快速性能测试和悬架系统工作状态的诊断。使用悬架系统与转向系统间隙测试仪,可以对两者之间的距离进行准确测量。

一、悬架系统试验台

依据激振机制的不同,悬架系统试验台可以分为跌落式、谐振式和平板式三种基本类型。谐振式悬架系统试验台因其稳定的性能和可靠的数据输出而得到广泛应用。谐振式悬架系统试验台的结构示意图如图 8-7 所示,它通过电动机、偏心轮、储能飞轮和弹簧组成的激振器来驱动测试台面及与其相连的被测汽车的悬架系统产生振动。通过分析振动衰减过程中的力或位移的振动曲线,可以提取频率和衰减特性,从而评价悬架系统减振器的工作状态。根据测量对象的不同,悬架系统试验台分为测力式和测位移式两种类型。其中,测力式试验台测量的是振动衰减过程中的力,测位移式试验台则测量振动衰减过程中的位移。

二、汽车悬架性能的评价指标

1. 吸收率

在谐振式悬架系统试验台上对汽车悬架特性进行测试时,常用的评价指标是吸收率(车轮接地性指数)。吸收率展现了车轮与路面间的最小动态接触力,反映悬架系统在车辆行驶过程中维持车轮与路面接触的最小效能。对于设计最大车速超过 100km/h 且轴载质量不超过1500kg的乘用车,在悬架系统试验台上进行规定的悬架特性测试时,要求车辆在受到外部激励振动时测得的吸收率不低于40%,同轴上左、右车轮的吸收率差值不超过15%。

2. 悬架效率

在用平板式悬架系统试验台测试汽车悬架特性时,选择的评价指标为悬架效率。由于汽车悬架系统能衰减、吸收车身的振动,车身的振动经过一段时间后就会消失。每侧车轮悬架效率 η 的计算公式为

$$\eta = \left[1-\left(\left|\frac{G_B-G_O}{G_A-G_O}\right|\right)\right] \times 100\% \quad (8\text{-}27)$$

式中 η ——悬架效率;
G_O ——各车轮处的静态负荷值;
G_A ——A点的纵坐标绝对值;
G_B ——B点的纵坐标绝对值。

在平板式悬架系统试验台上测试汽车悬架特性时,悬架效率应不小于45%,同轴上左、右车轮的悬架效率之差不大于20%。

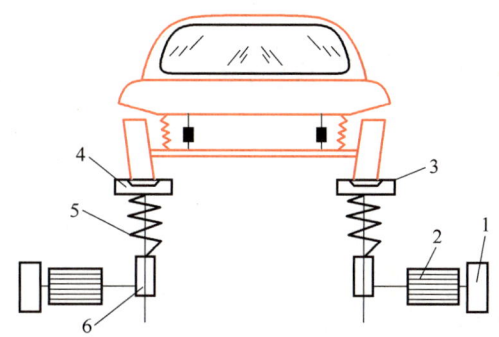

图8-7 谐振式悬架系统试验台的结构示意图
1—储能飞轮 2—电动机 3—测量装置
4—台面 5—激振弹簧 6—凸轮

复习思考题

1. 什么是汽车的行驶平顺性?为何平顺性对于乘员的舒适度和车辆性能至关重要?
2. 平顺性试验的主要目的是什么?通常包括哪些测试项目和指标?
3. 解释人体对振动的敏感度,并讨论这一因素对平顺性试验设计和结果解释的重要性。
4. 解释加权加速度均方根值,并说明它如何用于评估汽车的平顺性。
5. 在平顺性试验中,如何准确测量车辆的振动响应?常用的测量设备和传感器有哪些?
6. 如何通过试验数据分析和处理,确定汽车的共振频率和阻尼比?

第九章 / Chapter 9
通过性试验

第九章　通过性试验

> **导读：**
>
> 　　汽车的通过性是指汽车能以足够高的平均车速通过各种坏路和无路地带及各种障碍的能力。坏路和无路地带是指松软土壤、沙漠、雪地、沼泽等松软地面及坎坷不平地段；各种障碍是指陡坡、侧坡、台阶、壕沟等。
>
> 　　根据地面影响汽车通过性的原因，车辆通过性可分为几何通过性和牵引通过性。几何通过性描述车辆穿越坎坷不平路段和障碍（如斜坡、侧坡、阶梯、沟壑等）的能力，也称为越障通过性，其主要取决于汽车本身的结构参数和几何参数。牵引通过性指的是车辆通过各种坏路和无路地带的能力，如在松软土壤、沙漠、雪地、冰面、沼泽等地面上行驶的能力，也称为支承通过性，其主要取决于地面的物理性质和汽车的牵引能力。在农林区域、矿区、建筑工地等地工作的车辆，经常行驶在坏路和无路地带，因此需要具备良好的通过性。

> **学习目标：**
>
> 1. 掌握评价汽车通过性的关键几何参数。
> 2. 熟悉汽车挂钩牵引力的相关知识。
> 3. 了解汽车倾覆失效的现象与原因。
> 4. 熟悉影响汽车通过性的各种因素。
> 5. 了解汽车通过性试验的方法和过程。

第一节　汽车通过性评价指标及几何参数

一、汽车通过性几何参数

　　在通过崎岖或不平的路面及障碍时，由于车辆与地面之间缺乏足够的间隙，可能会遇到车辆被地面拖住、无法通过的状况，这种情况称为间隙失效。具体来说，当车辆底部中央的部件碰到地面，导致车辆被顶住的状况称为顶起失效；当车辆的前端或后端接触地面，导致无法通过的状况称为触头失效或托尾失效。

　　与间隙失效相关的整车几何尺寸，称为车辆通过性的几何参数。主要包括最小离地间隙、接近角、离去角、纵向通过角、最小转弯直径等，如图 9-1 所示。部分几何参数的数值范围见表 9-1。

（一）最小离地间隙

　　车辆的最小离地间隙 h（单位为 mm），是指车辆满载且静止时，除轮胎以外的车辆最低点与地面之间的垂直距离。它反映车辆无碰撞地通过地面凸起的能力。通常前桥的离地间隙小于油底壳体的离地间隙，主要是为了使用前桥保护较为脆弱的油底壳体不受撞击。后桥内装有直径较大的主传动齿轮，其离地间隙一般最小。

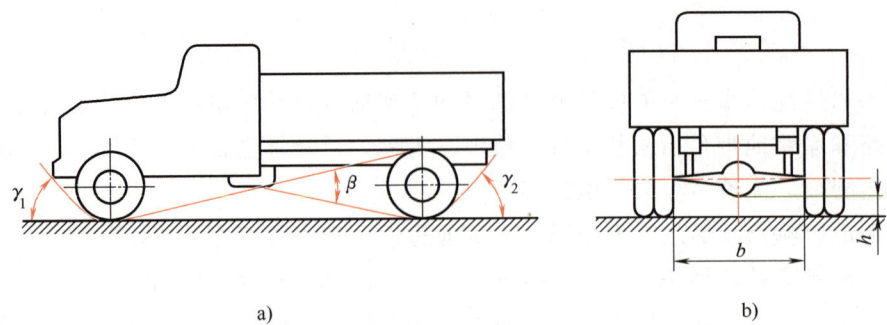

图 9-1 汽车通过性几何参数

h—最小离地间隙　b—两侧轮胎内缘间距　γ_1—接近角

γ_2—离去角　β—纵向通过角

表 9-1 汽车通过性几何参数范围

汽车类型	驱动形式	最小离地间隙 h/mm	接近角 γ_1/(°)	离去角 γ_2/(°)	最小转弯直径 d_H/m
轿车	4×2	120~200	20~30	15~22	14~26
	4×4	210~370	45~50	35~40	20~30
货车	4×2	250~300	25~60	25~45	16~28
	4×4、6×6	260~350	45~60	35~45	22~42
越野车（乘用）	4×4	210~370	45~50	35~40	20~30
客车	6×4、4×2	220~370	10~40	6~20	28~44

（二）接近角

接近角 γ_1（单位为°）是指车辆满载且静止时，自车身前端凸出点向前车轮所引切线与路面之间的夹角。它表征汽车接近障碍物（如小丘、洼地等）时，不发生碰撞的能力。接近角 γ_1 越大，越不易发生触头失效。

（三）离去角

离去角 γ_2（单位为°）是指车辆满载且静止时，自车身后端凸出点向后车轮所引切线与路面之间的夹角。它表征汽车离开障碍物（如小丘、洼地等）时，不发生碰撞的能力。离去角 γ_2 越大，越不易发生托尾失效。

（四）纵向通过角

纵向通过角 β（单位为°）是指车辆在满载且静止的情况下，分别通过前、后车轮外缘作垂直于汽车纵向对称平面的切平面，当两切平面交于车体下部较低部位时所夹的最小锐角。它表征车辆能够不发生碰撞地通过小丘、拱桥等障碍物的能力。纵向通过角 β 越大，车辆的通过性越好。

（五）最小转弯直径和内轮差

最小转弯直径 d_H（单位为m）是指转向盘向左或向右转到极限位置，汽车以最低稳定车速转向行驶时，车辆外转向轮印迹中心在其支承面上的轨迹圆直径中的较大者。它表征汽车能够通过狭窄弯曲地带或绕过障碍物的能力,其值越小,车辆机动性越好。

内轮差 d(单位为 m)是指转向轴和后轴的内轮印迹中心在车辆支承平面上的轨迹圆半径之差,如图 9-2 所示。

(六)转弯通道圆

当转向盘被转到极限位置,车辆以稳定的速度转弯时,车辆所有部分在支承面上的投影均位于圆周以外的最大内圆上,称为转弯通道内圆;车辆所有部分在支承面上的投影均位于圆周以内的最小外圆上,称为转弯通道外圆。转弯通道外圆与转弯通道内圆间的通道称为转弯通道圆,如图 9-3 所示。

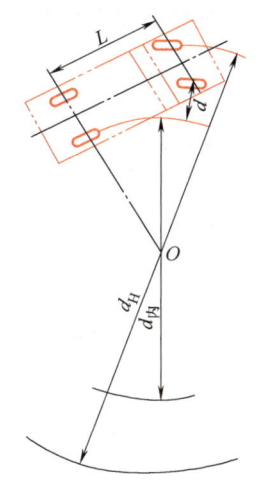

图 9-2 最小转弯直径和内轮差

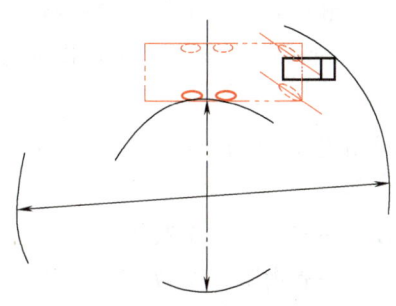

图 9-3 转弯通道圆

车辆具备向左或向右转弯的能力,其转弯通道由内圆和外圆构成。内圆的直径越大,外圆的直径越小,这意味着车辆转弯所需的空间更小,从而提高了车辆的通过性。

二、牵引通过性评价指标

评价车辆牵引通过性的关键指标主要包括最大单位驱动力、附着质量和附着质量系数及车轮接地比压。

(一)最大单位驱动力

车辆在松软路面上行驶时,驱动轮对地面产生向后的水平力,导致地面发生剪切变形,这种剪切变形产生的地面水平反作用力即为土壤推力。轮胎对土壤的压实和推移作用会产生压实阻力、推土阻力,加上轮胎变形引起的弹滞损耗阻力,共同形成土壤阻力。拖车的挂钩牵引力等于土壤推力减去土壤阻力,它反映土壤的强度和储备能力。挂钩牵引力可用于车辆加速、上坡、克服道路不平的阻力和牵引与挂钩连接的挂车等装备,它反映汽车通过无路地带的能力。

为了最大限度地发挥地面对车辆的牵引力,并确保车辆能够顺利通过障碍,除了降低车辆的行驶阻力,还需要提升车辆的最大单位驱动力。汽车的最大单位驱动力可用下式表示:

$$F_{\text{tmax}} = \left(\frac{M_{\text{emax}} i_g i_0 i_R \eta_1}{Gr} \right)_{\text{max}} \tag{9-1}$$

式中　F_{tmax}——最大单位驱动力（N）；

　　　i_g——变速器的传动比；

　　　i_0——主减速器的传动比；

　　　i_R——分动器的传动比；

　　　M_{emax}——发动机最大转矩（N·m）；

　　　G——车辆重力（N）；

　　　r——车轮半径（m）；

　　　η_1——传动系统的机械效率。

慢速行驶时，若不考虑空气阻力，车辆的最大单位驱动力等同于最大动力因数。为了获得足够的单位驱动力，越野车辆需要具备较高的功率比和较大的传动比，因此需要增强发动机的功率，并在传动系统内添加额外的变速器或分动器，以提高整个传动系统的总传动比。同时，通过限制车辆的额定载重，可以增加单位驱动力并减少滚动阻力。

（二）附着质量和附着质量系数

附着质量是指汽车驱动轴的载质量 M_ϕ，附着质量系数 K_ϕ 是指汽车附着质量 M_ϕ 与总质量 M 之比。

汽车在松软路面上行驶时，首先应满足附着条件，即

$$M_\phi g \phi_s \geq Mg\psi \tag{9-2}$$

式中　ψ——道路阻力系数；

　　　ϕ_s——滑动附着系数。

由式（9-2）可知，若要满足附着条件，汽车的附着质量系数 K_ϕ 应满足以下要求：

$$K_\phi = \frac{M_\phi}{M} \geq \frac{\psi}{\phi_s} \tag{9-3}$$

若 K_ϕ 值大，则有利于汽车在坏路面上行驶，其通过性得以提高。为了保证汽车的支承通过性，应对附着质量系数提出明确的要求。例如，意大利规定驱动形式为 4×2 的汽车，其附着质量系数为 0.27，英国则规定为 0.263。全轮驱动汽车的附着质量系数为 1，其通过性较非全轮驱动的汽车要好得多。

（三）车轮接地比压

车轮接地比压 p_τ（单位为 kPa）是指车轮对地面的单位压力。当汽车在松软路面上行驶时，其滚动阻力系数和附着系数均与车轮接地比压直接相关。若车轮接地比压较低，则车辙深度较小，从而减少车轮的行驶阻力和车轮陷入地面失效的可能性。同样，在黏土或松软的雪地上行驶时，减小车轮接地比压能够增大接触面积，增强地面承受的剪切力，从而降低车轮打滑的风险。

车轮接地比压 p_τ 还与轮胎气压 p 有关，车轮在硬路面上承受额定载荷时，它们有以下关系：

$$p_\tau = K_w p \tag{9-4}$$

式中　K_w——一般取值为 1.05~1.20，其大小取决于轮胎刚度，轮胎的帘布层多，其值较大。

由于车轮接地比压与轮胎气压成正比，当汽车在松软路面上行驶时，降低车轮接地比压，可减小轮辙深度，从而可减小滚动阻力。

第二节 汽车的挂钩牵引力

汽车的挂钩牵引力是由土壤推力和土壤阻力之差决定的。它反映土壤的强度和储备能力，在汽车加速、爬坡、克服路面不平的阻力及牵引挂车等情况下非常重要，同时也是衡量汽车通过无路区域能力的关键指标。

一、松软路面对车辆的土壤推力

汽车在松软路面上行驶时土壤推力小于在硬质路面上的附着力。车辆的轮胎花纹在接触面积 A 内填充松散的土壤。在驱动力作用下，土壤在接触面积上产生剪切痕迹。

汽车在黏土路面上行驶时，驱动轮所受到的最大剪切力，即路面对车轮的最大切向反作用力，只与土壤的黏聚力和轮胎的接触面积有关，与轮胎对地面的垂直负荷无关。土壤推力 F_x 的计算公式为

$$F_x = Ac \tag{9-5}$$

式中　A——驱动轮胎的接地面积（m^2）；

　　　c——土壤黏聚系数（kPa）。

干燥的沙土等摩擦性土壤通常是散碎的，不具备黏性。当这些土壤中的颗粒相互挤压时，由于颗粒间的摩擦，它们不容易相互滑动。因此，在法向力的作用下，如果轮胎花纹中的沙粒处于相对静止状态而发生剪切，那么剪切面上的沙粒之间就会产生摩擦力。按照库仑摩擦定律，此时最大土壤剪切力（推力）与负荷成正比，即

$$F_x = W\tan\varphi \tag{9-6}$$

式中　φ——摩擦角（°）；

　　　W——车轮负荷（N）。

大部分土壤不仅包含黏性成分，也包含摩擦性成分，是上述两种特性的颗粒混合体。因此，最大土壤推力的计算公式为

$$F_x = Ac + W\tan\varphi \tag{9-7}$$

在纯摩擦性土壤（如干砂）中，$c=0$，这时车辆的最大土壤推力取决于车重，车越重，土壤推力越大，而驱动轮胎的接地面积 A 对土壤推力 F_x 无影响；当摩擦角 φ 约为 35°时，最大土壤推力约为车重的 70%。在黏性土壤（如饱和黏土）中，$\varphi=0$，这时最大土壤推力决定于驱动轮胎的接地面积，而增大法向反力 W 并不能增加土壤的抗剪切强度，车重对土壤推力的影响甚微。

二、松软路面对车辆的土壤阻力

在松软路面上行驶时，汽车需要对抗土壤带来的阻力。这种阻力由轮胎对土壤的压缩和推移造成，表现为压实阻力和推土阻力，同时还包括充气轮胎因变形产生的弹滞损耗阻力。相较于硬质路面上的滚动阻力，土壤阻力显著增加。

充气轮胎在松软路面上滚动时，车轮的前缘将推动前面的土壤形成隆起的前缘波，进而形成推土阻力 F_{rb}（单位为 N）；由于充气轮胎的弹性变形，其胎面的一部分将变为平面，其接地压力为 p_c+p_i，进而形成压实阻力 F_{rc}（单位为 N）；轮胎的弹性变形产生弹性迟滞损失，进而形成阻力 F_{rt}（单位为 N），它们的计算公式分别为

$$F_{rb} = b(cz_0 k_{pc} + 0.5 z_0^2 \gamma_s k_{pr}) \tag{9-8}$$

$$\begin{cases} k_{pc} = (N_c - \tan\varphi)\cos^2\varphi \\ k_{pr} = \left(\dfrac{2N_r}{\tan\varphi} + 1\right)\cos^2\varphi \end{cases} \tag{9-9}$$

$$F_{rc} = \dfrac{[b(p_i + p_c)]^{\frac{n+1}{n}}}{(n+1)(k_c + bk_\phi)^{\frac{1}{n}}} \tag{9-10}$$

$$F_{rt} = f_t W = \dfrac{v_a}{p_i^\alpha} W \tag{9-11}$$

式中　　b——车轮宽（m）；

　　　　c——土壤的黏聚系数；

　　　　z_0——土壤沉陷量（m）；

　　　　γ_s——单位体积土壤重力（N）；

N_c、N_r——土壤承载能力系数；

　　　　φ——土壤摩擦角（°）；

　　　　k_c——土壤黏聚变形指数；

　　　　k_ϕ——土壤摩擦变形指数；

　　　　n——沉陷指数；

　　　　p_c——轮胎胎体刚度产生的压力（Pa）；

　　　　p_i——轮胎充气压力（Pa）；

　　　　f_t——单位负荷弹滞损耗阻力；

　　　　α——经验系数；

　　　　v_a——车辆的实际速度（m/s）。

因此，充气轮胎滚动时的土壤阻力 F_r 为

$$F_r = F_{rb} + F_{rc} + F_{rt} \tag{9-12}$$

三、汽车的挂钩牵引力

作用在车辆上的土壤推力 F_x 与土壤阻力 F_r 之差称为挂钩牵引力 F_d，即

$$F_d = F_x - F_r \tag{9-13}$$

挂钩牵引力反映土壤的强度储备，它决定了车辆加速、爬坡、克服路面不平和拖拽其他车辆时的能力。因此，挂钩牵引力可以作为评估汽车在松软路面上行驶通过性的一个指标。

第三节　汽车的倾覆失效

汽车在通过障碍时，过大的侧坡或纵坡会导致汽车倾覆失效，如图9-4所示。汽车在侧坡上直线行驶时，当坡度大到使重力通过一侧车轮接地中心，而另一侧车轮的地面法向反作用力等于零时，汽车将发生侧翻，此时有

$$Gh_g \sin\beta = G\frac{B}{2}\cos\beta \tag{9-14}$$

$$\tan\beta = \frac{B}{2h_g} \tag{9-15}$$

式中　β——汽车不发生侧翻的极限角（°）；
　　　h_g——质心高度（m）；
　　　B——轮距（m）。
　　　G——重力（N）。

为了防止侧翻，汽车质心高度 h_g 应降低，轮距 B 应增加。

汽车在良好道路上高速曲线行驶时，由于侧向惯性力的作用也会导致侧翻。设汽车做等速圆周运动，汽车的受力如图9-5所示，侧向惯性力的计算公式为

$$F_{jl} = \frac{G}{12.96g} \frac{v_a^2}{R} \tag{9-16}$$

式中　F_{jl}——侧向惯性力（N）；
　　　v_a——汽车车速（km/h）；
　　　R——圆周半径（m）。

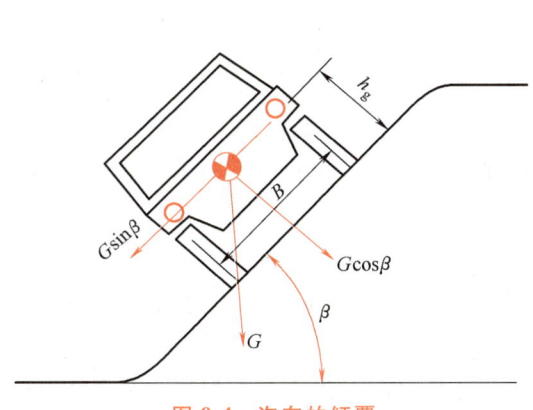

图9-4　汽车的倾覆

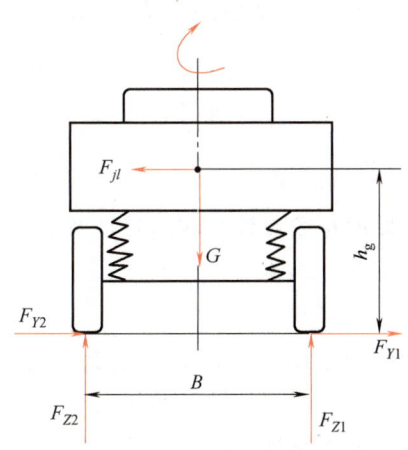

图9-5　汽车的受力示意图

作用在汽车左、右车轮上的法向反力分别为

$$F_{Z1} = \frac{G}{2} - \frac{F_{jl}h_g}{B} \tag{9-17}$$

$$F_{Z2} = \frac{G}{2} + \frac{F_{jl}h_g}{B} \tag{9-18}$$

在即将侧翻的临界状态下，$F_{Z1}=0$，则有

$$\frac{GB}{2} = F_{jl}h_g \tag{9-19}$$

汽车不侧翻的最大允许车速为

$$v_{amax} = \sqrt{\frac{6.48gBR}{h_g}} \tag{9-20}$$

因此，为了保证汽车高速行驶的横向稳定性，轿车力求保持一定轮距，并尽量降低质心高度。

在大侧坡角 β' 的坡道上也可能发生侧滑，此时有

$$G\cos\beta'\mu_l = G\sin\beta' \tag{9-21}$$

$$\tan\beta' = \mu_l \tag{9-22}$$

式中　μ_l——侧向附着系数。

当侧坡角的正切值等于侧向附着系数时，汽车发生整车侧滑。通常认为，与其发生侧翻，不如发生侧滑，因此应满足 $\tan\beta > \tan\beta'$，即

$$\frac{B}{2h_g} > \mu_l \tag{9-23}$$

同理，可导出纵向倾覆的条件，它也取决于质心高度与质心至前轴或后轴的距离。

第四节　影响汽车通过性的因素

一、影响汽车通过性的结构因素

（一）汽车车轮

轮胎的花纹设计、构造特性及充气压力等因素都会对汽车所承受的滚动阻力及其与地面的附着力产生影响。

1. 轮胎花纹

轮胎的花纹设计显著影响其抓地能力。轮胎花纹主要分为通用型、越野型和混合型三种。

通用型花纹拥有纵向条纹，纹路细且浅，适合在良好路面上使用，在提供良好的抓地力的同时可降低滚动阻力。

越野型花纹宽且深，适合在松软路面上行驶。这些花纹嵌入土壤，增加了土壤的剪切面积，从而提高了抓地力。在潮湿路面上，由于仅有花纹的凸起部分与地面接触，这种花纹可以增加车轮接地比压，挤出水分层，以保持足够的抓地力。因此，越野汽车，尤其是在矿

山、建筑工地等地方使用的车辆，通常会选择越野型花纹轮胎。

混合型花纹处于通用型和越野型之间，适用于在城乡道路交界处行驶的汽车。现代重型货车的驱动轮常使用这种花纹的轮胎。

2. 轮胎直径与宽度

增加轮胎的尺寸，无论是直径，还是宽度，都能有效减小车轮接地比压。增加轮胎直径会提高汽车的惯性，导致重心上升，并可能需要调整传动系统的传动比。而增加轮胎宽度不仅减小了车轮接地比压，还允许轮胎在行驶中产生更大的形变，有助于降低轮胎的气压。例如，将双后轮替换为一种低气压的拱形轮胎，其断面尺寸比传统轮胎大 2~2.5 倍，可以使接地面积扩大 1.5~3 倍，从而显著降低轮胎接地比压，提升汽车在沙漠、雪地、沼泽等地形的通过性。然而，这种特殊的轮胎由于其较大的花纹和较低的气压，并不适合在硬质路面上使用，可能会导致过早损坏和快速磨损。

在进行越野行驶时，车辆需要克服各种垂直障碍，如台阶、沟壑等。这在很大程度上取决于车轮的半径。

对于后轮驱动的汽车，其所能克服的垂直障碍物的最大高度 $h \approx \frac{2}{3}r$（图 9-6a）；对于双轴驱动的汽车，$h \approx r$（图 9-6b）。如果壕沟边沿足够结实，单轴驱动的双轴汽车所能越过的壕沟宽度为 $b \approx r$；双轴驱动的汽车则为 $b \approx 1.2r$（图 9-6c）。

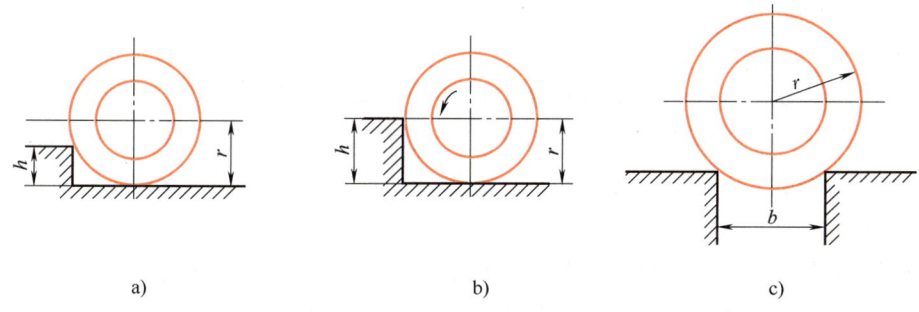

图 9-6　车轮半径与汽车越过障碍物壕沟能力的关系

a) 后轮驱动能克服垂直障碍物的最大高度
b) 双轴驱动能克服垂直障碍物的最大高度　c) 越过壕沟的宽度

3. 车轮和驱动桥

经验证，在柔软路面上，双轮胎配置的车辆比单轮胎配置的车辆面临更大的滚动阻力。因此，单轮胎配置有助于降低行驶中的阻力。增加驱动桥的数量不仅增加了车辆的附着力和驱动轮的接触面积，从而增强了驱动能力并降低了打滑的风险，还有助于提升车辆越过高阶台阶和深沟的能力。

4. 前轮距和后轮距

车辆在柔软路面上行驶时，车轮需要应对土壤变形阻力。假设车辆的前后轮距一致且轮胎宽度相同，那么前后轮痕将会重叠，这样后轮就可以沿着由前轮压实的轮痕行驶，从而降低滚动阻力，增强汽车的通过性。因此，很多越野车辆设计为前后轮距相等。

5. 车轮接地比压

前后轮距相等的汽车行驶在柔软路面上，当前轮接地比压比后轮接地比压小 20%～30% 时，汽车滚动阻力最小。为此，设计汽车时，可将负荷合理分配于前、后轴，也可改变前、后轮的气压，以产生不同接地比压。

6. 从动车轮数和驱动车轮数

在越野行驶中，经常以很低的车速去越过某些障碍物，如台阶、壕沟等。采用后轮驱动的 4×2 汽车的越障能力比 4×4 汽车降低 50% 左右。

驱动轮的数量和类型对车辆爬坡性能有显著影响。前轮驱动的车辆在上坡时表现出较差的通过性，全轮驱动的车辆则表现出更强的爬坡能力。另外，增加驱动轮的数量可以提升车辆的附着质量，扩大驱动轮与地面的接触面积，从而优化车辆的通过性。这就是越野车普遍采用全轮驱动系统的原因。

（二）悬架

采用非独立悬架的多轴驱动越野车在跨越崎岖路面时，可能会导致某个驱动轮的垂直负荷急剧降低，甚至完全脱离地面，造成驱动轮与地面的附着丧失，影响其通过性能。相比之下，独立悬架和平衡式悬架设计允许车轮与车架之间有更大的位移，确保驱动轮持续与地面接触，从而保持良好的附着性。此外，独立悬架还能显著增加车辆的最小离地间隙，进一步提升车辆的通过性。

（三）传动系统

1. 副变速器和分动器

在越野车的传动系统中，增加副变速器或提供分动器的低速档，可以增加总传动比，从而获得足够的动力。这也有助于汽车在非常低的速度下稳定地行驶，减小对土壤的剪切力，增加与地面的附着力。

2. 液压传动

传统机械传动系统在汽车起动或遇到负载变化时，由于部件之间的刚性连接，驱动轮的转矩会突然增加，导致对土壤的振动和剪切，破坏土壤结构，加深车辙，从而使起步和行驶变得更加困难。

当传动系统配备液压变矩器或液压耦合器时，可以增强发动机的工作稳定性，使车辆能够在长时间内以低速稳定行驶，减少滚动阻力，增加与地面的附着力。液压传动能够使得驱动轮的转矩均匀而平稳地增加，防止土壤结构的破坏和车轮的滑移。此外，液压传动还能够消除机械传动系统中常见的扭转振动，避免驱动力的周期性冲击，进一步减轻土壤结构的破坏，减少车辙深度，提高车轮的附着力，防止车轮滑转。

3. 差速器

在常规齿轮差速器中，内部摩擦产生的力矩微乎其微，通常可以忽略，因此左右两侧半轴的转矩基本保持一致。如果一侧驱动轮与路面的附着较差（如陷入泥泞或在冰面上），其驱动力受附着力 F_ϕ 限制，那么另一侧驱动轮的驱动力与之相等。因此，汽车驱动力最大值 F_{tmax} 可用下式表示：

$$F_{tmax} = 2F_\phi \tag{9-24}$$

由于受到附着力的限制，车辆会因最大驱动力 F_{tmax} 过小而失去通过性。

由于高摩擦式差速器的内摩擦力矩 M_r 较大，传动轴输入的转矩不能平均分配给各驱动轮。如果一侧驱动轮由于附着力不足而滑转，因其转速增大，传给该驱动轮的转矩就会减小 $M_r/2$，而另一侧车轮的转矩就会增大 $M_r/2$。因而，汽车驱动力最大值 F_{tmax} 可用下式表示：

$$F_{tmax} = 2F_\phi + \frac{M_r}{r} \tag{9-25}$$

式中　r——轮胎半径（m）。

由此可见，采用高摩擦式差速器后，汽车驱动力最大值增大 M_r/r。越野汽车常采用高摩擦式差速器，如凸轮式、蜗杆式等，总驱动力可增加 10%~15%，因而提高了汽车的通过性。为了防止单一驱动轮因达到附着极限而滑转，从而限制整车的驱动力，部分车辆装有差速锁，以便需要时立即锁定差速器，保持驱动力。

（四）驱动防滑系统

当路面附着系数较低时，汽车行驶中驱动轮容易发生滑转。在这种情况下，车辆的动力性能会受到制约，因为驱动轮产生的力不足以克服行驶中的阻力，导致车辆通过性下降。此外，驱动轮滑转会加速轮胎磨损，缩短轮胎的使用寿命，并降低汽车抵抗侧向力的能力，增加侧滑风险，从而影响车辆的横向稳定性。

驱动防滑（ASR）系统的主要功能是自动调整传至驱动轮的发动机转矩。在汽车行驶过程中，如果某个驱动轮的滑转超过了设定阈值，控制系统会控制执行机构对该轮施加制动力，以减缓其转速。一旦速度降至规定水平，制动力就会被解除。如果滑转再次发生，这个过程会重复进行。在此过程中，对未发生滑转的另一侧车轮施加正常转矩，从而实现类似差速锁的功能。此外，当驱动轮滑转时，ASR 系统还会自动向驾驶人发出警告，提示其避免猛烈加速并注意转向盘的操作。使用 ASR 系统可以提高车辆的方向稳定性、起步性能和动力输出，同时减轻驾驶人的疲劳。

随着电子技术的进步，防抱死制动系统（ABS）在车辆上的应用变得越来越普遍，ASR 系统可以看作是 ABS 的一个扩展，前者关注车辆制动时的稳定性和转向性能，后者则专注在车辆驱动过程中保持良好的驱动附着条件，以最大化驱动力并保持驱动稳定性。

二、影响汽车通过性的使用因素

（一）行驶车速

在低速行进中，车辆对土壤的剪切作用和车轮滑转的倾向均有所降低。当在复杂地形中以慢速前进时，这有助于提高车辆的越障能力。越野汽车的最低稳定车速见表 9-2，其传动系统的最大总传动比一般较大，最低稳定车速 v_{amax}（单位为 km/h）的计算公式为

$$v_{amax} = 0.377 \frac{n_{min} r}{i_g i_0 i_R} \tag{9-26}$$

式中　n_{min}——发动机的最低稳定转速（r/min）；

　　　i_g——变速器的传动比；

　　　i_0——主减速器的传动比；

i_R——分动器的传动比；

r——车轮半径（m）。

表 9-2 越野汽车的最低稳定车速

汽车重量/kN	<19.6	<63.7	<78.4	>78.4
最低稳定车速/(km·h^{-1})	≤5	≤2~3	≤1.5~2.5	≤0.5~1

（二）轮胎气压

为了增强越野汽车在松软路面上的行驶性能，轮胎的气压应保持在较低水平，以扩大与地面的接触面积，减少单位面积的压力，从而减少车辙深度并降低滚动阻力。这样做可以增加轮胎胎面与土壤接触点的数量，有效提升轮胎的抓地力。然而，在硬质路面上行驶时，低气压会导致轮胎过度变形，增加滚动阻力，并可能缩短轮胎的使用寿命。

为了兼顾两种不同路面条件下的性能，越野汽车可以配备能够调节轮胎气压的中央充气系统。这种系统允许驾驶人在不同路面情况下调整气压，以优化性能和轮胎使用寿命。通常这些车辆的超低压轮胎气压可以在49~343kPa范围内进行调节。

（三）车轮防滑链

在湿滑泥泞路面下藏有硬土层（如雨后泥泞道路）的情况下，提高车辆通过性的有效方法之一是在轮胎上装备防滑链。这些链条能够打破表面的水膜，使轮胎直接与地面坚实部分接触，从而增加抓地力。

（四）驾驶技术

驾驶技术对汽车的通过性影响很大，为了提高汽车的通过性，应注意以下事项：

1）在经过沙地、泥泞或雪地等松软路面时，最好选择低速档，以确保车辆拥有足够的牵引力和较慢的行驶速度。在行驶过程中，应尽量避免换档和急加速，并维持直线行驶。

2）对于配备后轮双胎的车辆，轮胎之间常会夹带泥沙或在车轮表面附着泥土，这会减少轮胎与地面的摩擦系数，增加滑转倾向。在这种情况下，适当增加车速可以帮助将轮胎甩掉泥土。

3）当车辆的传动系统配有差速锁后，应在车辆驶入可能导致车轮滑转的路段之前及时锁定差速锁。这是因为一旦车轮开始滑转，土壤表层将会被破坏，导致摩擦系数降低，此时启用差速锁将无法发挥预期的效果。在车辆驶出恶劣路面后，应及时解除差速锁。

4）为了增强越野汽车穿越水域的能力，应当确保发动机的分配器总成、火花塞、曲轴箱通风口等部件的密封性，并提升空气过滤器的安装高度，防止其被水淹没。

第五节 汽车通过性试验

汽车通过性评估涉及多项试验，包括汽车通过性参数测试和汽车稳定性参数测试等。

一、汽车通过性参数测试

车辆通过性参数涵盖最小离地间隙、前接近角、后离去角、纵向通过角、转弯半径及转弯通道的形状等指标。

（一）测试条件

1）测试场地应具有水平坚硬覆盖层的支撑表面，其大小允许汽车全圆周行驶。
2）汽车转向轮应以直线前进状态置于测试场地上。
3）汽车轮胎气压应符合设计要求。
4）汽车前轮最大转角应符合该车的技术条件规定。

（二）测试仪器、设备

1）高度尺：量程为 0~1000mm，最小分度值为 0.5mm。
2）离地间隙仪：量程为 0~500mm，最小分度值为 0.5mm。
3）角度尺：量程为 0°~18°，最小分度值为 1°。
4）钢卷尺：量程为 0~20m，最小分度值为 1mm。
5）行驶轨迹显示装置。
6）水平仪。

（三）测试部位及载荷状况

1. 接近角、离去角、纵向通过角的测试

测试部位如图 9-7 所示，测试的载荷状况分为测空车和满载两种。

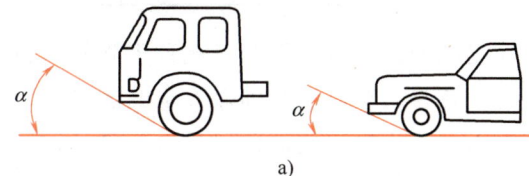

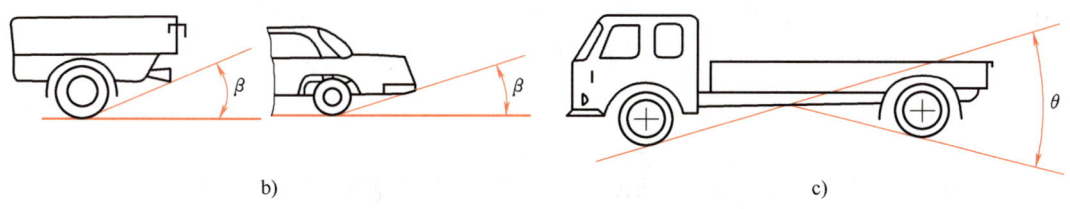

图 9-7 接近角、离去角、纵向通过角的测试部位
a）接近角　b）离去角　c）纵向通过角

2. 最小离地间隙的测试

测试支撑平面与车辆中间部分最低点的距离且指明最低点部件，如图 9-8 所示，测试的载荷状况为满载。

3. 汽车转弯直径的测定

在车辆的前轮外侧和后轮中心正上方，以及车辆中心线离转向轴最远和最近的位置，安装用于显示行驶轨迹的设备。当汽车以慢速行驶并把转向盘打到极限位置保持不

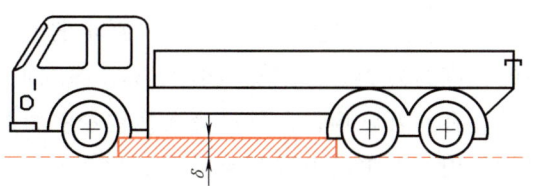

图 9-8 最小离地间隙测试的测试部位

变，直至车速稳定后，启动轨迹显示装置，这样各测试点在地面上就会呈现闭合的轨迹。之后，将车辆驶离这些轨迹。

使用钢卷尺测量每个测试点在地面上形成的轨迹圆直径，需要分别在垂直的两个方向上进行测量，并取其算术平均值作为最终测试结果。汽车向左转和向右转各测定一次。

二、汽车稳定性参数测试

汽车的静态横向稳定性是衡量汽车设计和结构布置是否合理的重要方面。表 9-3 所列为车辆满载静态下向左、向右倾斜最大侧倾稳定角的最小角度要求。

表 9-3 车辆满载静态下向左、向右倾斜最大侧倾稳定角的最小角度要求

车辆类型	最大侧倾稳定角
罐式汽车和罐式挂车	≥23°
三轮机动车	≥25°
总质量为整备质量 1.2 倍以下的机动车	≥30°
总质量不小于整备质量 1.2 倍的专项作业车和轮式专用机械车	≥32°
其他机动车	≥35°

在进行汽车静态横向稳定性的测试时，汽车应被置于倾斜试验台上，确保其纵向中心线与试验台转轴的中心线平行。在将汽车制动并确保安全的前提下，用绳索在其可能发生滑移或翻倒的对侧固定，注意绳索上不应提前施加任何拉力。之后，试验台应逐步倾斜至规定的角度，若车辆在该角度下未发生翻倒，则表示测试合格。

若要测量车辆的最大横向稳定角，试验台应继续倾斜，直到车辆发生侧滑或翻倒。此时，应立即记录指示盘上倾斜角度的读数。为了提高准确性，应分别进行左、右倾斜测试 2~3 次，并取所有读数的平均值作为车辆的最大横向稳定角。

三、牵引试验

汽车牵引性能试验的目的在于评估汽车拖拉挂车的动力表现，该试验包含牵引性能测试和最大拖钩牵引力测试两方面。

（一）试验条件

1. 气候条件

试验时应无雨无雾，相对湿度小于 95%，气温为 0~40℃，风速不大于 3m/s。

2. 试验道路

试验道路应具备整洁、干燥和平坦的特征，最好是沥青或混凝土铺装的直线道路。该道路的长度约为 3km，宽度不小于 8m，纵向坡度需要控制在 0.1% 以内。鉴于路面条件对车辆通过性有显著影响，在进行最大拖钩牵引力测试时，挑选场地显得尤为重要。理想的场地应保持平坦，土壤的干湿程度适宜，坚实度、剪切强度及松散层的均匀性均应得到保证。此外，场地的大小应足以容纳完成各种路面条件的试验项目。

3. 试验车辆装载质量

除非有其他具体要求，否则在测试时应按照制造商规定的最大装载质量进行，或者让试验车辆达到制造商规定的最大总质量。装载的物品应当平均分布在车辆上，并且固定牢固，以防止其在测试过程中发生晃动或脱落。此外，装载物的质量不应受湿度、挥发或其他条件变化的影响而变动。

4. 轮胎气压

在进行最大拖钩牵引力测试时，试验车辆的轮胎气压应等于或高于制造商指定的最低标准。除轮胎气压外，其他测试条件应与车辆的速度测试保持一致。

（二）牵引性能测试

在连接试验车辆与载重拖车时，应使用水平的牵引杆，并在使用标准拖车时采用此连接方法。测试时，确保牵引杆的纵向轴线与行车方向对齐。若采用钢丝绳进行牵引，两车之间的钢丝绳长度应超过15m。若有自锁差速器，应在测试时将其锁定。

起动汽车，换至所需测试档位，将节气门全开，加速至该档位最高车速的80%左右。在施加负荷的情况下，拖车在发动机正常工作转速范围内，记录5~6个间隔均匀且稳定的车速及其对应的拖钩牵引力。确保车速稳定时间超过10s。进行往返测试各一次，并将数据记录在牵引性能试验记录表中，最终计算这些数据的算术平均值作为试验结果。

（三）最大拖钩牵引力测试

测试前，确保试验车辆的传动系统已调至最大传动比，若有自锁差速器，则需将其锁定。采用钢丝绳牵引时，钢丝绳的长度应超过15m。

测试开始时，车辆应缓慢加速，直至钢丝绳（或牵引杆）拉直并保持水平，此时迅速将加速踏板踩到底，以达到该工况下最高车速的80%左右。之后，给负荷拖车施加负荷，车速会逐渐平稳降低，直至发动机熄火或驱动轮开始滑转。在此过程中，从自动记录的牵引力计上记录最大拖钩牵引力。需要进行往返测试，以获取两个方向上最大拖钩牵引力的算术平均值，以此作为最后的试验结果。

（四）模拟爬坡度试验

负荷拖车能够提供可调整的恒定负荷，因而能够进行汽车的各项动力性能测试。例如，在汽车攀爬坡道时，拖钩所需牵引力主要用于克服上坡时的阻力，因此利用负荷拖车来模拟坡道阻力，可以评估汽车攀爬坡道的能力。

（五）行驶阻力及滚动阻力系数试验

行驶阻力试验与最大拖钩牵引力试验在原理上相似，主要区别在于行驶阻力试验中，试验车辆的变速器置于空档，并由另一辆带有绞盘的车辆拖曳。在测试过程中，绞盘以恒定速度拖动试验车辆，记录仪记录的力即为行驶阻力。若记录的拉力值波动显著，则表明路面不平整，此时需要根据实际情况决定是否更换试验路面。

利用带有动力负荷的拖车，可以测量汽车的滚动阻力和滚动阻力系数。在进行试验时，首先移除试验车辆的半轴，以消除发动机和传动系统产生的阻力矩影响。当负荷拖车以恒定低速牵引车辆行驶时，空气阻力和加速阻力相对较小，可以忽略，此时牵引力与试验车辆的滚动阻力相近，因此测得的拖钩牵引力就是滚动阻力。测出滚动阻力后，可依据试验车辆的总重量计算滚动阻力系数。

四、特殊路面通过性试验

目前，针对特殊路面的通过性试验，尚未形成一套标准化的评估体系。实践中主要采用对比试验法进行评估，即根据试验车辆的具体特性，选定一辆参照车辆进行对比分析。通常参照车辆会优先选择现生产车型或市场上具有竞争力的新款车型，以确保对比的有效性和相关性。

（一）沙地通过性试验

沙地通过性试验旨在获得汽车通过沙地的平均行驶速度和车轮滑转率。

试验前，选择沙地。如果有专门的沙地试验场，可根据预估的汽车通过能力，将底层压实，其上铺有 100~300mm 的软沙，表面平坦，长度不小于 50m，宽度不小于 10m。如果没有专门的沙地试验场，可以寻找一个能满足试验要求的天然沙地作为试验沙地。在试验车辆驱动轮上安装车轮转数传感器，在驾驶室底板及车厢前、中、后的车辆纵向中线处安装加速度传感器。

试验时，在试验车辆以直线前进方向停放在试验路段的起点后，从最低档位开始分别挂能起步行驶的档位（包括倒档），发动机分别以怠速转速、最大转矩转速和最大功率转速起步行驶，直至发动机熄火或驱动轮严重滑转导致车轮不能前进为止。测量从汽车起步到停车的行驶时间 t、行驶距离 s、车轮转数 n 及车辆上下振动加速度随时间变化的曲线。

根据测得的试验数据，试验车辆的平均行驶速度为

$$v = \frac{3.6s}{t} \tag{9-27}$$

式中　v——平均行驶速度（km/h）；
　　　s——行驶距离（m）；
　　　t——行驶时间（s）。

试验车辆的车轮滑转率为

$$\eta = \frac{s_0 - s}{s_0} \times 100\% \tag{9-28}$$

式中　η——车轮滑转率；
　　　s_0——理论行驶距离（m），$s_0 = 2\pi n r_k$，其中 n 为驱动轮转数，r_k 为驱动轮滚动半径（m）。

（二）泥泞地通过性试验

泥泞地通过性试验旨在获得汽车通过泥泞地的平均行驶速度和车轮滑转率。

试验前，选择泥泞地。一般要求试验场地表面有 100mm 厚的泥泞层，长度不小于 100m，宽度不小于 7m。试验场地选好后，要抓紧时间连续进行试验，避免试验场地因长时间受日光暴晒，出现水分蒸发，表面状况改变，从而影响试验结果的准确性。

试验时，在试验路段的两端做好标记，试验车辆以规定的发动机转速（一般为怠速）和变速器档位（一般为 1 档或 2 档）驶入试验路段，从进入试验路段起点开始，驾驶人可

根据经验以最理想的驾驶操作进行驾驶,直至驶出测量路段。用秒表记录从测量路段起点至终点(或中间因车辆无法行驶而停车时)的行驶时间 t、行驶距离 s、车轮转速 n,并计算平均车速和车轮滑转率。

进行该项试验时,可同时测量最大拖钩牵引力和行驶阻力。

(三)冰雪路面通过性试验

冰雪路面通过性试验旨在考核汽车在冰雪路面上的行驶能力,属于综合性试验,考核内容包括起步加速稳定性、减速稳定性、转向操纵性、直线行驶稳定性、制动效能及制动方向稳定性等。

试验所选雪地应宽阔,长度不小于200m,宽度不小于20m,其中至少有一段长30m、宽度不小于30m的平坦地段。试验前应根据试验目的和要求,对雪地进行压实、冻结和融化处理。

试验时,试验车辆先停放在试验场地一端,起步后,通过换档加速(加速度为2m/s左右)行驶至车速为30~50km/h(根据场地情况确定具体速度),再在路面较宽处转向行驶,最后减速行驶(不踩下制动踏板)至车速为10km/h左右时停车。反复进行数次试验,评价汽车的起步加速稳定性、直线行驶稳定性、减速稳定性及转向操纵性(是否按转向盘转角转向行驶或甩尾)。

测量初速度为20km/h时汽车的制动效能,记录制动距离、制动减速度及甩尾、跑偏情况。对于装配防滑装置的试验车辆,应在使用防滑装置和不使用防滑装置两种状态下分别进行试验。

(四)凸凹不平路面通过性试验

凸凹不平路面通过性试验旨在检验汽车的操纵稳定性、平顺性、噪声、可靠性和强度等。

此项试验应在汽车试验场的强化坏路上进行,当条件不足时,也可选择公路或自然道路,但路面必须包括鱼鳞坑路、搓板路及扭转路等。

试验时,在驾驶人能忍受的程度和保证安全的条件下,尽量让汽车高速行驶,测定一定行驶距离对应的行驶时间,并计算平均车速。同时,测定一定行驶距离内与车辆的操纵稳定性、平顺性、噪声、可靠性等有关的参数。

五、特殊地形通过性试验

特殊地形通过性试验旨在检验汽车对某些特殊地形(如垂直障碍物、凸岭、水平壕沟、路沟等)的通过性能,遵循 GB/T 12541—2023《汽车通过性试验方法》执行。通常只有越野车做此项试验。

试验时,采用摄像机全程记录,细致观察并记录车辆在不同地形上的动态表现,包括车辆部件与地面是否发生碰撞或接触等干涉现象,同时记录通过和不能通过的原因。试验后,检查地面破坏情况,以及汽车各部件和连接件有无损坏或松动,判断各总成有无工作异常,并进行相关记录,通过图像方式记录损坏的地面、汽车零部件,并保留损坏的零部件。

（一）通过垂直障碍物试验

试验前，选择 3 种不同高度的垂直障碍物，如图 9-9 所示。高度 $h = (2/3 \sim 4/3) r_k$（r_k 为车轮滚动半径），宽度不小于 4m，长度 L 不小于被试车辆的轴距。试验也可按各试验场的固定设施进行。

试验时，试验车辆全轮驱动，变速器和分动器都置于低速档。当前轮靠近障碍物时，将加速踏板踩到底，爬越障碍物时不得猛冲，以免损坏传动系统部件。试验要从最低障碍物开始爬越，然后根据通过情况，改变障碍物高度，直至试验车辆不能爬越为止，并将不能爬越的前一次所测值定为爬越的最大高度。

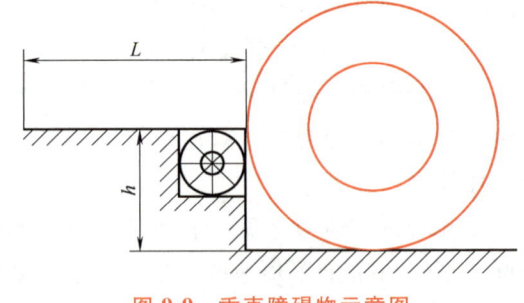

图 9-9　垂直障碍物示意图

（二）通过凸岭能力试验

试验前，选取 3 个不同高度的凸岭，如图 9-10 所示。凸岭的高度 h 分别为 0.6m、1.3m、2.0m，长度 L 均为 6m，宽度不小于车宽。

试验时，试验车辆全轮驱动，档位置于低速档或 D 位。汽车从坡度小的凸岭开始低速驶过，然后根据通过情况，改变凸岭高度，直至试验车辆不能通过为止，将试验车辆不能通过的前一次所测值定为能通过凸岭的最大高度。

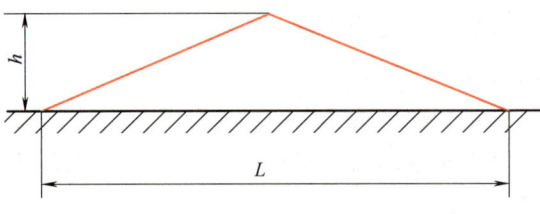

图 9-10　凸岭示意图

（三）通过水平壕沟试验

试验前，选取 3 个不同宽度的水平壕沟，如图 9-11 所示。壕沟宽度 $B = (1 \sim 4/3) r_k$，长度不小于 3m，深度比 r_k 稍大，沟的前、后均为平整地面。该试验也可按各试验场的固定设施进行。

试验时，试验车辆全轮驱动，变速器和分动器都置于低速档。先选择最窄的壕沟，让汽车低速通过；然后根据通过情况，逐次加宽壕沟，直至车辆不能通过为止，并将车辆不能通过的前一次所测值定为能通过的壕沟的最大宽度。

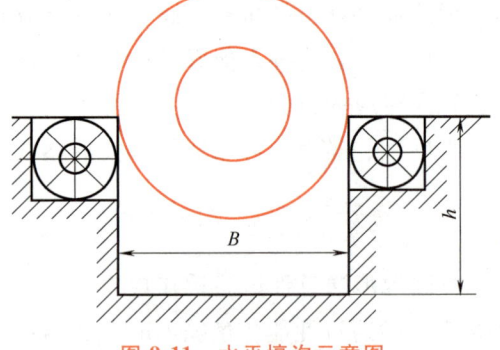

图 9-11　水平壕沟示意图

（四）通过路沟试验

试验前，选取 3 个不同深度尺寸组的路沟，如图 9-12 所示。路沟深度 H_1 分别为 0.30m、0.50m、0.75m，路沟深度 H_2 分别为 1.0m、1.5m、2.0m。

试验时，试验车辆全轮驱动，变速器和分动器都置于低速档。让车辆低速通过路沟，由浅至深，直至不能通过为止，通过时按照与路沟呈 45°和 90°的两个方向进行，测定通过路沟的最大深度。

（五）通过弹坑试验

试验前，选取 3 个不同尺寸组的弹坑，如图 9-13 所示。弹坑长度 L 分别 4.0m、10.0m、

14.0m，弹坑深度 h 分别为 1.75m、2.0m、3.0m。

试验时，试验车辆全轮驱动，变速器和分动器都置于低速档。让车辆低速通过弹坑，由浅至深，直至不能通过为止，测定汽车通过弹坑的最大深度。

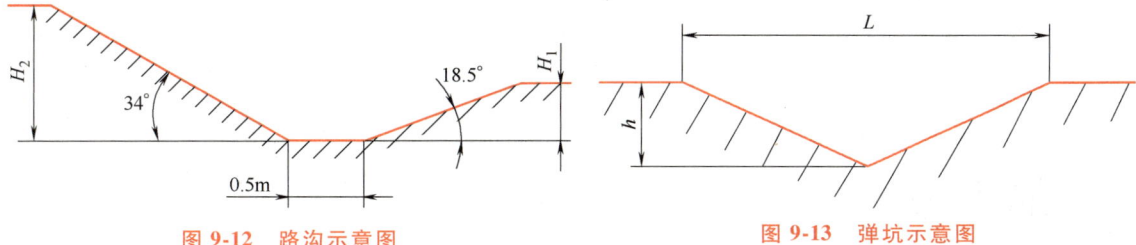

图 9-12　路沟示意图　　　　　　　　图 9-13　弹坑示意图

（六）涉水性能试验

涉水性能试验主要考核汽车的涉水能力，如图 9-14 所示。该试验在专用的涉水槽内进行，其水深可以调整。对于中大型货车，水深为 300~400mm，水槽长度不小于 30m，宽度不小于 4m。如果没有专用的涉水槽，也可选择一般的自然河道，但应注意，河道必须为硬底，以免车轮陷入。

试验时，变速器用 1 档或 2 档，以 5~10km/h 的车速驶入水中，至水中央时停车熄火。5min 后重新起动发动机，考核发动机是否可以起动，以及起动后是否工作正常。如果工作正常，则继续行驶至出水，再反方向进行一次。

图 9-14　涉水性能试验

行驶中应注意观察、判断发动机工作是否正常、有无异响，动力性是否下降，风扇传动带是否打滑，以及排气系统是否有故障等。停车后检查发动机进气系统是否进水，货箱、驾驶室是否进水，以及电气系统是否被水影响，是否影响发动机正常工作。如果一切正常，涉水深度增加后继续进行试验，直至出现不正常状况为止，以考核汽车能够涉水的最大深度。

复习思考题

1. 什么是汽车的通过性？简述其定义和重要性。
2. 汽车通过性的几何参数主要包括哪些？简要解释每个参数的含义。
3. 试描述汽车通过性的间隙失效现象，并列举几种间隙失效的类型。
4. 列举并分析影响汽车通过性的主要因素，并分析这些因素是如何影响汽车通过性的。
5. 解释车轮半径在汽车通过性中的作用，并讨论车轮半径与汽车翻越台阶和壕沟能力之间的关系。

第十章 / Chapter 10
整车可靠性试验

第十章　整车可靠性试验

导读：

汽车可靠性是指汽车在特定环境和规定时间内能够执行其预定功能的能力。可靠性试验是研究产品使用寿命的试验。随着可靠性测试技术的发展，虚拟仿真和台架模拟测试技术越来越受到青睐。这些技术能够在产品开发早期阶段进行可靠性评估，从而显著缩短产品开发周期。本章分别从台架模拟试验、道路行驶可靠性试验及区域环境适应性试验方面进行介绍。

学习目标：

1. 了解如何通过台架进行道路模拟试验。
2. 熟悉整车道路可靠性行驶试验。
3. 掌握整车环境适应性行驶试验。

第一节　台架道路模拟试验

在产品开发过程中，利用台架道路模拟试验可以有效克服道路试验中存在的要求严、时间紧、样本少、整改贵等问题。道路模拟试验应尽早参与产品开发，一旦零部件开发完成，即可开始试验。随着产品开发不断推进，从零部件到系统，再到整车，可以逐步进行验证，将问题发现的时机提前，从而显著降低整个产品开发项目的风险。

一、道路模拟试验分类

道路模拟试验常见类型包括二十四通道轴耦合道路模拟试验和四通道轮耦合道路模拟试验，如图10-1所示。

a)

b)

图10-1　整车道路模拟试验
a）二十四通道轴耦合道路模拟试验　b）四通道轮耦合道路模拟试验

（一）二十四通道轴耦合道路模拟试验

在进行二十四通道轴耦合道路模拟试验时，车辆的轮胎总成会被拆除，并通过适配夹具和试验台架进行稳固。试验台架在每个轮心位置配备六个作动缸，以联合驱动的方式实现对车辆六个自由度的加载测试。因此，这种方法能够在一定程度上模拟实际道路上车辆所受到的激励，提高重复性，缺点是成本相对较高。

（二）四通道轮耦合道路模拟试验

在四通道轮耦合道路模拟试验过程中，车辆被直接放置在台架的作动器托盘上，并且只需对轮胎的水平运动进行限制。由于配备四个作动缸，这种方式在垂直方向上能提供较高的模拟精度。它不仅可以用于车辆结构的可靠性测试，还允许与环境模拟舱和消声室结合使用，以进行整车的 NVH（噪声、振动与声振粗糙度）及其他性能评估。

二、道路模拟试验的一般步骤

道路模拟试验一般包括数据采集、数据编辑分析、驱动文件开发、试验运行和试验结果评价五个步骤。

（一）数据采集

在进行台架道路模拟试验时，为模拟路面激励，需要采集车辆载荷数据，这个步骤就是道路载荷谱采集试验。其所采用的测试系统通常由数据采集装置、六分力传感器、三向力传感器、加速度传感器、位移传感器及针对特定零部件的传感器等组成。道路模拟试验采集内容及通道总数因试验种类而不同，见表 10-1。

表 10-1 道路模拟试验采集内容

试验种类	主要测试道路	通道总数
二十四通道轴耦合道路模拟试验	六分力、加速度、位移、应变等	>50 个
四通道轮耦合道路模拟试验	加速度、位移等	>8 个

测试时，车辆搭载测试系统在公共道路上采集数据，以获取车辆在道路行驶中所受到的关键载荷。由于公共道路载荷有一定的重复性，在载荷谱采集试验中，只需采集一定长度的数据，并按比例进行放大。对所有采集的数据按内容进行命名并记录，以便区分测试内容。为了保证数据的一致性，在进行数据采集时，所有工况最少保证 3 组及以上的有效数据。

（二）数据编辑分析

对搜集的路面载荷数据进行去漂移、去毛刺、滤波及裁剪等加工处理，以生成符合要求的道路模拟试验信号。

（三）驱动文件开发

1. 获取频响函数

通过使用白噪声作为激励输入信号来激发台架及车辆系统，并测量得到的车辆响应信号。通过分析输入谱、输出谱及互谱等数据，可以计算系统的频率响应函数（频响函数）。

2. 获取初始驱动及响应信号

利用系统频响函数的逆函数、期望信号等因素，计算用于道路模拟试验的初始驱动信号，并通过施加这些初始驱动信号来获取相应的响应信号。

3. 迭代及生成驱动文件

道路模拟试验的目标是使试验的响应信号与期望信号尽可能接近，但是由于系统存在的非线性特性等原因，两者之间通常会有一定的差异，这种差异可以通过均方根误差来评估。迭代过程的核心是不断调整初始驱动信号，以达到满意的驱动信号。

不同类型的试验在迭代过程中会关注不同的通道。在进行二十四通道轴耦合道路模拟试验时，重点关注轮心的力和力矩等参数；而在四通道轮耦合道路模拟试验中，关注垂向加速度和轮心的位移。在迭代过程中，一旦主要控制信号的误差降至预定的期望水平，迭代便会停止，进而生成用于试验的驱动文件。

（四）试验运行

依据驱动文件，按照整车测试工况所设定的循环次数，启动可靠性试验。在试验过程中，必须对各信号的限值及减振器的温度进行实时监控。一旦信号超出预定的许可范围，应立即检查系统是否发生异常情况。

（五）试验结果评价

在试验过程中，对车辆出现的故障进行判断和记录。试验完成后，对每辆车单独统计各类故障的发生次数、首次故障里程、当量故障数、实际行驶里程及试验过程中的平均车速等数据。由于试验台架的评估与循环次数或时间相关，需要将时间或循环次数转换为等效的行驶里程。

1. 当量故障数

当量故障数是各级故障按其危害性以一定的系数折算成一般故障的数目。Ⅰ、Ⅱ、Ⅲ、Ⅳ四级故障危害性系数分别为 100、10、1、0.2。当量故障数的计算公式为

$$r_D = \sum_{i=1}^{4} \varepsilon_i r_i \tag{10-1}$$

式中　r_D——当量故障数；

ε_i——第 i 类故障危害性系数，$\varepsilon_1 = 100$，$\varepsilon_2 = 10$，$\varepsilon_3 = 1$，$\varepsilon_4 = 0.2$；

r_i——第 i 类故障数。

2. 当量故障率

当量故障率是当量故障数与总试验里程之比，即

$$\lambda_D = 1000 \times \frac{\sum_{j=1}^{n} r_{Dj}}{S} \tag{10-2}$$

式中　λ_D——当量故障率（次/1000km）；

r_{Dj}——第 j 辆车的当量故障数；

S——总试验里程（km）。

3. 平均首次故障里程

平均首次故障里程（mean time to first failure，MTTFF）的计算公式为

$$\text{MTTFF} = \frac{S'}{n} \tag{10-3}$$

式中 S'——同一时间、同一地点，n 辆车的无故障行驶总里程（km）；

n——同一时间、同一地点，可靠性试验车的数量。

4. 平均故障间隔里程

平均故障间隔里程（mean time between failure，MTBF）的计算公式为

$$\text{MTBF} = \frac{S}{r} \tag{10-4}$$

式中 S——同一时间、同一地点，n 辆车的行驶总里程（km）；

r——同一时间、同一地点，n 辆车在内发生的 Ⅰ、Ⅱ、Ⅲ 级故障总数。

第二节 整车道路可靠性行驶试验

整车道路可靠性行驶试验是汽车研发过程中一个至关重要的环节，它直接关系到车辆的性能、使用寿命及驾驶人的安全。为了确保车辆在各种道路条件下都能稳定运行，必须对车辆的各个部件或系统进行全面而有针对性的测试。这些测试涵盖了车辆的结构性部件、动力和传动系统，以及日益重要的智能网联系统。通过结合试验场地与实际道路条件的综合测试，可以准确地评估车辆的可靠性，并加速测试进程。特别是智能网联系统，其可靠性验证不仅需要在试验场地进行，还需要在实际交通状况复杂的公共道路上进行补充验证，以确保系统在实际应用中的稳定性和安全性。

一、试验场耐久性道路

整车道路可靠性行驶试验通常在汽车试验场的耐久性道路上进行，这些道路由多种特殊路面构成，旨在模拟公共道路中会对车辆造成较大负载和振动影响的路段。例如，比利时路模拟了使用花岗岩块铺设的路面，搓板路则模拟了高原地区因热胀冷缩而产生的路面损坏。汽车制造商根据产品设计需求，通过试验场上的不同几何特征道路，为车辆提供丰富的负载和振动激励，以实现对整车的全面验证。典型道路的激励类型见表 10-2。

表 10-2 典型道路的激励类型

典型道路	主要载荷激励类型	振动频率范围
比利时路、卵石路	纵向、侧向和垂向激励	<25Hz
扭曲路、住宅路、长波路	车身扭转激励	<1Hz
坑洼路、减速坎	垂向、纵向和车身弯曲激励	<20Hz
搓板路	纵向、侧向和垂向激励	>25Hz
振动路	纵向、侧向和垂向激励	<25Hz
绳索路	纵向、侧向和垂向激励	<80Hz

二、测试系统

测试系统通常由数据采集装置、六分力传感器、加速度传感器、位移传感器及特定零部件传感器等组成。

（一）数据采集器

由于道路载荷谱采集试验的测试环境较为严酷，采集设备需要具备足够的通道数量和存储容量，以及较高的防尘、防水、抗振性能。

（二）六分力传感器

轮胎六分力传感器应有较宽的量程及适用范围，以满足不同尺寸轮胎的载荷测量。例如，MSC LW12.8型传感器可适用于13~20in（1in=0.0254m）的轮胎，纵向力和垂向力可达55kN，侧向力可达30kN，防护等级为IP67。

（三）加速度传感器

鉴于道路载荷的频率通常低于50Hz，道路载荷谱采集试验更倾向于使用低频响应更佳且对温度变化不敏感的电容式加速度传感器。

（四）位移传感器

对于轮胎、转向器齿条等部件位移的测量，通常会使用拉线式或拉杆式位移传感器，并根据所需的动态范围来选择合适的量程。

（五）特定零部件传感器

对于特定测试，如减振器支柱力、弹簧位移、驱动轴转矩的测量，可以在零部件上粘贴应变片，组成电桥电路并进行标定，从而获取零部件的力、力矩和位移等信号，这一过程被称为零部件传感器的开发。

三、整车可靠性行驶试验方法

整车道路可靠性行驶试验主要依据GB/T 12678—2021《汽车可靠性行驶试验方法》进行试验。

（一）试验条件

1. 试验环境

进行常规和加速可靠性行驶试验时，应考虑多样的气象条件。对于在特殊地区运行的汽车或特殊用途的汽车，试验应在相应的环境条件下进行，如高寒、高原、干热或湿热地区等。

2. 试验车辆

试验车辆必须满足汽车制造商指定的技术要求。对于乘用车，建议至少使用3辆进行测试，而商用车和电动汽车的具体数量由制造商自行决定。在选择车型配置时，应优先考虑具有代表性的配置。

（二）试验步骤

1. 整车参数测量及调整

在正式试验前，对车辆的整体质量参数进行精准测量，接着依照制造商提供的车轮定位指南，对车辆的车轮定位参数进行准确测量与必要调整。此外，在依据产品设计说明书的要求，对关键部件进行紧固力矩的测量与调整后，应对这些紧固件的位置进行标记。

2. 磨合行驶

在新车进行试验之前，通常要求进行一段磨合期的驾驶，这段时间的行驶里程不计入正式试验的里程统计。此过程应遵循产品用户手册中推荐的磨合驾驶要求。

3. 可靠性行驶试验

（1）常规可靠性行驶试验　依据用户反馈或车辆内置的日志数据，确立试验车辆在不同道路（如城市街道、高速公路、普通道路、山区道路及越野路面）上的行驶里程和相应的分配比例。

进行试验时，驾驶操作应遵循以下准则：

1）在确保安全的前提下，根据预设的工作条件选择合适的档位，并按照该条件下的速度行驶。

2）每行驶100km，至少需要进行2次从静止开始的全力加速；倒档行驶的总距离不少于200m；进行至少2次制动，并且每次制动前后的速度减少率应不低于30%。

3）在山路行驶中，每行驶100km，至少要进行1次上坡停车和起步；在坡度不小于6%的路段使用行车制动停车，将变速器置于空档，并使用驻车制动确保车辆稳定，随后按照标准操作进行坡道起步。

4）夜间行驶的里程应至少占整个试验行驶总里程的10%。

（2）加速可靠性行驶试验　依据用户需求或试验场地标准，设定试验车辆对应试验场内各种道路类型的行驶距离和工况分布，并制订相应道路的驾驶指令，以重现不同道路条件下的驾驶情况。

（3）车辆日常操作和常规检查　依据车辆的设定，执行常规的使用检查，依照产品手册的指导进行，以确保车辆能正常运行。对于车辆特有的功能设置，如不同的驾驶模式（如运动模式、经济模式、雪地模式等），应遵循产品手册的指导，在行驶试验中正确使用这些功能。

常规检查应包括各项便利设施的操作检查，如车门和发动机舱盖的开启、天窗操作、燃油加注或充电接口盖的开启、杂物箱的开闭、玻璃的升降、喷水器和洗涤器的控制、车灯的操作、空调系统的使用、音响和娱乐系统的操控、仪表板的检查、座椅和转向盘的调整、后视镜和遮阳板的位置调节，以及车载信息娱乐系统、先进的驾驶辅助系统和车联网系统的功能验证。

4. 故障的识别、判断和处理

（1）故障识别　故障的识别通常依赖于视觉、听觉、嗅觉和触觉等感官能力。对于难以通过直观感觉发现的故障，可以采用一些辅助方法（如无损检测）来确定。故障的识别可以采用以下方式：

1）接车检查。对车辆日常操作流程进行检查。

2）停放检查。定期对车辆进行停放检查，主要观察各部件是否存在松动、漏液、损坏等情况。

3）行驶过程检查。在行驶过程中留意车辆的工作状态，一旦发现异常，立即停车进行检修。

4）定期维护检查。在车辆保养过程中，除了执行规定的保养项目，还要注意观察是否有任何异常现象，如零部件的磨损、裂缝、变形等。

（2）故障的判断和处理　在识别故障后，应对故障进行等级划分并确定故障模式。一旦汽车出现故障，通常应立即停车进行检查，并尽快解决问题。如果故障不会威胁行车安全或车辆的基本功能，也不会引发其他问题，车辆就可以继续行驶以完成测试，但应在需要维修时停止。在此过程中，应以故障最严重时的情况为依据来评定故障等级，并且记录的里程应等于发生最严重故障时的行驶里程。

5. 维护和修理

在试验过程中，必须依照产品手册的指导对车辆进行必要的维护和修理，包括对部件进行紧固、调整、润滑、清洁及更换磨损零件等工作。在进行维护工作时，若发现与维护无关的故障，应遵循既定流程进行处理，并按照规定记录故障情况。修理活动应仅限于与故障直接相关的零部件。

6. 试验记录

在试验开始前、试验过程中和试验结束后，应进行汽车可靠性行驶试验记录和统计。

（1）接车记录　接收车辆时，须详细记录车辆的信息并完整填写故障记录表。所记录的信息应包括车辆型号、生产日期、车辆识别号（VIN）、车辆编号、动力系统类型（如燃油、电动、混合动力等）、车辆整备质量、最大允许总质量、当前里程表读数、出现的故障情况及相应的处理结果等。

（2）行驶记录　在试验过程中，须记录车辆的行驶数据并完整填写行驶记录表。此表应包含车辆编号、记录日期、气候状况、温度、起始行驶的时间和里程数、结束行驶的时间和里程数及燃油消耗量等信息。

（3）故障记录　在试验过程中，一旦车辆出现故障，应当详细记录故障、修理和维护情况。

1）总成名称：故障部件所属的上一级总成。

2）故障里程：其值等于出现故障时车辆里程表的读数与抽样时里程表读数的差值，乘以里程表校正系数。抽样时里程表的读数是指抽样时车辆的里程表读数。

3）故障描述：清晰、准确地描述故障现象和发生时的车辆状态，若有定量描述，应提供具体数据；如有必要，应拍摄照片，并标注故障部位的形状和尺寸等。

4）故障原因分析：基于对故障现象的观察和分析，同时借助尺寸测量等手段，确定故障原因。故障原因包括车辆自身问题和人为因素，车辆自身问题又可以细分为设计缺陷、质量问题或生产问题等。

5）故障影响：包括车辆停车、性能下降、造成交通事故等情况。

6）维修方法：针对故障的具体修理方法。

（4）维修、更换记录　在试验过程中，每当车辆进行维护、保养、更换零件或软件更新时，都应详细记录车辆信息及维修情况。如果已经完成零部件的更换或软件更新，须在行驶记录中明确标注，并详细记录所更换零部件的编号或更新的软件版本号。

（5）车辆拆检记录　在试验过程中及试验结束后，为了检验汽车主要总成（如车身、车载能源系统、发动机或驱动电机、离合器、变速器、驱动轴、转向器等）内部结构的磨损和其他异常情况，应依据相关试验规程的要求，对这些总成进行部分或全部的拆解检查，并记录检查结果。拆解检查的具体项目和操作步骤应遵循产品维修手册。

(三) 试验数据处理

试验结束后，应进行故障统计和可靠性统计。

1. 故障统计

在试验过程中，对于所发现的故障，应根据以下准则进行记录和统计：

1) 所有故障应以每辆车为单位，按照故障发生的里程顺序，依次记录在故障统计表中。

2) 对于通过改进措施未能解决的故障，只统计一次，并且故障类别应以最严重的情况为准，对应的里程数为该故障发生的里程。

3) 若在相同里程范围内有不同零部件出现故障，应分别记录；若同一零部件出现不同类型的故障，也应分别记录。如果一个零部件在同一里程范围内出现多处相同类型的故障，则仅计入一次，并且故障类别以最严重的情况为准。

4) 对于在进行可靠性试验之前就已经发现的故障，不纳入统计范畴。

2. 可靠性统计

为了满足评价指标的计算需求，应针对每辆车单独统计各类故障的发生次数、首次故障出现的里程、当量故障数、实际行驶里程及试验过程中的平均车速等数据。

试验数据按当量故障数、当量故障率、平均首次故障里程、平均故障间隔里程等指标参数进行整理，计算方法与台架道路模拟试验中的方法一样。

第三节 整车地区环境适应性行驶试验

本节讨论的地区环境适应性行驶试验，主要指针对特殊气候条件的可靠性行驶试验。中国境内存在多种典型的气候区域，包括高寒地区、干热地区、湿热地区及高原地区等。在许多汽车企业和部分标准规范中，通常使用"四高"来概括这些特殊气候环境，即高寒、高温、高原和高湿。

在常规气候条件下表现出可靠性的汽车并不能保证在特殊气候环境中保持相同的可靠性。因此，为了确保汽车在特殊气候环境中的性能稳定，需要对其进行整车地区环境适应性行驶试验。

特殊气候环境区域与典型可靠性故障见表10-3。

表10-3 特殊气候环境区域与典型可靠性故障

气候类型	主要试验环境区域	主要环境特点	典型可靠性故障
高寒	黑龙江黑河、漠河，内蒙古牙克石等	寒冷、干燥、冰雪	非金属件硬化(如皮革座椅)、机油乳化、冷起动困难、制动稳定性差、采暖除霜效果差、显示屏花屏、电动汽车充电时间延长、电动汽车续驶里程缩短
干热	新疆吐鲁番等	气温高、湿度低(年平均相对湿度在40%以下)、阳光辐射强	水温高(冷却系统能力不足)、供油系统气阻、空调制冷效果差、电动汽车充电时间延长、电动汽车续驶里程缩短、非金属件老化
湿热	海南等	气温高、湿度高(年平均相对湿度在60%以上)、雨量大	水温高(冷却系统能力不足)、供油系统气阻、空调制冷效果差、金属件锈蚀、非金属件老化
高原	青海格尔木等	气压低、气温低、海拔高、少雨、干燥	动力下降、起动异常、制动效果差

第十章 整车可靠性试验

一、整车高寒地区适应性行驶试验

在汽车测试领域，高寒地区被定义为最低气温低于-30℃且-20℃以下的低温持续时间超过10天的地区。高寒地区通常指海拔较高、常年温度较低、冻土层持久不化的地带。我国的高寒地区主要包括青藏高原、黑龙江省北部地区、内蒙古自治区的部分区域、甘肃和宁夏的中部及南部地区。

在高寒地区进行整车适应性行驶试验的主要目的是检验车辆在低温条件下的多项性能，包括冷起动能力、制动性能、供暖和除霜系统功能、非金属部件的硬化故障及电子元件的低温工作性能等。T/CSAE 153—2020《汽车高寒地区环境适应性试验方法》中明确规定了汽车在高寒地区进行整车环境适应性道路试验的条件、项目及方法。该标准适用于在高寒地区进行环境适应性试验的M类和N类汽车，其他汽车可参照执行。根据该标准，行驶试验应在-10℃或更低的温度下开展，总行驶里程不少于10000km，其中城市道路至少为2000km，乡村道路至少为3000km，高速公路至少为5000km。这样的试验设计旨在全面评估车辆在不同道路类型和低温条件下的性能表现。

二、整车干热地区适应性行驶试验

干燥气候也称为热带沙漠气候或干热气候，其特点是年蒸发量超过降水量，表现为频繁的晴朗天气、强烈的日晒、干燥的气候、炎热的夏季、较大的昼夜温差及风沙频发。我国的西北地区和华北的部分地区，如新疆、内蒙古、甘肃等，是干热气候的典型代表。

在干热地区进行整车适应性行驶试验，主要关注车辆冷却系统的散热能力、供油系统的稳定性、空调系统的制冷效率及非金属部件的耐老化性能等。对于电动汽车而言，干热气候会影响其电池组的放电性能、电机温度及整个电池系统的热管理。

目前汽车行业内普遍采用基于当地用户工况的干热地区适应性行驶可靠性试验，见表10-4。

表10-4 某企业干热地区用户工况比例

道路名称	所占比例	行驶车速范围/(km/h)
城市工况	25%	30~60
山路工况	10%	10~60
高速工况	35%	80~120
乡村道路工况	30%	20~50

三、整车高原地区适应性行驶试验

高原区域的定义是海拔高度超过1000m，相对高度超过500m，地形相对平坦或有所起伏的广阔地带，我国的青藏高原和云贵高原就是典型代表。在汽车行业中，通常将海拔高度设置在3000m以上作为高原区域的基准。高原地区的环境特征包括低大气压力、空气稀薄、强烈的紫外线辐射和显著的昼夜温差。

在高原地区进行整车适应性行驶试验，汽车行业内常用的测试路段是G109国道格尔

智能电动汽车试验学

木—昆仑山口,其中格尔木市的海拔为2780m,昆仑山口的海拔则达到4767m。此项试验主要观察并评估由于大气压力降低所致的车辆性能变化,如动力性能减弱、起动困难、制动性能下降等。

复习思考题

1. 简述汽车可靠性试验的定义和目的,以及如何评价汽车可靠性。
2. 简述整车道路可靠性行驶试验中的测试系统组成。
3. 在汽车可靠性试验中,如何采集道路载荷谱数据?
4. 在四通道轮耦合道路模拟试验中,用于采集和迭代的主要通道有哪些?

第十一章 / Chapter 11
整车安全性试验

智能电动汽车试验学

> **导读：**
>
> 本章重点讲解电池安全性试验、电磁兼容安全试验及整车碰撞安全试验，并对这些试验的设备要求、基本原理和实施步骤等内容进行详细介绍。

> **学习目标：**
>
> 1. 掌握电池安全性试验。
> 2. 了解电磁兼容安全试验的要求。
> 3. 了解整车碰撞安全试验的细节。

第一节　电池安全性试验

一、基于锂电池环境试验设备的安全性试验

（一）锂电池安全特性

锂电池在高温、过充、外部短路等情况下，电池内部温度短时间异常升高，升高的温度向周边进一步扩散，进而使电池内部发生剧烈化学反应，进一步升高电池内部温度，当化学反应生成的大量热量、气体积聚到一定程度时，会导致电池发生燃烧、爆炸。

锂电池发生的燃烧主要为无氧燃烧，并且温度越高，电池内部化学反应越剧烈，同时产生 O_2、C_2H_4、CO、H_2、CO_2 等气体，燃烧时电池表面温度可达 800~1500℃，可通过对试验设备配备电池温度监测预警模块及能使电池迅速降温的灭火装置来抑制电池燃烧。当电池温度监测预警模块检测到电池温度异常升高时，应向设备控制系统发出预警，当温度持续升高至预设温度时，灭火装置应启动，向电池喷射降温灭火剂，使电池快速降温，以阻止锂电池内部化学反应进一步加强，从而抑制电池燃烧。

锂电池爆炸过程中的冲击力与其所具备的能量成正比，与其所在的试验空间体积成反比，对于相同能量的锂电池，试验空间体积越大，其所产生的冲击力越小。因而在研制锂电池环境试验设备时，应尽量选用大容积的试验设备，同时配备压力释放装置，当锂电池发生爆炸时，应能通过压力释放装置释放电池产生的冲击力，进而达到保护试验设备的目的。

（二）锂电池环境试验设备

结合锂电池安全特性，研制出配有灭火装置（以快速降温为原理）、电池温度监测预警模块、压力释放装置的锂电池环境试验设备，其具备泄压、有害气体监测、强制排风、灭火、箱体防护、观察窗防护、箱门防护等安全防护功能，可用于锂电池试验或其他有泄压需求的样品试验，能够完成锂电池相关标准所要求的温度试验、湿度试验。

（三）安全性试验设计

为了验证锂电池环境试验设备的安全防护功能，需要对设备的安全性进行试验，应分别

第十一章 整车安全性试验

设计压力释放装置动作测试（包括缓慢加压试验和压力快速释放试验）、电池爆炸试验、泄压口密封性能测试（包括低温防凝露试验和高温高湿防凝露试验）、灭火装置灭火试验、电池温度监测试验等，具体方法及结果判定见表11-1。

表11-1 安全性试验方法及结果判定

试验项目	试验目的	试验方法	结果判定
压力释放装置动作测试（缓慢加压试验）	验证试验箱压力释放装置功能	调节试验箱内温度为25℃，对箱内充入压缩空气，使箱内外压差缓慢达到试验箱设计的泄压压力	试验箱内外压差达到设计泄压压力时，泄压口应打开，试验箱内压力应降低，箱体、箱门等无变形
压力释放装置动作测试（压力快速释放试验）	验证试验箱压力释放装置功能	调节试验箱内温度为25℃，选择大小合适的气球，将气球放入箱内，给气球充气，直到气球爆炸	在气球爆炸时，试验箱泄压口应打开，试验箱内压力应降低，箱体、箱门等无变形
电池爆炸试验	验证试验箱泄压口在电池爆炸时是否动作	将锂电池（试验箱所允许的最大能量电池）放入试验箱内。在电池底部使用加热器对其加热，待电池表面温度升至130℃以上，对电池进行外部短路，同时对电池继续加热，直到电池发生燃烧或爆炸	在电池爆炸时，试验箱泄压口应打开，试验箱内压力应降低，箱体、箱门等无变形
泄压口密封性能测试（低温防凝露试验）	验证试验箱泄压口密封性能	调节试验箱内温度为-70℃，并保持12h	试验箱内及泄压口周边无凝露现象
泄压口密封性能测试（高温高湿防凝露试验）	验证试验箱泄压口密封性能	调节试验箱内温度为85℃、相对湿度为85%，并保持12h	试验箱内及泄压口周边无凝露现象
灭火装置灭火试验	验证试验箱灭火装置功能	调节试验箱内温度为-20℃，在箱内释放烟雾，直至试验箱灭火装置启动。分别调节试验箱温度为25℃、50℃，重复以上步骤	在烟雾产生短时间（试验箱设计指标）内，试验箱烟雾传感器应报警，灭火装置同时启动，向箱内喷射灭火剂；强制排风装置也应启动，向外排风
电池温度监测试验	验证试验箱电池温度监测预警模块功能	将锂电池放入试验箱内，将试验箱配备的电池温度监测传感器粘贴在电池表面，在电池底部使用加热器对其加热，调节试验箱内温度为-20℃，直至试验箱电池温度监测预警模块启动。分别调节试验箱温度为25℃、50℃，重复以上步骤	当监测到电池温度短时间（试验箱设计指标）异常升高到设计预警温度阈值时，试验箱应停机并发出警告，同时启动灭火装置，对电池进行灭火降温

二、钛酸锂电池安全性试验

针对锂离子电池使用过程中的安全性问题，这里以商用的钛酸锂电池为例，通过对其进行外部短路、非正常充电、针刺、加热和火焰五项安全性试验，系统性考察了其安全性能，并对原因进行分析。

（一）试验对象及试验方法

1. 试验对象

试验对象为一款商用钛酸锂电池，电池正极材料为NCM622，负极材料为钛酸锂。该电池的型号为LTT90，单体容量为20A·h，电压范围为1.2~2.75V，质量约为500g。

2. 试验方法

（1）**外部短路** 先将电池充满电，然后使用内阻不大于5mΩ的导线短接，记录电压、电流和电池表面中心处的温度，待温度降至与室温相差10℃以内，继续短接1h以上，6h后对电池进行观察。合格判据为不发生爆炸、着火。

（2）**非正常充电** 先将电池放电至截止电压，然后充满电，最后以20A恒流充电至充电截止电压的1.5倍（3.9V），记录过程中电流、电压和温度的变化情况。合格判据为不发生爆炸、着火。

（3）**针刺** 先将电池充满电，然后使用 ϕ3mm 的耐高温钢针，沿着与中央极片垂直的方向，以10mm/s的速度完全刺穿，保持24h，对样品温度进行测量。合格判据为不发生爆炸、着火。

（4）**加热** 先将电池充满电，放置于试验箱内，以不超过3℃/min的速度将试验箱温度调至90℃，保温2h，观察电池是否泄放。若无泄放，以不超过3℃/min的速度将试验箱温度调至149℃，保温2h。保温结束后，以不超过3℃/min的速度将试验箱温度调至30℃。合格判据为在温度小于90℃时，不发生爆炸、着火、泄放；在90~149℃的温度区间内，可以泄放，但不应发生爆炸或着火。

（5）**火焰** 将电池充满电，在烷气灯上方150~200mm处放置钢丝网，调节烷气和空气的流量，使钢丝网发出明亮的红色，将电池置于钢丝网上，开始录像，使火焰烧伤电池，直至彻底反应完毕。合格判据为不发生爆炸，若有泄放现象，应在安全阀或者其他特殊设计的部位（如塑料部分）发生。

（二）结果与分析

1. 外部短路

钛酸锂电池外部短路所用导线的电阻为4.24mΩ，符合试验要求。电池形貌未发生显著变化，仅有轻微的软化，表面产生了少量褶皱，并未发生泄漏、泄放等现象。

钛酸锂电池外部短路过程中电压、电流和温度的变化如图11-1所示。由此图可知，短路后，电流先显著增加，最高达到586A，然后电流、电压均有所下降，分别稳定在500A和1.0V左右；短路约100s后，电池电量趋于耗尽，电流、电压迅速下降，趋近于零。随着试验进行，热电偶所测得的温度逐步上升，并在放电末期达到77.8℃，随后逐步降至64℃左右；接着温度再次上升，最高达到82.4℃。

钛酸锂电池在经历外部短路后基本完好，未发生爆炸、着火、泄漏、泄放等现象，表示试验合格。

在外部短路过程中，电池的电压和电流曲线出现了一个长达120s左右的平台，电流约为500A，说明钛酸锂电池处于稳定的放电状态。由于钛酸锂电池本身具备很好的高倍率性能，在持续的短路大倍率放电过程中，电池没有任何外部冷却措施，造成热量累积和局部温升，电池最高温度达到82.4℃，有可能导致电池内部少量的电解液发生分解，因此电池出现轻微的软化和褶皱现象。

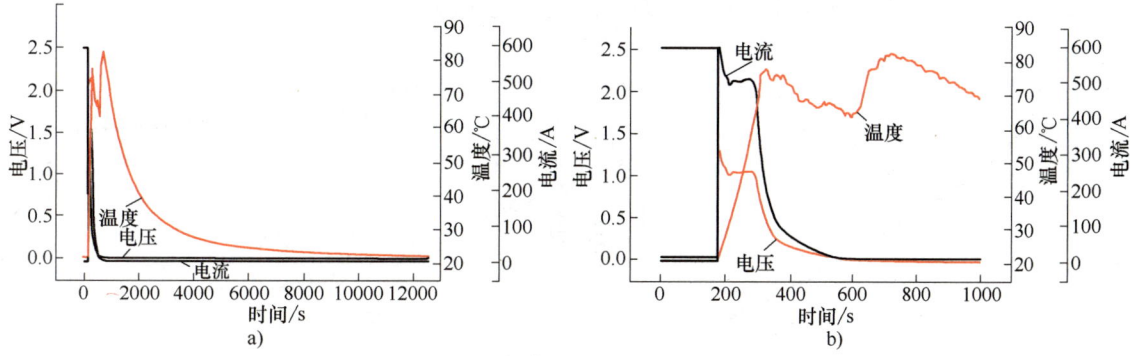

图 11-1 钛酸锂电池外部短路过程中电压、电流和温度的变化

a) 全过程的试验数据 b) 前1000s的试验数据

2. 非正常充电

钛酸锂电池非正常充电过程中电压和温度的变化如图 11-2 所示。由此图可知，当充电至3.9V停止充电后，电池的开路电压略有下降，稳定在3.85V左右；充电时，电池表面温度逐渐上升，最高达到33℃，处于电池的正常工作范围内。

钛酸锂电池在非正常充电过程中未发生燃烧、爆炸、泄放、泄漏等现象，电池外观完好，温升可控，表示试验合格。

根据相关研究，锂离子电池过充电时，膨胀更严重，会影响固体电解质界面（SEI）膜的稳定性，甚至造成SEI膜的破坏，使电解液与电极材料直接接触，进而引发活性材料降解。SEI膜破坏产生的热量被认为是锂离子电

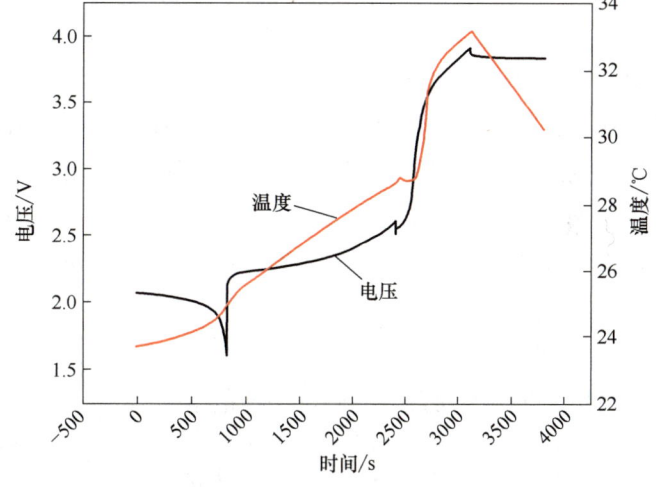

图 11-2 钛酸锂电池非正常充电过程中电压和温度的变化

池过充热失控的主要原因，但在钛酸锂电池中，钛酸锂过充时不产生SEI膜，避免了过充导致的热失控现象。此外，在高电流密度下，由于从电解液中迁移出的锂离子数量较多，增加了锂枝晶形成的可能性，这也是过充会出现热失控的重要原因。钛酸锂具备三维扩散通道，其锂离子扩散系数比石墨负极高出一个数量级，在过充时可实现快速锂离子扩散，有效避免了表面锂枝晶的形成。因此，钛酸锂电池在非正常充电过程中表现良好，未出现热失控。

3. 针刺

钛酸锂电池针刺过程中电压和温度的变化如图 11-3 所示。由此图可知，当电池被刺穿后，电池的电压有一个明显的下降趋势，约 80s 后降到极值，随后开始回升，约 50s 后回到相对稳定的值，并持续下降。相应地，针刺点附近的温度在针刺后迅速上升，最高达到约 41℃，在电池电压开始回升后，温度逐渐下降，并趋于稳定。

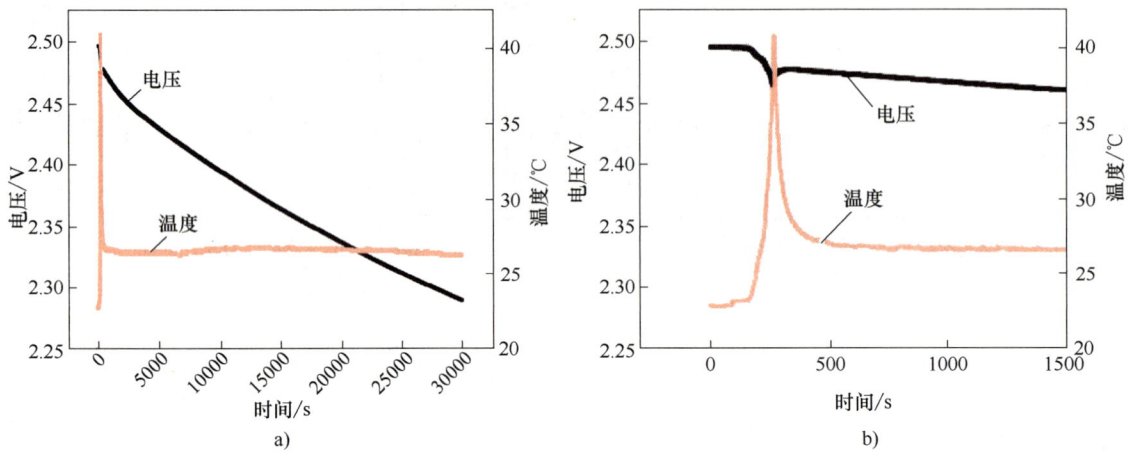

图 11-3　钛酸锂电池针刺过程中电压和温度的变化
a) 全过程的试验数据　b) 前 1500s 的试验数据

钛酸锂电池被刺穿后，状态稳定，未发生爆炸、着火、泄放、泄漏等现象，表示试验合格。

通过试验结果分析可知，当钢针刺穿钛酸锂电池后，其内部形成短路，使钢针附近的材料迅速发生脱锂，引起温度升高和电压下降。但由于钛酸锂脱锂后的电导率迅速下降，与钢针接触的钛酸锂很快进入接近绝缘的状态，使内部短路电流快速减小，电池温度很快恢复正常，电池电压由于内部短路状态的缓慢放电而逐渐下降，并不会引发更为严重的热失控现象。

4. 加热

钛酸锂电池经 90℃ 保温 2h 后未发生明显变化，无鼓包、软化等现象；经 149℃ 保温 2h 后，电池发生了明显的鼓包胀气现象。钛酸锂电池加热过程中电压和温度的变化如图 11-4 所示。由此图可知，在整个加热过程中，电池电压呈逐步下降趋势，但在加热结束后仍为 2.44V 左右，位于正常区间内。

钛酸锂电池在 90～149℃ 时均未发生爆炸、着火、泄放、泄漏等现象，表示

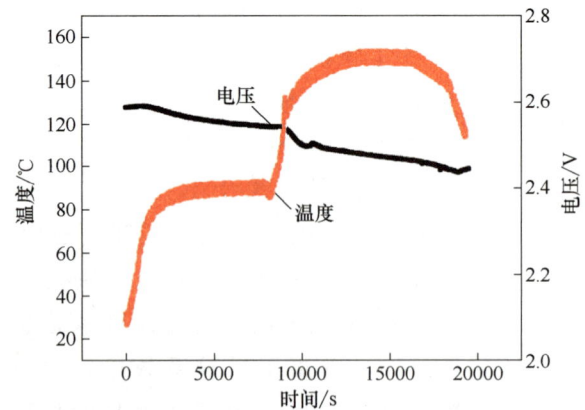

图 11-4　钛酸锂电池加热过程中电压和温度的变化

试验合格。

在85℃以上，电解液会发生分解，分解速率随温度升高而提高，由于90℃时电解液分解十分缓慢，2h后无明显的鼓包。此外，由于石墨在充放电过程中会产生SEI膜，高温下SEI膜的分解会产生H_2、CO_2、C_2H_6、C_2H_2和CH_4等易燃气体，具有很大的安全隐患。钛酸锂材料不产生SEI膜的特性及稳定的结构使其在高温下更稳定，在90℃的保温过程中，不容易形成气态降解产物，因此未出现十分明显的鼓包现象。在149℃的保温过程中，电解液的分解明显加快，导致电池鼓包胀气，但由于钛酸锂稳定的结构，加热过程中未出现明显的电压下降。

5. 火焰

在火焰试验过程中，钛酸锂电池在前30s无明显变化，在30s前后开始冒出少量烟，在50s前后发生胀气并开始泄放，泄放位于极耳处；在85s前后开始有明火出现，电池开始燃烧；在150s前后电池从极耳端开裂，体积膨胀，随后火焰逐渐减小，至190s前后明火才熄灭。电池在整个试验过程中未发生爆炸，也没有特别剧烈的反应，泄放位置发生在特殊设计的位置。

钛酸锂电池在火焰试验过程中未发生爆炸，泄放发生在特殊设计处，表示试验合格。

钛酸锂为不燃物，在火焰试验过程中不会助燃，电池燃烧过程中的可燃物仅为隔膜和电解液，因此火焰试验过程中的燃烧较温和。

三、电池安全性试验标准

动力蓄电池是造成近些年纯电动汽车火灾事故的主要原因之一，鉴于动力蓄电池系统的潜在风险较高，对其进行安全性试验变得尤为关键。我国发布的GB 38031—2020《电动汽车用动力蓄电池安全要求》中规定了电动汽车用动力蓄电池单体、电池包或系统的安全要求和试验方法，适用于电动汽车用锂离子电池和镍氢电池等可充电储能装置。根据该标准，动力蓄电池系统安全性试验的测试项目共16项，见表11-2。

表11-2 动力蓄电池系统安全性试验的测试内容

序号	测试项目	测试要求
1	振动	模拟动力蓄电池安装在车上的随机振动情况，要求无泄漏，无外壳破裂，无起火或爆炸现象，试验后的绝缘电阻应不小于100Ω/V
2	机械冲击	模拟动力蓄电池安装在车上或处于运输状态时，由车辆颠簸导致的Z轴方向的冲击力或撞击力，要求无泄漏，无外壳破裂，无起火或爆炸现象，试验后的绝缘电阻应不小于100Ω/V
3	模拟碰撞	模拟动力蓄电池安装在车上发生车辆碰撞的情况，要求无泄漏，无外壳破裂，无起火或爆炸现象，试验后的绝缘电阻应不小于100Ω/V
4	挤压	模拟动力蓄电池安装在车上发生车辆碰撞，并且电池包发生严重挤压变形的情况，要求无起火或爆炸现象
5	湿热循环	模拟动力蓄电池在高温、高湿下存储或运输的情况，要求无泄漏，无外壳破裂，无起火或爆炸现象，试验后30min内的绝缘电阻应不小于100Ω/V
6	浸水	模拟动力蓄电池直接被海水完全浸没的极端情况（多见于我国南方地区），要求无泄漏，无外壳破裂，无起火或爆炸现象，试验后的绝缘电阻应不小于100Ω/V

（续）

序号	测试项目	测试要求
7	外部火烧	模拟动力蓄电池直接暴露于外部火焰的情况（一般发生于因线路短路或燃油泄漏着火的情况），要求无爆炸现象
8	热扩散	模拟动力蓄电池系统因为单体蓄电池热失控而引起热扩散，进而导致乘员舱发生危险前5min的情况，要求提供一个热事件警报信号（提醒乘员疏散）
9	温度冲击	模拟动力蓄电池外部环境温度快速变化的情况，要求无泄漏，无外壳破裂，无起火或爆炸现象，试验后的绝缘电阻应不小于100Ω/V
10	盐雾	模拟动力蓄电池在高盐雾地区（海边地区）的使用情况，要求无泄漏，无外壳破裂，无起火或爆炸现象，试验后的绝缘电阻应不小于100Ω/V
11	高海拔	模拟动力蓄电池在高海拔、低气压下的使用情况，要求无泄漏，无外壳破裂，无起火或爆炸现象，试验后的绝缘电阻应不小于100Ω/V
12	过电流保护	模拟过电流情况下动力蓄电池系统的保护功能，要求无泄漏，无外壳破裂，无起火或爆炸现象，试验后的绝缘电阻应不小于100Ω/V
13	过温保护	模拟高温滥用情况下动力蓄电池系统的保护功能，要求无泄漏，无外壳破裂，无起火或爆炸现象，试验后的绝缘电阻不小于100Ω/V
14	短路保护	模拟外部短路情况下动力蓄电池系统的保护功能，要求无泄漏，无外壳破裂，无起火或爆炸现象，试验后的绝缘电阻应不小于100Ω/V
15	过充电保护	模拟过充电情况下动力蓄电池系统的保护功能，要求无泄漏，无外壳破裂，无起火或爆炸现象，试验后的绝缘电阻应不小于100Ω/V
16	过放电保护	模拟过放电情况下动力蓄电池系统的保护功能，要求无泄漏，无外壳破裂，无起火或爆炸现象，试验后的绝缘电阻应不小于100Ω/V

第二节　电磁兼容安全试验

电磁兼容性是指车辆、电子电气系统或组件在电磁环境中正确运行的能力，并且不会对其他电子电气系统或组件造成干扰。汽车电磁兼容安全试验包括多种测试项目，主要涵盖电磁干扰和电磁抗扰两方面。

一、试验标准及类别

（一）试验标准

与国家和国际标准相比，企业标准通常设定更高的要求。在电磁兼容性标准方面，国际标准规定的整车辐射抗扰度场强最低限制为25V/m，一些汽车制造商的企业标准更为严格，为100~600V/m。各大汽车公司都已经建立了自己的电磁兼容性企业标准体系。

（二）试验类别

电磁兼容测试主要涵盖电磁干扰（EMI）和电磁抗扰（EMS）两方面，每一方面又细分为传导和辐射两种信号传输方式。

随着新能源汽车的兴起和广泛使用，汽车电磁场人体防护试验也受到关注。由于这项试验的原理是测量车辆或系统对外发射的强度，它被归类为电磁干扰类试验。

二、试验原理

为了更直观地掌握电磁兼容测试的原理以便于研究，可以将骚扰源（发射部件）视为一个发射天线，将敏感设备（接收部件）视为一个接收天线，同时信号的传输路径可划分为辐射耦合和传导耦合两种类型，进而构建一个简化的测试原理模型。

在干扰类试验中，被测车辆（或系统）被视为骚扰源和发射天线，接收天线和接收机则被视为敏感设备。通过比较接收机处理后的测试结果与既定标准的限值，可以判断被测对象是否符合要求。

在抗扰类试验中，信号发生器充当骚扰源的角色，信号经过功率放大器放大后，通过电缆传输给发射天线。此时，敏感设备变为被测车辆（或系统）。在试验过程中，利用音视频或CANoe诊断工具来监控被测对象的工作状态。

对于汽车而言，电磁兼容性不仅影响产品的性能，还直接关系到安全问题。特别是在新能源汽车中，由于车内外电磁环境的复杂性，电磁兼容测试的研究显得尤为重要。

三、试验环境

鉴于现代广播和通信技术的快速发展，难以找到满足开阔场（OATS）标准的理想测试场地，电磁兼容试验通常需要在屏蔽室或电波暗室中进行。

（一）开阔场

开阔场是早期开展电磁兼容研究的主要场所，GB/T 6113.104—2021《无线电骚扰和抗扰度测量设备和测量方法规范 第1-4部分：无线电骚扰和抗扰度测量设备 辐射骚扰测量用天线和试验场地》中对开阔场的相关性能指标要求为平坦、空旷、地面铺设金属钢板、无任何反射物的椭圆形或圆形户外试验场地。理想的开阔场应具有良好的导电性，面积无限大，接收天线所接收的信号是直射路径和反射路径信号的总和。

开阔场往往远离市区，由于试验受天气条件影响较大且存在反射，电磁兼容测试更趋向于使用半电波暗室来模拟开阔场试验环境。

（二）半电波暗室

电波暗室分为全电波暗室和半电波暗室两类。这两类暗室都是为屏蔽外部电磁干扰而设计的，具有六面封闭的空间，内部装饰有吸波材料，通常是内部有房中房的结构。它们区别在于半电波暗室的地面由金属导电地板构成，不使用吸波材料进行覆盖。这种设计使得半电波暗室内的地面产生反射，从而能够模拟理想的开阔场条件，因此被认为是当前较为理想的电磁兼容测试环境。

半电波暗室的技术性能指标如下：

1. 屏蔽效能（SE）

这一指标衡量的是电波暗室对外界信号的屏蔽能力。屏蔽效能的数值为未屏蔽时的接收信号与屏蔽后的接收信号之比，屏蔽效能并非越高越好，只要最终的环境电平低于标准限值 6dB 就可以了。

2. 背景噪声

背景噪声的水平反映了电波暗室内的安静程度，是评价电波暗室性能的重要参数之一。它不仅受到屏蔽效能的影响，还受到暗室内其他设备的影响。在无被测设备的情况下，测试电平应比测试标准所规定的限值至少低 6dB。

3. 净区大小

净区是电波暗室内受到反射干扰最小的区域，其大小取决于暗室的尺寸、结构、所用的工作频率和吸波材料的电性能等因素。通常暗室的尺寸越大，净区就越大，并且该区域应是以转台旋转中心为圆心的直径一定的圆柱空间。净区的尺寸不得小于待测物体的尺寸，10m 法测试距离的净区直径通常不小于 6m，3m 法测试距离的净区直径则不小于 2m。净区的中心必须位于电波暗室的中轴线上。

4. 归一化场地衰减（NSA）

归一化场地衰减是衡量电波暗室性能的关键指标，它决定了电波暗室是否适合进行电磁干扰测试。场地衰减是指发射天线输入的功率与接收天线负载接收的功率之比。场地衰减的影响因素包括地面平整度、地面的电参数、收发天端接口的阻抗等。归一化场地衰减与理想值之间的偏差应控制在 ±4dB 以内。

5. 场均匀性（FU）

场均匀性是决定电波暗室能否开展辐射抗扰度测试的关键指标。在进行辐射抗扰度测试期间，发射天线必须在被测设备的周围创建一个均匀的场强，场均匀性就是用来评价电波暗室能否满足上述要求的。

如图 11-5 所示，均匀面是一个被认为场的变化足够小的假想垂直面。均匀面位于转台

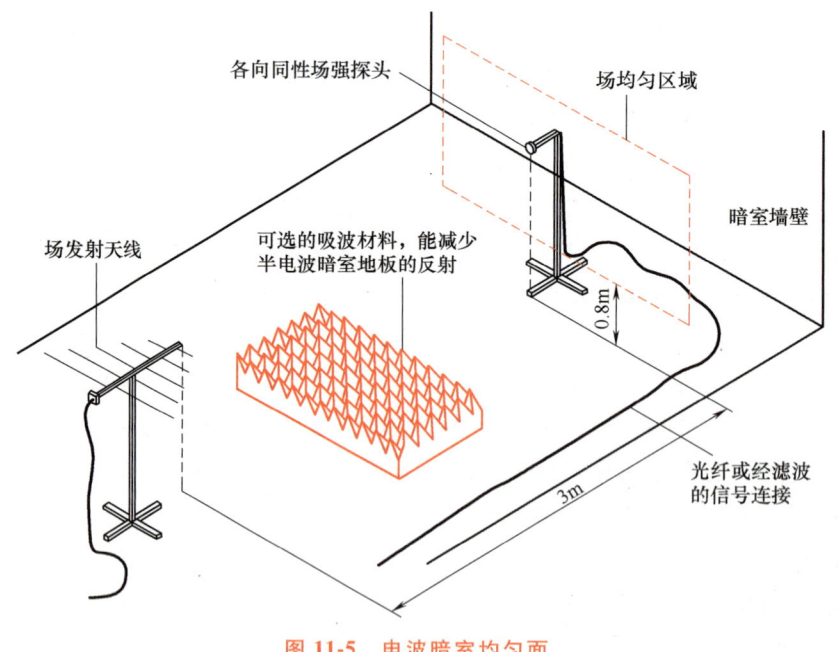

图 11-5　电波暗室均匀面

之上0.8~2.3m范围内1.5m×1.5m的垂直平面上,并且要求该面上均匀分布的16个测试点中有75%的场均匀性(12个点的最大值与最小值之差)应在0~6dB之间。均匀面上测点位置的分布如图11-6所示。

新能源汽车电磁兼容测试常用的半电波暗室有10m法电波暗室、3m法电波暗室和1m法电波暗室三种。

四、试验设备

电磁兼容测试主要分为两类:骚扰测试和抗扰度测试,它们各自使用不同的设备、原理和评估方法。下面简要介绍几种电磁兼容测试中常用的测试设备。

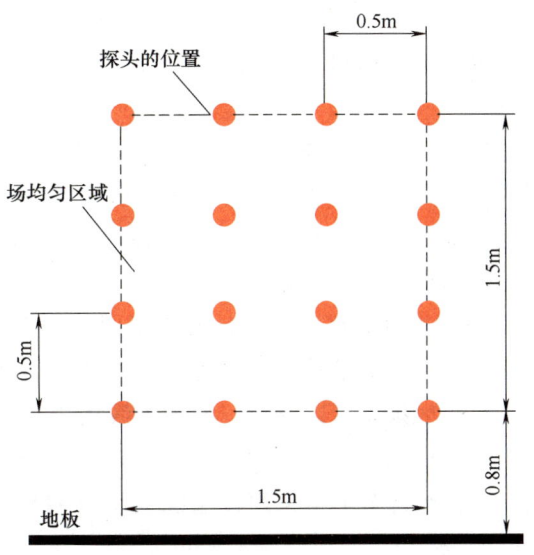

图11-6 均匀面上测点位置的分布

(一)骚扰测试类设备

1. 接收天线

在电磁兼容测试中,接收天线的作用是捕捉车辆发射的电磁波,并将捕获的电压信号传递给数据采集系统,通过计算得出测试结果。

接收天线的设计工作频率各有差异,其中垂直单极天线适用于30MHz以下的频段,双锥天线适用于30~200MHz的频段,对数周期天线通常用于1GHz以下的频段,喇叭天线则能够覆盖1~4GHz甚至更高的频段。需要注意的是,这些天线适用的频段并非完全独立,它们之间可能存在一定的重叠。

2. 电磁干扰接收机

电磁干扰(EMI)接收机的作用是对天线接收的射频信号进行必要的检波处理,滤除不需要的噪声,并提供不同类型的信号输出。它通常具有较宽的频率覆盖范围,为了检测高频段的电磁信号,需要与相应频率范围的接收天线协同工作。

3. 电流探头

电流探头是一种基于安培定律的电流测量工具。其核心部件为一个磁性铁氧体芯,该芯被均分成两部分,并通过一个可开合的合页连接。使用时,用户需打开夹具,将带有待测电流的导线置于环形空间内,然后闭合夹具以固定导线。当电流通过环形空间时,会在铁芯周围形成一个集中的磁场。根据法拉第电磁感应定律,该磁场的时间变化会产生感应电动势,其大小与磁场强度成正比。因为感应电压与电流成正比,所以通过测量线圈产生的感应电压,可以确定通过电流探头的电流大小。

(二)抗扰度测试类设备

1. 干扰信号发生器

在抗扰度测试中,干扰信号发生器扮演关键角色,它负责产生符合特定标准的测试干扰信号。依据不同的测试需求,干扰信号发生器能够输出不同频率范围和调制方式的信号。它通常分为抛负载模拟器、快速脉冲群干扰模拟器、电压变化模拟器和电源故障模拟器等类型。

2. 功率放大器

功率放大器简称功放，主要功能是增强信号发生器输出的信号强度，以满足试验所需的具体功率要求，同时在抗扰性测试中也有应用。

3. 干扰信号施加设备

根据试验项目的不同，常见的干扰信号施加设备有电流注入钳、发射天线和静电发生器。

（1）电流注入钳　大电流注入钳在形状和设计原理上与电流探头相似，但它们的使用方式正好相反。由快速脉冲群干扰模拟器或连续波模拟器会按照标准规定的波形在注入钳的环上施加规定强度的电流，由此在注入钳内产生变化的磁场，这个磁场会耦合到测试线束上，从而产生干扰电流。

（2）发射天线　与接收天线不同，发射天线的主要任务是将经过功率放大器增强后的信号通过天线振子转换成电磁波，并向外传播，从而对被测物体实施干扰。

在辐射抗扰度试验中，发射天线用于对汽车零部件和整车进行测试。根据所涉及的频率范围，可选用不同类型的天线，如双锥天线、对数周期天线和喇叭天线。对于整车抗干扰测试，在低频部分通常采用传输线系统（TLS），而在高频部分使用大功率的对数周期天线和喇叭天线。

（3）静电发生器　静电发生器包括静电放电高压电源和静电放电枪两部分，并配有不同的阻容网络。测试用的阻容网络分别为 150pF/330Ω、150pF/2000Ω、330pF/330Ω、330pF/2000Ω。不同部件在试验时选用其中一种或几种阻容网络，应充分考虑使用场景。

（三）其他设备

1. 场强探头

场强探头在辐射抗扰度测试中扮演重要角色，主要用于测量由天线发射的电磁波强度，并在测试过程中监控不同位置的电磁波场强。

2. 功率探头

在电磁抗扰性测试中，功率探头的作用是实时监测和记录功率放大器的输入/输出功率及天线的输入/输出功率，以便在需要时调整信号的强度。

3. 人工电源网络

人工电源网络（LISN）在测试过程中连接于被测设备的电源输入端，它为测量干扰电压提供了标准的负载阻抗（通常是50Ω），并且实现了被测设备与电源之间的隔离。

五、辐射抗扰度（RS）测试

辐射抗扰度测试的核心目标是评估车载电子设备在遭受电磁辐射干扰时的抵御能力。这类干扰可能导致电子设备线路上的电压干扰，甚至可能会干扰设备正常运行。电磁辐射干扰的主要来源包括车辆内部的通信终端、车载电子设备及外部的电磁辐射源（如无线电发射基站等）。

辐射抗扰度测试系统一般由信号发生器、功率放大器、定向耦合器、功率计、辐射发生器（天线）、场强探头和场强计等组成。其工作流程如下：

信号发生器生成符合标准的信号，经功率放大器增强后，通过射频线缆经过定向耦合器传递至辐射发生器。辐射发生器对被测车辆施加特定强度的干扰场。

（一）试验准备

1. 测试计划

在进行辐射抗扰度测试之前，应根据测试目标和要求来制订测试计划。这个计划应在测试开始前准备完毕，并且至少包含以下方面：试验布置、所涉及的频率范围、参考点、车辆运行状态、评估标准、试验严酷等级的定义、调制类型、极化方向、任何特殊的说明，以及与标准试验的任何差异。

每辆被测车辆都应在典型的工作条件下进行测试，尽可能使车上的各可长时间工作的电子和电气组件都处于正常工作状态。

2. 场强校准

辐射抗扰度测试通常采用替代法，因此场强校准是测试前的一个重要步骤。

根据不同的频率范围和天线种类，场强校准分为单探头校准和四探头校准两种方法。在 10kHz~20MHz 及 2~18GHz 的频段内，通常采用单探头校准；而 20MHz~2GHz 的频段使用四探头校准。四探头校准利用垂直参考线的概念，通过计算四个探头的读数平均值来确定校准值。

在校准过程中，测试区域应避免停放车辆，并使用未调制信号来校准预设的测试电平（场强），同时记录前向功率和反向功率的读数。

在进行车辆测试时，通常不需要实时使用场强探头监控参考点的场强，而是根据先前场强校准记录的前向功率数据来调整功率放大器，以重现相应的场强。

场强校准不必在每次试验前都进行，具体校准频率应根据实际使用情况决定，一般 1~2 月校准一次。然而，当主要设备，如信号发生器、功率放大器、天线或线缆经过维修后，应重新进行校准。

无论是单探头，还是四探头，其校准都是基于参考点的，而在实际测试中，车辆的参考点应与校准时的参考点一致，并且测试报告中应详细记录前向功率、后向功率及参考点的具体位置。

（二）试验执行

根据相关标准要求或测试计划的规定，将车辆及相关设备置于对应位置。车辆及各电子电气部件按照测试计划的规定运行，按照测试计划预定的强度值向待测车辆施加干扰信号。

测试过程中可以在车内或车外放置一个场强探头。在所测频率范围内使用垂直极化和水平极化进行测试，任何例外情况都应详细记录在测试计划中。场发生装置在规定极化方式下，以试验信号电平进行扫频，注意观察是否有异常情况并记录。完成测试计划中规定的所有频率、调制方式、极化方向、车辆方向和天线位置的试验。

车辆测试时，应模拟车辆各种可能的工作模式，如充电、行驶等工况，使计划考察的部件工作在正常状态并记录。

因为测试过程中实验室内充斥着高场强信号,人员禁止停留在暗室内,以免对身体造成伤害。此时,需要充分利用监控及光纤通信等手段,在控制室对暗室内被测车辆及场强状态进行监控、记录,被测车辆或样件不应出现功能失效或异常。

对于测试过程中车辆的运行状态应做详细记录,见表 11-3。

表 11-3　车辆典型工作状态

驱动状态	倒车状态
1. 汽车驱动转鼓,车速为 50km/h 2. 可调悬架系统处于正常工作状态 3. 位置灯开 4. 制动灯关闭 5. 驾驶人一侧转向灯打开 6. 暖风电机工作在中等强度 7. 驾驶人座椅处于中央位置(电动) 8. 转向盘处于中央位置(电动) 9. 防盗报警器关闭 10. 喇叭关闭 11. 车门关闭 12. 安全气囊等处于工作状态 13. 车窗处于中央位置(电动) 14. CD 机开,中等音量 15. 空调开,制冷状态下温度调至最低;制热状态下温度调至最高 16. 车门闭锁 17. 前刮水器高速档运行 18. 后刮水器开启 19. 前照灯打开	1. 车辆上电 2. 变速器位于倒档 3. 倒车影像开启 4. 倒车雷达激活 5. 全景泊车显示全景及后视画面 6. 刮水器关闭 7. 收音机关闭 8. 空调关闭 9. 制动灯打开 10. 倒车灯打开

(三) 试验数据分析与处理

车辆配备多种元器件,根据车辆功能的重要性,可以将其分为四个等级。

Ⅰ级功能:涉及车辆被动安全系统的关键功能,如安全气囊的控制系统。

Ⅱ级功能:对驾驶人操控车辆、对其他道路使用者及相关法规要求的关键功能,如转向信号灯、制动灯和刮水器。

Ⅲ级功能:虽然能够提升或辅助驾驶人操控车辆,但并非车辆操控的必需品,如防抱死制动系统、燃油表。

Ⅳ级功能:旨在提升驾驶和乘坐的便利性、舒适性和娱乐性,如车载收音机和空调系统。

在进行车辆的辐射抗扰度测试前,除了要确定测试所需的场强,还要确定不同功能部件的抗扰度性能等级,通常将其分为五个级别。

A 级:所有功能均正常运行,没有任何异常情况出现。

B 级:单个或多个功能的表现略有偏差,但这些偏差在干扰消除后会自动恢复正常。

C 级:单个或多个功能无法正常工作,但在干扰消除后能够自动恢复正常。

D 级:单个或多个功能无法正常工作,即使在干扰消除后,也需要通过简单的重置操作才能恢复正常。

E级：单个或多个功能无法正常工作，即使进行了简单的重置操作，也需要进一步的维修才能恢复正常。

用户期望的最佳情况是所有部件的抗干扰能力都达到A级，但是部件的性能等级往往与其制造工艺和成本直接相关。因此，车辆制造商和供应商通常需要在性能等级和成本之间进行权衡，投入大量精力以确保两者平衡。

车辆各功能部件辐射抗扰度性能要求见表11-4。

表11-4 车辆各功能部件辐射抗扰度性能要求

车辆功能部件	辐射抗扰度性能要求
车速控制	车速变化不超过设定值的5%
前照灯	亮度无明显变化
前刮水器（高速档）	周期无明显变化
后刮水器（正常工作，如果有）	周期无明显变化
暖风机	工作正常
电动车窗	无意外动作
转向灯	0.75Hz≤频率≤2.25Hz,25%≤占空比≤75%
电动座椅和转向盘	意外变化不超过总行程的10%
防盗系统	无意外激活
喇叭	无意外激活
车门	无意外解锁
制动灯	正常点亮，不发生熄灭
其他电器部件	无任何意外或者警告灯点亮

第三节 整车碰撞安全试验

汽车安全一直是驾驶人和汽车制造商关注的焦点。中国新车评价规程（C-NCAP）的推出，为汽车安全性能的评价设定了一个从1星到5星+的分级体系，星级越高，意味着车辆的安全性能越出色。随着该体系的实施，众多汽车制造商纷纷加入评估，而能够获得5星碰撞评价通常意味着车辆的安全性非常优秀。本节将围绕试验标准及类别、试验原理及设备、试验流程与分析，详细讲解整车碰撞安全试验。

一、试验标准及类别

（一）试验标准

随着我国对交通事故研究的深入，整车碰撞测试标准逐渐健全。国内第三方检测机构基于中国道路事故的实际情况，分别主导设立了中国新车评价规程（C-NCAP）与中国保险汽车安全指数（C-IASI）两个车辆安全评价系统。

针对燃油车、新能源汽车的国家整车碰撞试验现行标准有 GB 20071—2006《汽车侧面碰撞的乘员保护》、GB 20072—2006《乘用车后碰撞燃油系统安全要求》、GB/T 20913—2007《乘用车正面偏置碰撞的乘员保护》、GB 11557—2011《防止汽车转向机构对驾驶员伤害的规定》、GB 11551—2014《汽车正面碰撞的乘员保护》、GB/T 37337—2019《汽车侧面柱碰撞的乘员保护》、GB 18384—2020《电动汽车安全要求》等。

（二）试验类别

整车碰撞安全试验采用弹射原理，配备相应的试验系统，在专业实验室内实车模拟各类典型道路交通事故工况。整车碰撞安全试验是验证车身结构和约束系统是否合格的重要方法。通过分析车身结构、约束系统、假人及电池包受到碰撞后的数据，可以评估汽车在碰撞事故中对车内乘员、车外人员和物品的保护效果。目前，整车碰撞安全试验主要分为三种类型：车与固定壁障碰撞试验、车与移动壁障碰撞试验及车对车碰撞试验。

1. 车与固定壁障碰撞试验

车与固定壁障碰撞试验包括多种类型，其主要目的是评估车辆对乘员的保护效果。试验场景有正面100%重叠刚性壁障碰撞、30°倾斜刚性壁障碰撞、正面40%重叠可变形壁障碰撞、钻卡刚性壁障碰撞、25%小偏置刚性壁障碰撞、10°偏置刚性壁障碰撞、正面柱刚性壁障碰撞及侧面柱刚性壁障碰撞。

在进行正面100%刚性壁障碰撞试验时（图11-7），试验车辆需要沿着预定轨迹冲向壁障。这个轨迹是经过精确计算的，以确保试验结果的准确性和可重复性。在到达壁障的路线中，试验车辆横向任一方向偏离理论轨迹均不得超过150mm，由此确保了碰撞的准确性和一致性，使得试验结果更加可靠。

在试验过程中，假人会受到与真实人体相似的冲击力和加速度。通过这些数据，可以评估车辆前端碰撞吸能装置的吸能效果、乘员约束系统的性能及车辆结构对乘员保护的贡献。这些数据对于车辆的安全性能改进和优化具有重要意义。

图11-7　车与固定壁障碰撞试验

2. 车与移动壁障碰撞试验

车与移动壁障碰撞试验（图11-8）主要评估车辆侧面结构、约束系统、油箱、相容性及电池包的安全性。试验场景包括侧面移动壁障碰撞、正面移动壁障碰撞和追尾移动壁障碰撞。

3. 车对车碰撞试验

车对车碰撞试验（图11-9）主要采集车辆冲击力的传递路径、吸能零部件的变形及车辆标定阶段的各项技术参数，并检验车辆的相容性。试验场景包括0°和多角度等多种碰撞，旨在更真实地模拟实际事故情况，从而更准确地反映车辆的安全性能。

第十一章　整车安全性试验

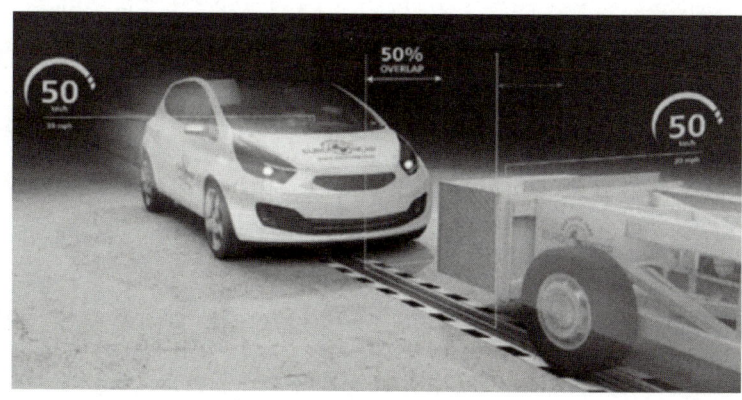

图 11-8　车与移动壁障碰撞试验

图 11-9　车对车碰撞试验

二、试验原理及设备

（一）试验原理

试验车辆（或移动壁障）通过牵引系统进行连接，并由该系统拖动行驶。车辆会经历匀加速和匀速两个阶段，最终达到预定的碰撞速度。在达到预定速度后，牵引系统与试验车辆（或移动壁障）自动断开，车辆（或移动壁障）依靠自身的惯性继续前进并与移动壁障（或车辆）发生碰撞。这个试验过程模拟了弹弓发射的原理。

（二）试验设备

1. 牵引系统

牵引系统包括牵引电动机、液压紧固装置、钢丝绳、轨道及控制软件等部分，它的作用是推动试验车辆以满足规定的加速度和速度要求，并确保碰撞过程中的位移（横向和纵向）在指定限制之内。

2. 高速摄像系统

高速摄像系统由相机、控制分析软件及触发装置等组成，用于拍摄车辆试验过程中的运动情况，记录假人在车辆碰撞瞬间的运动姿态及车身结构的破坏过程。该系统拍摄帧率≥1000 帧/s，最小分辨率为 512×384 像素，可承受任意方向 $100g$ 的冲击。

3. 数据采集系统

数据采集系统由数据采集单元、引爆单元和控制软件等组成，负责收集车辆传感器和假人损伤数据，并可作为气囊控制器的替代品来引爆安全气囊。

4. 试验假人系统

试验假人系统由假人、校准系统、数据采集系统和控制软件等组成，用于模拟人体在碰撞试验中的反应，测量撞击时的各种物理参数（如力、加速度和位移），以评估车辆对乘员的保护效果。

5. 车身形变量测量系统

车身形变量测量系统由传感器、红外相机、标准测量板和控制软件组成，用于测量碰撞过程中车身和底盘等区域的形变情况。

6. 灯光照明系统

灯光照明系统由灯具、灯具移动支架和控制软件等组成，旨在为高速摄影提供额外的照明。

7. 电安全测量系统

电安全测量系统由数据采集单元、触发单元和控制软件等组成，用于监测试验过程中的电压、绝缘电阻和电能。

8. 移动保温间

移动保温间由保温箱、空调系统、显示系统、电气控制系统和安全保护系统等组成，用于在试验前对假人进行温度控制。

三、试验流程与分析

（一）试验准备

根据相关试验规范，试验车辆的准备工作包括车辆称重、安装传感器、调整座椅、测量形变、校准假人及调整假人位置、设定车辆位置等步骤。对于新能源汽车，由于配备动力蓄电池和高压电气系统，存在碰撞后电路短路、人员触电、电解液泄漏甚至起火爆炸等风险，需要安装电安全测量系统和温度测量系统，并在试验现场及其周边进行消防和急救救援的布局。

（二）试验执行

将高速摄像系统、照明灯光、数据采集装置、测速仪器等试验设备调整为待命状态，启动牵引系统，完成整个碰撞试验流程。

（三）试验数据分析与处理

按照要求，分别用对应的软件对相关数据进行分析和处理，具体如下：

1）用 EVA 软件对各位置假人的各部位伤害值进行分析和研究。

2）用 EVA 软件对车身各部位的加速度、位移、电流、电压等曲线进行分析和研究。

3）用 CANPro 软件分析车身、发动机舱、悬架、防火墙等区域特定点形变量的大小。

4）用高速摄像软件捕捉车身结构破坏过程、假人运动姿态及假人接触位置。

5）对车身电子电器、座椅、安全带、安全带开启力、门把手开启力、电池包（电压、电能、绝缘电阻）等进行检查并记录，结合评价标准进行判定。

以某电动轿车为测试对象，开展正面40%重叠可变形壁障碰撞试验。按照对应标准及评价规则，试验后对横向偏移量、试验后乘员舱及假人状态、车门开启状态、车辆约束系统、车辆结构、车辆油液泄漏等情况进行记录，结果见表11-5。表11-6所列为整车试验后电测量检查结果。

表11-5 整车试验后部分检查结果

序号	检查项目		标准要求	检查结果		符合性判定
				驾驶人座位	前排乘员座位	
1	头部	HIC[①]值	≤1000	55.26	51.19	符合
		3ms 合成加速度(g)	≤80	47.4	39.2	符合

（续）

序号	检查项目			标准要求	检查结果		符合性判定
					驾驶人座位	前排乘员座位	
2	颈部	拉力/kN		≤3.3	1.782	1.625	符合
		剪切力/kN		≤3.1	0.333	0.489	符合
		伸张弯矩 M_y/N·m		≤57	21.98	16.38	符合
3	胸部	压缩变形量/mm		≤42	35.3	32.8	符合
4	大腿	大腿压缩力/kN	左	≤9.07	0.0032	0.258	符合
			右		0.0056	0	符合
5	膝关节	滑移量/mm	左	≤15	0.968	3.374	符合
			右		1.935	2.373	符合
6	小腿	小腿压缩力/kN	左	≤8	1.213	0.36	符合
			右		0.719	0.28	符合
		胫骨指数 TI	左上	≤1.3	0.42	0.35	符合
			左下		0.28	0.15	符合
			右上		0.25	0.15	符合
			右下		0.19	0.352	符合
7	碰撞过程中车门情况	左前门		在碰撞过程中，车门不得开启	未开启		符合
8		右前门					
9		左后门					
10		右后门					
11	碰撞后车门情况	左前门		对于每排座位，若有车门，至少有一个车门在不使用工具的情况下能打开	可以开启		符合
12		右前门			可以开启		
13		左后门			可以开启		
14		右后门			可以开启		
15	碰撞后约束系统解脱			不使用工具，假人应能从约束系统中解脱	不使用工具，假人能从约束系统中解脱		符合
16	碰撞后假人移动完整性			不使用工具，假人应能完整地移出车辆	不使用工具，假人能完整地移出车辆		符合
17	内部构件完整性			乘员舱所有内部构件脱落时均不得产生锋利凸出物或锯齿边	未产生锋利凸出物或锯齿边		符合
18	碰撞后燃油泄漏情况			泄漏速度不超过 30g/min	未发生泄漏		符合

① HIC，Head Injury Criterion，头部伤害指数。

表 11-6 整车试验后电测量检查结果

序号	检验项目	标准要求	检查结果		符合性判定
1	REESS①端（电池输入输出端）绝缘电阻	REESS 端与电底盘之间的绝缘电阻超过 100Ω/V	试验前	9999Ω/V	符合
			试验后	9999Ω/V	符合

(续)

序号	检验项目	标准要求	检查结果		符合性判定
2	电池母线正负极之间的电压(V_b)	直流:$V_b<30V$ 交流:$V_b<60V$	试验前	366.7V	符合
			试验后	0V	符合
3	电池母线负极对底盘的电压(V_1)	直流:$V_1<30V$ 交流:$V_1<60V$	试验前	186.7V	符合
			试验后	1V	符合
4	电池母线正极对底盘的电压(V_2)	直流:$V_2<30V$ 交流:$V_2<60V$	试验前	180V	符合
			试验后	1V	符合
5	负载绝缘电阻测量	直流与交流传导绝缘电路,直流超过$100\Omega/V$	试验前	$9999\Omega/V$	符合
			试验后	$8212\Omega/V$	符合
6	高压母线残余电能测量	碰撞试验后高压母线上的总电能应小于0.2J	试验前	0mJ	符合
			试验后	0mJ	符合
7	物理防护测量	直接接触带电部位应满足IPXXB级别保护要求	直接测量高压母线部位,指示灯未亮,满足IPXXB级别保护要求		符合
8	起火、爆炸测量	试验结束30min内,车辆不应起火爆炸	车辆状态正常		符合
9	REESS移动测量	位于乘员舱内的REESS应保持在安装位置,REESS部件应保持在其外壳内;位于乘员舱外面的任何REESS部分不应进入乘员舱	电池组模块未发生明显移动		符合

① REESS,Rechargeable Energy Storage System,可充电储能系统。

复习思考题

1. 电池安全性试验包含哪些内容?
2. 什么是电磁兼容?简述电磁兼容测试的分类。
3. 整车碰撞安全试验主要由哪些系统和设施组成?它们分别起什么作用?

第十二章 / Chapter 12
电动汽车主要总成试验

导读：

我国新能源汽车已经进入成长期，其零部件关键技术，如动力蓄电池技术、驱动电机技术等已经位居世界前列。对于新能源汽车的驱动电机系统和动力蓄电池系统，相关测试项目通常需要在试验台架上进行。本章主要围绕台架试验介绍这两大系统与整车性能紧密相关的一些特性参数的测试方法，如动力蓄电池系统的电性能测试及驱动电机系统的转矩与转速特性测试等。

学习目标：

1. 掌握动力蓄电池系统试验。
2. 掌握驱动电机系统试验。
3. 了解充电系统试验。

第一节　动力蓄电池系统试验

动力蓄电池系统作为一种能量储存设备，由多个单体蓄电池或蓄电池模组组成的电池包及电池管理系统等部分构成。动力蓄电池的类型繁多，典型代表有锂离子蓄电池和铅酸蓄电池等。锂离子蓄电池因其能量密度高、输出电压和功率大、使用寿命长及能够支持高倍率的充放电等特点，被我国电动汽车制造商广泛采用。

一、电性能试验

动力蓄电池系统的电性能试验主要涉及容量、能量和功率等方面的测试。

（一）试验设备

1. 动力蓄电池系统充放电设备

在动力蓄电池系统的试验过程中，充放电设备被用来对动力蓄电池系统进行充放电操作。在进行动力蓄电池系统的充放电试验前，必须严格遵循电池极性要求，将充放电设备与电池系统的正负极完成极性匹配连接。通过人工操作向电池管理系统（BMS）发送使能指令，在BMS完成安全验证后吸合内部继电器，充放电设备即可在预设程序控制下，通过动态调节充放电功率参数（包括回路电流、端电压等组合控制模式），在BMS的实时监控下完成对动力电池系统的安全充电与放电过程。

2. 高低温交变湿热试验箱

大型高低温交变湿热试验箱（以下简称试验箱）用来模拟动力蓄电池系统所需的各种环境条件。由于环境温度和湿度的变化会影响动力蓄电池系统的性能，需要通过试验箱对这些条件进行人工调控，以满足试验要求。试验箱能够自动调节温度和湿度，为动力蓄电池系统的试验提供稳定的环境，确保试验过程中动力蓄电池系统的温度和湿度保持在规定范围内,并具备阻燃和防爆的功能。

(二) 容量和能量测试

动力蓄电池系统的容量和能量是评估其性能的重要参数,其中放电能量的大小直接关系到电动汽车的续航能力。在动力蓄电池系统的容量和能量测试规程中,依次进行充电和放电两个步骤。在放电阶段,通过计算放电电流随时间的积分可以得到动力蓄电池系统的容量,即

$$C = \frac{1}{3600}\int I\mathrm{d}t \tag{12-1}$$

放电电压和电流的乘积对时间的积分为动力蓄电池系统的能量,即

$$E = \frac{1}{3600}\int UI\mathrm{d}t \tag{12-2}$$

式中 C——动力蓄电池系统的容量(A·h);

I——动力蓄电池系统放电瞬时电流(A);

E——动力蓄电池系统的能量(W·h);

U——动力蓄电池系统瞬时电压(V);

t——动力蓄电池系统放电时间(s)。

在测试过程中,使用电压作为动力蓄电池系统充放电是否完成的判断依据。例如,某种磷酸铁锂单体蓄电池的电压在 2.3~3.65V 之间。这意味着,在充电过程中,当电压达到 3.65V 的截止电压时,蓄电池被认为是充满电的;而在放电过程中,当电压降至 2.3V 的截止电压时,蓄电池被认为是放电完毕的。

动力蓄电池系统是由多个单体蓄电池通过串联或并联方式组合而成的。以某动力蓄电池系统为例,它由 665 个磷酸铁锂蓄电池组成,采用 19P35S 的成组方式,即先由 19 个单体蓄电池并联形成一个模块,然后将 35 个相同的模块串联起来。如果每个单体蓄电池的额定容量是 15A·h,那么整个动力蓄电池系统的额定容量为 285A·h。由于单体蓄电池之间存在差异,在动力蓄电池系统的充放电过程中,所有蓄电池并非同时达到截止电压。当任何一个(或一组并联的)蓄电池电压达到截止电压时,动力蓄电池系统就被认为已经充满电或放完电。因此,动力蓄电池系统的实际容量通常会小于所有单体蓄电池容量总和。为了确保动力蓄电池系统的额定容量符合规格,单体蓄电池的实际容量需要略高于 15A·h。在充放电后期,可以通过测量各个单体蓄电池的电压差来评估它们的一致性,电压差越小,表明单体蓄电池的一致性越好,动力蓄电池系统的性能就越优异。

1. 试验准备

试验准备包括试验对象检查、试验台架搭建及试验程序设定三项工作。

(1) 试验对象检查 在正式试验开始前,完成对试验对象的检查工作,确保其基础功能正常。检查项目主要包括试验对象外观与铭牌、高低压线束、绝缘阻值等。

(2) 试验台架搭建 依据试验原理图的指导,根据需求将试验对象的高压和低压线束与试验设备及计算机相连,并确保试验对象被妥善放置在试验箱中。根据试验的具体要求,可能还需要添加热管理系统装置或其他设备。

(3) 试验程序设定 根据试验的具体要求,设定适当的试验程序来对动力蓄电池系统

进行充放电操作。在这些试验程序中，应当有试验保护阈值，以预防试验过程中可能出现的意外情况，同时还应设定试验数据采集周期，以确保数据收集的充分性和准确性。

2. 试验执行

在常温条件下的容量和能量测试中，利用试验箱将测试样本的温度调至室温范围（25±2℃），这里的温度指的是动力蓄电池系统内所有单体蓄电池的平均温度。

测试过程：①以 $1C$（倍率）的电流速率将电池放电至空电状态；②以 $1C$ 的电流速率将电池充电至满电状态；③再次以 $1C$ 的电流速率将电池放电至空电状态。在进行每次充放电测试之前，需要让试验对象静置1h，以确保其内部的单体蓄电池电压和温度稳定，无明显波动。

3. 试验数据分析与处理

按照式（12-1）和式（12-2）计算试验对象的放电容量和能量；为了保证结果的准确性，一般重复测量3次，取平均值作为最终结果。对于合格的动力蓄电池系统，室温条件下的放电容量应不低于额定容量。

上述内容描述了动力蓄电池认证试验的标准方法。然而，对于动力蓄电池系统来说，温度和放电电流的变化都会对放电容量和能量产生影响。通常放电倍率越高，环境温度越低，放电容量和能量就会越低。因此，有些标准会采用 $1/3C$ 的放电电流速率。制造商可以根据目标市场的气候条件，进行相应的温度范围试验。某制造商制订的容量和能量试验温度和试验项目见表12-1。这里提到的温度仅指放电阶段最后一步的温度，而试验的初步准备和充电阶段的温度仍然保持在室温范围内。

表 12-1　容量和能量试验项目

温度	试验项目
40℃,25℃,10℃,0℃,-10℃,-20℃	放电容量、放电能量

表12-2列出了某电动汽车动力蓄电池系统在不同温度下的放电容量和放电能量。经分析，该动力蓄电池系统在不同温度下的放电容量和放电能量均满足设计要求。

表 12-2　某电动汽车动力蓄电池系统不同温度下的放电容量和放电能量试验结果

温度/℃	放电容量/(A·h)	放电能量/(kW·h)	目标容量/(A·h)	目标能量/(kW·h)	试验结果
25	76.2	25.5	>75.0	>25.4	合格
10	73.7	24.1	>72.0	>23.0	合格
0	72.7	23.5	>70.0	>22.0	合格
-10	64.2	21.1	>60.0	>19.0	合格
-20	55.4	17.9	>50.0	>16.0	合格

随着电池技术持续进步，动力蓄电池系统的性能指标得到了显著提高，特别是动力蓄电池系统的能量密度。能量密度反映了每单位质量蓄电池能储存的能量，较高的能量密度意味着在相同的质量条件下，可以容纳更多的电能，这有助于减轻纯电动汽车的重量，减少能源消耗，提升车辆的续航能力。动力蓄电池系统能量密度的计算公式为

$$PED = \frac{E}{M} \tag{12-3}$$

式中　PED——动力蓄电池系统放电能量密度（W·h/kg）；

E——动力蓄电池系统放电能量或多次试验放电能量的平均值（W·h）；

M——动力蓄电池系统的质量（kg）。

（三）功率测试

作为电动汽车的能量储备单元，动力蓄电池系统不仅向电机供应能量，还为其提供动力。在车辆快速加速的情况下，动力蓄电池系统需要提供高功率输出以满足电机的功率要求。当电压下降，动力蓄电池功率输出不足时，车辆会调节动力蓄电池系统的输出功率，牺牲部分加速性能以避免对蓄电池的损害。

动力蓄电池系统的放电功率性能会受到温度和电池剩余电量（SOC）的影响，通常温度升高和SOC增加都会使动力蓄电池系统的放电功率提高。为了预测不同状态下动力蓄电池系统的功率性能，需要进行功率测试，这有助于验证动力蓄电池系统与电机的匹配程度，并为车辆的功率管理策略提供数据支持。

1. 试验准备

参照容量和能量的试验准备工作实施功率测试准备工作。

2. 试验执行

在进行功率测试时，采用功率恒定法，即恒定功率放电方式来检验动力蓄电池系统在特定温度、特定SOC和特定脉冲时长下的实际恒定功率放电性能。这种方法主要涉及两个关键的测试条件：调整电池的SOC和进行恒定功率放电。

（1）调整电池的 SOC　当 SOC 较高时，动力蓄电池系统的功率性能一般能满足电机的功率要求，因此只需要对 SOC 低于 20% 的动力蓄电池系统的放电功率性能进行验证。

例如，在将 SOC 调至 20% 后，先按照容量和能量测试中的充电步骤将动力蓄电池系统充满电，然后让电池静置一段时间，最后以 1C 的电流速率放电 0.8h，即可得到 20%SOC 的电池状态。调整 SOC 至试验目标值 n（%）的 1C 放电时间 t 可由下式求得：

$$t = \frac{100-n}{100} \tag{12-4}$$

在每次调整 SOC 后及恒定功率试验前，测试样品需要完成静置。

（2）恒定功率放电　测试前，必须预估当前状态下动力蓄电池系统的放电功率 P，并设定放电截止时间 t 和单体蓄电池截止电压 U。如果以功率 P 放电，当放电时间和最小单体蓄电池电压恰好达到 t_0 和 U_0 时，其中 $t_0 \geq (t-1.5)$ 且 $U_0 \leq (U+0.1)$，当两个条件同时满足时，即电池系统能在接近设定时长（t 时间）内持续输出目标功率，且电压未触及危险阈值，系统保持安全状态，此时可判定功率 P 是该动力蓄电池系统在当前状态 t 时间尺度下的最大可持续放电功率。

假设一个磷酸铁锂动力蓄电池系统的 SOC 为 20%，并且单体蓄电池的电压范围为 2.3~3.65V。在室温环境下，设定放电时间为 10s，并将单体蓄电池的截止电压设定为 2.3V。使用 60kW 的恒功率放电装置进行放电，10s 后监测到最小的单体蓄电池电压为 2.34V（实际功率略超过60kW，但偏差不大，可以忽略不计）。据此可以认为在室温条件下，20%SOC和10s脉冲时长下，该动力蓄电池系统的最大可持续放电功率为60kW。

采用恒定功率法时，不同制造商根据整车需求设定不同温度、不同SOC及不同脉冲时间的测试点开展功率测试，见表12-3。

表12-3　某动力蓄电池系统放电功率测试点

温度	荷电状态
25℃,10℃,0℃,-10℃,-20℃（或制造商规定的其他温度）	20%SOC（或制造商规定的其他低于20%的SOC）

3. 试验数据分析与处理

根据功率测试结果判定动力蓄电池系统与电机是否匹配，提前预估动力蓄电池系统会在何种状态下不满足电机峰值功率运行。例如，某电动汽车搭载峰值功率为50kW的电机和某动力蓄电池系统，开展动力蓄电池系统功率测试，其结果见表12-4。

表12-4　不同温度下动力蓄电池系统20%SOC功率测试结果

温度/℃	脉冲时间放电功率/kW	判定结果
25	≥50	合格
10	≥50	合格
0	≥50	合格
-10	≥50	合格
-20	<50	不合格

测试数据表明，当温度在-10℃及以上且SOC达到或超过20%时，动力蓄电池系统能够满足电机峰值功率的操作需求。然而，在温度降至-20℃及以下且SOC不超过20%时，该系统无法满足电机峰值功率的启动条件，此时电机需要降低功率输出以满足条件要求。

二、循环寿命试验

动力蓄电池系统的充放电过程本质上是一种锂离子反复可逆氧化还原反应，通过在正、负电极之间往返移动实现蓄电池的充放电。在此过程中，除了主要的锂离子反应，还会发生一些副反应，导致锂离子不可逆损失，进而引起蓄电池的容量和能量逐渐下降，使得电动汽车的续驶里程随着使用次数的增加而减少。

为了模拟这种情况，可以对动力蓄电池系统进行循环寿命试验。在这种试验中，通过连续进行充放电循环，记录蓄电池放电容量和能量的衰减情况，以模拟实际电动汽车在使用过程中由于容量和能量衰减而导致的续驶里程减少。试验主要依据GB/T 31484—2015《电动汽车用动力蓄电池循环寿命要求及试验方法》进行。

（一）试验准备

参照容量和能量的测试准备工作实施循环寿命试验准备。

（二）试验执行

重复容量和能量测试500次或1000次，记录每一次放电过程中的放电容量和能量。

（三）试验数据分析与处理

在循环寿命试验过程中，第一次放电所得的容量和能量被视作试样的初始容量。如果到第500次循环时，放电容量仍保持在初始容量的90%以上，则认为试验结果符合相关标准要求，试样合格可以终止试验。如果第500次循环的放电容量降至初始容量的90%以下，则要再进行500次循环。在第1000次循环结束时，如果放电容量仍保持在初始容量的80%以上，则判定试样合格并结束试验；如果低于80%，则判定为试样不合格。

第二节　驱动电机系统试验

驱动电机系统是电动车辆驱动的核心，主要由驱动电机和相应的控制器组成。国内汽车制造商普遍选用三相交流永磁同步电机，它通过控制器将来自动力蓄电池的直流电转换为交流电以供自己使用。这种电机组成的电驱动系统以结构紧凑、效率高和使用寿命长等特点而受到青睐。

驱动电机系统试验主要依据GB/T 18488—2024《电动汽车用驱动电机系统》进行，下面主要针对驱动电机的输入输出特性进行介绍。

一、输入输出特性试验

输入输出特性试验是对驱动电机系统的性能进行全面评估的一种测试方法。该试验主要关注驱动电机的输入电流、电压与输出转矩、转速之间的关系，旨在深入了解驱动电机在不同工作条件下的性能表现，并评判是否达到产品技术要求。

输入输出特性主要有电机转矩-转速特性测试和效率测试。前者指在最高/最低工作电压下，设定≥10个转速点（覆盖10%～100%最高转速），每个转速点测试≥10个转矩值，绘制特性曲线，并检查转矩输出是否能符合产品技术文件的规定。后者指由测量数据及计算功率，计算获得相应的各个效率特征，其旨在评估驱动电机系统的能量转换效率，这直接关系到整车的能耗和续驶里程。以下以驱动电机系统效率试验为例进行介绍。

（一）试验台架系统

试验通常在试验台架上实施。试验台架由测功机、动力直流电源、电功率分析仪和冷却系统等关键部分构成，各部件由专门的计算机控制，以确保试验过程中能够准确测量转速、转矩、电流和电压等关键参数。

（二）试验执行

在驱动电机系统的效率试验中，需要确定一系列的测试点。为了获得精确的数据，测试点应适当分布，通常遵循以下准则：转速点应在电机的工作转速范围内至少设置10个，最低转速点应不大于最高工作转速的10%，相邻转速点的间隔不大于最高工作转速的10%。测试点应包括额定工作转速点、最高工作转速点、持续功率对应的最低工作转速点等。在每个转速点上选取不少于10个转矩点，对于80%最高工作转速及以上的转速点，在每个转速点上选取的转矩点数可以适当减少，但不应低于5个。测试点应包括如：持续转矩数值处的点、峰值转矩（或最大转矩）数值处的点、持续功率数值曲线上的点、峰值功率（或最大功率）数值曲线上的点等。

将驱动电机控制器的直流母线电压调至额定值后，利用计算机控制驱动电机系统按照预设的测试点进行测试，每个测试点稳定运行5s，同时记录驱动电机控制器的直流母线电压、电流及驱动电机的相电压、相电流、频率和电功率等电参数，以及驱动电机的转速、转矩和机械功率。在试验过程中，需要注意防止驱动电机系统过热，以免影响测量结果的准确性，若出现可恢复的警告信息，应在复位警告信息后重新完成该工作点的测试并记录。若有必要，可以采取分段测试的方法。试验后，根据测量数据及计算功率，绘制相应的特性曲线。

（三）试验数据分析及处理

驱动电机系统的效率指标主要包括驱动电机控制器效率、驱动电机效率、驱动电机系统效率、高效工作区和最高效率等。

1. 驱动电机控制器效率

驱动电机控制器效率分为电动状态控制器效率和馈电状态控制器效率，其值为驱动电机控制器输出功率和输入功率之比，即

$$\eta_c = \frac{P_{co}}{P_{ci}} \times 100\% \tag{12-5}$$

式中　η_c——驱动电机控制器效率（%）；

　　　P_{co}——驱动电机控制器输出功率（kW）；

　　　P_{ci}——驱动电机控制器输入功率（kW）。

2. 驱动电机效率

驱动电机效率分为电动状态效率和馈电状态效率，其值为驱动电机输出功率和输入功率之比，即

$$\eta_m = \frac{P_{mo}}{P_{mi}} \times 100\% \tag{12-6}$$

式中　η_m——驱动电机效率（%）；

　　　P_{mo}——驱动电机输出功率（kW）；

　　　P_{mi}——驱动电机输入功率（kW）。

3. 驱动电机系统效率

驱动电机系统处于电动工作状态时，输入功率为驱动电机控制器直流母线输入的电功率，输出功率为驱动电机轴端的机械功率。驱动电机系统处于电动工作状态的效率计算公式为

$$\eta = \frac{Tn}{9.55UI} \times 100\% \tag{12-7}$$

式中　η——驱动电机系统的效率（%）；

　　　n——驱动电机转速（r/min）；

　　　T——驱动电机轴端转矩（N·m）；

　　　U——驱动电机控制器直流母线电压的平均值（V）；

I——驱动电机控制器直流母线电流的平均值（A）。

驱动电机系统处于馈电工作状态时，输入功率为驱动电机轴端的机械功率，输出功率为驱动电机控制器直流母线输出的电功率。驱动电机系统处于馈电工作状态的效率计算公式为

$$\eta = \frac{9.55UI}{Tn} \times 100\% \qquad (12-8)$$

4. 高效工作区

依据效率计算公式，计算每个测试点的效率，并利用数据处理工具（如 Matlab、Python 等）绘制效率-转速/转矩关系图（MAP 图）。在额定电压下，驱动电机系统的最高效率不应低于 85%。之后，计算额定电压下驱动电机系统的高效工作区（效率不低于 85%）占总工作区的百分比，此值应满足产品技术文件规定。

5. 最高效率

所有测试点中效率的最高值即为最高效率。

二、其他输入输出特性试验

（一）工作电压范围试验

通常驱动电机系统的输入电压需要超过额定电压，以确保能够实现规定的最大转矩和最大功率输出。如果输入电压降至某一特定水平以下时，其最大转矩和最大功率输出将减少，甚至可能无法工作。

试验时，将驱动电机系统的直流母线电压分别设定为最高工作电压和最低工作电压，驱动电机系统处于电动或馈电状态。在不同工作电压下，在驱动电机系统转速范围内取不少于 10 个测量点，在各测试转速下控制驱动电机系统输出产品技术文件中规定的最大工作转矩，每个测试点的保持时间不少于 5s。

在试验过程中，若出现可恢复的警告信息，应在复位警告信息后重新完成该工作点测试并记录。试验后，计算各测试点功率，并绘制不同电压下转速-转矩特性曲线和转速-功率特性曲线。

（二）30min 持续转矩、功率试验

试验时，将驱动电机系统的直流母线电压设定为额定工作电压，驱动电机系统处于电动状态，冷却系统工作 5min 后开始试验。控制驱动电机系统工作于额定转速状态，要求其持续运行 30min，并且无警报或异常。数据记录与效率试验相同。

按照试验获得的持续转矩和相应的工作转速，即可计算驱动电机在相应工作点的持续功率，即

$$P_m = \frac{Tn}{9550} \qquad (12-9)$$

式中 P_m——驱动电机系统 30min 持续功率（kW）；

T——驱动电机轴端 30min 持续转矩（N·m）；

n——驱动电机额定转速（r/min）。

（三）峰值转矩、功率试验

试验时，将驱动电机系统的直流母线电压设定为额定工作电压，驱动电机系统处于电动

状态，冷却系统工作5min后开始试验。控制测功机工作于产品技术文件规定的可以输出峰值转矩的最高转速，驱动电机系统工作于该转速下的最大转矩，要求持续运行10s（M_1类、N_1类车辆的驱动电机为10s，其他类型车辆的驱动电机为30s），并且无警报或异常。如果需要多次开展峰值转矩的测量，应将驱动电机恢复到试验初始状态后，进行下一次测量。控制驱动电机系统工作于产品技术文件规定的可以输出峰值功率的最低转速，以及该转速下的最大转矩，要求持续运行10s（M_1类、N_1类车辆的驱动电机为10s，其他类型车辆的驱动电机为30s），并且无警报或异常。应用式（12-9）来计算驱动电机系统在特定工作点的峰值功率。

（四）最高工作转速试验

试验时，将驱动电机系统的直流母线电压设定为额定工作电压。以不超过1000r/min的速度匀速调节试验台架，使驱动电机的转速升至最高工作转速，并施加规定的负载，待驱动电机系统工作稳定后，按照规定时间要求持续运行，M_1类、N_1类车辆的驱动电机要求10s，其他类型车辆的驱动电机要求30s。

稳定后，记录试验转速和转矩不少于5个，以取多次测量结果的平均值作为驱动电机系统的最高工作转速。

第三节　充电系统试验

一、纯电动汽车动力蓄电池低温充电热管理试验

（一）电池低温性能

选择某型号动力蓄电池的电芯，其电量为75%SOC，放置在-40~80℃可调的温箱中进行测试。首先将电芯保温24h，使其温度达到60℃，然后让电芯从60℃逐级降到-30℃，测量其直流内阻（DCIR）从1.5mΩ升至13.5mΩ，后半段电芯的直流内阻（DCIR）上升非常快，如图12-1所示，随着温度逐步降低，其直流内阻将快速增加。

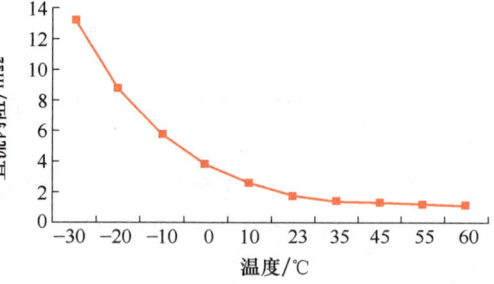

图12-1　不同温度下某型电芯的DCIR（75%SOC）

在低温环境中，电芯随着温度的不断降低，充放电能力快速下降，电池充放电容量也快速减少。如图12-2所示，控制充电截止电压保持3.4V，测试某型电芯在不同低温下的充电容量。在0℃，由于电芯的DCIR增大，充电容量降至常温（25℃）的95%，充电时间比常温延长约0.15h；而在低温-10℃时，由于电芯的DCIR进一步增大，充电容量仅达常温（25℃）的75%，并且比常温充电时间延长约0.35h。

低温充电时，电池负极表面容易析出金属锂，循环充电过程中，金属锂不断生长，可能

刺穿电池隔膜，造成内部短路，引发电池热失控和永久性损伤。因此，在车辆实际使用过程中，为确保充电的安全性，在低温情况下，车辆电池管理系统（BMS）常采用"加热-充电"协同控制策略保护动力电池，即较常温而言，降低充电电流和充电功率，延长充电时间，一般为常温充电时长的 1.4 倍以上（如 -10℃时延长约 42%），且充电电量通常为常温的 75%~95%（如 0℃时约 95%，-10℃时约 75%）。具体策略如下：

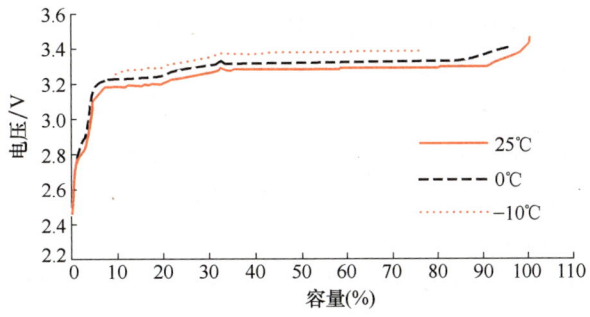

图 12-2　某型电芯不同温度下的充电性能

（1）充电参数调整

1）降低功率：BMS 主动降低充电电流和功率，避免低温下因电池极化严重导致的析锂风险。

2）延长充电时间：通过控制充电截止电压和电流，延长充电时间（如常温充电 1h，低温需 1.4h 以上）。

（2）动态电量限制

容量衰减补偿：低温环境下电池可用容量减少，BMS 通过调整充电截止条件（如电压、SOC 阈值），限制最大充电电量（如 -10℃时仅达常温的 75%）。

（3）加热协同机制

1）预热阶段：当电池温度低于阈值（如 0℃），BMS 启动热管理系统（如 PTC 加热），对电池进行加热，此时不充电或仅以小电流维持温度。

2）边充边加热：当电池温度升至允许范围（如 5℃），BMS 边充电边加热，动态平衡充电效率与温度控制。

3）纯充电阶段：电池温度进一步升高（如 10℃）后，关闭加热系统，进入正常充电模式。

（二）热管理方案优化及验证

某车型原采用正温度系数（PTC）加热器对水加热的方式对动力蓄电池进行加热，如图 12-3 所示。原系统存在热量损失较大、加热温差较大、加热过程电耗较大等缺点。

为了满足低温环境动力蓄电池快速升温，能快速进入大功率充电要求，在图 12-3 所示原电池包加热系统的基础上进行以下优化。

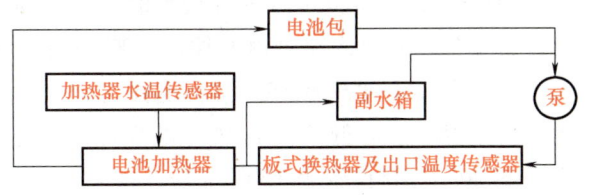

图 12-3　某车型 PTC 加热原理示意图

1. 隔热优化及验证

电池包一般布置在车辆底盘下方，其内部电芯的热量会传递到电池托盘，因与外界低温环境进行热交换而损失热量。因此，可以通过加大电芯与电池托盘之间的热阻来提高电池包的保温能力。

原设计仅在电池包整体底部及四周垫包了一块普通隔热棉板。对其车型进行测试，将常温 25℃ 下的整车静置于 -40℃ 环境舱中，保温 27h 后，当电池包中电芯的初始最低温度降至 10℃ 时，开始进行测试记录。经过 37h，电芯的最低温度降至 -10℃，平均降温速度约为 0.54K/h，并且电芯极端温差较大（在 5~7K）。

经设计优化，在电池模组周边布设一定厚度且热导率小的 Z 型隔热气凝胶毡，以替代原普通隔热棉板，减缓电池在低温环境下的加热热量损失，提高电池包的保温能力。在夏天使用同一套电池冷却系统管路，设置 Z 型隔热气凝胶毡，也能降低高温环境下的冷量损失，提升保温能力。

对经过上述优化措施的车型进行测试，将常温 25℃ 下的整车静置于 -40℃ 环境舱中，保温约 120h 后，当电池包中电芯的初始最低温度降至 10℃ 时，开始进行测试记录。经过 156h，电芯的最低温度降至 -10℃，平均降温速度约为 0.128K/h。通过对比可知，采用特殊 Z 型隔热气凝胶毡能大大提高电池包的保温效果，同时降低电池包中电芯的极端温差（可控制在 3~5K）。

2. 加热管路结构优化及仿真验证

优化电池包内部加热管路结构，减小其与电芯之间的热阻，使电芯能够更高效地吸收加热介质的热量。

由于导热量与管路横截面积、介质流态等因素成正比，把电池包内原椭圆加热管路优化设计成口琴式扁平管路，并增大管路与电池模组底部的接触导热面积。口琴管扁平结构更容易使快速流动的高温介质形成湍流，进一步提升加热的热传导效率。此外，在优化的管路与电池模组之间增涂一层厚度一定且导热系数高的导热胶，可使导热性能更好。导热胶的厚度控制在 1~2mm，过厚则导热效果差，成本高；过薄则管路和电池模组贴合不紧密，导热效果差。经仿真分析，优化前，电池模组的温度范围为 10.0~15.0℃，温差较大，其中对流换热系数仅为 $3.2W/m^2 \cdot K$，导热效果较差，热成像温度不均匀；优化后，电池模组的温度保持在 13.8~15.0℃ 之间，温差较小，其中对流换热系数可达 $4.8W/m^2 \cdot K$，导热效果较好，热成像温度较均匀。

3. 加热控制策略优化及验证

当电芯温度低于 5℃ 时，电芯允许的充电倍率较低，充电效能较差；而当电芯温度高于 5℃（一般为 5.0~15.0℃）时，基本能满足充电性能要求。因此，为了减少 PTC 加热充电耗能，将电池加热进入温度由原控制策略的电芯平均温度 10℃ 优化设置为 5℃。

当电芯平均温度升至 15℃ 时，电池包整体使用性能基本与常温（25℃ 左右）时差不多。因此，为了进一步降低 PTC 加热充电耗能，将电池加热退出温度由原控制策略模块的电芯平均温度 20℃ 优化设置为 15℃。

在低温充电过程中，原充电功率策略为 $P_b = P_a - P_c$ 且 $P_a = P_0$。其中，P_0 为电池包的允许充电功率，P_a 为充电桩输出功率，P_b 为电池包的实际充电功率，P_c 为电池加热模块 PTC 加热的功率。当低温电池加热充电时，P_c 直接消耗了 P_a 中的一部分功率，并且 BMS 控制要求 $P_a = P_0$，导致 P_b 小于 P_0，未能充分利用充电桩的可输出功率。

优化后的充电功率策略为 $P_A = P_0 + P_c$ 且 $P_B = P_0$。其中，P_A 为充电桩输出功率，P_B 为电池包的实际充电功率。当低温电池加热充电时，BMS 控制要求 $P_B=P_0$。因此，与原充电功率策略相比，优化后的策略使得 $P_A>P_a$，$P_B>P_b$。这样既充分利用了充电桩的能力，又在电池包充入电量相同的前提下缩短了充电时间。

对同时采取以上控制策略优化后的车型进行综合测试，其结果表明在充电量相同（相比于优化前）的情况下，PTC 加热时间缩短 0.2h，耗能降低 0.9kW·h，充电时间缩短约 0.32h。

4. 整体方案优化效果验证

将整车静置于 -20℃ 环境温度下，电池包中电芯的初始最低温度为 -10℃，SOC 电量为 0，随后进行加热充电，直到充满电（SOC 电量为 100%），通过加热将电芯最低温度升至 15℃。测量结果显示，优化前后的充电时长分别为 2.2h 和 1.8h，平均充电功率分别为 30kW 和 35kW，全程平均充电功率提升约 5kW，充电时间缩短约 0.4h。

二、电动汽车直流充电桩低频电磁场试验

直流充电桩工作时会产生高达 300A 的大电流，从而形成高强度的电磁波导致电磁污染。人体靠近充电桩为电动汽车充电或等待充电的过程中，电磁波会作用于人体，可以被反射、吸收和穿透。人体能够吸收频率低于 1GHz 时电磁波 40%~50% 的能量，而能量吸收在电磁波频率高于 1GHz 时会急剧增大。高能量电磁波会在人体皮肤表面产生热效应且易产生灼伤，直至对人体内部器官功能形成较大伤害。因此，通过开展直流充电桩低频电磁场（EMF）试验研究，评估充电桩 EMF 水平，预防人体受到电磁伤害意义重大。

（一）直流充电桩 EMF 产生机制和电磁生物效应分析

直流充电桩 EMF 的主要产生原因在于射频辐射发射。射频辐射发射以空间辐射的方式造成周围空间的电磁污染。当直流充电桩大功率开关管频繁通断时，其所产生的瞬态高峰脉冲电压在引起电源线电流突变的同时，也会导致充电桩电路板的电流瞬态激变，从而产生大量高频干扰信号。高频干扰信号通过电路板中等效的偶极子天线向周围空间发射电磁波，从而形成电磁辐射。

直流充电桩充电时，由开关管不断通断而产生的高能量电磁辐射频段主要集中在 5~50kHz。该频段的电磁场也称为低频电磁场，其对人体的影响有两类机理：一类为热效应，产生的原因是人体组织器官因吸收了电磁能量而出现升温，从而引起生理和病理变化的作用；另一类为非热效应，产生的原因是 EMF 在人体内感应的电流对神经细胞和组织细胞的刺激，从而改变生理生化过程的效应。与高频电磁场不同，EMF 对人体的作用不会产生明显的热效应，主要是非热效应。

（二）直流充电桩 EMF 试验方法

EMF 测量主要包括电场测量和磁场测量，由于电场测量易受到外界干扰，测量方法尚在研究中，因此只进行磁场测量。

1. 直流充电桩 EMF 试验原理

目前，评估电磁场强度的方法有线状谱评估法、简化测试法和时域评估法等。其中，线状谱评估法适用于 50Hz 基频及其谐波，主要用于分析特定频率成分的电磁场强度。简化测

试法适用于频率低于 2kHz 的被测器具，适用于较低频率范围。直流充电桩是由多频率器件组成的装置，其基本频率为 50Hz，但在工作过程中会产生多频率的电磁场。时域评估法能够捕捉这些多频率信号，并通过传递函数进行分量加权，从而更准确地反映多频率器件（如直流充电桩）的电磁场特性，成为直流充电桩 EMF 试验的首选方法。该方法弥补了线状谱评估法和简化测试法在频率范围或综合评估上的不足，确保测量结果全面、准确，符合电磁兼容标准，保障用户健康和设备安全性。

时域评估法采用的磁场探头由 3 个互相垂直且面积均为（100±5）cm^2 的正交线圈组成。磁场探头在 X、Y、Z 三个方向的测量过程：经探头分别测量磁场信号的分量→经传递函数进行分量加权→将加权信号平方→对信号平方求和→对和取平均值→对平均值取平方根，得到 B_{rms}。

将 EMF 测量值 B_{rms} 与频率为 50Hz 时磁感应强度的参考值 B_{RL} 相除，可得加权结果 W_n，即

$$W_n = \frac{B_{rms}}{B_{RL}} \tag{12-10}$$

式中　W_n——单次测量的加权结果，若 $W_n \leq 1$，则符合标准，若 $W_n > 1$，则表示超标；

B_{rms}——测量的磁感应强度有效值（T）；

B_{RL}——频率为 50Hz 时磁感应强度的参考值（T）。

2. 直流充电桩 EMF 测量位置

测量位置的选取应考虑使测量结果具有代表性。充电设备测量位置取人员经常操作的位置，如有必要，可对其四周成正交方位进行测量。

目前，国内尚未制定相应的直流充电桩 EMF 测试标准，为了更好地论述 EMF 测试距离与 EMF 磁场强度的关系，模拟人在使用直流充电桩为电动汽车充电时，身体在离直流充电桩表面不同距离处受到充电桩 EMF 辐射强度的情况。此次试验在直流充电桩四周距离其表面分别为 0cm、10cm、20cm、30cm 的位置进行测量。

3. 试验结果分析

以额定功率为 30kW 的某品牌直流充电桩为例，分析其在不同距离下 EMF 的强度加权值 W_n，见表 12-5。

表 12-5　不同距离下 EMF 的强度加权值 W_n

方位	W_n			
	0cm	10cm	20cm	30cm
A	0.26	0.15	0.09	0.04
B	0.20	0.10	0.05	0.04
C	0.30	0.18	0.15	0.10
D	0.35	0.23	0.18	0.13

根据表 12-5，在距离充电桩表面 20cm 处测得 4 个方位的 W_n 均小于 1，符合限值要求。通过测量数据可以发现，人体距离直流充电桩越远，EMF 辐射强度越弱。因此，在使用直

流充电桩为电动汽车充电时，与充电桩保持一定的距离，可以有效降低充电桩对人体的 EMF 辐射强度。

复习思考题

1. 典型驱动电机系统试验台架主要由哪些部分组成？
2. 锂离子动力蓄电池由于具备哪些优点而被国内许多电动汽车企业采用？
3. 驱动电机系统在峰值转矩工作的时长要求一般是多长？

第十三章 / Chapter 13

辅助驾驶与自动驾驶试验

第十三章　辅助驾驶与自动驾驶试验

导读：

　　智能汽车是汽车产业发展的战略方向，科学完善的试验体系对提高智能汽车研发效率、加速产品大规模推广应用、推进产业创新发展至关重要。随着智能汽车技术的飞速发展，驾驶辅助系统快速普及，自动驾驶技术也逐渐融入人们的日常生活。本章针对汽车辅助驾驶与自动驾驶技术，介绍其设计和试验方法。

学习目标：

1. 了解车道保持辅助系统设计及试验。
2. 了解自适应巡航控制系统设计及试验。
3. 了解自动紧急制动系统设计及试验。
4. 了解交通信号识别及响应试验。
5. 了解行人与非机动车识别及响应试验。
6. 了解周边车辆行驶状态识别及响应试验。

第一节　车道保持辅助系统设计及试验

一、车道保持辅助系统设计

　　车道保持辅助系统（LKAS）在汽车无意识偏离车道时能发出预警并纠正偏离，因而在避免因驾驶人疲劳、分神导致车辆驶出原有车道造成交通事故方面具有重要作用。当车辆在标记线清晰且视线充足的道路上行驶时，如果驾驶人由于注意力不集中等原因造成车辆无意识偏离本车道，该系统会通过控制车辆的横向运动使车辆维持在本车道内。

　　车道保持辅助系统一般应具备车道线识别、车道偏离预警（LDW）和主动转向干预等功能，主要包括车道偏离预警模块和车道居中控制模块。它通过摄像头采集数据并进行图像处理，根据左右车道线和车辆位置状态判断车辆是否偏离车道。若车辆发生偏离且驾驶人未主动控制车辆，则偏离预警模块发出声光报警，车道居中控制模块对车辆速度及方向进行调节，使车辆向车道中心靠近并沿着车道中心行驶。

（一）车道保持辅助系统设计分析

1. 系统结构设计

　　系统结构分为三部分：摄像头、控制器和电动助力转向系统（Electric Power System，EPS）。摄像头作为系统的感知层，用于采集车道信息。控制器控制车辆的EPS，使车辆横向移动并保持在车道内。EPS作为系统的执行层，当车辆接近车道线且可能偏离车道时，若驾驶人主动控制转向系统，EPS将起到转向助力并为驾驶人提供路感反馈的作用；若驾驶人未主动介入控制，EPS将对转向盘转角、转动速度做出调控，以防止车辆偏离车道。

2. 软件架构设计

软件架构包括三部分：数据处理模块、逻辑计算模块及扭矩转向模块。系统在收到输入信号后，首先进行数据处理，对车辆横摆角速度、转向盘角度变化率、车速等信号进行滤波、校准和特征提取，为后续逻辑计算提供准确可靠的数据基础。

逻辑计算模块是系统的核心决策单元，它基于数据处理模块输出的信号，进行驾驶人行为识别和车辆状态评估。具体而言，该模块通过多源信号融合算法与状态机决策逻辑，综合判断驾驶人是否主动控制车辆以及转向盘是否脱手。

基于驾驶人行为识别和车辆状态评估的结果，逻辑计算模块会生成相应的控制指令。对于车道保持辅助系统（LKAS）而言，其内部的 PID 扭矩控制器会接收这些指令，并利用比例（P）、积分（I）、微分（D）三项参数计算出扭矩值。三项扭矩值相加得出 PID 控制量，该控制量会通过控制器局域网络（CAN）通信发送给执行机构电动助力转向系统（EPS）。EPS 根据接收到的 PID 控制量，生成相应的转向扭矩信号，调节转向盘转角，同时对转动速度进行调控，从而实现转向扭矩控制，最终使车辆保持在车道中心附近行驶。

（二）系统建模与仿真

1. 系统环境搭建

在 Pre-scan 中搭建单向双车道沥青道路，设车道宽为 3.5m，车道线宽为 20cm，车道总长为 1500m，如图 13-1 所示。选取 Pre-scan 中的车道线传感器安装在测试车辆车头中心深色区域，作为传感器扫描波形区域，如图 13-2 所示。

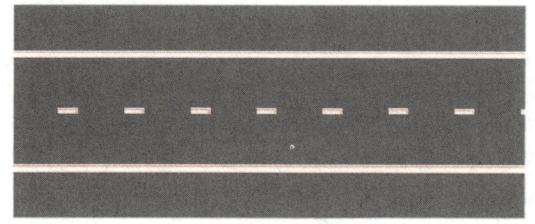

图 13-1 车道

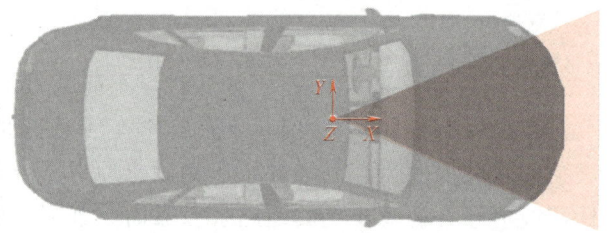

图 13-2 传感器安装位置

场景搭建完成后，通过 Pre-scan 与 MATLAB/Simulink 联合仿真，将上述场景加载到 Simulink 模块中，进而生成车辆动力学模型和车道线传感器模型。车辆动力学模型在接收转向盘转角、加速、制动、初始车速和档位信号后，计算车辆下一帧的位置姿态，并将数据传入 Pre-scan。从车道线传感器模型中导出车辆位置及车道线位置等相关数据，用于后续系统模块搭建。

2. 系统模块搭建

根据车道保持辅助系统的性能及试验要求，此次设计的车道保持辅助系统包含车辆偏离预警模块与车道居中控制模块两部分。通过数据处理模块处理来自车道线传感器模块的数据，车道偏离预警模块的输入信号包括 4 个，分别为车宽、报警阈值，以及车辆中心距离左、右车道线的实际距离 DSLR 和 DSRR。按照车道偏离预警模块的性能要求与检测方法规定，将系统报警临界线设置在一个 0.3m 宽的固定范围内。当车辆处于报警临界范围时，系统及时预警。

3. 系统仿真分析

在完成 LKAS 场景和算法搭建后,根据测试标准开展 LKAS 仿真试验。这里选择用车速 20m/s 开展 LKAS 仿真试验。

(1) 车道偏离预警测试 为了验证车道偏离预警模块的性能,模拟了车辆在不同偏离程度下的行驶状态,并记录了车道偏离预警模块的响应情况。图 13-3 和图 13-4 所示分别为车道左、右两个方向的偏离预警响应关系图。预警在数值为 1 时启动,在 0 时停止,车速恒定为 20m/s。

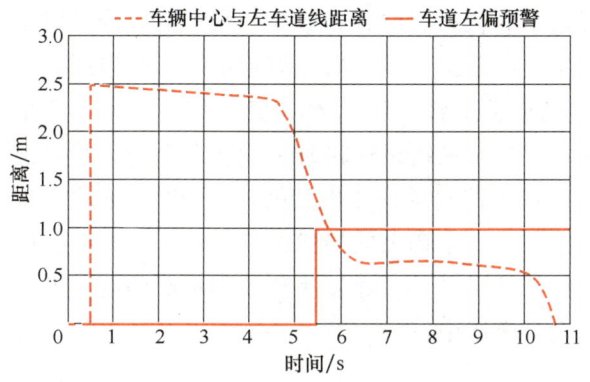

图 13-3 车道左偏预警响应关系图　　图 13-4 车道右偏预警响应关系图

相关仿真结果显示,当车辆中心与左车道线距离≤1.3m 时,车道左偏预警响应;当车辆中心与右车道线距离≥1.3m 时,车道右偏预警停止响应,车道偏离预警模块符合相关标准要求。

(2) 车道居中控制测试 当车辆出现车道右偏的情况时,若启动车道居中控制系统,在满足该系统的工作条件下,设计的车道居中控制系统应对车辆有控制作用。

车辆的初始条件:车速约为 20m/s,车辆处于车道右偏状态。此时手动启动车辆车道居中控制系统,车速开始缓慢下降至 17m/s 左右,车辆中心与车道线中心的偏差 e 逐渐减小,当 e 的绝对值小于 0.45m 时,车辆的车道偏离预警模块停止发出警报,车道居中控制系统继续控制车辆的速度方向。当车辆保持在车道中心线附近行驶,即 e 的绝对值接近 0 时,车速缓慢上升至初始车速,车辆处于车道居中状态,符合相关标准中对车辆的车道偏离距离不超过车道线外侧的要求。

LKAS 仿真分析表明,此次试验所设计的 LKAS 仿真模型可以有效地对车辆偏离车道的情况做出预警,并能够控制车辆保持在车道中心线附近行驶,因而可以用于开展控制系统硬件和软件程序设计。

(三) 控制系统硬件和软件程序设计

1. 硬件设计

车道保持辅助系统(LKAS)硬件部分主要包括主控模块、电源模块、摄像头模块、电机驱动模块及 SCI 串口模块五部分。电源模块为各模块供电;摄像头模块采集车道线信息并发送数据给主控模块;控制系统的主控芯片选择 MC9S12XS128 单片机,具有程序执行快、性能好的优点,芯片自带 A-D 转换模块和 PWM 模块,能够将摄像头的模拟电信号转换为可以识别的数字信号;电机驱动模块接收来自主控模块的 PWM1 信号以调节行驶速度,利用 PWM2 信号控制电动助力转向系统,调整信号的占空比就可以控制转向装置的旋转角度,输出的 PWM3 信号使车道偏离预警蜂鸣器工作;SCI 串口模块使单片机与 PC 端通信,从而在 PC 端显示摄像头采集的画面。

2. 软件程序设计

系统上电后,首先对整个控制系统进行初始化中断操作,并延迟一段时间使摄像头采集稳定数据,然后进入主循环,对通过 A-D 转换模块采集的摄像头数据进行处理,包括数据滤波、图像二值化、寻找左右车道线和计算当前车辆状态、位置参数等。当车道保持辅助系统开启时,若检测到车辆偏离车道,则蜂鸣器会发出警报,左、右偏离指示灯同时闪烁。

在车道保持辅助系统和车道居中控制系统均启动的情况下,若系统检测到车辆偏离车道,则会触发蜂鸣器报警,偏离指示灯开始闪烁,控制系统迅速接管车辆转向系统,并将预瞄量输入增量式 PID 控制器,控制器根据输入计算出控制量,并将其换算为 PWM 波的占空比,进而控制电动助力转向系统调整车辆的速度方向。车辆上的摄像头安装在车辆的中心位置,实时检测车辆前方的车道线位置,系统持续计算预瞄量,通过闭环控制不断调整车辆的速度方向,引导车辆向车道中心靠近,最终实现车道居中。

(四)功能验证

完成车道保持辅助系统模型的制作与调试后,开展如下测试:测试小车位于车道不同位置时前轮转向机构的转动幅度,评估系统对偏离的感知灵敏度;并在相应速度下,测试小车从偏离车道中心到恢复至中心附近区域所需的时间,验证系统响应速度。通过上述测试,优化并确定出车道居中控制系统的最佳 PID 参数。

同时,基于 ECU 实时观测的摄像头数据,绘制了测试小车纠正横向偏离距离与时间的动态关系曲线,如图 13-5 所示。由图可知:当测试小车横向偏离距离达到 6cm 时,车道居中控制系统被激活,系统迅速响应并执行车道居中控制策略,约 5s 后,横向偏离距离趋近于 0,车辆最终沿车道中心线稳定行驶,试验结果符合预期设计目标。

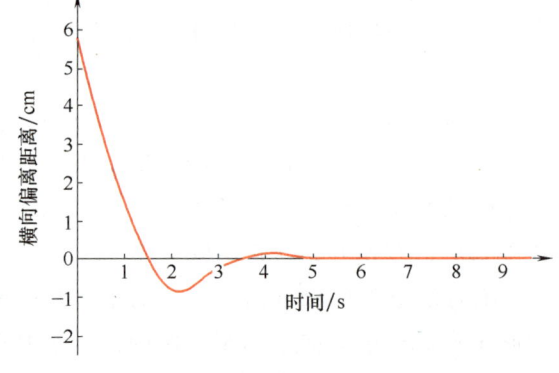

图 13-5　测试车辆的车道纠正横向偏离距离与时间关系

二、车道保持辅助系统主观评价方法

LKAS 所产生的预警、报警或车辆控制与驾乘人员的体验息息相关。驾驶人和乘客对于 LKAS 的接受度直接影响其对该系统的使用程度,因而在设计评价指标时,需要考虑用户对 LKAS 各项功能的了解情况和接受度。

下面从用户驾驶和乘坐搭载 LKAS 车辆的主观感受出发,结合车道保持辅助技术的特点和主要功能，从人机交互、车道偏离预警、车道保持辅助三个维度设计评价内容和方法，构建基于用户视角的车道保持辅助系统主观评价指标体系。建立基于用户驾乘体验的车道保持辅助系统主观评价方法，对于用户体验问题的发现与解决具有十分重要的意义。

1. 评分依据

采用常用的十分制评价机制，从用户体验和感受出发，设计评分依据，方法如下：将用户感受分为4个等级，见表13-1；将评分依据分为6种，每种评分依据分别对应4类用户感受和相应的分数区间，见表13-2。

表13-1 用户感受

用户感受	分数区间	说明	用户感受等级
不可接受	1~4	没有满足用户需求	等级1
可接受	5~6	仅实现部分用户期望	等级2
比较满意	7~8	实现用户期望	等级3
非常满意	9~10	超出用户期望	等级4

表13-2 评分依据

用户感受等级	评分依据1	评分依据2	评分依据3	评分依据4	评分依据5	评分依据6
等级1	几乎没有	不清楚	极不安全	极不舒适	很弱	经常发生
等级2	偶尔发生	基本清楚	一般安全	比较舒适	一般	间或发生
等级3	间或发生	比较清楚	比较安全	舒适	较强	偶尔发生
等级4	经常发生	非常清楚	很安全	非常舒适	很强	几乎没有

2. 评价指标

从人机交互、车道偏离预警、车道保持辅助三个维度设计18项评价指标，每个指标对应一项评分依据，相关说明见表13-2。

3. 人机交互维度评价内容和方法

人机交互评价指标包括用户手册、图标识别和位置、交互方式、操作便捷性、车道线识别和显示、驾驶人接管车辆、脱手报警敏感度等，见表13-3。

表13-3 人机交互评价指标

评价指标	评分依据	说明
用户手册	评分依据2	用户手册中关于LKAS和车道偏离预警（LDW）的介绍是否清晰易懂
图标识别和位置	评分依据2	图标是否清晰易懂，是否便于驾驶人区别和辨认
交互方式	评分依据2	提醒是否直观和清晰，是否过于频繁
操作便捷性	评分依据1	功能开启和关闭是否方便驾驶人在驾驶过程中进行操作，并且能通过图标清晰显示
车道线识别和显示	评分依据2	系统具备快速准确地识别车道线的能力，并能将识别结果实时显示在车辆相关仪表上
驾驶人接管车辆	评分依据1	驾驶人有主观接管车辆意图或动作时，LKAS应能自动退出并修改相应图标显示，同时直观提醒驾驶人

(续)

评价指标	评分依据	说明
脱手报警敏感度	评分依据2	评价脱手报警设计是否贴合用户使用习惯，能否个性化设置，转向盘脱手报警时间设置是否合理，以及报警方式是否直观

（1）**用户手册**　用户通过阅读用户手册，对车辆所具备的 LKAS 和 LDW 功能进行了解，根据阅读后对功能的理解程度，如 LKAS 的主要用途、如何打开和关闭、LKAS 正常工作需要满足的条件、LKAS 的退出条件等，参考评分依据 2 来打分。

（2）**图标识别和位置**　该指标评价 LKAS 的图标是否清晰易懂，相较于先进驾驶辅助系统（ADAS）的其他功能，如自适应巡航（ACC）、交通拥堵辅助（TJA）是否好区分和辨别，图标位置是否便于驾驶人开车时辨认。

（3）**交互方式**　该指标用于评价文字提醒和声音提醒是否直观和清晰，频率是否合适和恰当，以及是否过于频繁。例如，当车辆有左偏趋势时，系统是否有清晰、直观的图标、文字或声音提醒。

（4）**操作便捷性**　该指标评价功能开启和关闭是否方便驾驶人在开车过程中进行操作，并能通过图标清晰显示，使驾驶人直观判断系统工作状态（开启、关闭）。

（5）**车道线识别和显示**　该指标用于评价 LKAS 对车道线的识别速度和准确度能力，尤其是在车道线不够清晰的情况下，并能把识别出的车道线显示在车辆仪表上。可从以下三方面进行试验来评价该指标：一是不同类型车道线的道路；二是不同光线环境；三是不同车速条件下 LKAS 对车道线的识别能力和显示情况。

（6）**驾驶人接管车辆**　该指标用于评价驾驶人有主观接管车辆意图或动作时，LKAS 应能自动退出并修改相应图标显示，同时直观提醒驾驶人。例如，左转向灯打开、双闪灯打开或驾驶人踩下制动踏板时，代表驾驶人有主动控制车辆意图，LKAS 应退出，不应产生纠偏动作。

（7）**脱手报警敏感度**　该指标用于评价脱手报警设计是否贴合用户使用习惯，能否个性化设置，转向盘脱手报警时间设置是否合理，以及报警方式是否直观。例如，是否过于灵敏，如手离开 1s 就报警，或过于迟钝，如手离开 20s 还不报警；是否有分层级的脱手报警提醒方式，如用户手离开转向盘 5s 只有文字提醒和声音提醒，离开 15s 后则有文字提醒、声音提醒加震动提示。

4. 车道偏离预警维度评价内容和方法

车道偏离预警维度的评价指标包括预警能力、预警方式、漏报警、误报警、报警时机等，见表 13-4。

表 13-4　车道偏离预警评价指标

评价指标	评分依据	说明
预警能力	评分依据1	直道预警能力和弯道预警能力
预警方式	评分依据5	预警方式是否有效，预警方式能否引起驾驶人的注意，预警强度是否合适
漏报警	评分依据6	车辆有偏离趋势时，未产生报警提示
误报警	评分依据6	车辆没有偏离趋势时产生警报或者车辆从偏离趋势回到车道中心行驶后产生警报
报警时机	评分依据1	报警时机是否及时

（1）预警能力 该指标用于评价LKAS的预警能力，包括直道预警能力和弯道预警能力两方面。例如，直道左偏、直道右偏能否产生警报，弯道左偏、弯道右偏能否产生警报。

（2）预警方式 该指标用于评价LKAS的预警方式（声音预警、视觉预警、振动预警）是否有效，预警方式能否引起驾驶人的注意，以及预警强度是否合适。

（3）漏报警 该指标用于评价漏报警情况。例如，车辆正常行驶，LKAS满足正常工作各项条件，当车辆有偏离趋势时，未产生报警提示。

（4）误报警 该指标用于评价报警准确情况。例如，在车辆没有偏离趋势时产生警报或者车辆从偏离趋势回到车道中心行驶后产生警报。

（5）报警时机 该指标用于评价报警时机是否合适，因为预警过早或过晚都不好。如图13-6所示，当车辆无意识驶出干预临界线6时，LKAS应能进行主动转向干预，使车辆保持在本车道内。如果车辆在未驶出最早干预线3时就开始报警，则属于报警过早；如果车辆驶出最迟干预线4后未报警，则属于报警过晚。

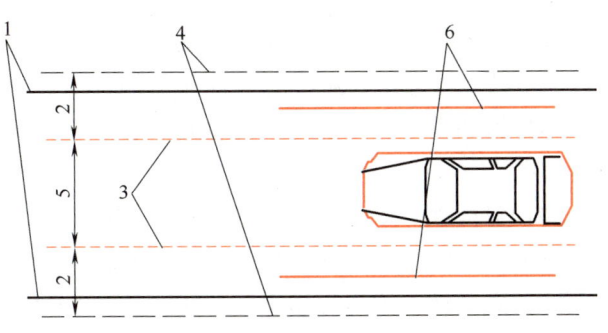

图13-6　LKAS的车道偏离特征线

1—车道边界线　2—干预区　3—最早干预线
4—最迟干预线　5—非干预区　6—干预临界线

5. 车道保持辅助维度评价内容和方法

车道保持辅助维度的评价指标包括纠偏能力、纠偏时机、误纠偏、漏纠偏、舒适性、安全性等，见表13-5。

表13-5　车道保持辅助维度评价指标

评价指标	评分依据	说明
纠偏能力	评分依据1	直道和弯道纠偏能力
纠偏时机	评分依据1	纠正转向盘的时机是否合适，过早或过晚情况
误纠偏	评分依据6	车辆不满足LKAS工作条件，却产生了纠偏动作
漏纠偏	评分依据6	车辆满足LKAS工作条件，却没有产生纠偏动作
舒适性	评分依据4	驾驶舒适性感受和乘坐舒适性感受
安全性	评分依据3	驾驶安全性感受和乘坐安全性感受

（1）纠偏能力 该指标用于评价LKAS的纠偏能力，主要是直道纠偏能力和弯道纠偏能力。直道纠偏能力的评价以10km/h为一个跨度从30~70km/h进行，在不同车速下，车辆产生左偏或右偏时，LKAS能进行主动转向干预，使得车辆保持在本车道内。用户参考评分依据1来打分。

弯道纠偏能力的评价主要涉及三方面：入弯稳定性、弯道行进过程稳定性、出弯时方向的回正稳定柔和。入弯稳定性要求车辆进入弯道时平稳顺滑，车辆动态连续，转向盘转角变化应平顺自然且跟随弯道曲率不存在不足或超调现象。弯道行进过程稳定性要求车辆转向尽可能维持稳定，无明显突变，弯道中车辆与车道线不存在明显蛇行现象。出弯时方向的回正稳定柔和要求车辆与车道线之间尽可能保持正中。

（2）**纠偏时机** 驾驶人对于 LKAS 介入时机的主观感受主要受 LKAS 介入时车辆在车道中的位置与状态这一因素的影响，即介入的早晚。

如图 13-6 所示，当车辆无意识驶出干预临界线 6 时，LKAS 应能进行主动转向干预，使车辆保持在本车道内。如果车辆在最早干预线 3 之前就开始产生纠偏力矩，控制转向盘，则属于纠偏过早；如果车辆驶出最迟干预线 4 后未产生纠偏力矩，则属于纠偏过晚。

（3）**误纠偏** 该指标用于评价是否出现误纠偏情况，如车速低于用户手册要求的工作车速、车辆双闪打开、左转向灯打开等。

（4）**漏纠偏** 该指标用于评价是否存在漏纠偏情况，车辆左偏或右偏时，LKAS 未产生纠偏动作。

（5）**舒适性** 该指标用于评价用户使用 LKAS 时的驾驶舒适性感受和乘坐舒适性感受，如系统对转向盘施加的纠偏力矩大小是否适中，纠偏过程是否柔和顺畅。

（6）**安全性** 该指标用于评价用户使用 LKAS 时的驾驶安全性感受和乘坐安全性感受。例如，系统纠偏过程中是否会引起转向盘较大幅度的摆动，导致车身轻微或小幅度晃动，使驾驶人产生的不安全感。

根据上述设计的评价指标和评价内容，对搭载 LKAS 的车辆以试驾和试乘的方式进行评价，得分越高，车辆车道保持辅助系统给用户带来的驾乘体验就越好。

三、车道保持辅助系统试验

GB/T 39323—2020《乘用车车道保持辅助（LKA）系统性能要求及试验方法》中规定了乘用车车道保持辅助系统（LKAS）的要求、试验条件和试验方法，适用于装有该系统的 M_1 类汽车，其他车辆可参照执行。

（一）系统要求

（1）**LKAS 的一般要求** 系统应能在状态良好的车道边线环境下识别车辆与车道边线的相对位置，辅助驾驶人将车辆保持在原车道内行驶。系统应至少具备车道偏离抑制或车道居中控制功能。

（2）**LKAS 的性能要求** 车道偏离抑制功能应确保车道偏离不超过车道边线外侧 0.4m；车道居中控制功能应确保车道偏离不超过车道边线外侧。车道偏离抑制功能引起的车辆纵向减速度应不大于 $3m/s^2$，车速减少量应不大于 $5m/s$。系统激活时引起的车辆横向加速度应不大于 $3m/s^2$，车辆横向加速度变化率应不大于 $5m/s$。系统应在 $70\sim120km/h$ 的车速范围内正常运行。

（二）试验条件

（1）**环境要求** 能见度大于 1km；平均风速不大于 $3m/s$，最大风速不大于 $5m/s$；气温在 $-20\sim45℃$ 之间；环境照度应在 500lx 以上并分布均匀；应避免车辆行驶方向与阳光直射方向平行。

（2）**道路要求** 试验道路应铺设平坦、干燥并具有状态良好的沥青或混凝土表面，路面峰值摩擦系数应大于 0.8；试验道路应足够长以满足试验需求；车道边线的设置应遵守 GB 5768.3—2009《道路交通标志和标线 第 3 部分：道路交通标线》的要求；车道边线颜色应为白色或黄色，线型为实线或虚线；车道边线状态良好，不存在破损、遮蔽等影响系统感应的缺陷。

（三）试验方法

GB/T 39323—2020 中提出的试验类型有三种：直道车道偏离抑制试验、弯道车道偏离抑制试验和车道居中控制试验。具备车道偏离抑制功能的车辆应进行直道车道偏离抑制试验和弯道车道偏离抑制试验，具备车道居中控制功能的车辆应进行车道居中控制试验。

（1）直道车道偏离抑制试验 试验道路为一段长直道。试验中，试验车辆在车道内沿直线行驶，待试验车辆达到并以（70±2）km/h 的恒定车速行驶后，使试验车辆以（0.4±0.2）m/s 的偏离速度向左或右偏离，如图 13-7 所示。

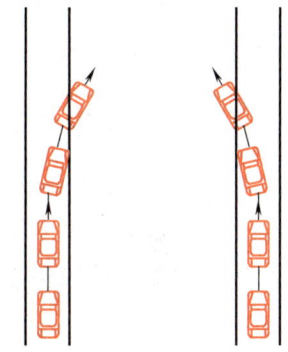

图 13-7 直道车道偏离抑制试验操作示意图

试验过程应满足系统所有的一般要求和性能要求才算通过试验。

（2）弯道车道偏离抑制试验 试验道路为一段直道连接一段弯道，其中弯道的长度应保证车辆能够行驶 5s 以上。弯道分为定曲率部分和变曲率部分，定曲率部分的曲率为 $2\times10^{-3}\mathrm{m}^{-1}$（半径≤500m）；变曲率部分为直道和弯道的连接段，其曲率随弯道长度从 0 线性增加到 $2\times10^{-3}\mathrm{m}^{-1}$，曲率变化率 dc/ds 不超过 $2\times10^{-5}\mathrm{m}^{-2}$，如图 13-8 所示。

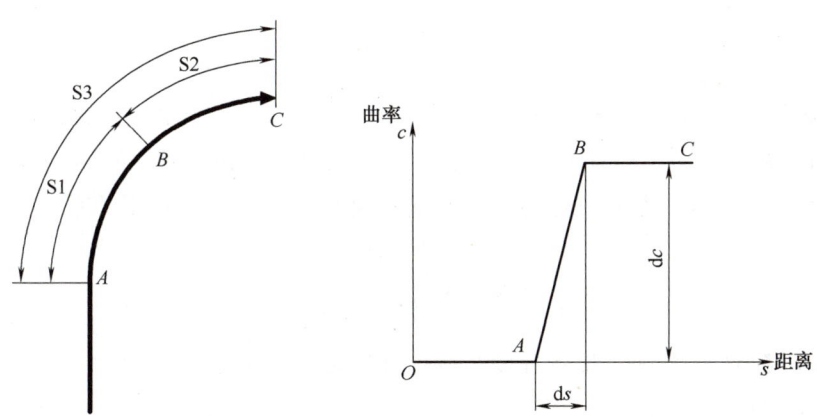

图 13-8 弯道车道偏离抑制试验操作示意图
S1—变曲率部分 S2—定曲率部分 S3—弯道部分

试验中，试验车辆在车道中心区域内沿直线行驶，待试验车辆达到并以（70±2）km/h 的恒定车速行驶后，车辆从直道进入弯道并在弯道内行驶至少 5s。试验包括一次左弯道试验和一次右弯道试验，当试验车辆达到并保持试验车速后，不应对车辆的转向进行人为干预。

试验过程应满足系统所有的一般要求和性能要求才算通过试验。

(3) 车道居中控制试验　试验道路同图 13-8，区别是曲率变化率 dc/ds 不超过 $4×10^{-5}\mathrm{m}^{-2}$。

第二节　自适应巡航控制系统设计及试验

先进驾驶辅助系统（Advanced Driver Assistant System，ADAS）已经成为当前智能交通领域的研究热点，其中自适应巡航控制（Adaptive Cruise Control，ACC）系统通过代替驾驶人调节节气门开度或制动压力，实现车辆的定速巡航或跟车行驶，有利于降低驾驶人的工作强度。该系统基于驾驶人的操作指令、己方车辆（简称己车）的运动状态及其与前车的距离信息对己车进行纵向控制，同时将系统状态信息反馈给驾驶人。

一、ACC 控制模式设计

（一）定速巡航模式

当前方有效距离内不存在目标物时，ACC 系统进入定速巡航模式。通过比较期望车速与轮速传感器反馈的实际车速，确保车速尽可能保持在设定车速±1km/h 内。

（二）稳态跟随模式

在实际跟车过程中，驾驶人以稳态跟车为主，期望车距误差与相对车速保持在误差范围内。同时，驾驶人对跟踪误差的敏感度不是固定的，会随着车距和车速的不同发生变化。考虑到纵向乘坐的舒适性和车辆的燃油经济性，期望加速度平稳变化，使其处于驾驶人允许范围内。

（三）接近前车模式

定速巡航时，前方有慢速车辆进入有效距离内，ACC 系统由此转入接近前车模式。在此模式下，两车初始相对车速 v_r 的绝对值较大，同时初始距离 d 远大于期望车距 d_des。车辆以恒定的减速度 a_d 减速，最终平稳过渡到稳态跟随模式。根据运动学关系有

$$a_\mathrm{d} = k_\mathrm{a} \frac{v_\mathrm{r}^2}{2(d-d_\mathrm{des})} \tag{13-1}$$

减速度增益系数 k_a 反映了接近程度与减速强度之间的关系。

（四）急加速模式

驾驶人特性在加速工况与制动工况中具有不对称性。当前车急加速时，由于没有追尾碰撞的危险，驾驶人往往能够容忍较大的跟踪误差，同时对渐增的车距变化并不敏感，车辆进入急加速模式。

（五）急减速模式

当前车急减速时，由于存在追尾碰撞的潜在风险，驾驶人的反应变得非常敏感和谨慎。此时，驾驶人对跟踪误差的容忍度大幅度降低，对迅速缩小的车距变化高度警觉，车辆随即进入急减速模式。

(六) 避撞模式

如果急减速模式仍不足以提供足够的制动减速度，导致实际距离小于最小安全距离，ACC 系统进入紧急避撞模式，通过施加最大制动力直至停车，确保行车安全性。

二、ACC 控制模式实车检验

为了检验多控制模式及其切换策略能否与实际行驶工况相符合，己车加、减速状态是否符合驾驶人期望的运动轨迹，以及 ACC 系统能否在不同工况下满足跟踪性能与舒适性能之间的平衡兼顾，设计两组试验，其中一组为机场道路高速试验，主要检验 ACC 系统的稳态跟随、急加速、急减速和定速巡航模式，试验结果如图 13-9 所示；另一组为低速市区工况试验，其中包含接近前车、稳态跟随和急减速模式，试验结果如图 13-10 所示。

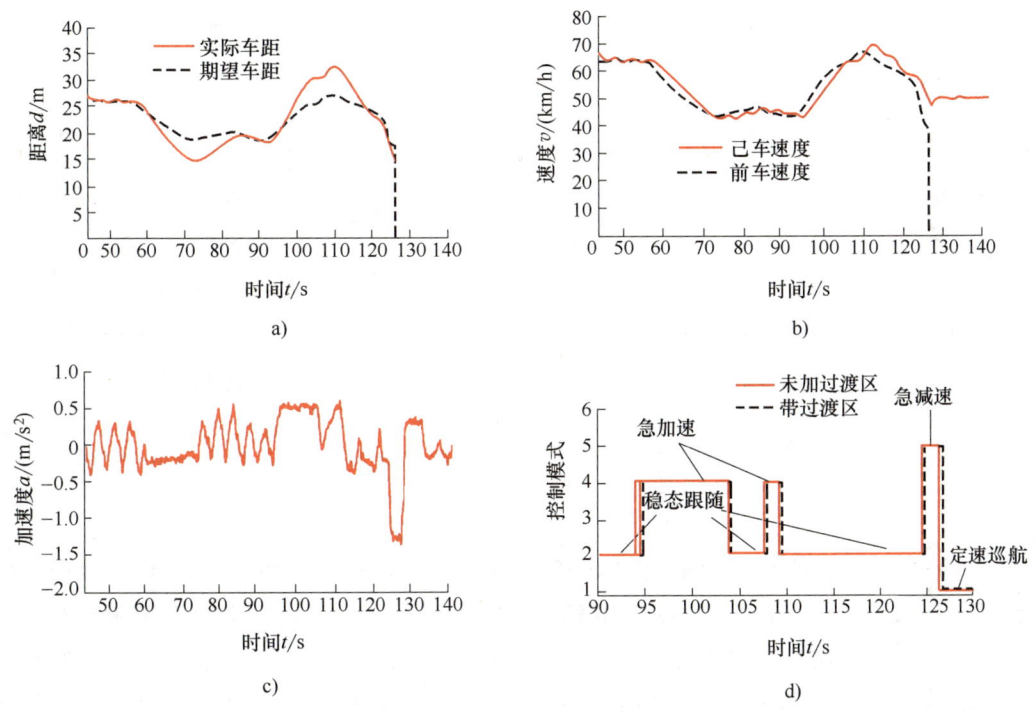

图 13-9 复杂工况 ACC 高速试验结果

在图 13-9d 与图 13-10d 中，对控制模式数值代号（1~6）的定义分别如下：定速巡航、稳态跟随、接近前车、急加速、急减速、避撞。

在图 13-9 中，初始阶段己车一直以 65km/h 跟随匀速行驶的前车。当前车在第 60~70s 缓慢减速到 40km/h 时，己车仍处于稳态跟随模式，采用节气门怠速方式拖滑，实际减速度约为 $-0.3m/s^2$。此时由于滞后效应，实际车距会略小于期望车距，但不足以影响跟车安全性。己车在第 70s 后降至 40km/h，重新保持对前车的稳态跟随。从第 94s 开始，系统进入急加速跟随模式，考虑到良好的舒适性和燃油经济性，加速度被限制为 $0.5m/s^2$，因此牺牲了一定的跟踪性能，随后系统根据前车运动轨迹在稳态跟随和急加速模式间适时切换。前车自第124s后开始急减速并最终驶离本车道,己车相应施加紧急制动,制动减速度约为$-1.5m/s^2$,而待前车切出后,系统自动控制车辆按照50km/h进行定速巡航。在整个动态跟车过程中,多控制模式使得车距误差与相对车速保持在驾驶人可接受的范围内,同时在模式切换时,车辆加速度未发生明显的突变现象。

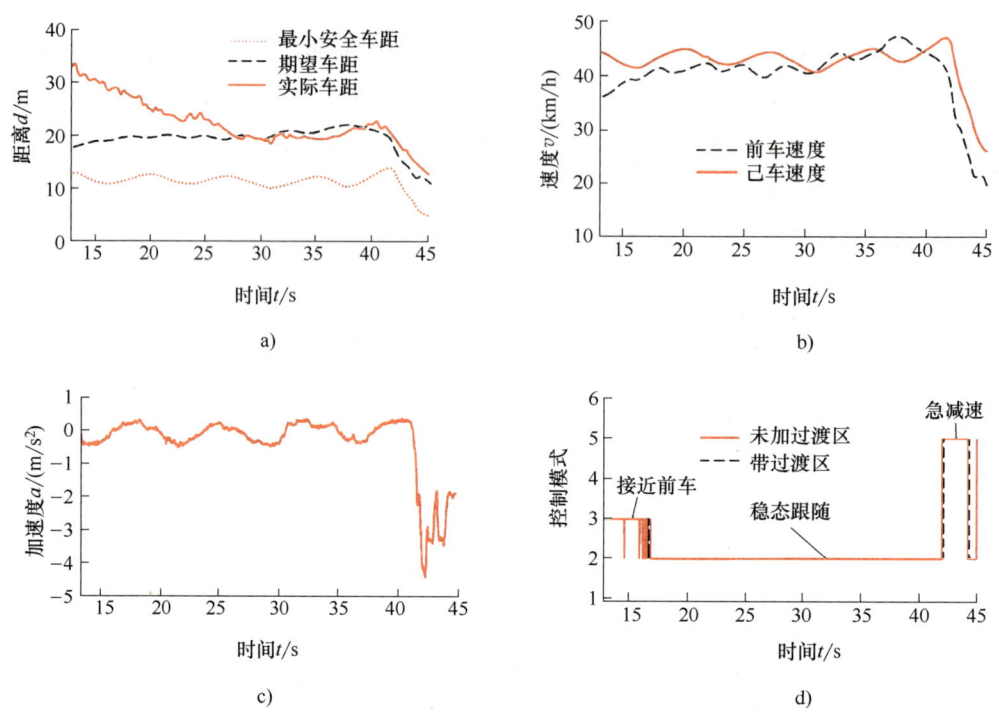

图13-10 复杂工况ACC低速试验结果

如图13-10所示,两车初始车距约为35m,相对车速为10km/h。在ACC接近前车模式下,己车开始缓慢减速,最终以40km/h稳态跟随前车,并且保持在期望车距附近行驶。当第43s时前车紧急减速,系统立即切换至急减速模式,为了保证跟车安全性,最大制动减速度达到$-4m/s^2$,因此实际车距一直维持于期望车距与最小安全车距之上。由于提前施加了紧急制动,可以避免在更危险状态下直接调用避撞模式,增加了跟车的安全余量。由图13-10d可见,加入过渡区后能有效避免在不同模式间来回切换,提高了系统的舒适性和可靠性。

三、自适应巡航控制系统试验

GB/T 20608—2006《智能运输系统 自适应巡航控制系统 性能要求与检测方法》中详细规定了智能运输系统中自适应巡航控制(ACC)系统的性能要求、人机交互、故障诊断及弯道适应能力。

(一)试验环境

试验环境应满足以下要求:试验场地为平坦干燥的沥青或混凝土路面;温度为$-20\sim$

40℃；水平能见度大于 1km。

（二）自动停车能力测试

1. 适用系统和测试目标物选择

该测试只适用于全速自适应巡航控制（Full Speed Range Adaptive Cruise Control，FSRA）类型系统。目标车辆应配备测试目标物，测试目标物应放置在车辆尾部，其余暴露的车辆表面的雷达横截面（RCS）应不大于 $2m^2$，或者反射率不大于测试目标物的 20%。

2. 初始条件

1) 目标车辆以 $v_{stopping}$ 行驶速度直线行驶，车宽介于 1.4~2.0m 之间。

2) 在测试过程中，己车在目标车辆后稳定跟随行驶，期望的车间时距应保持 τ_{min}。己车纵向中心线与目标车辆纵向中心线之间的横向偏移量应小于 0.5m，如图 13-11 所示。

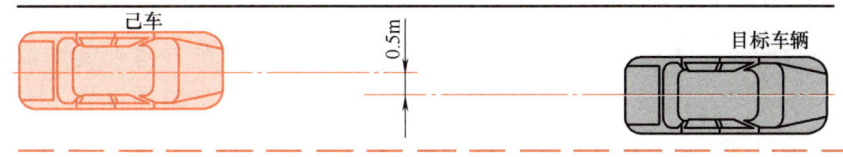

图 13-11 自动停车能力测试的初始条件

3. 测试方法及结果判定

1) 目标车辆以 -2.0~$-2.5m/s^2$ 的减速度制动至车辆静止。

2) 如果己车在 ACC 系统作用下于目标车辆后方停车，表示测试通过。

（三）目标探测距离测试

1. 车辆参考平面

车辆参考平面为一矩形，宽度与己车宽度相当，高为 0.9m，离地高度为 0.2m。车辆参考平面考虑了不同测试位置及车辆最低高度。如图 13-12 所示，由 d_0、d_1、d_2 和 d_{max} 组成

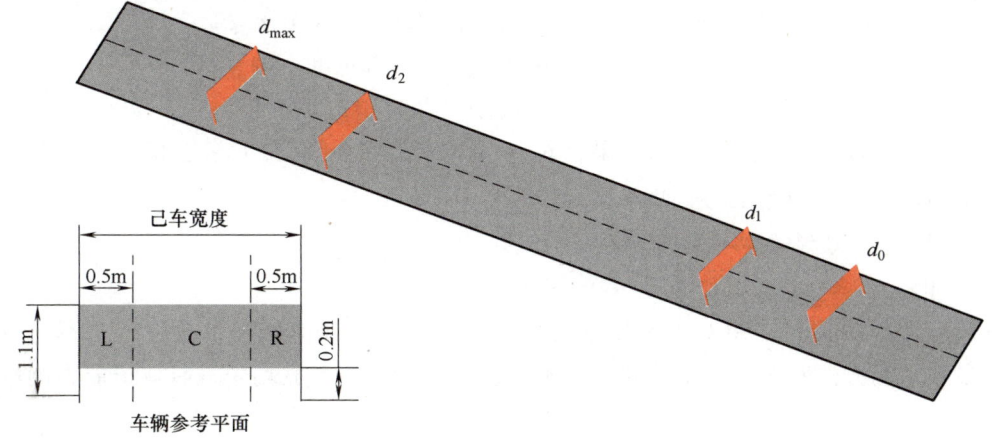

图 13-12 纵向探测区域

的参考平面分成三个部分。左侧 L 和右侧 R 分别距离参考平面的边界 0.5m。在 d_1、d_2 和 d_{max} 位置的测试过程中，应检测到 L 区域、C 区域和 R 区域中至少一个反射器信号。在 d_0 位置，可以检测到整个参考平面中的一个反射器信号。

2. 测试目标物选择

对于位置 d_{max}，应采用测试目标 A。对于位置 d_0、d_1、d_2，应采用测试目标 B。d_2 为车辆前方 75m 处的固定测量点。

3. 测试方法及结果判定

目标探测距离应在动态条件下测试，也可在补充静态条件下测试。当目标出现时，检测出目标探测距离所用的时间应不超过 2s。

（四）目标识别测试

1. 初始条件

1）两辆同型号的车辆在己车前方以速度 $v_{vehicle\_start}$ 同向行驶，两车纵向中心线间的横向距离为（3.5±0.25）m，车辆宽度为 1.4~2.0m。

2）己车在车间时距控制模式下稳定跟随其中一辆前车（目标车辆）行驶，两车的车间时距为 $\tau_{max}(v_{vehicle\_start})$，设定车速大于 $v_{vehicle\_end}$。己车与目标车辆纵向中心线之间的横向偏差小于 0.5m，如图 13-13 所示。

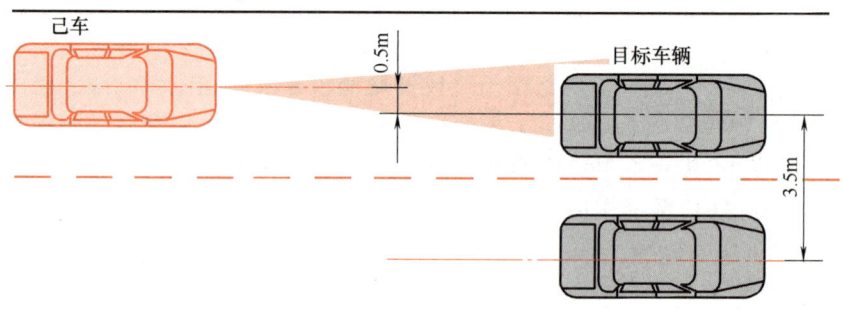

图 13-13 目标识别测试的初始条件

3）测试开始时的速度 $v_{vehicle\_start} = v_{vehicle\_end} - 3m/s$。这里 $v_{vehicle\_end}$ 取 27m/s（约为 100km/h），如果车辆达不到该车速，则采用 $v_{vehicle\_end} = 22m/s$（约为 80km/h）。

2. 测试方法及结果判定

让目标车辆加速至 $v_{vehicle\_end}$。如果己车在 ACC 系统控制状态下超过相邻车道内的前车时，表示测试通过，如图 13-14 所示。

（五）弯道能力测试

1. 场景设计

弯道能力测试应结合 ACC 系统传感器视野范围与道路几何结构参数进行。不同道路几何结构参数预测方法和车头时距感知方法不同，应设计相应驾驶场景进行弯道能力测试。

2. 弯道测试场地

测试道路为圆环道路或弯道路段（弧长足够长），弯道半径要求为 $400m \leq R_{min} \leq 500m$。

第十三章　辅助驾驶与自动驾驶试验

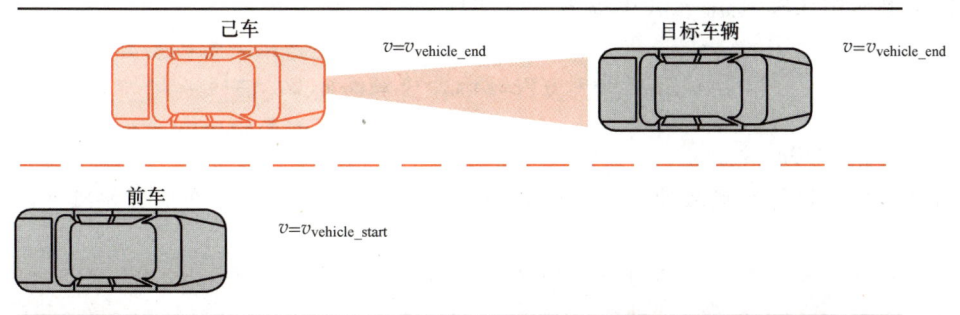

图 13-14　目标识别测试的结束条件

测试方向为顺时针和逆时针，对车道线、护栏等没有限制要求，如图 13-15 所示。

3. 测试目标物选择

在目标车辆尾部中间部分安装测试目标，离地高度为（0.6±0.1）m。其余未被遮盖的表面雷达散射界面 RCS 应不大于 $2m^2$，或者使其反射率不大于测试目标的 20%。

4. 测试方法及结果判定

己车在跟随控制模式下与目标车辆沿同车道行驶，两车纵向中心线的横向偏移量为 ±0.5m。测试开始前，两车的初始条件应符合图 13-16 的规定。

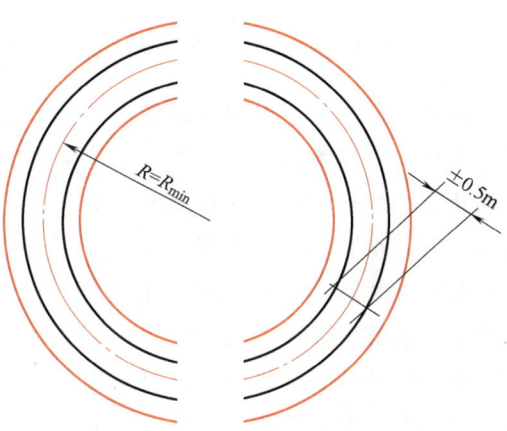

图 13-15　弯道测试道路示意图

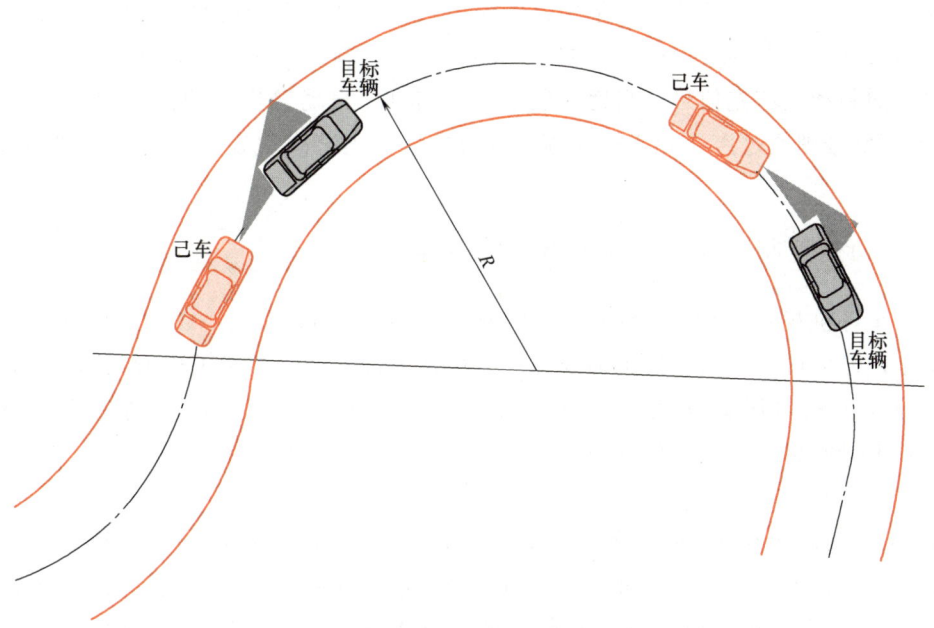

图 13-16　测试道路简图示例

目标车辆初始速度 $v_{\text{circle\_start}}$（单位为 m/s）的计算公式为

$$v_{\text{circle\_start}} = \min(\sqrt{a_{\text{lateral\_max}} \times R}, v_{\text{vehicle\_max}}) \pm 1 \qquad (13\text{-}2)$$

式中 $a_{\text{lateral\_max}} = 2.0\text{m/s}^2$。

在适当时刻，目标车辆减速，在车间时距低于 $2\tau_{\max}/3$ 之前，己车应开始减速。

第三节 自动紧急制动系统设计及试验

一、自动紧急制动系统的工作原理

自动紧急制动（AEB）系统的工作原理：通过车载感知单元对车辆运动方向正前方的目标进行实时探测感知，将感知系统采集的信息进行处理、融合、判断后，判定车辆以当前运动状态继续运动是否存在碰撞风险。如果存在碰撞风险，需要车辆发出前碰撞预警（Forward Collision Warning，FCW）信号，当 FCW 信号发出后，驾驶人没有采取任何制动措施，确定车辆继续运动一定会发生碰撞时，自动紧急制动功能启动。AEB 作为一种汽车主动安全技术，能够极大程度地避免车辆追尾和前向碰撞的发生。

车辆运动状态采集单元主要采集车辆底盘数据中的加速踏板开度、制动踏板开度、转向盘转角和车辆四轮轮速等信息。车辆感知单元一般由摄像头、毫米波雷达、超声波雷达和激光雷达等传感器组成，当前 AEB 系统较多采用毫米波雷达和摄像头的方案。AEB 系统决策单元负责对感知单元采集的数据进行融合处理，判断是否为有效目标物。AEB 系统控制单元根据决策单元和车辆运动状态采集单元的输出数据，进行安全控制模型的运算，执行控制策略。制动执行单元主要负责根据控制单元的指令执行制动操作，包括向底盘制动系统传输制动信号，如制动预填充信号、自适应制动辅助信号、自动警告制动信号和全力制动信号。而 FCW 预警信号则通过声、光或振动等方式由独立的预警模块发出，以提醒驾驶人注意碰撞风险。

二、自动紧急制动系统相关评价标准解析

中国新车评价规程（China-New Car Assessment Programme，C-NCAP）的建立为国内汽车新车安全性能的试验提供了详细的要求、方法及评价标准。其中关于自动紧急制动系统的测试主要分为车辆追尾自动紧急制动系统（AEB CCR）测试、行人自动紧急制动系统（AEB VRU_Ped）测试和二轮车自动紧急制动系统（AEB VRU_TW）测试。

1. AEB CCR 测试

AEB CCR 测试分为前车静止测试场景（Car to Car Rear Stationary，CCRs）和汽车慢行测试场景（Car to Car Rear Moving，CCRm）。在这两种测试场景中分别有自动紧急制动（AEB）的要求和前碰撞预警（FCW）的要求。AEB CCR 测试项目见表 13-6。

表13-6 AEB CCR测试项目

测试场景	测试速度/(km/h)	碰撞偏置率	测试结果要求
CCRs	20	50%(左)	自动紧急制动
	20	100%	
	30	50%(右)	
	30	100%	
	40	50%(左)	
	40	100%	
	50	50%(右)	前碰撞预警
	50	100%	
	60	50%(左)	
	60	100%	
	70	50%(右)	
	70	100%	
	80	50%(左)	
	80	100%	
CCRm	30	50%(右)	自动紧急制动
	30	100%	
	40	50%(左)	
	40	100%	
	50	50%(右)	
	50	100%	
	60	50%(左)	前碰撞预警
	60	100%	
	70	50%(右)	
	70	100%	

在CCRs测试场景中，要求目标假车静止摆放在测试车辆经过的路线上，测试车辆按照规程规定的速度分别运动，要求能够在运动速度为40km/h及以下时，在与目标假车发生碰撞之前制动并停止。在测试车辆的运动速度达到50km/h及以上时，能够在与目标假车发生碰撞之前给出报警提示信息。在CCRm场景中，要求目标假车在测试车辆经过的路线上以20km/h的速度直线运动，当测试车辆在运动速度为50km/h及以下时，能够在与目标假车发生碰撞前制动并停止。在测试车辆速度达到60km/h及以上时，能够在与目标假车发生碰撞之前给出报警提示信息。

2. AEB VRU_Ped测试

AEB VRU_Ped测试场景分车辆碰撞远端成年行人（Car-to-Pedestrian Farside Adult，CPFA）、车辆碰撞近端成年行人（Car-to-Pedestrian Nearside Adult，CPNA）和车辆碰撞纵向成年行人（Car-to-Pedestrian Longitudinal Adult，CPLA）三种。AEB VRU_Ped测试项目见表13-7。

表 13-7　AEB VRU_Ped 测试项目

测试场景	测试车辆速度/(km/h)	目标假人速度/(km/h)	碰撞偏置率	光照条件	测试结果要求
CPFA-25	20、30、40、50、60	6.5	25%	白天和夜晚(路灯,近光灯)	自动紧急制动
CPFA-50	20、30、40、50、60	6.5	50%	白天自然光照	
CPNA-25	20、30、40、50、60	5	25%	白天自然光照	
CPNA-75	20、30、40、50、60	5	75%	白天自然光照	
CPLA-50	20、30、40、50、60	5	50%	白天和夜晚(无路灯,远光灯)	
CPLA-25	50、60、70、80	5	25%	白天和夜晚(无路灯,远光灯)	前碰撞预警

AEB VRU_Ped 测试项目中对于光照条件有规定，试验场景主要包括白天和夜晚两种，夜晚场景中需要根据不同测试项目，打开车辆的远光灯或者近光灯，其对测试环境的光照强度也有规定。

3. AEB VRU_TW 测试

AEB VRU_TW 测试场景主要分为车辆碰撞近端自行车（Car-to-Bicyclist Nearside Adult，CBNA）、车辆碰撞远端踏板式摩托车（Car-to-Scooter Farside Adult，CSFA）、车辆碰撞纵向行驶自行车（Car-to-Bicyclist Longitudinal Adult，CBLA）三类。AEB VRU_TW 测试项目见表13-8。

表 13-8　AEB VRU_TW 测试项目

测试场景	测试车辆速度/(km/h)	目标物速度/(km/h)	碰撞偏置率	光照条件	测试结果要求
CBNA-50	20、30、40、50、60	15	50%	白天	自动紧急制动
CSFA-50	30、40、50、60	20	50%	白天	
CBLA-50	20、30、40、50、60	15	50%	白天	
CBLA-25	50、60、70、80	15	25%	白天	前碰撞预警

三、系统运行平台设计

实车自动紧急制动系统运行平台需要具备对摄像头和毫米波雷达数据进行处理的能力。通过深度学习算法对摄像头数据进行处理，分别获取视野范围内的目标种类，确定目标方位，通过图像处理算法对目标的运动速度和方向进行计算。通过 CAN 接口获取毫米波雷达的原始数据，对接收的数据进行目标整理，确定存在碰撞可能的目标。将处理后的摄像头数据和毫米波雷达数据进行融合，判定是否需要制动，如果需要制动，估算保持当前时刻运动状态测试车辆与目标物发生碰撞所需的时间（Time to Collision，TTC），将目标物相关属性等信息发送给协处理器。协处理器负责获取车辆底盘数据，解析其中的车辆运动相关数据和制动相关子系统的工作状态，它根据目标物的运动参数和己车运动参数进行计算并给出车辆制动信息，以及自动紧急制动介入的时间。

第十三章　辅助驾驶与自动驾驶试验

四、车身传感器选择

（一）毫米波雷达

随着 ADAS 和 L2+级别自动驾驶功能在各车型上的实现，毫米波雷达成为普遍使用的感知传感器。当下应用于自动驾驶领域的毫米波雷达主要有 24GHz 和 77GHz 两种，对应波长为 12mm 和 4mm。24GHz 与 77GHz 毫米波雷达的对比信息见表 13-9。

表 13-9　24GHz 与 77GHz 毫米波雷达的对比信息

频率	24GHz	77GHz
探测距离	30~120m	200m
探测角度	大	小，集中于雷达正前方
体积	大	小
识别精度	0.5m	可达 cm 级别
可使用车速	150km/h	250km/h

由表 13-9 可以看出，77GHz 毫米波雷达在探测距离、探测角度、识别精度和可使用车速等方面有较大优势。

（二）前视摄像头

摄像头作为捕获环境图像信息完整的传感器，其主要作用是实时捕获车辆前方的图像，用于后续处理，为 AEB 系统的工作提供环境信息支持。所获取的信息主要有道路标志、交通信号、行人和车辆等，这些信息对于智能网联汽车的辅助驾驶系统非常重要。

前视摄像头的选择主要围绕摄像头的探测距离、视场角和帧率三个参数展开。当前选用 6mm 焦距摄像头，视场角能够达到 50°，探测距离可以达到 90m，帧率约为 30 帧/s，快门方式为全局快门。为了减少整个前视单元的体积，选用 MIPI 接口的摄像头。这种前视摄像头有较好的视场角，能够探测相邻车道的目标，也有较远的探测距离，能够较早识别目标物，从而提前为决策单元和控制单元提供前方环境数据，有效缩短制动缓冲时间。

五、自动紧急制动系统试验

（一）试验执行

试验方法参见 GB/T 39901—2021《乘用车自动紧急制动系统（AEBS）性能要求及试验方法》和 GB/T 38186—2019《商用车辆自动紧急制动系统（AEBS）性能要求及试验方法》。

试验应在水平、干燥且具有良好附着能力的混凝土或沥青路面上进行，附着系数应在 0.8 以上。环境温度应处于 0~45℃。水平可视范围应确保在整个试验中观察目标，能见度应在 500m 以上。试验时的风速不大于 5m/s。

试验内容主要包括静止目标、移动目标、制动目标条件下的预警和启动试验、驾驶人干预性能试验。

1. 静止目标条件下的预警和启动试验

被试车辆应在试验开始前至少 2s 沿直线向静止目标行驶；被试车辆与目标中心线的偏

差不超过0.5m。

1）对于乘用车，在被试车辆以（30±2）km/h的车速行驶且距离目标至少60m时开始试验。

2）对于商用车，在被试车辆以（80±2）km/h的车速行驶且距离目标至少120m时开始试验，最高设计车速小于80km/h的车辆以最高车速进行试验。

2. 移动目标条件下的预警和启动试验

被试车辆和移动目标应在试验前至少2s沿直线同向行驶；被试车辆与目标中心线的偏差不超过0.5m。

1）对于乘用车，在被试车辆以（50±2）km/h的车速行驶，移动目标以（20±2）km/h的速度行驶且两者相距至少120m时开始试验。

2）对于商用车，采用气压制动系统的被试车辆以（80±2）km/h的车速行驶，移动目标以（32±2）km/h的车速行驶，采用助力液压制动系统的M_2、M_3类及最大设计总质量≤8t的N_2类被试车辆，被试车辆和移动目标以（67±2）km/h的车速行驶，并且两者相距至少为120m时开始试验；最高设计车速小于80km/h的车辆以最高车速进行试验。

3. 制动目标条件下的预警和启动试验

被试车辆和制动目标应在试验前至少2s沿直线同向行驶；被试车辆与目标中心线的偏差不超过0.5m。仅测试乘用车，在被试车辆和制动目标以（50±2）km/h的初速度行驶，当被试车辆与制动目标相距（40±1）m时，制动目标以（-4±0.25）m/s²的减速度制动，试验开始。试验过程中除进行必要的方向偏移修正外，驾驶人不得对被试车辆进行任何调整。

4. 驾驶人干预性能试验

按预警和启动试验内容中的方法进行试验时，在预警阶段或者紧急制动阶段，驾驶人踩下加速踏板、打开转向灯或执行其他规定动作，检查系统的响应。

（二）试验结果判定

1. 预警和起动试验结果要求

1）对于乘用车，碰撞预警最迟应在紧急制动开始前1.0s激活触觉、声学及光学报警中至少两种报警模式。乘用车预警和启动制动的要求见表13-10。在紧急制动触发后，车辆速度应降至不发生碰撞的水平，且紧急制动阶段不应在预计碰撞时间3s前开始。

表13-10 乘用车预警和启动制动的要求

目标类别	目标及被试车辆状态	功能表现	限值
静止目标	目标速度：0km/h 被试车辆速度：(30±2)km/h	碰撞预警	最迟在紧急制动开始前1.0s激活触觉、声学及光学报警中至少两种报警模式
		速度降低	不发生碰撞
移动目标	目标速度：(20±2)km/h 被试车辆速度：(50±2)km/h	碰撞预警	最迟在紧急制动开始前1.0s激活触觉、声学及光学报警中至少两种报警模式
		速度降低	不发生碰撞
制动目标	目标速度：(50±2)km/h 目标减速度：(-4±0.25)m/s² 被试车辆速度：(50±2)km/h	碰撞预警	最迟在紧急制动开始前1.0s激活触觉、声学及光学报警中至少两种报警模式
		速度降低	不发生碰撞

2）对于商用车，采用气压制动系统的车辆最迟应在紧急制动开始前 1.4s 触发一种报警模式，开始前 0.8s 触发两种报警模式；采用助力液压制动系统的 M_2 和 M_3 类及最大设计总质量≤8t 的 N_2 类车辆最迟应在紧急制动开始前 0.8s 触发一种报警模式，并在开始前触发两种报警模式。在紧急制动触发后，在静止目标条件下，被试车辆在与静止目标碰撞时的速度下降总额不应小于 10km/h，且紧急制动阶段不应在预计碰撞时间小于或等于 3s 前开始。在移动目标条件下，车辆不应与移动目标发生碰撞，且紧急制动阶段不应在预计碰撞时间 3s 前开始。

2. 驾驶人干预性能试验结果要求

系统响应能被驾驶人的主动动作中断。除此之外，AEB 系统在弱势交通参与者参与的相关冲突中，应保证车辆在探测到可能发生的碰撞时自动施加制动力，从而降低车辆速度避免碰撞或尽量减少对弱势交通参与者（如行人和骑自行车人员）造成的伤害。

第四节　交通信号识别和响应设计及试验

无人驾驶汽车是多技术融合的复杂机械产品，其关键技术包括环境感知技术、定位导航技术、路径规划、运动控制。首先是对环境的感知，然后对感知部分接收的信息进行分析决策，最后通过决策信息对汽车的行为进行控制。交通信号检测与识别方法作为无人驾驶感知中的关键技术，在无人驾驶中起到关键作用。准确快速地实现对交通信号的检测对后续进行分析决策至关重要，也是后续决策乃至控制的重要数据支撑。

一、交通信号检测与识别系统的设计与实现

（一）交通信号检测与识别系统需求概述

无人驾驶主要包含以下四方面：环境感知、路径规划、控制决策及车辆体系结构。其中，环境感知是无人驾驶系统后续路径规划和控制决策的前提和基础。无人驾驶环境主要分为汽车外部环境和汽车内部环境，汽车外部环境指汽车道路、地形、周围行人车辆及其他障碍物；汽车内部环境指汽车加速度、行驶方向等。

交通信号的检测与识别作为无人驾驶感知关键技术，对车辆后续行为有很大影响。在无人驾驶中，需要快速准确地获取前方交通信号并传递给决策层，决策层经过分析判断后传递给控制层，控制层对汽车行为进行控制。

在对交通信号检测与识别进行功能模块设计时，应从以上内容出发，一方面要考虑在实际行驶过程中实现在线交通信号检测功能，另一方面在没有网络、不调取摄像头时，能对系统进行试验验证，即实现本地离线检测功能。

在线交通信号检测功能主要是在汽车驾驶过程中，通过摄像头获取视频图像进行交通信号的检测与识别，并对检测结果进行展示。本地离线检测功能则是在不联网的情况下，通过选择调取本地保存的视频图像进行交通信号的检测与识别。

（二）交通信号检测与识别系统功能设计

在无人驾驶感知平台中，交通信号的检测与识别需要实现的主要功能是在汽车行驶过程中

对道路上的交通信号进行准确、快速的检测与识别。在实际汽车行驶过程中，实现这一功能主要用到的传感器是摄像头。摄像头获取道路上的交通信号，并将信号传输到基于深度学习模型构建的交通信号检测与识别系统进行目标检测与识别，最后将结果传输到显示模块进行显示。

（三）交通信号检测与识别系统界面设计

该系统的界面主要包括以下内容：

1）交通信号检测与识别系统界面顶部主要包括：左上角的系统名称和右上角的登入模块。

2）交通信号检测与识别系统界面左侧主要包括：交通信号、物体检测、语义分割、个人中心、硬件检测、日志管理及系统配置。

3）交通信号检测与识别系统界面右侧主要包括：顶端的当前操作、中间的展示模块，以及下方的开始运行、暂停、重置三个功能。

以上主要是基于无人驾驶感知平台的界面设计。界面左侧的个人中心、硬件检测、日志管理及系统配置属于基础设置，是整个感知平台的基础结构；界面左侧的交通信号、物体检测及语义分割属于系统主要功能模块，又有具体功能模块细分。

系统根据不同功能模块配置对应的选择按钮。当用户选择在线交通信号检测按钮时，系统通过控制系统连接摄像头实时采集图像，并调用交通信号检测与识别模型进行分析处理；当用户选择本地离线检测按钮时，系统则从本地存储中读取预先保存的图片或视频文件，加载至模型进行检测与识别。

（四）交通信号检测与识别系统功能测试

交通信号检测与识别系统功能测试主要从以下两方面入手：一是本地离线的功能测试；二是在线交通信号检测的功能测试。

1. 本地离线检测模型测试

打开交通信号，单击"本地离线检测"按钮。选取本地的图片或者视频文件后，单击"开始运行"按钮，启动本地离线检测。将选择的图片或者视频文件传输给交通信号检测与识别模型，模型对传输数据进行分析处理，实现对交通信号的检测与识别。将检测结果传输到检测结果显示模块，此模块对应界面右侧位置将显示以下内容：在图片和视频上框出交通信号位置、交通信号种类及相关置信度得分。若交通信号的检测与识别效果清晰直观，并且置信度得分接近1，则表明检测效果接近真实情况。

2. 在线交通信号检测模型测试

打开交通信号，单击"在线交通信号检测"按钮。通过调取摄像头进行实时数据采集，单击"开始运行"按钮，摄像头采集的数据通过数据接口处理并传入交通信号检测与识别模型，模型对数据进行分析处理，实现对交通信号的检测与识别。将检测结果传输到检测结果显示模块，此模块对应界面右侧位置将显示以下内容：在图片和视频上框出交通信号位置、交通信号种类及相关置信度得分。若交通信号的检测与识别效果清晰直观，并且置信度得分接近1，则表明检测效果接近真实情况。

二、交通信号识别及响应试验

GB/T 41798—2022《智能网联汽车　自动驾驶功能场地试验方法及要求》中规定了智

能网联汽车进行交通信号识别及响应场地试验的一般要求、试验过程、通过条件及试验方法。交通信号识别及响应试验场景包含限速标志、弯道、停车让行标志和标线、机动车信号灯、方向指示信号灯、快速路车道信号灯等的识别。

（一）限速标志识别试验

1. 试验条件

试验道路为至少包含一条车道的长直道，根据最高设计运行速度 v_{max}（试验车辆在其设计运行条件下自动驾驶模式可运行的最高速度）从表 13-11 中选取对应的任意一组试验参数，标志牌之间的距离至少为 100m，其中解除限速标志和恢复限速标志位于同一平面，如图 13-17 所示。

表 13-11 限速标志选取参照表 （单位：km/h）

最高设计运行速度 v_{max}	初始道路限速	限速标志	解除限速标志	恢复限速标志
$v_{max} \geq 80$	80	60	60	80
	60	40	40	60
	40	30	—	—
$60 \leq v_{max} < 80$	60	40	40	60
	40	30	—	—
$40 \leq v_{max} < 60$	40	30	—	—
$v_{max} < 40$	40	$v_{max} - 10$	—	—

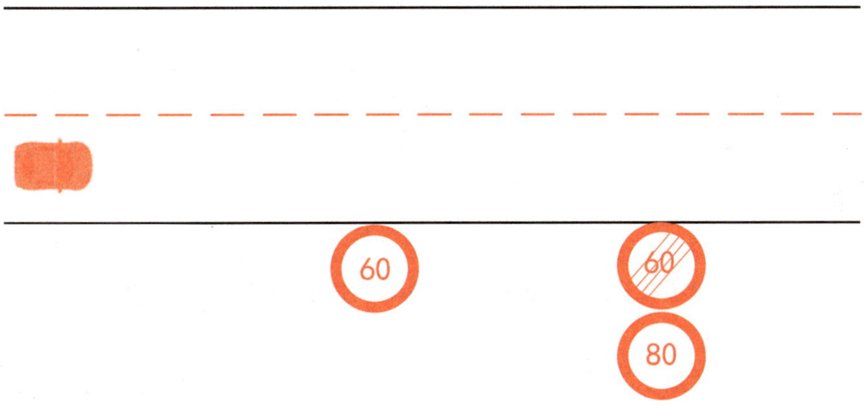

图 13-17 限速标志识别试验示意图

2. 试验方法

试验车辆以不低于初始道路限速值 75% 的速度在长直道内驶向限速标志。

3. 通过要求

试验车辆应满足以下要求：

1）试验车辆最前端越过限速标志所在平面时，车速不高于限速标志数值。

2）在限速标志牌间行驶时，试验车辆的行驶速度不低于当前限速标志数值的 75%。

3）若存在解除限速标志，通过解除限速标志牌后 200m 处，试验车辆行驶速度不低于当前限速标志数值的 75%。

(二) 弯道识别试验

1. 试验条件

试验道路为长直道和弯道的组合道路,弯道长度应保证试验车辆在弯道内至少行驶 5s。根据最高设计运行速度 v_{max} 从表 13-12 中选取对应的任意一组试验参数,并设置相应的限速标志牌,如图 13-18 所示。最小弯道半径值为弯道中心到弯道上任一点距离的最小值。

表 13-12　最小弯道半径对照表

最高设计运行速度 v_{max}/(km/h)	最小弯道半径/m	限速要求/(km/h)
$v_{max} \geq 100$	650	100
	400	80
	250	60
	125	40
$60 \leq v_{max} < 100$	400	80
	250	60
	125	40
$v_{max} < 60$	250	60
	125	40
	60	20

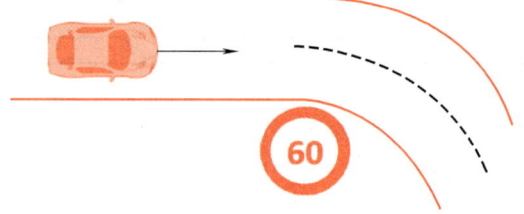

图 13-18　弯道识别试验示意图

2. 试验方法

根据所选定的最小弯道半径进行试验,试验车辆由长直道驶入并驶出弯道。

3. 通过要求

试验车辆应满足以下要求:

1) 若试验车辆为乘用车,弯道内全程车速不低于限速值的 75%。

2) 若试验车辆为商用车,弯道内全程车速不低于限速值的 50%。

(三) 停车让行标志和标线识别试验

1. 试验条件

试验道路为至少包含两条双向两车道的丁字路口,并于交叉处设置停车让行标志牌和标线,如图 13-19 所示。

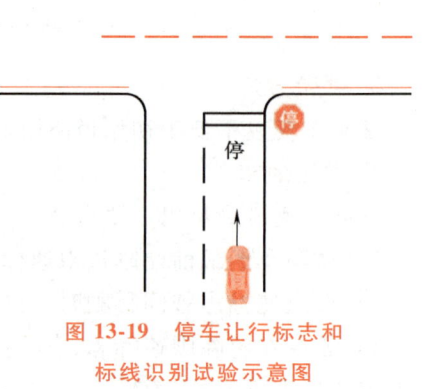

图 13-19　停车让行标志和标线识别试验示意图

2. 试验方法

试验车辆在车道内驶向停车让行线。

3. 通过要求

试验车辆应满足以下要求：

1）试验车辆应在停车让行线前停车，车身任何部位不越过停车让行线。

2）若试验车辆为乘用车，车辆最前端与停车让行线的最小距离不大于2m，车辆起动时间不超过3s。

3）若试验车辆为商用车，车辆最前端与停车让行线的最小距离不大于4m，车辆起动时间不超过5s。

（四）机动车信号灯识别试验

1. 试验条件

试验道路为至少包含双向两车道的十字交叉路口，路口设置机动车信号灯且道路转弯半径不小于15m，路段设置限速为40km/h，如图13-20所示。

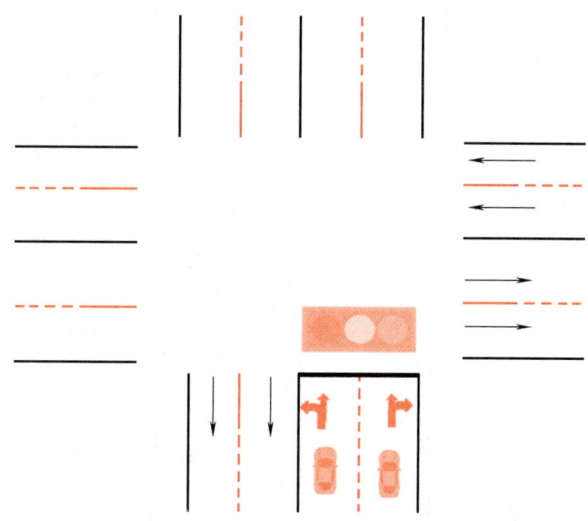

图13-20　机动车信号灯识别试验示意图

2. 试验方法

试验车辆在车道内驶向机动车信号灯，机动车信号灯的初始状态为绿灯，并随机调整为下列两种信号灯状态之一：

1）绿灯：信号灯保持绿色状态。

2）红灯：信号灯在试验车辆最前端距离停止线的最小距离为40~60m时，由绿色变为黄色，持续3s后变为红色，并持续30s后又变为绿色。

试验车辆应进行3次直行、3次左转及3次右转试验。试验车辆在同一运动轨迹的3次试验中，上述两种信号灯状态应至少各出现1次。

3. 通过要求

当进行绿灯和红灯右转试验时，试验车辆应通过路口并进入对应车道，在此过程中不应停止行驶。

当进行直行、左转红灯试验时,试验车辆应满足以下要求:

1) 试验车辆在红灯时停在停车线前且车身任何部位不越过停止线。

2) 若试验车辆为乘用车,车辆最前端与停止线的最小距离不大于2m,信号灯变为绿色后,起动时间不超过3s。

3) 若试验车辆为商用车,车辆最前端与停止线的最小距离不大于4m,信号灯变为绿色后,起动时间不超过5s。

(五) 方向指示信号灯识别试验

1. 试验条件

试验道路为至少包含双向两车道的十字交叉路口,路口设置包括直行、左转、右转的方向指示信号灯且道路转弯半径不小于15m,该路段设置限速为40km/h,如图13-21所示。

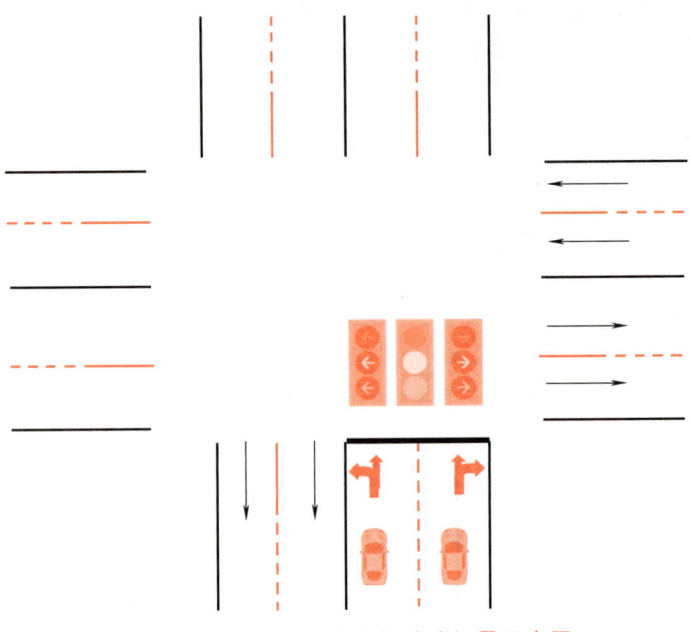

图13-21 方向指示信号灯试验场景示意图

2. 试验方法

试验车辆在车道内驶向方向指示信号灯。车辆行驶路径方向的指示信号灯初始状态为绿灯,并随机调整为下列两种信号灯状态:

1) 绿灯:车辆行驶路径方向的指示信号灯保持绿色状态。

2) 红灯:车辆行驶路径方向的信号灯在试验车辆最前端距离停止线40~60m时,由绿色变为黄色,持续3s后变为红色,并持续30s后变为绿色。

本场景下试验车辆应进行3次直行、3次左转以及3次右转试验,且试验车辆同一运动轨迹的3次试验中上述两种信号灯状态应至少各出现1次。

3. 通过要求

当进行绿灯试验时,试验车辆应通过路口并进入对应车道,试验过程中不应停止行驶。

当进行红灯试验时，试验车辆应满足以下要求：

1）试验车辆在红灯点亮后应停止于停车线前且车身任何部位不越过停止线。

2）若试验车辆为乘用车，车辆最前端与停止线最小距离不大于2m；当车辆行驶路径方向指示信号灯变为绿色后，起动时间不超过3s。

3）若试验车辆为商用车，车辆最前端与停止线最小距离不大于4m；当车辆行驶路径方向指示信号灯变为绿色后，起动时间不超过5s。

（六）快速路车道信号灯识别试验

1. 试验条件

试验道路为至少包含单向两车道的道路，道路上方均设置快速路车道信号灯，如图13-22所示。

2. 试验方法

试验车辆在车道内驶向车道信号灯，相邻车道信号灯保持绿色通行状态，并提前调整该车道信号灯为下列两种状态之一：

1）绿色通行：该车道信号灯保持绿色通行状态。

2）红色禁行：该车道信号灯保持红色禁行状态。

3次试验中，上述两种信号灯状态应至少各出现1次。

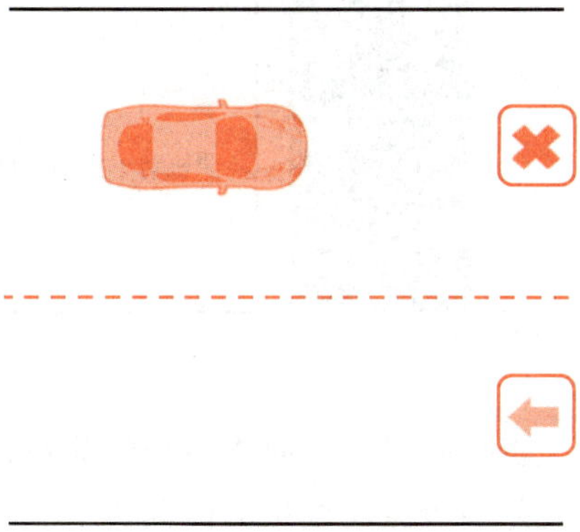

3. 通过要求

若试验车辆具备信号灯识别功能，当进行绿色通行试验时，试验车辆应于本车道内通过交通信号灯且在通过过程中不应存在停止行驶的情况。

若试验车辆具备信号灯识别功能，当进行红色禁行试验时，要求如下：

1）若具备换道行驶功能，试验车辆应在信号灯前方驶入相邻车道。

2）若不具备换道行驶功能，试验车辆应停止于信号灯前方，可发出超出设计运行范围的提示信息。

若试验车辆不具备快速路车道信号灯识别功能，试验车辆应在到达信号灯前发出超出设计运行范围的提示信息。

图13-22 快速路车道信号灯试验场景示意图

第五节 行人与非机动车识别和响应设计及试验

一、改进的ConvNeXt模型及其应用

如图13-23所示，识别①和⑤包围框内标记的性别、非机动车类别等属性需要较大尺寸的图像区域，识别④和③包围框内标记的上衣种类、颜色和非机动车颜色等属性需要中等尺寸的图像区域，而识别②和⑥检测框内标记的骑行人头盔颜色、车把是否置物等属性仅需较小尺寸的图像区域。

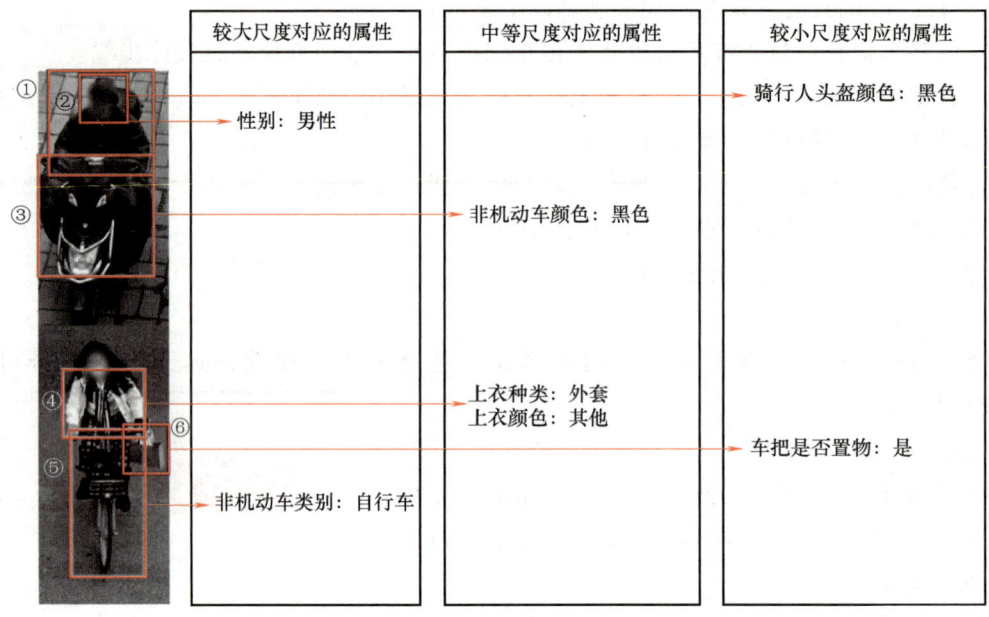

图 13-23 多尺度属性识别分类图

实际应用系统期望识别的非机动车及骑行人属性,既有非机动车类型、骑行人性别等与较大范围图像区域相关的属性,又有是否佩戴头盔、车筐置物等只涉及较小图像区域的属性。ConvNeXt 网络模型虽然性能出众,但对于这种多尺度、多标签的识别任务仍会出现大量目标属性漏检或误检的问题。改进的 ConvNeXt 模型在 ConvNeXt 网络结构的基础上,引入了改进的特征金字塔结构、可变形卷积和卷积块注意力模块(Convolutional Block Attention Module,CBAM)。改进后的网络模型能够更好地适配实际监控场景下的非机动车及骑行人属性识别任务。

二、试验设计与结果评估

(一)数据集与试验环境

1. 数据集

数据集是训练并测试一个深度学习网络模型的重要条件之一,在深度学习算法中具有重要作用。目前,非机动车及骑行人属性识别任务在学术界研究不多,缺少相关数据集。采集实际交通场景视频构建一组数据集,用于非机动车及骑行人属性识别研究。在数据预处理阶段,每隔一定的视频时间间隔保存一张图像,并且删掉一些不存在非机动车目标或非机动车图像过于模糊等不符合规范的图像,最终得到约 10000 张图像作为非机动车及骑行人属性识别数据集。数据集包含白天、傍晚、黑夜、强自然光、阴雨天等多种成像环境下的图像。图 13-24 所示为部分数据集样例,可以看出不同光照、不同视角、不同分辨率下的图像所呈现的差异。

2. 试验环境

采用一台装有 NVIDIA GeForce 3070 GPU 和 Intel(R) Core(TM) i9-9700k CPU 的深度

图 13-24 部分数据集样例

学习服务器进行试验和验证,服务器操作系统为 Ubuntu18.04,机器学习框架为 PyTorch1.8。

3. 训练过程

训练时统一将数据集中的图像大小设置为 448×224 像素,将约 8000 张图像作为训练集,将约 2000 张图像作为测试集和验证集。训练时采用 Adam 优化器,初始学习率设置为 0.01,学习率变换因子设置为 0.1,训练轮数以网络收敛为准。

(二) 评价指标

为了评估非机动车及骑行人属性识别网络模型的性能,采用多任务分类常用的准确率(Acc)、精确率(Prec)、召回率(Rec)、F_1 值和平均准确率(mA)五个评价指标进行评测。

1) 准确率为正确识别的样本数与总样本数之比,即

$$Acc = \frac{TP+TN}{TP+FP+FN+TN}$$

2) 精确率表示在所有被预测为正的样本中,实际为正样本的概率,即预测为正的样本占真实正样本的比例,其计算公式为

$$Prec = \frac{TP}{TP+FP}$$

3) 召回率表示在实际为正的样本中,被预测为正的样本的概率,即样本中的正例有多少被正确预测,其计算公式为

$$Rec = \frac{TP}{TP+FN}$$

4) F_1 值是对精确率和召回率的加权计算,能够平衡精确率和召回率,更好地反映测试结果的优劣,其计算公式为

$$F_1 = \frac{2Prec \times Rec}{Prec+Rec}$$

5) 平均准确率表示所有属性准确度的平均值,即

$$mA = \frac{1}{2N}\sum_{i=1}^{L}\left(\frac{TP_i}{P_i} + \frac{TN_i}{N_i}\right)$$

式中 TP——样本被预测为正例,实际也是正例;

FP——样本被预测为正例,实际是负例;

TN——样本被预测为负例，实际也是负例；

FN——样本被预测为负例，实际是正例；$P_i = TP_i + FN_i$；$N_i = FP_i + TN_i$。

（三）消融试验

首先采用 ConvNeXt 模型作为试验的基准网络，分别进行消融试验。为了保证公平性，每组试验均采用相同的数据集进行训练，其他超参数保持一致。最后选取评价指标中平均准确率（mA）最佳的训练模型进行消融试验，其结果见表 13-13。

表 13-13 消融试验结果 （%）

消融试验	mA	Acc	Prec	Rec	F_1 值
ConvNeXt(C)	80.58	73.08	86.16	81.72	83.88
C+FPN	80.84	74.24	85.59	83.59	84.58
C+BiFPN	81.00	74.82	89.51	81.08	85.09
C+改进 BiFPN	80.73	75.40	88.33	82.74	85.44
C+CBAM	82.51	75.15	88.03	82.73	85.30
C+FPN+CBAM	81.78	77.36	90.16	83.56	86.73
C+BiFPN+CBAM	82.82	77.73	89.22	84.64	86.87

此表中的 ConvNeXt 表示基准网络模型，简写为 C；C+FPN 表示使用 ConvNeXt 前三级卷积层组并连接标准特征金字塔模型；C+BiFPN 表示使用 ConvNeXt 前三级卷积层组并连接 BiFPN 模型；C+改进 BiFPN 表示使用 ConvNeXt 前三级卷积层组并连接 BiFPN 改进后的特征金字塔模型；C+CBAM 表示使用 ConvNeXt 主干网络中前三级卷积层组并在每一级卷积层组后连接 CBAM；C+FPN+CBAM 表示使用 ConvNeXt 前三级卷积层组并在每一级卷积层组后各连接一个 CBAM，CBAM 输出的特征图连接特征金字塔模型；C+BiFPN+CBAM 是在 C+FPN+CBAM 的基础上使用 BiFPN 替换标准特征金字塔模型。

在非机动车及骑行人属性识别任务中，可能存在一些关键属性，如"是否佩戴头盔"，这些属性的识别对于交通安全和管理具有重要意义。F_1 值作为精确率和召回率的调和平均数，能够综合考虑模型在关键属性上的精确率和召回率，从而更全面地评估模型在关键属性上的性能。在消融试验中，通过比较不同模型的 F_1 值，可以直观地看到这些改进对模型在关键属性上性能的提升效果。表 13-13 中，以 F_1 值为评价指标，基准网络（ConvNeXt）的 F_1 值为 83.88%，在基准网络的基础上添加特征金字塔模块（FPN）可以小幅度地提高网络性能，F_1 值可达到 84.58%，这表明使用多个分支网络识别多标签目标属性的有效性。若使用改进后的 BiFPN 模型替换标准特征金字塔模型，F_1 值可以达到 85.44%，体现了可变形卷积等方法对多标签属性识别的有效性。在此基础上，对特征提取模块添加 CBAM，可以进一步提升模型识别效果，使 F_1 值达到 86.87%。同时，准确率（Acc）、精确率（Prec）和召回率（Rec）等指标也在不同程度上有所提高。

三、行人与非机动车识别及响应试验

依据 GB/T 41798—2022，行人与非机动车识别及响应试验场景包含有行人通过人行横道线、行人沿道路行走和自行车同车道骑行的识别。

（一）行人通过人行横道线识别试验

1. 试验条件

试验道路至少为具备单向双车道的长直道，并在路段内设置人行横道线、人行横道预告标志线及人行横道标志等相关标志和标线，该路段限速为40km/h。左侧车道外侧存在行人，行人沿人行横道线横穿试验道路，如图13-25所示。

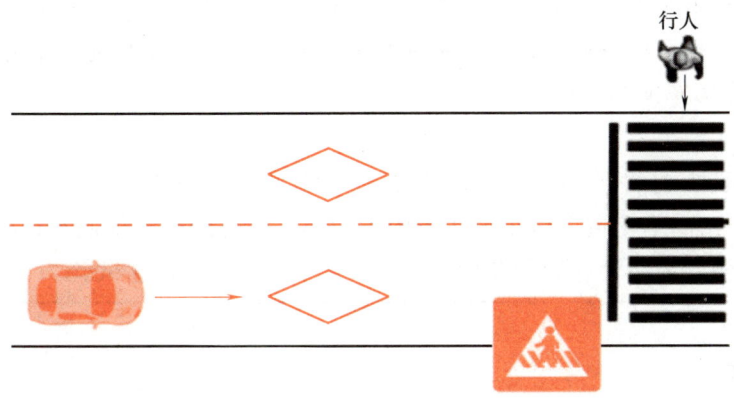

图13-25　行人通过人行横道线识别试验示意图

2. 试验方法

试验车辆在外侧车道行驶并驶向人行横道线，行人初始位置在人行横道线外。当预碰撞时间首次到达3.5~4.5s时间区间时，行人于车辆左侧以5~6.5km/h的速度横穿人行横道线。在3次试验过程中，目标行人应包含成年假人和儿童假人。

3. 通过要求

试验车辆不应与行人发生碰撞。若试验车辆在驶过人行横道线过程中停止，待行人通过试验车辆所在车道后，试验车辆为乘用车的起动时间不应大于3s；试验车辆为商用车的起动时间不应大于5s。

（二）行人沿道路行走识别试验

1. 试验条件

试验道路为至少包含单向双车道的长直道，中间车道线为白色虚线。行人以5~6.5km/h的速度于距离本车道右侧车道线内侧1~2.5m的范围内沿外侧车道行走，如图13-26所示。

图13-26　行人沿道路行走识别试验示意图

2. 试验方法

试验车辆于外侧车道驶向行人。若跟随行人行驶，当试验车辆速度不大于 6.5km/h 且持续时间超过 5s 后，行人从车道右侧离开当前车道。在 3 次试验过程中，目标行人应包含成年假人和儿童假人。

3. 通过要求

试验车辆应采用绕行或跟随方式通过且不与行人发生碰撞。若采用跟随方式通过，试验车辆应在行人离开本车道后加速行驶。在跟随过程中，试验车辆可发出超过设计运行范围的提示信息，在发出提示信息后，试验车辆在行人离开本车道后可不执行加速行驶。

（三）自行车同车道骑行识别试验

1. 试验条件

试验道路为至少包含单向双车道的长直道，中间车道线为白色虚线。自行车以 10~20km/h 的速度于距离本车道右侧车道线内侧 1~2.5m 的范围内沿外侧车道骑行，如图 13-27 所示。若试验车辆的最高设计运行速度 v_{max}<20km/h，无须进行此试验。

图 13-27　自行车同车道骑行识别试验示意图

2. 试验方法

试验车辆于外侧车道驶向自行车。若跟随自行车行驶，当试验车辆速度≤20km/h 且持续时间超过 5s 后，自行车从车道右侧离开当前车道。

3. 通过要求

试验车辆应采用绕行或跟随方式通过且不与自行车发生碰撞。若采用跟随方式通过，试验车辆应在自行车离开本车道后加速行驶。在跟随过程中，试验车辆可发出超过设计运行范围的提示信息，在发出提示信息后，试验车辆在自行车离开本车道后可不执行加速行驶。

第六节　周边车辆行驶状态识别及响应试验

依据 GB/T 41798—2022《智能网联汽车　自动驾驶功能场地试验方法及要求》，周边车辆行驶状态识别及响应试验场景包含摩托车同车道行驶、前方车辆切入、前方车辆切出、对向车辆借道行驶和目标车辆停-走等的识别。

（一）摩托车同车道行驶识别试验

1. 试验条件

试验道路为至少包含单向双车道的长直道，中间车道线为白色虚线。摩托车以 20~30km/h

的速度于距离本车道右侧车道线内侧 1~2.5m 的范围内沿外侧车道行驶，如图 13-28 所示。

图 13-28　摩托车同车道行驶识别试验示意图

2. 试验方法

试验车辆于外侧车道驶向摩托车。若跟随摩托车行驶，当试验车辆速度不大于 30km/h 且持续时间超过 5s 后，摩托车从车道右侧离开当前车道。

3. 通过要求

试验车辆应采用绕行或跟随方式通过且不与摩托车发生碰撞。若采用跟随方式通过，试验车辆应在摩托车离开本车道后加速行驶。

（二）前方车辆切入识别试验

1. 试验条件

试验道路为至少包含单向双车道的长直道，中间车道线为白色虚线。目标车辆（VT）以预设速度匀速行驶，如图 13-29 所示。

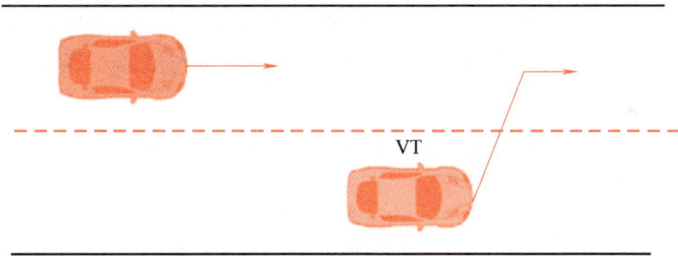

图 13-29　前方车辆切入识别试验示意图

2. 试验方法

试验车辆于内侧车道行驶。当试验车辆速度达到 $0.85v_{max}$ 以上且两车预碰撞时间首次达到预设时间区间，目标车辆由外侧车道开始切入内侧车道并完成换道，完成换道时间≤3s，目标车辆在切入过程中和切入完成后的纵向速度均等于预设速度。切入预设速度和预设时间区间对照见表 13-14。

表 13-14　切入预设速度和预设时间区间对照表

最高设计运行速度 v_{max}/(km/h)	预设速度/(km/h)	预设时间区间/s
$v_{max}>100$	50	[5,6]
$80<v_{max}\leq100$	40	[4,5]

(续)

最高设计运行速度 v_{max}/(km/h)	预设速度/(km/h)	预设时间区间/s
$60 < v_{max} \leq 80$	30	[3,4]
$v_{max} \leq 60$	$v_{max}/2$	[3,4]

3. 通过要求

试验车辆不应与目标车辆发生碰撞。

（三）前方车辆切出识别试验

1. 试验条件

试验道路为至少包含单向双车道的长直道,试验车辆前方存在目标车辆（VT_1）,相邻车道存在目标车辆（VT_2）,VT_1 以 $0.5v_{max}$ 的速度匀速行驶,试验路段限速大于目标车辆行驶速度,如图13-30所示。

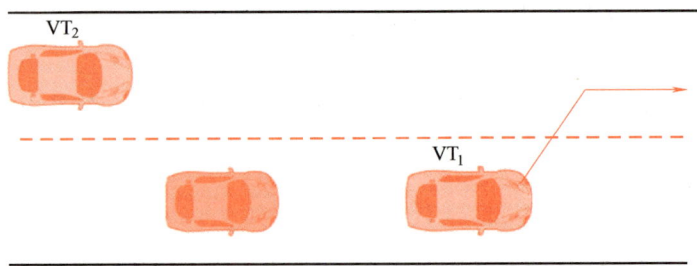

图13-30 前方车辆切出识别试验示意图

2. 试验方法

试验车辆在外侧车道驶向 VT_1。当试验车辆稳定跟随 VT_1 后,VT_1 开始换道并入相邻车道,完成换道时间≤3s。VT_2 最前端在 VT_1 换道开始前保持与试验车辆最后端相距3m以内。

3. 通过要求

试验车辆不应与目标车辆发生碰撞。目标车辆切出后,试验车辆应执行加速动作。

（四）对向车辆借道行驶识别试验

1. 试验条件

试验道路为包含双向单车道的长直道,中间车道线为黄色虚线,该路段限速为40km/h。目标车辆（VT）越过中间车道线占用对向车道宽度的25%~30%并以30km/h的速度行驶,如图13-31所示。

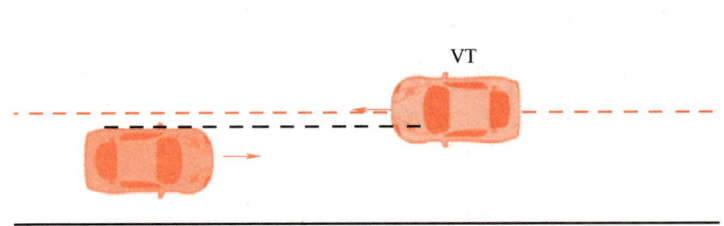

图13-31 对向车辆借道行驶识别试验示意图

2. 试验方法

试验车辆在车道内行驶且速度波动处于2km/h以内保持3s以上。试验车辆与目标车辆初始纵向距离不小于200m并逐渐接近。记录两车相距200m时的试验车辆速度为初始速度，当两车距离小于200m且试验车辆速度较初始速度降幅大于5km/h或试验车辆发出超过设计运行范围的提示信息时，目标车辆驶回原车道。

3. 通过要求

1）若降幅不大于5km/h，试验车辆应完成会车且不与目标车辆发生碰撞。

2）若降幅大于5km/h，待目标车辆驶回后，试验车辆应继续行驶。试验车辆可在行驶过程中发出超过设计运行范围的提示信息，若发出提示信息，可不执行继续行驶动作。

（五）目标车辆停-走识别试验

1. 试验条件

试验道路为至少包含单向双车道的长直道，中间车道线为白色虚线。外侧车道内存在以 $0.75v_{max}$ 的速度匀速行驶的目标车辆（VT），如图13-32所示。

图13-32　目标车辆停-走识别试验示意图

2. 试验方法

试验车辆稳定跟随目标车辆行驶后，目标车辆以 $2\sim3\mathrm{m/s^2}$ 减速至停止；若试验车辆保持跟随状态，待试验车辆车速降为0后，目标车辆保持原车道起步并于2s内达到10km/h的速度继续行驶。

3. 通过要求

1）若具备换道行驶功能，在目标车辆减速至停止过程中，试验车辆应完成换道并超越目标车辆且不与其发生碰撞。试验车辆为乘用车时，完成换道的时间不应大于5s。

2）若不具备换道行驶功能，试验车辆应跟随目标车辆行驶且不与其发生碰撞。试验车辆为乘用车时，起动时间不应大于3s；试验车辆为商用车时，起动时间不应大于5s。

复习思考题

1. 车道保持辅助系统试验的评价指标是什么？
2. 简述自适应巡航试验的内容。
3. 自动紧急制动系统的工作原理是什么？
4. 交通信号检测与识别系统通常基于哪些传感器技术？
5. 自动驾驶汽车的关键技术是什么？

参 考 文 献

[1] 李晓宇，王震坡. 新能源汽车动力电池安全管理算法设计［M］. 北京：机械工业出版社，2023.
[2] 高建平. 新能源汽车概论［M］. 2版. 北京：机械工业出版社，2023.
[3] 虞忠潮，朱兴旺，李强，等. 新能源汽车［M］. 北京：中国经济出版社，2022.
[4] 张扬军，谢翌，彭杰，等. 新能源汽车综合热管理［M］. 武汉：华中科技大学出版社，2023.
[5] 曾小华，王庆年. 新能源汽车关键技术［M］. 2版. 北京：化学工业出版社，2023.
[6] 李昊. 新能源汽车安全与可靠性测试［M］. 北京：北京理工大学出版社，2023.
[7] 郁亚娟. 新能源汽车碳中和［M］. 北京：科学出版社，2023.
[8] 汪港，朱平. 新能源汽车选购指南［M］. 北京：化学工业出版社，2023.
[9] 王海杰，邹德伟. 新能源汽车概述［M］. 北京：北京理工大学出版社，2022.
[10] 杨凤英. 新能源汽车故障检修［M］. 北京：机械工业出版社，2022.
[11] 程夕明. 新能源汽车电力电子技术仿真［M］. 北京：机械工业出版社，2022.
[12] 康龙云，令狐金卿. 新能源汽车与电力电子技术［M］. 2版. 北京：机械工业出版社，2022.
[13] 蒋桂彪，宫艳丽，佟景波. 新能源汽车电工电子技术［M］. 哈尔滨：哈尔滨工程大学出版社，2022.
[14] 多国华. 新能源汽车维修技能全图解［M］. 北京：中国铁道出版社，2022.
[15] 张冰战. 新能源汽车概论［M］. 合肥：合肥工业大学出版社，2022.
[16] 陈勇. 新能源汽车动力传动系统技术与实践［M］. 武汉：华中科技大学出版社，2022.
[17] 廖小峰. 新能源汽车概论［M］. 重庆：重庆大学出版社，2021.
[18] 胡萍，余朝宽. 新能源汽车概论［M］. 重庆：重庆大学出版社，2021.
[19] 杨敬尧. 新能源汽车基础［M］. 西安：西北工业大学出版社，2021.
[20] 来君，雷杰宁. 新能源汽车［M］. 2版. 北京：北京理工大学出版社，2021.
[21] 丁在明，刘本超. 新能源汽车概论［M］. 北京：北京理工大学出版社，2021.
[22] 赵振宁，佟丽珠. 新能源汽车技术概述［M］. 2版. 北京：北京理工大学出版社，2021.
[23] 李绪永，郑希江. 新能源汽车高压安全与防护［M］. 济南：山东大学出版社，2021.
[24] 路畅，樊玖林，崔人志. 新能源汽车故障诊断与排除［M］. 成都：西南交通大学出版社，2021.
[25] 邓伟文，任秉韬. 汽车智能驾驶模拟仿真技术［M］. 北京：机械工业出版社，2021.
[26] 王志亮. 汽车NVH性能设计与控制［M］. 北京：机械工业出版社，2021.
[27] 徐友春，朱愿. 无人车实验指导［M］. 北京：中国铁道出版社，2021.
[28] 赵建华，屈敏. 汽车实验教程［M］. 西安：西安交通大学出版社，2021.
[29] 吴秋伟. 开放电力市场下电动汽车并网技术［M］. 陈光宇，何健，蔡鑫灿，等译. 北京：机械工业出版社，2020.
[30] 李永，宋健. 电动车辆能量转换与回收技术［M］. 2版. 北京：机械工业出版社，2021.
[31] 毛彩云，周锡恩，龙纪文. 新能源汽车检测与诊断实验［M］. 北京：北京理工大学出版社，2020.
[32] 白云川，陈成法. 汽车试验教程［M］. 2版. 北京：北京理工大学出版社，2020.
[33] 靳畅. 现代汽车振动与噪声分析技术［M］. 北京：机械工业出版社，2021.
[34] 叶燕帅. 电动汽车实验实训指导书［M］. 北京：人民交通出版社，2020.
[35] 谭晓军. 电动汽车智能电池管理系统技术［M］. 北京：机械工业出版社，2020.
[36] 赵若松，胡翼. 汽车实验技术指导书［M］. 武汉：武汉理工大学出版社，2020.
[37] 张代胜. 新能源汽车试验学［M］. 北京：机械工业出版社，2022.
[38] 朱冰，杨志华. 汽车试验学［M］. 2版. 北京：机械工业出版社，2023.
[39] 许兆棠. 汽车试验学［M］. 北京：机械工业出版社，2024.
[40] 徐晓美，万亦强. 汽车试验学［M］. 北京：机械工业出版社，2013.